中国社会科学院
老年科研基金资助

◀中印文化交流丛书▶

U1014104

中印文化交流

China–India Cultural Exchanges

王树英◎著

中国社会出版社
国家一级出版社★全国百佳图书出版单位

图书在版编目（CIP）数据

中印文化交流／王树英著．—北京：中国社会出版社，2013．12
（中印文化交流丛书）
ISBN 978－7－5087－4613－5

Ⅰ．①中…　Ⅱ．①王…　Ⅲ．①中印关系—文化交流—文化史　Ⅳ．①K203②K351．03

中国版本图书馆 CIP 数据核字（2013）第 279775 号

中印文化交流

著　　者：王树英
责任编辑：牟　洁
出版发行：中国社会出版社　　　　邮政编码：100032
通联方法：北京市西城区二龙路甲 33 号
编辑部：（010）66063028
发行部：（010）66080300
网　　址：www．shcbs．com．cn
经　　销：各地新华书店
印刷装订：中国电影出版社印刷厂
开　　本：165mm×240mm　1/16
印　　张：21．5
字　　数：350 千字
版　　次：2013 年 12 月第 1 版
印　　次：2014 年 5 月第 2 次印刷
定　　价：39．00 元

未经出版者许可不得摘编、转载本书　中国社会版图书，版权所有，侵权必究。

古代从中国传入印度的渔网，名为“中国渔网”。

上图（左）为千古名僧——玄奘图，（右）为中国明代石刻线画《达摩坐禅》。

1924 年泰戈尔访问中国。

1939 年 3 月 15 日，毛泽东主席在延安与医疗队全体队员合影。右起卓克华、爱德华、姜齐贤（八路军卫生部长）、毛泽东、木克华、救护会工作人员、柯棣华、巴苏华。

由于季羡林先生（左一）研究印度和中、印文化交流成就卓著，他被印度文学院授予“名誉院士”。（左 2）是印度前驻华大使南威哲（Nambiar）先生。

2003 年作者（中）在印度某中学讲解中印文化关系并回答学生们的一些问题。

前　言

众所周知，世界上有四大文明古国，中印是其中的两个。人类总共创造出了四个大文化体系，而中印各居其一，两者合起来，可以说也占了人类文化宝库的一半。中印两大文化体系都各自形成了自己的文化圈，对人类作出了积极的贡献。这两大文化圈之间，相互学习和影响，又促进了彼此文化的发展。这就是历史，也是现实。因此我们可以这样说：如果中印两国之间没有相互学习和交流，两国文化的发展就不可能是今天这个样子。在世界民族之林中，像中印两大民族文化这样密切，在世界上是举世无双的。

我认为，中印两国要发展，要强盛，在学习世界上一些发达国家先进技术的同时，我们两国之间相互学习也很有必要。因为两国的国情大体相同：过去都有过不幸的共同遭遇，都受到过帝国主义的侵略与掠夺；今天，两国都属于发展中国家；我们两国都有丰富的资源和勤劳的人民。我们面临的任务也是相同的：都想建设好自己的国家，再加上又是近邻。因此，我们两国之间，相互学习和彼此交流则尤其重要。

中国和印度，是两个人口最多和历史最悠久的大国，两国交往的历史，至少有两千多年，两国人民的文化交流，曾为人类的繁荣和进步作出了重大贡献。目前，人类已进入新世纪新千年，亚洲各国的经济近年来正在迅猛腾飞，随着经济的高速增长，必然有文化的更大繁荣，进一步推动亚洲各国政治、经济的发展。而中、印这两个具有悠久历史的文明古国，在其中将充当重要角色，成为推动亚洲各国政治、经济发展的强大动力。这一发展趋势，正越来越成为世人的共识。

近些年来，中印两国之间，无论是官方互访，还是民间往来，都在与日俱增；合作项目与合作领域亦在逐渐扩大，这些可喜的事情，很令人鼓舞。越来越多的中国人渴望更多地了解印度；同样，越来越多的印度朋友也渴望了解中国。既想了解过去，又想知道现在。这种了解是多方面的，其中包括政治、经济、历史、宗教、语言、文学、音乐、舞蹈、科学、技术以及衣食住行、民族风情等发展变化。

今天，印度在迅速发展，正奋身崛起。中国也是同样，亦在日新月异地发展变化。中、印两国所取得的成就，已为世界所公认，并为世界所瞩目。

在这种形势下，中印两国为了更好地建设各自的国家，相互学习，彼此交流，就显得更加重要，中国和印度这两个亚洲大国的文化交流活动，便愈加具有重大意义。而经济和文化，只有相互交流，才能更加繁荣，只有相互交流，才能相得益彰，这也是早被历史证明了的真理。

本书主要研究和介绍了中印两国自古以来相互学习和彼此交流的情况，论证了自古以来，两国彼此学习，相互交流，并且产生了重要影响，不只是单方面交流和影响。

为适应形势发展的需要，增进中印两国彼此了解，加强两国的交流与合作，不断发展两国的传统友谊，撰写了本部拙作，愿本书对两国的读者能有所裨益。不妥之处，请读者指正。

王树英

2013 年 10 月 6 日

目　录

第一篇　中印文化关系

第二篇　印度文化

第三篇　中国文化

CONTENTS

一、China – India Cultural Relations

二、 Indian Culture

三、Chinese Culture

第一篇　中印文化关系

第一章　古代印度文明

1. 略谈印度文明

印度是人类文明的发源地之一，中国从西汉起，一些史书中就有不少关于印度的记载，先后称作“身毒”、“辛头”、“天竺”、“贤豆”等。到了唐代玄奘改译为“印度”，沿用至今。古代印度系指今日的南亚次大陆，主要包括现在的印度、巴基斯坦和孟加拉三国。

从旧石器时代，印度就有人居住。他们生存的年代大约在50万年前。旧石器时代的印度人使用碎石片做的粗陋工具，在印度各地均有发现，以根茎、果实为食，不会种地、取火，不营造墓葬。他们主要分布在温德亚山以南广大地区。新石器时代的印度人能制作精细工具，从事原始农业，开始饲养动物，制作陶器，以竹子或木片摩擦取火，渔猎也是主要生产活动之一，会建造水库，发明了打井和制绳的技术，能造船、织布。新石器时代的文化遗址几乎遍及整个印度。新石器时代的人有了宗教意识，相信生命循环，崇拜祖先和灵魂。新石器时代结束时焚化尸体和瓮藏骨灰的风俗开始流行，有了初步的天文知识。最早的铜器可能出现于公元前2000年左右，青铜器时代是从印度河流域开始的，后来印度各地均有发现。金属铜取代了石头，成为制造工具的主要原料，紧接着出现了铁器。铜器和铁器出现后，人类开始垦田种地，从事农业，放弃了狩猎和采集生活。从此，印度史前文明结束，印度河流域文明开始。

印度河是印度的主要河流之一。所谓印度河流域文明是指印度河两岸地区居民的社会、宗教、经济、文化和政治情况。印度河流域文明是以城市和商业为主的文明，建立了许多大城市，而且与外国建立贸易联系。因为该地区的居民是哪个民族，难以确说，因此就称其为印度河流域文明。有些学者把它们称为哈拉巴和摩亨殊达罗文明。哈拉巴位于西旁遮普地区，摩亨殊达罗位于印度的拉尔迦纳地区。考古发现，在哈拉巴和摩亨殊达罗有两座巨大的城市。城市街道宽阔，主要街道可并行几辆马车。马路两旁有牢固的建筑，大部分房屋为两层，用砖砌成，门窗讲究。城里建有统一排水设施。城的周围挖有深壕，也建有城墙，起城堡作用。挖掘发现，当时人们主要从事农业生产，食用小麦、大麦、豌豆、鱼、肉、蛋，也食水果、牛奶和蔬菜等。手工业也相当发达，制陶、纺织、染色等方面也有较高技艺。居民有毛料和棉料衣服，分上衣和下衣。男女服装无大区别。时兴戴各种首饰，如项链、臂环、手镯、戒指等，但鼻饰、耳环和脚饰只适用于妇女。富人的首饰是金、银制品，穷人的装饰品是用铜或骨头做的。人们敬奉女神，妇女受到尊重，社会地位较高，男女共同参加宗教活动和节日庆祝。印度河流域文明时代的商业相当发达，哈拉巴和摩亨殊达罗等都是重要的贸易中心。挖掘发现，印度河流域的人们与中亚、波斯、阿富汗、南印度等地有着广泛的贸易往来。主要进口金、银、铜、锡等，主要出口布匹等，度量衡也完备起来。当时流行的宗教主要是自然崇拜，当地的人时兴崇拜太阳、水、火，还认为一些树木、植物也是神圣的，对它们进行崇拜，例如，菩提树、罗勒草等。舞蹈和音乐艺术也相当发达。人们善于唱歌、跳舞，考古发掘出了不少舞蹈的雕像和乐器。在摩亨殊达罗挖掘发现，当时对尸体处理有三种方式：一是将尸体埋入地下，二是人死后将鸟兽吃剩下的骨、肉掩埋，三是将尸体焚烧火化。

2. 印度史前时期的文化和印度河流域文明

（1）印度史前文化

从旧石器时代起，印度已有人居住，他们生存的年代大约在50万年前。他们使用粗糙的打制石器。在南印度的坦焦尔、马杜赖、卡杜尔、贡土尔、戈达瓦里、克里希纳等地和北印度的孟加拉、比哈尔等邦，都发现过粗糙的石制手斧、刮削器、箭头等，大部分用石英石制成，工具粗陋，在印度各地均有大量发现，但东南沿海一带尤其多见。他们不知道使用金属，也不会种地和取火。他们不营造墓葬。这一时期的居民主要生活在海滩、湖滨及洞穴内，大多数人无固定的住所，对农业一无所知，只能以植物的根、茎 、果实和坚果为食，或以动物的肉类充饥。人死后并不掩埋，任其自然分解，或让野兽吃掉。

随着岁月的流失，人类征服自然的能力也不断增强，于是从旧石器发展到新石器时代。新石器的文化遗址在印度分布更加广泛，几乎遍及印度各地，泰米尔纳杜邦的萨勒姆、喀拉拉邦的马拉巴尔、卡纳塔克邦的迈索尔以及卡提阿瓦半岛、信德、俾路支斯坦等地都有发现，新石器时代的工具种类繁多，除了使用粗石器外，还能制造精细的石器。新石器时代的人使用的工具大多是磨制的，适用于各种用途，石料也多种多样。他们已知道埋葬尸体，建造坟墓，在南印度一些地方发现过一些新石器时代人的坟墓。在地下挖掘发现，有的把尸体放在大瓮里，显然比以前文明进步。人们开始懂得从事原始农业和饲养动物，也知道用火，懂得用竹子或木片摩擦取火。开始制造陶器，陶器的种类也多种多样，有水罐、钵、花瓶等。既有简单的，又有经过装饰的。人们通过选用不同的泥土添加不同的颜料和控制不同的火候，来求得不同色彩的陶器。人们还学会了建造水库和打水井。饲养的动物有狗、牛和羊等，因此人们的食物比以前丰富多样。除了吃野菜和野果外，还有各种豆类、谷类和奶制品等。他们已经知道怎样制作奶酪和酥油。这时人们的服饰简单，一般穿着很少。最初他们用树皮遮身，后来，能纺棉、毛，能织布，穿棉和毛织品制作的衣服。

到了新石器时代，人们有了真正的宗教意识，相信生命的循环，崇拜祖先和神灵，为了使死者的灵魂得到安宁，人们开始建造坟墓。新石器时代结束时，焚烧尸体和瓮藏骨灰的习俗已流行起来，人祭已经普遍存在。

随着金属的发现和使用，人类的文明发展又进入了一个新的阶段。人们开始使用黄金，到了新石器时代后期，开始用黄金制作装饰品。印度最先发现黄金的地方在南部。一些考古学家认为，埃及、美索不达米亚和印度河流域的城市都从南印进口过黄金。日常使用的工具和武器，在南印度是铁制品，在北印度，起先是用铜制品，后来被铁器代替。人们放弃了狩猎和采集生活，开始垦田、种地，从事简单的农业。随着铜器和铁器时代的到来，印度史前时期便告结束，接着出现了一个繁荣于铜器时代的文明，即印度河流域文明。

（2）印度河流域文明

印度河是印度的主要河流之一，它发源于喜马拉雅山麓，流经旁遮普等地区进入阿拉伯海。印度河流域指该河所流经和灌溉的地区，所谓某一地区的文明，是指当地人们的社会、宗教、文化、政治生活是怎样的。印度河流域文明是指印度河两岸地区居民的社会、宗教、经济、文化和政治情况。因为该地区的居民是哪个民族，难以确说，因此就称其为印度河流域文明。有些学者把他们称为哈拉巴和摩亨殊达罗文明。哈拉巴位于西旁遮普的芒德高莫利地区，摩亨殊达罗位于印度的拉尔迦纳地区，1922 年在上述地区挖掘发现了不少文物遗迹。通过对这些文物的研究，印度文明大大提前，即比吠陀时代文明还早得多。在印度河流域一些地方还发现了一些同哈拉巴和摩亨殊达罗所发现的相同的东西。由此证明，整个印度河流域是同一文明。因此，印度河流域文明也被称为哈拉巴和摩亨殊达罗文明，但多数学者称其为印度河流域文明。数千年前，印度河流域居民的社会、宗教、经济、文化和政治生活到底如何，一直是世界人民感兴趣的问题。

考古发现，哈拉巴和摩亨殊达罗是两座规模巨大的城市，其建筑有一定的设计规划，街道为南北和东西走向，直角相交，定位准确，街道宽阔，主要街道宽为33英尺，可并行几辆马车，大道连接几条较宽的街巷，最窄的小巷也有4英尺宽。

马路两旁有牢固的建筑，用砖砌成，砖用木材烧制。大部分房屋为两层，墙壁很厚，也有两层以上的房屋，备有上下楼用的梯子，大多梯子狭窄，但也有宽的。高大建筑房门很大，有些房门虽小，但马车也能通过。门房都有窗户，以便通风透光，门、窗最大的特点是与室内相连，但通向公用街道的墙壁上没有门窗。房屋中间是庭院，厨房建在室内的一角，用砖砌成。每套房间建有浴室，浴池地板用砖砌成，很多浴池旁边还有厕所。

城里建有统一的排水网。每户的污水都通过水沟排到街巷的下水道里，下水道连着巨大的涵洞，污水由涵洞流入河流。排水道是砖砌的，用石灰和土的混合物粘连，小的排水道是用砖砌的，大的排水道是用石块砌成的。

当时有了水井，井有大有小，小的井口直径为2英尺，大的井口直径为7英尺，既有公共用井，也有个人家庭用井。在摩亨殊达罗也发现了大蓄水池，其长为39英尺，宽为33英尺，深为8英尺，用烧砖砌成，墙壁坚固。城市的周围挖有深壕，也建有城墙，起城堡作用。

在摩亨殊达罗挖掘发现，印度河流域的社会上出现了等级，人分为四等，一等人为学者，其中包括祭司、医生、占星家；二等人为战士，其职责是保卫社会；三等人为商人，他们从事各种企业；四等人为家庭仆人和工人。

挖掘发现，当时人们食用小麦、大麦、椰枣、豌豆、鱼、肉、蛋，也食水果、牛奶和蔬菜等。在家畜中，发现有驼峰的公牛、母牛、水牛、绵羊、象、骆驼、山羊、猪、鸡的遗迹。

当地的居民多数留有短胡须，少数人不留。头发长短不一，留长发者将头发结成发辫，梳向头后。衣服有毛料和棉料，分上衣和下衣。男女的衣服无大区别。时兴戴各种装饰品，例如，项链、臂环、手镯、戒指等，但鼻饰、耳环和脚饰只适用于妇女。富人的首饰是金、银和宝石制品；穷人的装饰品是用铜和骨头做的，也有瓷制品。还发现了青铜镜子和象牙梳子等物。

狩猎为当时的主要娱乐手段。用弓箭猎取野羊和鹿；养鸟放鸟也是人们的一大乐趣；孩子们用泥土做各种东西的模型进行娱乐。人们也下棋或赌博，或斗鸡与斗牛。

人们敬奉女神，因此人们推测，妇女受到尊重，社会地位较高，生儿养女，料理家务是妇女的主要工作，男女都共同参加宗教活动和节日庆祝。

在摩亨殊达罗挖掘发现，当时尸体的埋葬有三种方式，一、人死以后将尸体全部埋入地下；二、人死以后将鸟兽吃剩下的骨、肉埋入地下；三、人死以后将整个尸体用火焚烧。大多数采用第三种方式。

印度河流域文明时代的商业也相当发达。摩亨殊达罗和哈拉巴等都是重要的贸易中心。这里发现了许多当地不产的东西，可以断定同外地有贸易联系，如同中亚、波斯、阿富汗、南印度等地有着广泛的贸易往来。主要进口金、银、铜、锡等；出口的主要物品有布匹等。

当时流行的宗教主要是自然崇拜，灵魂之说盛行。印度河流域的人们时兴崇拜太阳、水、火，还认为一些树木、植物也是神圣的，对它们进行崇拜，例如，菩提树、罗勒草等至今还为印度教徒所崇拜。另外，考古还发现了一些动物的雕像，可以证明当时人们也崇拜动物，印度教徒至今认为母牛是神圣的，并给予崇拜。

舞蹈、音乐艺术也相当发达。印度河流域的人们善于唱歌、跳舞，考古发掘出了舞蹈的雕像，舞女赤身裸体，但是身上有很多装饰。雕像头上的头发梳理得很好。挖掘出不少乐器，在一些地方还发现了手鼓和大鼓的遗迹。由此证明当地人喜欢音乐。

印章艺术也很发达。在印度河流域挖掘发现了很多图章，这些印章各式各样，有石制的，有金属做的，有象牙制品，也有用泥土做的。印章大多为正方形，上面刻有动物的图像，另一边刻有文字。

现在人们不禁要问，上述文明的创造者到底是谁，对此学者们意见不一，有些学者认为，印度河流域文明的创造者是吠陀文明的创造者雅利安人，但这种意见站不住脚，因为印度河流域文明和吠陀文明有很大区别，同一个民族的人们不可能创造出区别如此之大的文明。也有学者认为，印度河流域文明的创造者是苏迈尔人。但是更多的学者认为，印度河流域文明是达罗毗荼人创造的，因为南印度的达罗毗荼人的土制陶器和石制的器皿以及他们的装饰品与印度河流域的非常相似，这种看法在很大程度上是正确的，是可信的。

印度河流域文明存在的年代，学者们的意见也不统一，确切的时间很难说，大多数学者认为它的繁荣期为公元前三千纪中到两千纪初之间。

印度河流域文明与吠陀文明不同，它不是以乡村与农业为主的文明，而是以城市和商业为主的文明，建立了许多大城市，而且与外国建立了贸易联系。

印度河流域文明是何时又是如何毁灭的，一直是人们关注的问题。据学者研究，它最晚在公元前1750年之后不久就结束了。在结束之前，经过了一个长期的逐渐衰落的阶段，但实际结束是突然的。毁灭的原因难以确说，但学者估计，印度河河水泛滥，灾荒、地震、气候的变化、外国入侵等原因也许使文明遭到毁灭，但最重要的原因是后者。在摩亨殊达罗，城市被焚毁，居民惨遭杀害，大屠杀之后的人口所剩无几。在哈拉巴，这种毁灭的证据甚少，因为这里的土地表层已遭到破坏，材料（主要是砖）被拿去用于现代建筑。

印度河流域文明的破坏者到底是谁，与雅利安人的入侵是否有关，后来的社会、文化又发生了什么变化，也是人们关心的问题。

第二章 印度宗教的出现

1. 印度教的由来及其发展变化

印度历史悠久，早在雅利安人进入印度以前，这里的原始土著达罗毗荼人就创造了先进的文化，有了崇拜自然的原始信仰。在公元前2000年左右，一支雅利安人开始由中亚进入印度西北地区，逐渐征服当地的土著。到公元前五六世纪，雅利安人由印度河发展到恒河流域。他们逐渐放弃了原来的游牧生活，改为定居，从事耕作，出现了原始村落。雅利安人接受了当地的原始信仰，形成了由印度河流域的土著人的宗教和中亚移入的雅利安人游牧部落的宗教混合而成的吠陀教，其特点为对种种神化了的自然力量和祖先的崇拜。此后在印度的奴隶制国家逐步形成的过程中，吠陀教被加入了新内容而发展成为婆罗门教，大约形成于公元前7世纪。以《吠陀》为经典，信仰多神，但主要有三大神，即梵天、毗湿奴和湿婆，他们分别代表宇宙的创造、保护和毁灭。婆罗门教主张吠陀天启、祭祀万能和婆罗门（祭司）至上，并在种姓制度的基础上建立起一整套烦琐的玄学体系和祭祀仪式。到了孔雀王朝时期，阿育王（公元273—232年）大力推广佛教，使佛教得到很大发展，婆罗门教有所削弱。直到笈多王朝（公元4—6世纪）兴起时为止，婆罗门教一直处于衰落状态，但到公元4世纪贵霜王朝灭亡后，笈多王朝的十几个皇帝都信仰婆罗门教，给予大力扶持，并把它定为国教，使婆罗门教得以复兴和发展。伊斯兰教传入印度后，婆罗门教为了同佛教和伊斯兰教抗衡，以求得生存和发展，进行了必要的改革，其影响最大的人物是商羯罗。公元8世纪商羯罗吸收了佛教和耆那教的某些教义，经过改革形成了印度教（或叫新婆罗门教）。

印度教综合了多种信仰，非常复杂。多数印度教徒是多神论者，相信众多神灵。该教认为，人类灵魂永存，并主张通过三个主要途径，即智慧、信仰和行动来实现个体灵魂和无所不在的精神的最终统一。印度教宣传因果报应和人生轮回，即所谓灵魂的转世。一个人的善良行为，能使他升天，邪恶行为则令其堕为畜类。印度教的节日很多，大的节日 140 多个，主要有霍利节、杜尔迦节、胜利节、灯节等。主要经典有《吠陀》、《往事书》、《摩诃婆罗多》和《罗摩衍那》等。印度教有种姓制度，人分四等，有高低贵贱之分，而且生来决定，世代相传，连他们的职业一般也有固定，不易更改，一般在种姓内通婚。由于种姓歧视不断发展，民怨沸腾，人心思变，社会混乱不堪，于是佛教产生。

2. 释迦牟尼与佛教

公元前 6 世纪，印度出现了列国纷争和百家争鸣的局面，思想活跃，争鸣激烈，宗派林立，好像我国的春秋战国时代一样。主要出现了 16 个强国。伴随着列国的争战和婆罗门教的发展，削弱了以前简朴的吠陀信仰，宗教信仰复杂化，宗教仪式日益烦琐，种姓歧视进一步加重。从而引起了广大人民的不满，强烈要求改变不平等的种姓制度，各种哲学思想、社会理论和宗教体系纷纷出现，于是佛教应运而生。

佛教的创始人是悉达多·乔答摩（Siddhartha Gautama）（公元前 563—公元前 483 年），略早于中国的孔子，属于印度的释迦（Sakya）族，人们尊称他为释迦牟尼，意为释迦族的圣人，“佛”是“佛陀”的简称，即 Buddha 的音译，他为刹帝利种姓。他生于迦毗罗卫（今尼泊尔境内），父亲净饭王是释迦族的酋长。悉达多 16 岁时与一位名叫耶输陀罗的女子结婚。29 岁时出家（一说 19 岁）。悉达多自幼生活条件优越。为了解社会，外出游历，感触甚深，体会到人生的痛苦和不幸，决心出家为僧。

他游历了许多地方，历时七年之久，来到尼连禅河附近加雅的一棵菩提树下，参禅七天七夜，冥思苦想。最后，悟道成佛，当时 36 岁。从此，他以释迦牟尼即释迦族的圣人而著称于世。

佛教之所以传世，与悉达多广收弟子，广传教义有很大关系。随着佛教信徒人数的日益增多，悉达多组织了教团，定出了戒律。

悉达多在 80 岁的时候圆寂了。那一年，虽已是耄耋之年，但仍带弟子进行传教活动，在抵达古欣那迦尔的时候病倒了。消息传开后，众多僧人赶来探望，佛陀对他们说：“你们可能在想，你们的师父要同你们分别了，不要这样想。我告诉你们的那些理论和教诲，那就是你们的师父，将永远存在。不过，我仍想告诉你们：孩子们，你们听着，有来就有去，有生就有死，不要有不切实际的想法。”这是佛陀的最后遗言，这些话仍影响着今天的佛教徒。

佛教的基本教义是四圣谛、十二因缘、八正道以及因果报应、生死轮回等。

四圣谛，指出了众生的苦难和解决苦难的办法，所谓四谛，即苦、集、灭、道。意思是说，世界上充满了痛苦，如生、老、病、死等。这就是所谓的苦谛；产生“苦”的原因是贪求肉体和精神快乐的欲望，这就是“集谛”；消除世界上诸苦的方法，达到解脱或称“涅槃”的境界，这就是“灭谛”；为摆脱苦难，必须“正道”，这就是“道谛”。佛教所说的正道有八条，即所谓正八道，这是佛教的核心，即正见、正思维、正语、正业、正命、正精进、正念、正定。八正道中第一步是正见：这个世界充满了由人类失控的贪欲和自私产生的悲苦。消除这些欲望正是所有人达到涅槃境界的途径；八正道就是实现这一目的的途径，是为第一步，曰正见。第二步是正思维；不以牺牲他人的利益而增加自己的财富和权力，不沉湎于感官享受和追求奢侈；泛爱众生，造福他人。正思维又称正志。第三步是正语：谎言、谤语、辱骂、闲聊及类似的语言误用会败坏社会组织。争吵由此发生，有可能引起暴力和凶杀。所以，正确的言语必须真诚，能增进友谊，令人喜悦，有节制。第四步是正业：杀生、偷盗、私通及肉体的其他此类行为会导致社会的巨大灾难，所以，有必要戒杀、戒盗、戒奸淫；而要学会给他人造福的正事。第五步是正命：任何人都不应以诸如销售烈酒、买卖供人屠宰的动物等危害社会的手段谋生。只应采用纯洁诚实的方法。第六步为正精进：不让恶念进入心中，驱除心中已有恶念，让心中积极产生善念，使心中已有的善念臻于圆满。这种积极的精神自律乃八正道之第六步。第七步为正念：要永远意识到肉体系由不洁之物构成，要持续不断地检查肉体的苦乐之感，要扪心自问，要思源于肉体羁绊和心灵痴迷的邪恶；并要沉思消除这些邪恶的方法。第八步为正定：此乃精心制定出来的禅定训练。即正身端坐，专心一境，以佛教的智慧观察人生的真实。

佛教认为，任何有生命的东西在未获得解脱之前，都会受着某些因果关系的束缚而不停地轮回，这些因果关系就是“十二因缘说”。十二因缘分析了造成痛苦的原因。佛教把人生化为彼此互为条件或互为因果联系的十二环节，这就是无明、行、识、六处、触、受、爱、取、有、生、老、死。十二因缘说认为：由于人的无知（无明），才引起人们的意志（行），由意志引起精神统一体的“识”，由识引起构成身体的精神（明）和肉体（色），有了精神和肉体，就有了眼、耳、鼻、舌、身、意（心）六种感觉器官（六处），有了感觉器官也就引起了对外界事物的接触（触），由触引起感受（受），由感受引起贪爱（爱），有了贪爱就有了对外界事物的追求（取），由取引起了生存的环境（有），有了生存的环境就有了生（生），有了生就必然有老、死。佛教认为，人们要解脱人生的痛苦，首先应从去贪爱着手。在佛教看来，贪爱总是得不到满足的，而人却又总是无限地追求，这就必然要产生痛苦。

佛教提倡非暴力，主张泛爱众生，反对种姓制度和婆罗门特权等都有进步意义。但是，鼓励人们看破红尘去出家，逃避社会上一切现实斗争，把希望寄予来世，到虚幻的彼岸世界去寻找人生的最后归宿，这并不科学。

第三章 秦汉时期：中印文化交流开始

中国和印度都是世界四大文明古国之一，早在公元前2世纪两国就有了交往，既有物质文化交流，又有精神文化交流。文化方面，在宗教交流的同时，也有其他文化的交流，诸如，文学、艺术、哲学，等等。两千多年来，相互交流面之广，彼此影响之深，在世界上实属罕见。两国人民在长期的交往中，彼此尊重，相互学习，取长补短，相濡以沫，结下了深厚的友谊，中印两国的交往史，实际上也是一部文化交流史，中印人民的友谊史。

据考古发现和专家研究，“在印度河流域发掘出来的古城哈拉巴和摩亨佐达鲁出土的古陶，与中国甘肃省史前的彩陶有一些相似的地方，其中可能有某些渊源关系。”（参见季羡林著：《佛教与中印文化交流》，第149页）。在天文方面，“古代中国和印度，还有古埃及，波斯和阿拉伯，都对天体有细致的观察，都有所谓二十八宿的划分，其中以中印两国最为突出：‘两国的二十八宿每一个都有具体的名字。其中肯定有渊源关系。至于谁学习谁，则是学术界一直争论不休的问题，有的学者主张起源于中国，有的主张起源于印度，有的还标出巴比伦起源说。中国学者竺可桢和日本学者新城新藏（东洋天文学史）经过细致深入的研究，主张起源于中国，并提出了确凿可信的证据。’”（参见季羡林著：《佛教与中印文化交流》，第149～150页）。根据《史记》和《汉书》上记载，在中国西周末年以后，天文家星散四方，有的还到了“外国”。当然，当时的“外国”与现在不同，但是不管怎样，那些地方同外国联系的机会更多，因此，间接或直接地同印度天文学有交流活动则是完全可能的。

1. 中印初步接触

印度人何时知道中国，与中国有何交流，在印度史书中没有准确的记载。中国和印度两国物质文化的交往始于何时，意见不一。但印度古代文献中早有关于中国的记载。印度著名史诗《摩诃婆罗多》中提到“支那”的马、“支那”的兵等。在该史诗中多次提到中国（Cina 支那），一般认为它是中国的“秦”字。但此书的成书年代有几十种说法，一般认为是在公元前4世纪至公元4世纪。由于成书年代不详，无法确认。另一部史诗《罗摩衍那》中也提到“支那”，还有著名文献《摩奴法论》中也列举了“支那人”。“支那”是古代印度人对中国的称呼。尽管上述文献中多次提到中国，不过，这些书的年代不能完全确信。书虽然是公元前的，可是书中也有些后加成分。关于“支那”一名，一般人推测是中国秦朝的“秦”字的译音。如此说来，中印开始往来至少可以上溯到秦汉时代（公元前一二百年），但据中国《史记》中记载，公元前2世纪中国四川的产品已经到了印度，这是中印文化交流的可靠证据。关于印度佛教最初传入中国的年代，在中国的史书中也有记载，是在西汉末年（公元前1世纪末）。可见，中印文化交流至少在公元前2世纪就已开始，到现在已有两千多年的历史。

2. 汉代的中印交流

中印两国交往开始的年代虽难以确说，但是中印之间真正大量的经济和文化交流恐怕是在汉代就开始了。据我国的《史记》中记载，最早提到印度的是《西南夷列传》，其次见于《大宛列传》。在《西南夷列传》中记述的是：“张骞使大夏来，言居大夏时见蜀布、邛竹杖，使问所从来，曰：‘从东南身毒国，可数千里，得蜀贾人市。’”在《大宛列传》中也提到，骞曰：“臣在大夏时，见邛杖、蜀布。问曰：‘安得此？’大夏国人曰：‘吾贾人往市之身毒。身毒在大夏东南可数千里。’”说明在大夏（今阿富汗境内）看到了邛竹与蜀布。以上是中国史书中最早记载有关印度的史料，这是公元前2—1世纪的记录，距今已有两千多年。说明在公元前2世纪以前中国和印度实际上已有商业贸易往来。

到了汉代印度佛教开始传入中国，经过新疆一带的少数民族做媒介，逐步传入内地。随着佛教的不断传入，印度文化也逐渐传了进来。

关于印度佛教最初传入中国的年代，说法不同。但据中国的史书记载，这个年代是在西汉末（公元前1世纪末），盛行于东汉之后（公元3世纪起）。不过，在传入中国内地以前，在当时的“西域”和南海一带已经流行了，这是一种说法。还有一种说法是，东汉明帝永平年间派人去西方求佛教，这样，佛教才传到了中国，时间是在公元1世纪中叶。当时明帝梦到了佛，于是派人求经。结果不仅带来了佛经、佛像，还请来了印度学者。当时，出于驮运东西的需要，还使用了一匹白马，明帝为居住在洛阳的印度僧人还建了僧舍，这就是著名的白马寺，驰誉千载。

随着佛教在中国的不断传入与传播，中国古人从印度佛教徒或通过佛教形式学到了印度的哲学、科学、文学和艺术等，大大丰富了我国文化的内容，促进了中国文化的发展。同时，中国与印度也有经济文化交流，并促进了印度科学文化的发展，尽管到目前为止，这方面发现的材料还不够多。

印度著名学者苏尼帝·库马尔·恰特吉先生说得好："当公元一世纪以后，中国和印度之间已经有了直接接触的时候，它们的一些思想或者对世界的看法就有了相同之处。当印度结成一个整体而不是四分五裂的时候，它被来自中国的智力和精神上的成就所吸引，毫无疑问它接受了它们，并且把它们吸引到了自己的文化之中，使之完全变成了自己的东西，就如同中国吸收来自印度的那些思想和技术领域里的东西一样（甚至比中国吸收印度的东西还更多）。"这是完全可能的。下面先让我们谈谈中国一些物质文化传入印度的情况。

中国是世界上最早养蚕和织造丝绸的国家，也是中国人民对世界文化的一大贡献。远在三千多年前，商、周时期便已有养蚕，并织出了华美的丝绸和多彩的锦绣。到了战国时期，中国的丝绸已驰名世界，当时欧洲一些国家就称中国为"丝国"。据中国和印度学者研究：中国丝也传到了印度。在憍胝厘耶的《利论》（Arthasastra）中有 Cinapatta 这个字。意思是"产生在中国的成捆的丝"，梵文里还有 Cinamsuka 这个字，意思是"中国衣服"、"丝衣服"。这些同丝有关联的字都有 Cina（支那，中国）这个字眼儿。可见，丝是产生在中国的（参见［印度］杰欣格尔·杰希拉著：《古代印度史》，第 579 页；［印度］斯叠该礼·盛德亚棱伽尔著：《印度文化在中亚和中国》，第 191 页）。在公元前 4 世纪时，中国的丝绸已输入印度，而且很受欢迎。以后，中印之间的贸易不断发展，在印度的迈索尔地区发现了中国公元前 2 世纪的钱币就是证明。印度另一部古典《摩奴法论》（约公元前 2 世纪至公元 2 世纪写的）里也多处提到"丝"字，著名的史诗《摩诃婆罗多》、《罗摩衍那》等著作中也多次提到"丝"、"中国衣服"等。汉代张骞通西域后，中国的丝绸更络绎不绝地运往世界各地。

造纸术同样是中国对世界文化的一大贡献。在中国，纸的发明在世界上是最早的，至晚在汉和帝元兴元年，即公元 105 年，蔡伦发明了以麻头、破布、树皮、废渔网等为原料造纸的方法。从此，造纸术很快传播开来，先传到了中国西北一带。"纸在二世纪初由洛阳成批制作，向全国推广，从此开始了纸的西传。由于军事和外贸的需要，新发明的纸迅速传入河西走廊和新疆。”据学者研究：“在甘肃西部，楼兰，吐鲁番，高昌，焉耆，库车，叶儿羌，和阗等地都掘出了古代的纸。从发掘确定的年代来看，蔡伦发明造纸以后不久，纸就开始向这些地区传去……传出中国，传到南亚，西亚许多国家，比如波斯，阿拉伯等。印度当然也包括在里面。”（参见季羡林著：《佛教与中印文化交流》，第 153 页）

义净在 671—695 年侨居印度，在他之前印度已经有了纸。换句话说，也就是在 7 世纪末叶以前，纸已经到了印度。

众所周知，中国对于钢铁的生产技术掌握得较早。早在春秋时代（公元前 770—前 476 年）就知道了铁。至于钢的发明，学者们认为始于战国时期（公元前 403—前 221 年），近些年来，考古发掘证明，当时的炼钢技术已经相当发达。到了西汉，中国的冶金技术更加提高。在印度，铁和炼铁技术的出现也很早，是由雅利安人大约在公元前 1100 年左右传去的。据史书记载，公元前 4 世纪前，高质量的印度钢已经输出国外。然而，梵文表示“钢”的字有几个，其中之一是 Cinaja ，其意思是“支那生”，即“中国出产”，很可能炼钢技术也是从中国传去的。这就说明，在钢的生产方面，中国和印度之间早有交流。在汉代，除上述东西传入印度外，据“前汉书”记载，从汉武帝起，中国和印度西北部克什米尔地区建立了外交联系，并进行了大量物质交往，当时，从印度传入中国的物品有珍宝、白玉、水晶、玛瑙等。据传，在公元 1 世纪时，从中国向印度传去了桃树和梨树，所以梨树在古代印度有“中国王子”之称。桃、梨可能是从中国甘肃河西一带输入印度的。

印度音乐历史悠久，从吠陀时代就深受人们的喜爱。因此，也早有关于音乐的记载，例如，属于《娑摩吠陀》的《干闼婆吠陀》（Gandharva－Veda）就是一部音乐学。在汉译佛典中也记有干闼婆神，即音乐神。在《梨俱吠陀》中也记有音乐、唱歌、舞蹈、斗羊、弓术等游戏。到了佛教时代，乐器又有增加。

印度音乐很早就传进中国，始于秦、汉，盛于隋、唐，衰于元、明，在很大程度上是借助了宗教的力量，但传入的路线大都并非直接，而是以西域作为媒介。诸如箫、笛、琴、箜篌、琵琶、铜绕钹等乐器，在敦煌壁画和云冈石刻中都可以看到。这些外来乐器加入中国的乐队后，使中国传统的歌舞乐调起了很大变化。例如，琵琶这类乐器为印度和波斯所共有，古梵语中的“拨弦”（Bharbhu）的音译和琵琶相近（参见沈福伟著：《中印文化交流史》，第74页）。又如箜篌（vina），为印度梨俱吠陀时代乐器的代表，也是在汉代传入中国，在汉时作曲家曾为此创作了“箜篌引”的乐曲。在印度的佛陀伽雅出土的石刻中（属于4世纪中叶至5世纪初）也有弹奏箜篌的图像。两者相同，必然有文化联系。例子很多，不再例举。

印度音乐发达，而且很早就传入中国，前面已经谈到。但是，中国的音乐乐器也传入印度，进行了文化交流，从而也丰富了印度的文化。例如，在印度，尤其在印度南方还流行“击瓯”乐器，即用10个左右的碗，碗中放水，以水量多少，调节音程，击碗可发出美妙动听的乐调。据专家们研究，“击瓯”属“击缶”的演进，在中国东晋时非常流行，这种“乐器”大概在中国南北朝时传入印度，这是中印古代文化交流的又一例证。

据我国《史记》的《西南夷列传》和《大宛列传》记载，在公元前135年，我国汉朝的时候，有个著名的旅行家名叫张骞。他作为当时皇帝汉武帝的使者奉命出使西域，历时13年，于公元前122年回国。在《西南夷列传》中记述：“张骞奉命出使西域，他在大夏（今伊朗、阿富汗一带）看到了中国四川出产的蜀布和邛竹杖，便问此物从何而来。当地人告诉他，这是从东南的一个大国来的。那个大国名叫‘身毒’，距这里数千里，有蜀人在那里卖东西，这些蜀布和竹杖是从他们那里买来的。”可见，到公元前2世纪，中国四川的产品已经传到了印度，这是可靠的历史记载。事实说明，在张骞出使西域之前，人们就同身毒国有了联系。张骞回国后向汉武帝做了报告。张骞认为，四川的物品能到南方一个大国去，这个国家一定在中国的西南方，中国西南部会有一条通往那里的路，因此，他建议派人试探走这条新路到身毒去，然后再从那儿到大夏。汉武帝听了张骞的话，就派人到西南去。据史书记载，这一次使者由四川分四路出发到了云南，但没有打通去大夏的道路。不过这是政府所派的人没有走通。事实上，运输布、竹杖和其他商品的人还是陆续走那条道的。这个“身毒”就是印度。张骞的报告和后来汉朝使者到印度的事，在中印关系上是最早和最可靠的历史记载。

3. 佛教传入中国

佛教起源于印度，随着中国与中亚各国经济、文化的交流，佛教于两汉之际传入中国，在中国的社会历史条件下，开始生根、发展，成为中国封建社会上层建筑的组成部分。佛教在中国的传播和发展，经历了近两千年的漫长岁月，它在中国产生了广泛而深远的影响。随着佛教在中国的不断传播，中国古人向印度学到很多东西，诸如，在哲学、道德、文学、雕塑、建筑、美术、科学、音乐、舞蹈、医学等方面，都受益匪浅，给中国的政治、经济、文化等带来很大影响，大大丰富了中国文化的内容，促进了中国文化的发展，也丰富了中国社会的风俗和人们的思想，可以说，若没有印度佛教的传入，中国的文化就不会是今天这个样子。同时，伴随着佛教的传播，也推动了中国与邻国之间的文化交流，加强了中国与各国人民之间的友谊。

关于佛教传入中国的具体年代，历来说法不一。据可靠的史书记载，是在西汉末（公元前1世纪），盛于东汉以后（公元3世纪）。还有另外的说法，下面专门要谈。季羡林先生认为："印度佛教不是直接传入中国的，途径有两条，时间有先后，最早的是通过大夏，以后是通过中亚某些古代民族，吐火罗人最有可能。"（见季羡林：《中印文化交流史》，第27页）据中国历史记载，最早崇信佛法的人，不是平民百姓，而是宫廷贵族，或者大官僚。佛教属于一种精神享受特权，与一般百姓无关。到三国时，一般广大群众只是被作为特权贵族施舍的对象才能接触到它，以后才逐渐兴盛起来，传播到民间。

印度学者在古代交通不发达的情况下，不辞辛苦纷纷来到中国，进行传教译经和讲学活动，其中绝大多数最后留在中国，没有回去，他们为中国献出了自己的知识，甚至宝贵的生命，这是我们永远不能忘记的。

据史书记载，第一个在中国译经的外国人是安世高，他是波斯人，当时波斯地区叫安息。最早与中国人合作译佛经的人叫安玄，也是安息人，都在东汉末年（公元2世纪）。另一位是支谶，月支国人，还有一个叫竺法蒴，是印度人。据史书记载，第一个从印度到中国传教译经的人是公元179年译书的竺佛蒴，第二位是公元197年译经的印度高僧竺大力。他们为译经传教作出了很大贡献。

到公元3世纪，三国时代，在南方的吴国译经的有支谦和康僧会。还有维祇难和竺律炎，都是印度人，他们在武昌合译过《法句经》等。在北方译经的印度人昙摩迦罗，译过《戒律》等。三国以后，佛教的译经和传教活动继续进行，来华的梵僧不断增多，译经的范围逐渐扩大，中国僧人的数目继续增加，中国佛教宗派逐渐形成了。

关于佛教传入中国的时间问题，社会上有不同说法，到底哪种说法科学、准确，读者自有结论。

4. 关于迦叶摩腾、竺法兰问题

关于佛教传入中国的时间问题，上面已经提到，但还流行着另一种说法。说在东汉汉明帝永平年间派人去西方求佛教，从此佛教才传入中国。这是公元1世纪中叶（公元58—75年），据说汉明帝梦到了佛，才派使者去求经，后来请来印度高僧，并带来了佛经和佛像，在洛阳还修建了白马寺，当时译出了一些佛经，其中一部《四十二章经》传到现在，当时请来的印度学者名叫迦叶摩腾，也叫竺法兰。

这种传说并不可靠，中国的印度问题专家、学者们对此持有不同看法，现仅举几例。季羡林教授经过考证后认为：迦叶摩腾、竺法兰是不确切的人物，并没有可靠的历史记载，而且佛教并非“从此才传入中国”。他还明确地指出：“佛教是公元前传入中国的，具体的时间现在还无法确定。最初不是直接从印度传来的，而是间接经过中亚细亚和新疆一带的、有些今天名义上已经不存在的民族，如大月支、安息、康居等国传入的。这从最初译经者的姓名以及梵文译音中可以清楚地看到。”（见季羡林著：《浮屠与佛》和《吐火罗语的发现与考释及其在中印文化交流中的作用》）“流传很广的所谓汉明帝夜梦金人、派人西行求法的故事，是捏造的；摄摩腾和竺法兰的故事也是完全靠不住的。”（见《季羡林学术论著自选集》，第74页）中国近代著名佛教史专家汤用彤先生也认为：汉明帝永平年前已有佛法，佛法不始于明帝，他对永平求法传说做了大量考证（见汤用彤著：《汉魏两晋南北朝佛教史》）。

为了进一步说明问题，季羡林通过有关古代语言考证后指出：“初期的译经者差不多都是从中亚一带来华的高僧，后来也逐渐有了从印度直接来的。到印度去留学的中国和尚最初是没有的。最早译过来的佛经不是直接根据梵文或巴利文，而是经过中亚和新疆一带今天已经不存在的许多古代语言转译过来的，比如，焉耆语（吐火罗语A）和龟兹语（吐火罗语B）等等都是。”

中国著名的佛教学者任继愈先生从中国古代历史文献记载中也发现疑点，他也明确地指出：“关于摄摩腾的名字……到底有无此人？《四十二章经》是不是他译的？现虽难以考证，但说他是汉明帝时人是没有充分根据的。至于说竺法兰，则可以明显地看出是伪造的。梁僧祐《出三藏记集》著录《四十二章经》，说：使者张骞、羽林中郎将秦景到西域，始于月支国遇沙门竺摩腾，译写此经还洛阳，而根本没有提到竺法兰，及其译经。”（见任继愈主编：

《中国佛教史》第一卷，第100页）

关于白马寺，《四十二章经》讲汉明帝遣使求法后开始兴建佛寺，东魏杨炫之《洛阳伽兰记》卷四说："白马寺，汉明帝所立也，佛教入中国之始。"《魏书·释老志》说："愔（蔡愔）之还也，以白马负经而至，汉因立白马寺于洛城雍门西。"任先生在文章中说：到底汉明帝时有没有修建白马寺，从现在考察，随着佛教传入中国，为安置西域僧侣居住而兴建一些佛寺是可能的；当然，开始不一定叫白马寺。接着他又引证道，《高僧传·摄摩腾传》有这样一段话是很有道理的：

"愔（蔡愔）等于彼（天竺）遇见摄摩腾，乃要（邀）还汉地——明帝甚加赏接，于城西门外立精舍以处之——有记云：腾译《四十二章经》一卷，初缄在兰台石室第十四间中。腾所住处，今洛阳城西雍门外白马寺是也。相传云：外国国王赏毁破诸寺，唯招提寺未及毁坏，夜有一白马绕塔悲鸣，即以启王，王即停坏诸寺，因改招提以为白马。故诸寺立名多取则焉。"

任继愈先生认为：按这段引文，开始安置印度（或西域）沙门的"精舍"（"寺"的异名）"住处"，后来才成白马寺，而且白马寺的名称与求法（所谓"白马寺负经"）没有直接关系。因此，白马寺的名称当是后来才有的。《冥祥记》正是袭用了这个说法。（以上详见任继愈主编：《中国佛教史》，第一卷第102页）

关于汉明帝感梦遣使求法的记载有很多，说法也很不一样。其中最早的记载当是著于东汉的《四十二章经序》。任继愈先生认为："从东汉《四十二章经序》开始，各种关于汉明帝永平求法的记载都采取追述的形式，没有一种是原始记录或原始记录的转述。越是到后来的记载，情节也越多越详尽，都是把作者所在时代的见闻或想象增添上去。"（见任继愈主编：《中国佛教史》第一卷，第103页）

以上说明，流传很广的所谓汉明帝夜梦金人，派人西行求法的故事并非可靠，用季羡林先生的话说，"永明求法，是靠不住的"。"从佛教传入中国的种种迹象来看，肯定早于汉明帝。"（见季羡林著：《中印文化交流史》，第25页）摄摩腾和竺法兰的故事也不可信。佛教传入中国更不是由此开始，而是早在此之前，即公元前就传入中国。至于佛教是怎样传入中国的，季羡林先生曾经说过，"印度佛教不是直接传入中国的，途径有两条，时间有先后。最早的是通过大夏，以后是通过中亚某些古代民族，吐火罗人最有可能。"（见季羡林著：《中印文化交流史》，第27页）

第四章　魏晋南北朝时期：中国出现佛教热潮

1. 古代中国分裂与动乱状态加剧，中印文化交流加强

中国古代两晋南北朝在中国历史上起了重要作用。尤其南北朝时期是中国秦汉以后我国政局分裂持续时间最长的时期。历史学家认为：东晋十六国以及北魏和后来的东西魏及北齐、北周，是乱世，东晋及南朝是正统，其余王朝都不是正统。

春秋战国时期，列国纷争，通过国家之间的经济交流、文化往来以至战争的促进，使得中国南方北方东方西方各地区的不同民族融合，也促进了各地文化的交流，丰富了各地的文化。

魏晋南北朝时期的民族融合，其广度和深度超过了春秋战国时期。这次民族融合的特点是“持续时间很长，涉及面更广，其涉及领域几乎包括今天中国的黄河、长江、珠江、辽河等广大区域，民族融合方式更为复杂多样。有以汉族为主，吸收少数民族文化的；也有的以少数民族为主，大量吸收汉族文化的。这种互相吸收和融合，大大充实和丰富了中华民族文化，为后来的隋唐形成统一的高度发展的封建文化积累了丰富的资料”。（见任继愈主编：《中国佛教史》，第 3 卷，第 2 页）

南北朝的长期分裂，为南北双方的人才往来和学术交流提供了机会，当时有些像春秋战国列国纷争的情况，这就给文人、学者以逃避严密控制的机会，这一国不能立足，可以转到另一国。有时，一个学派在北方受排挤，到了南方则受到欢迎，找到了立足之地；有的南方学者的著作传到北方，受到北方的重视。例如，东晋南方的慧远影响到北方，北方的罗什大乘中观学派也影响到南方，如此等等，这样，促进了南北双方的文化交流。

南北朝时期，儒、释、道三教互相争夺、互相吸收配合的形势逐渐形成，这是南北朝近三百年来思想发展的总形势。这个时期，中国佛教文化的发展，是在当时的社会思潮和历史发展的总形势下进行的。

南北朝时，佛教盛行，其影响扩大。由于佛教的传播与中国传统文化密

切配合，形成了具有中国特色的佛教，即中国化的佛教。不仅如此，随着中国与友好邻国的交往，这种中国化的佛教，也传到了朝鲜、日本、越南等地区。这样，佛教文化的交流，对中外民族文化交流起了联系作用。

这一时期，中国处于长期分裂和动荡局面，清谈之风盛行，于是佛教传入中国之后，尤其到了南北朝，发展迅速，影响进一步扩大。这样，随着佛教不断在全国传播，印度文化也随之大量传入，中印文化的交流进入了光辉灿烂的时期。

我国古人向古代印度吸收了不少印度文化成分，使这些外来成分和我国具体情况相结合，在我们的国土上，最后由我国古人亲手栽培出中国的花朵，结出了丰硕之果。其表现是多方面的，当然，在中国的文学方面，显得尤为突出。

从东汉起，佛经在我国被译成汉文。晋朝以后，译文更加丰富。佛教中有许多谈鬼说神的寓言故事。原来在中国社会上流行着一些神仙传说，到了六朝时代（从晋到隋，公元3世纪中到7世纪初），再加上从印度传来的谈佛说鬼的故事，于是一般文人开始喜欢写些鬼神和怪物的故事。正当佛教盛行之际，信佛者当然喜欢写些宣传佛教的故事。这样，从六朝到隋朝，在中国产生了一种新的文体，这就是鬼神志怪故事，其代表作品有《拾遗记》、《搜神记》，等等。

音韵学方面，随着佛教的传入，印度语言对中国语言的发展有很大影响。在此之前，我国知识界只注重汉字的形象和意义，但对汉字的声音并不十分重视。东汉以后，随着佛经的传入，很多知识分子学习了印度的古文字梵文。学习了印度拼音文字后发现，印度人研究语言时着重声音而不着重文字形象，这引起不少人的注意，于是许多人开始注意研究汉语里的声音了。从此中国的汉语音韵学开始建立起来。到了南北朝时代，许多学者分析汉语特有的声调后定出了“四声”，编定出依照声音分类排列汉字的新字典，以及其他一些有关研究汉语语音方面的书籍。到了隋朝（公元6世纪），又有些学者在全部分析每个汉字的辅音和元音的基础上，定出了汉语一切字的读音系统。从此以后，中国历代政府不仅重视汉字的统一读音问题，而且也重视汉语的字形、字义和字音了。中国地域辽阔，汉族方言复杂，要成为一个统一而巩固的国家，汉字需要有统一的读音标准，中国这一工作的完成，适应了当时国家统一的进步要求，满足了人民的愿望，对国家的统一和民族的团结起了积极的作用。

艺术方面，两国是相互影响的。佛教初兴时，印度人并不为佛画像，也不为佛雕像。后来在希腊艺术的影响下，印度西北一带地区，才出现了所谓犍陀罗艺术，产生了带有希腊风格的石刻佛像。从此以后，这种雕刻石像艺术在印度逐步发展起来。随着佛教的传播，这种艺术也传进了我国，先到新疆，后到内地。印度在佛教盛行时期，曾开山凿石，在山中建造庙宇，在里面雕石像、画壁画已成风气。这种风气也传进了中国。从北魏到隋唐，成就了不少伟大工程，如敦煌、云冈、广元等石窟的群像，都是这种艺术的传播与发展的结果。

印度犍陀罗艺术传入中国后，对中国艺术产生了重大影响。如上面提到，中国大同附近的云冈石窟等，开凿于公元 4 世纪。据文献记载，正值印度笈多王朝兴盛时期，当石窟开凿之初，不仅图样取于印度，而且还有梵僧参加。因此，云冈石刻的作品带有犍陀罗艺术特点。这不仅是中印人民智慧的结晶，也是两国艺术的结合。今天，当我们看到这些珍贵的艺术遗迹时，一方面为我国古代人民的聪明才智而自豪，另一方面也感谢促成这些艺术发展的印度朋友。

中国的艺术曾对印度艺术产生过影响，表现在印度笈多王朝时期（公元 4—5 世纪）钱币的设计图案上。印度苏尼蒂·库马尔·恰特吉先生对此做了大量研究，他认为：我们至少在印度笈多王朝帝王们赞助的艺术领域里也能找到印中两国交流的一些成果。在笈多钱币上有用公元 4—5 世纪笈多王朝婆罗密体梵文刻下的铭文。这些梵文铭刻是用印度一般的书写方式沿钱币的边缘镌刻的，字母的书写顺序是从左向右。例如，我们就有完全使用梵文的铭文，如“无敌的国王征服了整个世界，他现在正以自己的善行征服上天”。但国王的名字刻在钱币的中央，在国王的立像旁边是按汉语的习惯自上而下写的字母，字母从右到左分作两行（印度字母分两行书写在钱币上，一行是“沙摩陀罗”，一行是“笈多”，书写的顺序是从上到下）。在后来，唐代所编纂的汉梵字典中梵文词也是按同样方式书写的，印度字母按照汉语的书写风格从上到下一个字母压一个字母。恰特吉先生还说，笈多钱币的设计者用印度字母进行装潢，所采用的这种图案在当时的印度的确十分新鲜，看来这种设计方式是受了汉字书写方式的启发。接着，苏尼蒂·库马尔·恰特吉先生强调指出：在一些笈多钱币上，比如在关于马祭的钱币上，马的形象和当时中国绘画中的马就很相似。绘制在钱币上的长三角旗（一种小旗）在马前的旗杆上随风翻舞，而这种飘摆的布饰和中国人绘制布饰时的处理方法是很相似的。

这就说明，早在公元 4—5 世纪，即在中印两国彼此频繁接触的情况下，印度的艺术也受到了中国艺术的影响。

中国医学素称发达，但印度医学的历史也很悠久。早在吠陀时期（公元前 1500—600 年）的《阿达婆吠陀》（大约成书于公元前 1000 年左右）中就有关于医学知识和疾病治疗的记载。在《利论》中也记述了公元前 3 世纪印度的医药情况。随着佛教的传入，佛经的翻译以及一些通晓医术的印度僧侣来华，印度的一些医学理论、医疗方法以及药方药物也相继传入中国。东汉末年安世高翻译的佛经就有《人身四百四病经》（《出三藏记集》卷 13；《开元释教录》卷 1）。以后不断有印度医学理论、药方被译为汉语在国内流传。如中国的隋代，有许多所谓汉译胡方在中国流传。据《隋书·经籍志》中记载，有《龙树菩萨药方》4 卷，《西域诸仙所说药方》23 卷，《西域婆罗门仙人方》，《西域名医所集药方》4 卷，《婆罗门药方》5 卷，等等。佛经中不少地方涉及印度医学诸科，如儿科、产科、肛瘘科、眼科等。据文献记载，印度的眼科医学很早就传入中国。传入中国最早的眼科著作是东晋竺昙无兰所译的《佛说咒目经》1 卷。随着佛教的传入中国，印度的眼科医术也不断地传入中国。

公元 4—5 世纪的印度笈多王朝时代（相当于中国的东晋至南北朝），印度的对外贸易高度发展，同外国有大量贸易往来，中国是它当时的主要贸易国之一，此时，被称为“cinamsuka”的中国丝绸衣服已畅销印度各城，在印度著名作家迦梨陀沙的著作中对此也有记载。（［印度］迦梨陀沙著：《鸠摩罗出世》，7. 3）

中国是产糖很早的国家之一。公元 5 世纪末 6 世纪初南朝、齐、梁时期，中国南方已知道用甘蔗生产砂糖的技术。到了唐代，公元 647 年摩羯陀国使者来到长安，向唐太宗夸耀印度的砂糖，于是唐太宗派人到摩羯陀去学习熬糖法，回来后取扬州诸蔗用印度工艺熬制蔗汁，所得砂糖“色味愈西域甚”（见《新唐书》卷 221 上 9），超过印度砂糖。可谓“青出于蓝胜于蓝”。元代（1206—1368 年）埃及人到中国来传播熬白糖法。到了明代（1368—1466 年），中国制糖术已经很高，传到日本、南亚、东南亚。大概此时传入印度。所以印地语中有“cini”一词，意思是“中国的”（指白糖）。可见，中印两国古代的制糖术是相互学习的。

2. 佛教在中国迅速发展

魏晋时期，中国处于长期分裂和动荡的局面，清谈之风盛行，于是佛教空前兴旺起来，中印两国僧人来往增多。尤其到了南北朝，佛教发展迅速，影响也进一步扩大。到了唐代，中印文化交流活动各方面都达到了高潮。随着佛教不断在全国大量传播，印度文化更是大量传入，涉及的领域很广。因此，中印文化进入了辉煌灿烂的时期。

到公元4世纪，有一些和尚从当时印度西北部来到中国，如僧伽跋澄、僧伽提婆、佛驮跋陀罗等。僧伽提婆在中国译书100多卷。佛驮跋陀罗共译书15部，多达117卷。魏晋时期，由于佛教不断地传入中国，来华的僧人和传教活动继续增多，中国僧人的数量也不断增加，佛教的影响日益扩大。到了西晋末年，特别是进入东晋十六国时期，由于战争连年不断，广大人民饱受苦难。因此容易接受佛教关于彼岸世界的宣传，这就为佛教的宣传提供了条件。北方少数民族政权大多扶植佛教，使佛教得以迅速发展。同时也与一些高僧的作为有关，诸如，他们翻译了大量佛经，积极从事说法传教等活动。西晋时译佛经的印度人有竺叔兰，还有一个叫疆梁娄至。西晋以后，佛教的影响进一步扩大，中印文化交流有了很大发展，中印物质交流、政治上相互往来更加频繁，来中国的高僧和中国的高僧都日益增多。

这一时期，名望高、影响大的高僧主要有佛图澄（232—348年）、释道安（312—385年）、鸠摩罗什（343—413年）、慧远（334—416年）、法显（342—424年）、真谛（498—569年）等人。

佛图澄是一位高僧，他在中国不仅传布佛教，而且还参与军政大事，据史书记载，封建统治者待他“衣以绫绵，乘以雕辇，朝会之日，和尚（佛图澄）升殿，常侍以下悉助举与，太子诸公扶翼而上，主者唱大和尚至，众坐皆起，以彰其尊”。（见《高僧传》卷9）在他的影响下，中国的封建统治者才允许百姓出家为僧。

东晋的释道安是一位有影响的人物，他于公元374年做《综理众经目录》一卷，对后世影响极大。他认为没有戒律，僧伽则实难维系，于是，他又制定了可行的“律条”，为以后中国寺院制度奠定了基础，他还协助中外众僧翻译佛经多部。因此，可以说，他对佛教的发展以及中印文化交流做出很大贡献。

鸠摩罗什是一位在中国佛教史上和中国哲学史上出类拔萃的人物，下面将详细谈到，这里不重复。

慧远是道安的弟子，被誉为中国佛教史上开辟另一新纪元的人物。他出家后博通佛典，居庐山东林寺长达30余年，终生在这里授徒、说法，并与政界和佛教界广有联系。季羡林先生认为：他德行淳至，学识超群，当时许多重臣硕学，对他无不倾倒，他对两晋佛法之兴隆，对印度文化之吸收，实有大功，他可以说是继道安之后的一位高僧大德。

法显是一位有突出贡献的人物，下面要专门谈到。

真谛，南北朝时期的最后一位高僧，他在中印关系史上占有重要的地位，天竺人，他于公元546年48岁时来到中国，他由海上登陆，先到广州，然后到南京，受到梁武帝的热情接待，他翻译了很多佛经，如《十七地论》、《中论》、《如实论》、《金光明论》、《仁王般若经》、《大空论》、《俱舍论》等，他的译作甚多，在中国影响巨大。

在南北朝时期，统治者为维护封建等级制度，用“因果报应说”诱导人们安分守己，遵守封建道德，以企获得“来世”的善报和“死后”的天国。因此，佛教得到统治者进一步支持和扶植。北魏文成帝（公元452—465年在位）和孝文帝（公元471—499年在位）执政时期，花费大量人力、物力在大同云冈和洛阳龙门开凿石窟、雕刻佛像和资助翻译佛经事业。到南朝的宋文帝，尤其到梁武帝（公元520—548年在位）最为突出，他曾下诏宣布：“唯佛教一道，是为正道。”他并亲自登殿讲经。

在南北朝时期，由于受到统治阶级的重视，佛教有很大发展，形成了独立的寺院经济。据史料记载，江南的梁朝有寺院2846所，僧尼82万人；北魏末期江北地区有寺院30000所，僧尼200万人。这时寺院拥有了大量土地，还经营商业，发放高利贷，从事剥削活动，从而聚敛了大量财富。佛教到南北朝时，可以说走上了独立发展的道路，构成中国封建社会上层建筑的一个组成部分，并开始在思想上和经济上产生较大影响，为隋、唐时期具有中国色彩的佛教发展创造了条件。

若把魏晋南北朝称为中印文化交流的鼎盛时期，那么到了唐代，形势则进一步好转，更加辉煌灿烂。无论物质文化交流，还是精神文化交流，无论是官方外交活动，还是民间自由往来，都达到了前所未有的程度。这一时期，国内外水陆交通发达，同亚洲、非洲、欧洲各国的友好往来频繁，中印文化交流活动各方面都达到了高峰，两国间相互往来，彼此派遣使者，内容已非常广泛，涉及政治、经济、宗教、艺术、技术、贸易等各个领域，是中印之间彼此往来最活跃最昌盛的时期。这一时期，中国出了几位著名高僧，王玄策、玄奘、义净则是典型代表人物，他们为中印文化交流做出了杰出贡献。

3. 中印外交关系开始密切

中国两晋至隋唐（公元265—907年）是中印文化交流的鼎盛时期，佛教在中印文化交流中起了主导作用，这是尽人皆知的事情。之所以如此，与两国的关系密切有联系。

关于这方面，季羡林先生做了大量研究，他认为："自西晋以后，中印之间的陆路和海路交通日益畅通，到了七世纪以后，海路的比重日益增强，又由于双方政治形势的变化和经济发展的要求，两国之间的贸易活动和政治上的友好往来，越来越频繁，因之在精神文化和物质文化两个方面，双向交流越来越多了，这当然促进了彼此文化的发展。有的印度商人甚至冒充政府的使者，以进贡为名义，进行贸易活动。这种例子在中国历史上都能找到不少。"（参见季羡林著：《中印文化交流史》，第 37 ~ 38 页）这完全符合历史事实。以上情况证明，不管是什么形式的贸易活动，都说明了中印外交关系的密切。之所以如此，除了宗教原因外，还有政治和经济上的原因。

两晋南北朝时期，中印双方的人员来往频繁，贸易活动增多，文化交流加强。关于政府间的交往，在《晋书·四夷传》、《宋书》、《魏书》等史书中均有不少记载，尤其印度来华的使者。另外，印度僧人来华的也不少，诸如僧伽提婆、鸠摩罗什等，这些在《高僧传》都有记载。在这个时期，中国赴印度取经的人大量增多，大家熟知的有法显、智严、宋云、惠生，等等。

中国自隋朝开始又一次走向统一，隋唐时代的统一，则使中华民族文化得以升华。隋唐又被称为中印文化交流的鼎盛时期，具体交流情况，下面具体谈到。

4. 中印两国高僧的往来

(1) 中国高僧道安开创佛教新纪元

道安是中国东晋十六国时期一位著名汉族佛教学者和僧团领袖。对中国僧团的确立和中国佛教理论体系的形成有较大贡献。

道安，俗姓卫，关于他的出生年代，现存的史料记载不大一致，多数认为其生年为西晋永嘉六年（312 年），生于常山（郡治在今河北正定南）扶柳，卒于太元十年（385 年），享年 74 岁。

他出生于一个世代为儒的家庭，幼年父母双亡。据《高僧传》卷 5 本传，父母死后，由外兄孔氏抚养，7 岁读书。幼年出家为僧。他勤奋好学，聪明智慧，他的勤奋和天才得到老师的器重，同意他自由出外游学。道安游学至邺，入中寺遇佛图澄，受其赏识，与语终日。从此，他以其为师，研修佛学，主要从学小乘佛教，同时修学大乘般若学说。他早年的佛教训练，为他一生的学业打下良好的基础，使其业绩非凡。

道安一生著作丰富。他博涉群书，善为文章。据有关统计，道安所著各种佛教著作（包括注解、序）有48种之多，其中可断为小乘著作的有24种，大乘般若著述14种，地志一种，经录一种，戒规一种。（见《中国佛教史》，第2卷，第195页）

整理佛典，道安把自己佛教著述24部27卷编录成册，其中有，《光赞般若折中解》等解释《般若经》的著作，还有《众经目录》（《道安录》）等。道安的这部经录对后世影响甚大，经他分析整理，辨其真伪，在我国佛教目录学方面做出了重要贡献，他开佛经目录学之先河，为后来我国佛经典籍整理提供了宝贵的经验。

组织翻译佛经。道安在长安期间，主持翻译佛经，选择翻译人才，募捐集资，规模巨大，业绩辉煌，由他主持译出的佛典约14部183卷，百余万字之多。因此，他所从事的翻译事业比过去有较大进展。

订正戒律、戒规。据有关记载，道安早在河北恒山建寺传法之时，已形成以他为核心的僧团，道安用戒律、戒规约束僧众。道安时，汉地虽有戒律，但很不完备，他参照已有的戒律为僧团制定戒规“僧尼规范”。道安制定的戒规，影响很大，据称“天下寺舍，遂则而从之”（《高僧传》卷5）；“凿空开荒，则道安为僧制之始也”。（《大宋僧史略》卷中）

从魏晋以来，沙门或依国土为姓，或依师为姓，故姓各不相同。道安以为沙门之师莫尊于释迦，因此主张以“释”为姓。他的主张得到公认，后来的出家者皆以“释”为姓，自称“释子”。（见178页）

重视传教，培养弟子，所谓“教化之体，宜令广布”。他组建僧团，广收弟子，其中著名的弟子有释法和、竺法汰、慧远、法遇、道立，等等。由于他及其弟子的努力，对佛教的普及与推广起了很大推动作用。

因此，季羡林先生认为，“纵观道安一生，他对佛教发展以及中印文化之交流，贡献实大。自汉以来，佛学共有两大体系：一为禅法，一为般若，安公实集二系之大成，他生前声后影响广泛，因此，我们才说他在中国佛教史上开一新纪元，成为极少数高僧之一。”（见季羡林著：《中印文化交流史》，第40~41页）

（2）中国高僧慧远贡献非凡

慧远是东晋后期南方佛教界最有影响的人物。他俗姓贾，雁门楼烦（今山西宁武附近）人，他生于334年，死于416年，享年83岁。

据史书记载，他出身于一个士族，幼年随舅父到许昌、洛阳学习儒家经典，对当时流行的《庄子》、《老子》尤为精通。后听说道安在太行恒山（今河北阜平北）立寺传教，便与弟慧持前往，对道安十分敬佩，认为“真吾师也”。后听道安讲《般若经》，从中受到启悟，便与弟慧持同出家为僧。他的聪敏和勤奋，受到道安等人的赏识。24 岁便开始讲佛经。

后来到庐山，在庐山传教、修行和从事著述。在庐山形成了一个以慧远为领袖的僧团。慧远虽然高踞山林，但他并未与世隔绝，他与东晋的上层社会有着广泛的联系。慧远及其僧团有一定的社会地位，东晋一些有势力者也愿意利用这样的“肥遁之士”而竞相尊崇，以装点盛世。

慧远自幼“博综六经，尤善庄老”，随道安出家后又研究佛教般若学，还善于向著名高僧学习，对他影响甚大，他是“大小乘兼学，又善儒道群书”，因此，在他的著作中贯穿着他的会通儒、释、道诸教思想的内容。

“综观慧远一生，他德行淳至，学识超群，居庐山三十余年，不复出山；但是他声名远被，当时许多重臣硕学，如殷仲堪、桓玄、谢灵运等，无不倾倒。他对两晋佛法之兴隆，对印度文化之吸收，实有大功。他可以说是继道安之后的又一位高僧大德，在中国佛教史上开一新纪元。”（见季羡林著：《中印文化交流史》，第 45 页）

（3）印度名僧鸠摩罗什来华讲学译经

鸠摩罗什是印度著名学者和翻译家，在我国历史上影响巨大。他父亲是印度人，母亲是龟兹国的公主（现在新疆的库车）。他于公元 344 年生在龟兹，7 岁随母亲出家，9 岁随母亲到印度，在印度学习，后来到中国。他从小聪明能干，对印度佛教经典、天文学、数学、梵文等知之甚多。回龟兹后，又继续研究。母亲返回印度时，他自愿留在中国。公元 402 年他被接到西安，413 年去世，享年 70 岁。他在西安的 12 年中，除了译书，就是讲学，其声名传遍当时全中国。他共译书 300 多卷，诸如，《金刚经》、《法华经》、《大庄严论经》、《杂譬喻经》等。他译的书传诵得最广、最久，对中国哲学、文学影响很大。他能用流利的汉语准确地表达原文的含义，并能保持原文的风格。因此，包括他以前的任何翻译家都不能与他相比。他对中印文化交流贡献很大，他和后来中国的玄奘一样，是划时代的人物，中印友谊的象征之一。

从中国方面到印度去的学者就更多了。据史书记载，公元前 2 世纪，中印两国之间就有了接触。在魏晋时就有些人去印度学习佛教，以后时断时续，不断有人前往。从公元 3 世纪中叶起到 8 世纪中叶，500 年间到印度去的佛教徒就有 160 余人。在以后大约 1000 年间，仍有许多佛教徒去印度学习，在历史上最著名的要数法显、宋云、玄奘、王玄策、义净等人了。他们历尽千辛万苦、九死一生到了印度，在那里取经求学，交流文化，同印度人民结下了深厚的友谊。

（4）中国高僧法显西行取经

法显在中印关系史上起过重要作用，被誉为印中友谊的象征之一，也是中印家喻户晓的人物，他不仅对大乘教义在中国的发展做出了重要贡献，而且对增进中印友谊也起了重大作用。

法显于公元399年从长安出发，他约了慧景、道整、慧应、慧嵬与自己一同前往。在甘肃又遇上4人，一同前往，9人中只有法显、智严、宝云是到过印度而又回国的人，其余6人有的途中返回，有的死在印度。他于414年从印度由海路回国。他去的路上花了六年时间，回来路上花了三年，在印度住了六年，前后历时15载。

法显去印度是为拜访佛的遗迹，寻找有关和尚戒律的书籍，以便带回译成汉文，帮助佛教徒修行。他长途跋涉，历尽千辛万苦，终于抵达印度。

法显赴印，正值笈多王朝旃陀罗·笈多二世执政时期。法显出于对佛教的信仰与虔诚和为了寻找所想找的书籍，先后走访了印度的犍陀罗、白沙瓦、孔雀城、曲女城、拘萨罗、贝拿勒斯、迦毗罗卫、拘尸那、哈舍里、华氏城等地。谈何容易，那种书哪儿去找？照印度传统，重要的书不写出来，只靠老师口头传授，因此，法显只能亲自抄写想要的书籍。他在印度三年，一面学习，一面抄写，最后了却心愿。搭上商船回国。途经狮子国、印尼的爪哇等地，一路艰险，九死一生，终于带回大量的珍贵资料。法显的这次长途旅行是一个惊人的创举。回国后，他记述了途中的艰险经历和在印度的所见所闻，此书名叫《法显传》，或叫《佛国记》。关于笈多王朝时印度各地的社会、文化等状况，法显做了真实而生动的记载。

他写道："人民殷乐，无户籍官法；唯耕王地者乃输地利。欲去便去，欲住便住。王治不用刑网。有罪者但罚其钱，随事轻重。虽复谋为恶逆，不过截右手而已。王之侍卫左右，皆有供禄。举国人民悉不杀生，不饮酒，不食葱蒜，唯除旃荼罗。旃荼罗名为恶人，与别人别居，若入城市则击木以自异，人则识而避之，不相唐突。国中不养猪、鸡，不卖牲口，市无屠。酤及估酒者，货易则用贝齿，唯旃荼罗、猎师卖肉耳。"

关于当时的"种姓"制度也做了如实记述，说明那时种姓制度已发展得相当严重，种姓歧视亦很明显。

《佛国记》一书是研究印度古代及中古史和5世纪初亚洲情况以及交通路线不可缺少的史书。该书译成英文后，在印度引起极大的反响。

（5）印度高僧真谛来华译经

真谛大约498年出生于天竺，古印度僧人，著名的佛经翻译家。据《续高僧传》卷一等载，他为西天竺优禅尼国（今乌贾因）人，少时博访众师，学通内外。后游学至扶南。他于546年来华，时年48岁，他由海路而来，先到广州，然后到南京。他先受到梁武帝的尊崇，想请他译经，后因侯景之乱，未果。他活动在梁陈之际的兵荒马乱中，不遑宁处，有几次想重返西国，都没走成。568年，生厌世之意，欲往南海北山自尽，为刺史劝止，迁居王园寺，终于陈宣帝大建元年（569年），逝世于中国。他来华23年，所译经论纪传共64部278卷，成为一个译经极多，被后人怀念的中印文化使者。

他译的经数量极大，如《十七地论》、《中论》、《如实论》、《金光明论》、《大乘唯识论》、《仁王般若经》、《佛性论》、《大空论》、《中边分别论》、《立世阿毗昙》、《俱舍论》、《律二七二明了论》、《涅槃经本有今无论》等，并重翻《金刚经》，数量之大，可以说是空前的。

他在中国还有大量弟子，其才华出众、影响巨大。

第五章 隋唐时期：中印交流高峰

1. 外贸、外交和文化交流

两晋南北朝时期，除了佛教活动外，还有不少贸易和外交往来，这方面在中国史书中有大量记载，到了隋唐时代更是如此。据史书记载：

619 年罽宾遣使入唐，送来宝带、金锁、水精盏、颇梨状若酸枣（《新唐书》卷二二一上，《西域列传》上）；

626 年，中天竺沙门波颇赍梵经至长安（《续高僧传》卷三，《波颇传》）；

627 年，玄奘西行赴天竺求经（据杨廷福）；如此等等。《新唐书》、《旧唐书》、《资治通鉴》等文献中均有大量记载。

尤其是从 618 年到 704 年，中印交通颇为惊人，有时候年年都有往来，甚至一年数次，这在中印交流史上是很少见的。交流的内容不只限于宗教和政治（外交），还有经济、哲学、科技、文学、艺术等，因此被学者称为中印文化交流活动的鼎盛时代。

到后来，外交往来更加频繁，例如，710 年南天竺遣使朝贡，同年又贡方物。713 年南天竺遣使朝贡。714 年西天竺遣使贡方物。715 年，天竺国使来献方物。717 年，中天竺遣使来朝，献方物。如此等等。

在隋唐时期，贸易活动频繁，当时最重要的贸易港口是扬州、泉州等地，经过以上这些港口从事贸易的国家很多，其中就有印度。季羡林先生认为：史书中所谓“方物”，即“土产”，所谓“贡”、“献”，就是把本地出产的一些东西运到中国，献给皇帝，当然贵族和大官僚也都会有一份的，按照惯例，其余绝大部分的就公开贩卖。所谓“朝贡”，在绝大多数情况下，其实就是“贸易”的代名词。

至于文化交流，内容相当丰富。除宗教外，文学、艺术、戏剧、音乐、医学、天文历算等，都传入中国，并且对中国产生了影响。从中国传入印度的有哪些？印度记载很少。佛教起源于印度，传入中国，后来又倒流印度，对这罕见的历史现象，季羡林先生做了大量研究，并有专著问世。另外，中国的著名的四大发明，可能在7世纪以后不同的时间传入印度。至于音乐、绘画以及地方志的书写方法是何时传入的，不清楚，影响是存在的。类似的例子还有。总之，中印文化是相互交流的。

2. 唐代中印文化交流

唐朝是一个经济繁荣、文化兴盛、统一富强的封建大帝国。唐代国内外水陆交通发达，同亚洲、非洲、欧洲各国的友好往来频繁。到了唐代，中印文化交流涉及政治、经济、宗教、艺术、科技、贸易等各个领域。尤其从汉代末至唐代中叶，前后约600年间，是中印间往来最活跃最昌盛的时代。

上面提到，印度佛教传入中国以后，对中国文学影响很大。到了唐代，其影响不仅涉及文学的内容，而且还涉及了文学的体裁及其形式。

在六朝时代，因受印度影响而发展起来的那种鬼神志怪文体到这时内容更加广泛，写作上更加讲究，于是发展成为“传奇小说”。唐人的小说，其中一部分是由志怪演变而来，如隋唐之间的王度写的《古镜记》就有浓厚的志怪味道。沈既济的《枕中记》也写得很为诡幻动人。其他如陈玄祐的《离魂记》、段成式的《酉阳杂俎》、沈亚之的《秦梦记》等都属神怪小说之类，直接或间接都与佛教有关。

在唐代文学中，除了传奇文体以外，受印度影响的还有“变文”。变文，在我国敦煌石窟有大量发现，这些“变文”多半演唱佛教故事，其内容有些取材于佛经，有些取材于中国古代故事。变文是种韵文和散文结合的文体，这种体裁显然是受到印度的影响。

中国唐代音乐、舞蹈很盛，其中有外国乐舞。据《新唐书》和《旧唐书》记载，唐朝曾有印度乐舞杂技团来中国，其表演技术惊人。到唐玄宗时（公元8世纪初），宫廷里的各种乐队中还有印度歌舞，各种鼓和弦乐器已传入中国并很流行。据《唐书乐志》所载，当时最盛行的音乐有“甘州”、“梁州”诸调，都由新疆、甘肃辗转而来，后来又有所谓龟兹乐和天竺乐等。

绘画方面也是相互影响的。在南北朝、隋、唐时代，画家们常为佛教庙宇画画，内容题材大多与佛教故事或鬼神有关。这些当然是从印度传来的，受了印度的影响。唐代的王维、顾虎头、吴道子等人都是以画佛像而得名。自东晋至唐代，中印两国的学者，往来不绝，对绘画艺术的形成与发展起了不小的作用。据有关学者专门研究，中国的绘画也传进了印度，“波斯自从唐代以来，崇拜中国的艺术，模仿中国画的式样，因此辗转传入印度，使印度的花鸟画，也间接受了中国画的影响。”（常任侠著：《东方艺术丛书》156 页）

公元 7 世纪时，中国的丝绸在印度非常流行，并深受当地人民的欢迎，对此，在《戒日王传》中也有记载。（常任侠著：《东方艺术丛书》154 页，1984 年版）印度的雕刻艺术也影响了中国。前面提到佛教发展初期，印度人并不为佛画像，也不为其雕像，只是后来受到希腊艺术影响之后，印度才出现了石刻佛像（首先出现在印度西北地区），以后逐渐得以发展。随着佛教在中国的不断传播，这种艺术也传进我国，先到西部新疆一带，后到内地地区。不断发展的结果，除石刻像外，还出现了泥像。

印度在佛教盛行时期，流行开山造窟，在里面刻石像，画壁画。这种开山凿窟活动也传入中国，始于北魏，持续到唐初。到了唐代，印度的所谓笈多王朝的佛教艺术即佛像为内容的雕刻也传入中国，给中国的佛教艺术以很大影响。当时曾有印度僧人来中国，参加中国的佛教建筑，例如，大同云冈的雕刻，据有关学者研究，在初期的造型艺术上，即与印度笈多王朝的佛教艺术有关。（［印度］巴朗：《戒日王传》821 页）

印度医药对中国影响不小，上面已经谈到。到了唐代，这种影响一直存在。在中国古书中有不少记载，例如，著名医学家王焘著的医书《外台秘要》、孙思邈的《千金翼方》等书里都有关于印度医药的记载。义净的《南海寄归内法传》中也介绍了印度的医学理论和药材。在我国古代医学文献中，《外台秘要》的影响甚大，学者对此多有研究。大量药理、药方，在当时非常流行，尤其是“耆婆万病丸”被认为此方能治百病。除了药方以外，印度眼科医术对我国的影响也很大，金篦决障术就是一例，因此，中国的唐代著名诗人和皇帝都用印度医生制过药，让印度眼科医生治过病。

前面提到中国音韵学的出现和发展同印度梵文的影响有关。东汉以后，随着佛经在中国的传入，很多知识分子学习梵文之后开始注意研究汉语里面的声音了。从此中国的汉语音韵学建立了起来。到了南北朝时，对汉语定出了“四声”，并依照四声分类排列汉字，编订了字典。到后来，在分析汉语每个字的元音、辅音的基础上定出了汉语所有字的读音系统并整理成书，如隋朝出现的一部“切韵”和后来宋朝出现的“广韵”，均属这类。这种研究工作对研究我国方言和统一读音帮助很大。到了唐朝，一个叫守温的和尚仿照印度梵文字母制定出一套汉语辅音字母表，共有 36 个字母。这样，对汉语语音的分析更加精密，汉语语音学从此又有了新的发展。

中国的瓷器历史悠久，世界闻名。从公元 8 世纪末开始（唐代），中国瓷器已开辟了国外市场，以后不断发展。无疑，同印度也有交流。无论陆上丝绸之路所经的中亚、西亚和埃及，海上华船和阿拉伯船所到的印度洋各地，都发现有中国唐瓷的碎片。9 世纪以来，中国瓷器的出口已见诸阿拉伯著作。伊本·郭大贝或译伊本·柯达贝（公元 830—912 年）写的《省道志》或译《道程和郡国志》（Kitab aL - Maslik Wal - Mamalik）中提到中国沿海的著名港口和中国瓷器，外销各国的情况，其中多处提到印度。地理学家伊本·法基在《地理志》（903 年）中把中国的瓷器列为三大名产之一。当时一些阿拉伯人曾以贩运中国瓷器而发财致富。在一本流行于西亚的《印度浪迹记》的散文中，记述了一位犹太商人在公元 883—884 年到东方经商一事，913 年回到阿曼后，因这位犹太商人拥有大批中国瓷器和丝绸而发了大财。这个时期，中国的瓷器传入印度恐怕是没有问题的。因为这方面已有一些地下发掘证明。

“印度科罗曼德海岸的阿里卡曼陀古址，在本地治理以南 3 公里，是罗马时代南印度的对外贸易港口。1937 年以后，尤其 1945 年英国在这里发掘过，公元 1947—1948 年法国政府再次发掘，出土过 9 世纪到 10 世纪越窑瓷器、龙泉青瓷小壶一件、青白瓷残片。1945 年英国考古学家莫歇·韦勒主持系统发掘三个月，在上层出土 14 片宋瓷、越窑瓷、龙泉青瓷残片，还有磁州窑残片，同时出土的还有 11 世纪到 12 世纪的朱罗铜器。”（沈福伟著：《中西文化交流史》，第 207 页）可见中国的瓷器早就传到了印度。1983 年，一位印度朋友让笔者看过一件从孟加拉邦出土的带有中国字样的中国瓷器，最后鉴定是中国明代的。中国的瓷器术传到了印度，这是事实。印地语一词“cini mitti”，意思指中国泥土（瓷器），这里肯定有中印文化的交流关系。中国去印度的高僧也不少，下面简介几位。

3. 王玄策出使印度

从汉代时佛教流传入中国起，中国和印度两国的和尚彼此间的往来越来越多。到南北朝时，由于皇帝多信佛教，中印之间的关系更加密切。史书上记载，印度的笈多王朝时期，经济繁荣，文化发达，与中国也有交往。公元 428 年至 502 年间，印度国王多次派使者来华。当时中国的北朝政府多次接待过印度来的使者。

到了唐朝，中印两国间的外交关系更加密切，两国使者的往来更加频繁。贸易活动也随之日益增多，不仅请来了印度的医生，传来了医术和药方，中国也从印度学会了熬蔗糖的方法。7 世纪时戒日王执政，经济繁荣，科学、文学、艺术都很发达。戒日王和唐太宗之间都曾派使者多次往来，并于公元 641 年与中国建立外交关系，戒日王遣使至长安，以后数遣使来，中印两国互派使者前往对方国家，其中最著名的使者要数王玄策。

到了唐朝，中印两国之间不仅民间往来日益频繁，而且官方之间的往来也逐渐增多，从北印度到南印度，各国不断派使者来中国，中国也派使者到印度。公元 7 世纪时，北印度的普西亚布蒂王朝的戒日王是位著名的皇帝，他于公元 641 年曾派使者来中国，中国也派出使者到印度，其中最著名的则是王玄策。

王玄策曾先后三次去过印度。第一次是公元 643 年至 646 年，以副使身份随同正使李义表赴印。在印度他见了戒日王，受到戒日王的隆重接待。第二次是 647 年以王玄策为正使，偕副使蒋师仁再次赴印。这次戒日王已死，戒日王死后无嗣，大臣阿罗那顺乘戒日王死国乱而篡位，并发兵攻打王玄策。王玄策得到吐蕃和尼泊尔的支持，带兵打败阿罗那顺，并把他捉回长安，于公元 648 年回国。第三次出使于公元 657 年，送佛袈裟至天竺，并参加专为他举行的大法会，王玄策曾于 660 年到摩诃菩提寺立过碑，于 661 年回国。

王玄策是个佛教徒，同时又是个政府使节，他对印度了解甚多，回国后写了《中天竺国行记》10 卷，具有很高的历史价值，可惜已经失传。王玄策的三次使印，促进了中印友好关系的发展和中印政治、文化的交流。

4. 玄奘游学天竺与回国后的贡献

玄奘是中国唐代的一位著名高僧，他成就大，贡献多，是一位世界文化名人，尤其在印度，他是知识界无人不知的中国古代学者，也是中印友谊的象征之一。

他于公元 7 世纪访问印度时，正值戒日王执政时期。他在印度访问、考察和学习多年。回国时，他带回许多佛经。回国后，他翻译了大量佛经，还写了著名的《大唐西域记》一书。可以说，玄奘不仅研究了佛教，而且还认真研究了印度的社会、风俗、历史等。因此，玄奘的著作对了解当时的印度起到知识宝库的作用。

玄奘生于公元 600 年，死于 664 年，其兄为和尚，受兄长影响，13 岁出家为僧。他自幼勤奋好学，追求真理，一心钻研佛经，对佛教深感兴趣。他去过中国不少寺院，专门研究佛教。他发现，佛学名流和前辈长老对于佛法部派各执一词，追求着细枝末节而忘掉了本体，摭拾了花朵却丢弃了果实。于是便有地论学派南道和北道的异学，是非纠缠不休。玄奘对此长期争论，深感茫然若失，深恐由于传译的乖讹错杂，以致不能明察究竟。于是，他决心遍读佛典原文，求得印度龙宫的真经。当时适逢国家昌盛之时，公元629年他以无与伦比的毅力，负起锡杖，掀起衣裳，前往印度。通过龟兹等地，翻山越岭，吃尽苦头，冒着生命危险，经过20多个国家，最后辗转抵达。在印度期间，他一面巡礼圣迹，一面讲经学法，并周游各地。在印度的佛教中心那烂陀住学5年，刻苦学习和讲学，用梵语发表论文，成果甚丰。在学术辩论中胜过反对他的人，名誉大震，多次受到戒日王的邀请和接待。

戒日王是印度戒日王朝最有名的帝王之一。在玄奘眼里，戒日王聪明能干，知识渊博，善理朝政，关心百姓，因此，国家昌盛，人民幸福。玄奘游学印度时，正值戒日王执政时期。玄奘在印度多次受到戒日王的盛情接待，两人曾就中印文化问题进行过多次友好的交谈，戒日王对玄奘的学问高度重视，玄奘对戒日王能如此了解中国古代文化表示惊奇。他在戒日王的领土上度过了9年之久（公元635—643年），两人结下了友情。玄奘在印度留学期间参加过许多学术讨论会，由于他声望很高，一些国王曾请他去讲学。戒日王特地为玄奘在首都曲女城举行过庄严的集会。会上，宣读玄奘用梵语写的学术论文，并展开辩论，那次大会有18个国家的国王出席，无数学者参加，都对玄奘的学问深表钦佩。但在那次大会上，戒日王险些被害。由于戒日王对佛教徒表示过分宠爱而引起婆罗门教徒的不满，于是婆罗门教徒便雇一刺客，谋杀戒日王。幸好，阴谋未能得逞，凶手就地被擒，主犯受罚。

玄奘很欣赏戒日王的管理才能，说他“是个仁慈的统治者，他亲自管理广大领土的民政”。玄奘说他“孜孜不倦，竭日不足”，（辛哈：《印度通史》144页）他的行政管理很好。很重视人民的安全和幸福。戒日王虽热心于大乘佛教，建有不少佛塔和寺庙，但他对于社会上流行的各种信仰给予尊重。他重视学术活动，大量捐款资助文化事业。

关于当时印度的政治情况，玄奘写道：“人们有权自由迁移，不强迫工人从事各种劳役，赋税很轻，力役也少”，“商人为了营利，来往贩运商品，在津渡和关口缴纳轻微的税，然后通过。国家营建，不白役使劳力。根据工作完成情况给予报酬。”道路设施安全，为行人提供各种方便，无不法之人干扰。刑法比笈多王朝时期为严，通常的惩罚是无期徒刑、充军和截肢。轻微的犯罪可以用钱赎罪。玄奘对印度人的性格印象很深，说他们：“于财无苟

得，于义有余让。”（辛哈：《印度通史》144 页）

从玄奘的记载中得知，印度人简朴诚实，生活朴素，饮食简单，牛奶、黄油、烙饼为主要食物，肉、葱、蒜等很少食用，“吃饭的器皿不相传递，瓦和木头器皿一次性使用，用后丢弃。”“种姓限制严格，四个种姓，清浊不同，彼此不相接触，种姓内通婚。妇人一嫁，终生不能改嫁。”童婚和寡妇殉夫的陋俗流行，不准寡妇再嫁。

当时婆罗门教处于上升时期。婆罗门教流行的同时，佛教也流行。但佛教徒人数呈下降趋势。

玄奘于公元 644 年载誉而归，携佛经 657 部，另有佛像若干，都藏在西安的大雁塔。玄奘回国后，不仅做了大量翻译工作，译书 54 卷，1335 章，而且还写出了《大唐西域记》这部不朽世界名著，书中记录真实，内容丰富，既有名胜古迹、历史人物，也有人情风俗和传说故事等，是了解当时印度和中亚古代历史的重要材料。印度考古部依据玄奘的记载，使那烂陀的废墟、王舍城的旧址、鹿野苑的古刹、阿旃陀的石窟，都一一展露，重现出古代印度文化的光彩。玄奘是一位名望极高的高僧，他为中印文化交流和两国人民友谊做出了重要贡献。

玄奘离开印度回国后，于公元 645 年回到长安。他回国后到底做了些什么，这也是国内外朋友，尤其是印度朋友关心的问题之一。他回国的同年 2 月，就与唐太宗见了面，太宗很热情地接见了他，并问到他西域的物产、风俗等情况，玄奘则对答如流。太宗听后大悦，立刻劝他著书，他欣然答应。太宗并要玄奘还俗做官，但玄奘巧妙地谢绝，可见玄奘给太宗的印象之深。从此以后，玄奘的主要精力用在写书、译经上。他用了一年的时间，到公元 646 年就完成了《大唐西域记》一书。从此以后，他专心译经，夜以继日，勤奋不辍。除此之外，还抽时间为弟子讲经。

玄奘作为一个翻译家，他开创了一个新时代，建立起新的翻译风气，他组织了翻译机构，规定了翻译的原则，一切都按照严格的规则和系统的解说来翻译。他所领导的翻译机构集体地按照一定的程序工作，“要反复说明、讨论、对证，在确切符合原义而译文又明白优美时，才确定下来。”他认为过去有些书译得不妥当的，都做了重新翻译，还改定了许多专名的译法，如“印度”一名则是一例。

到了后来，他感到自己年龄渐老，想离开京城到少林寺翻译，但皇帝不允。直到他逝世前夕，他对翻译工作仍兢兢业业，争分夺秒。在翻译《大般若经》时，“到此翻译之日，文有疑错，即校三本以定之，殷勤省覆，方乃著文。”他也劝别人，“人人努力加勤恳，勿辞劳苦。”公元664年，他不幸逝世。

差不多二十年时间里，玄奘除了把入印度所见所闻撰写成《大唐西域记》一书外，大部分时间花在翻译佛经上，他从印度带回原书650多部，在他的努力参与下，先后共译出大小乘佛经论著75部，1335卷，他是中国唐代译经者中译经最多的一个，所译经论，占唐代译经总卷数的一半以上，他所译的经论，由于质量较高，后人称之为新译。这不用说在中印翻译史上，就是在中外翻译史上也实属罕见。其中主要有《大般若经》（Mahaprajnaparamita-sutra）、《大菩萨藏经》（Mahayanapitakasutra）、《解深密经》（Sandhinirmo-canavyuhasutra）、《瑜伽师地论》（Yogacarabhumisastra）、《大毗婆沙论》（Ab-hidharmamahavibhasasastra）、《成唯识论》（Vijnanamatrasiddhisastra）、《俱舍论》（Abbidharmakosa – sastra）《因明入正理论》（Nyayapravesatarakasastra）、《因明正理论》（Nyayadvaratarakasastra）等。印度的《大乘起信论》（Mahay-anasraddhotpadasastra）失传以后，印度佛教界需要研究其中深意，他又根据中文内容将此论翻译成梵文，传入印度。他还按照印度鸠摩罗王和唐太宗的意见，将中国古代哲学著作《老子》译成梵文，传入印度。另外，中国民间还从玄奘西天取经的经历中演绎创作出不少文艺作品，我们现在看到的有宋朝的一部《大唐三藏取经诗话》，就是把他的游历改变成了神话故事的书，到后来又发展成为著名的《西游记》。但值得一提的是，《西游记》里的唐僧只是名叫玄奘，到西天取经，别的一切都与历史上的玄奘无关。元代吴昌龄的杂剧《唐三藏西天取经》、明代吴承恩的小说《西游记》等都与玄奘的事有关。

玄奘不仅是一位很好的历史记载者、伟大的翻译家，还是一位伟大的哲学家、宗教家。他在印度期间，很好地掌握了印度古代哲学，包括各派。因此，他在印度获得了很高的声誉。回国后，在佛教哲学方面，他也做出了重大贡献。玄奘对因明理论（逻辑学或论理学）十分重视，为了传经、诵经的需要，他深究因明知识。因明在古印度也是一门古老的学科，佛教界从唯识学中开始普遍使用，这门学科的名称最早在佛教论中出现，即始于《瑜伽师地论》，自因明在佛教论述中广泛运用后，引起佛教学者的重视。印度对因明贡献最大的是陈那（南印度人），他的著作有《因明正理门论》和《集量论》两书，玄奘在印度时，戒贤大师为他讲述了两遍，使他受益匪浅。他在学习佛教经论的同时，掌握了推理、论证知识，在辩论中运用后发挥了巨大威力，做到以理服人。回国时玄奘携带的书籍中有《因明论》36部。回国后，玄奘将陈那的《因明正理门论》和陈那的弟子天主所著的《因明入正理论》都译为汉文，传入中国，并且他的大弟子窥基还写出了一部《因明入正理疏》3卷。从而形成了中国汉传因明体系，是中国佛教宗派之一。

玄奘为中国佛教的发展和因明的传入做出了巨大贡献，玄奘开创的汉传因明传统及其对因明的贡献，构成中国逻辑史上的重要内容，既丰富了中国的传统文化，又为印度的佛教和因明学增光添彩。

在佛教哲学方面，玄奘基本上继承了印度大乘有宗的传统，他比较忠实地把这一派学说介绍到中国来，形成了中国佛教的一个宗派——唯识宗。唯识宗又称法相宗，以玄奘为始祖，其弟子中的高徒窥基的贡献更大。玄奘游学印度时，凡遇名师，都虚心求教，目的之一是获取唯识。回国后，他致力于唯识学的传扬。他先后翻译了《瑜伽师地论》100卷、《成唯识论》10卷后，晚年还著有《唯识三十颂》。其弟子窥基为他出过高见，发挥了更大更重要作用。因此，有学者认为，法相宗的奠基人应该说是他的弟子窥基。中国唯识宗主张世界上各种现象，不论是万事万物的"法"，还是现实世界的人类自"我"，都是"识"变现出来的，一切都不能离开"识"而独立存在。关于法相宗的哲学，可见吕徵先生的《中国佛学源流略讲》和任继愈先生的《汉唐佛教思想论集》，这里不再赘述。

与此同时，玄奘还培养了一批日本、韩国弟子，传播了他的佛教学术思想，为东北亚佛教文化的繁荣做出了多种贡献。

总之，玄奘和他的《大唐西域记》在中印文化交流中起了重要作用，印度的教科书里都有玄奘取经的故事，玄奘在印度家喻户晓，老幼皆知。印度人提到中国，就想到玄奘，提到玄奘，就想到中国，如同中国的象征。玄奘是中国佛教史上一个继往开来的重要人物，为中印文化交流做出了杰出的贡献，他也是中印古代人民友谊的很好标志。玄奘的名字将和中印人民的友谊一同长存。

5. 义净出游西天

义净（公元635—713年）唐代高僧，旅行家、翻译家。继玄奘之后，去印度的人中义净的贡献最大。据《宗高僧传》卷一、《开天释教录》卷九记载，俗姓张，字文明，齐州（今山东历城）人，一说范阳（今北京城西南）人。贞观十五年（641年），义净7岁，入齐州城西四十里许土窟寺，侍善遇法师及慧智法师。贞观十八年（644年）10岁，从师受学。永徽六年（655年）

21 岁，受具足戒。显庆五年（660 年）26 岁，出游东魏，继游长安，负笈西京，到处问学。于唐高宗咸亨二年（671 年），37 岁，自齐州出发，由海道往印度求法。从番禺乘波斯舶，经室利佛逝（今苏门答腊），备历艰险，始抵耽摩立底，即今东印度之南界，印度东部孟加拉的一个国里。咸亨五年（674 年）40 岁时，巡礼鹫峰、王舍城、鸡足山、鹿野苑、祇林等佛教圣迹，后到佛教圣地那烂陀，住了十年之久，学习梵语和大小乘佛教，求经问学。他在国外一共 25 年，经过了 30 多个国家。除了在印度的一些古老的国家中住了很久以外，他来去都在印度尼西亚的苏门答腊住得很久。当时南海各国也盛行佛教，传播印度文化。因此，他在苏门答腊也学习过梵文和佛教教理。武周证圣元年（695 年），回到洛阳，带梵本佛典近400 部，合40 万颂，武则天欢迎之。旋即从事译经。先曾一度参加实叉难陀译场译 80 卷《华严经》，后在洛阳、长安主持译事。他回国翻译的书中，很多都是戒律方面的书，把佛教中一派的戒律都译成了汉文。这些书不但说明了和尚的生活规律，而且实际上也记录了古代印度人民的生活状况，也包含一些故事，因此也有不少具有文学价值的作品，他从事翻译十几年，据《开元释教录》卷九载，曾先后译出《金光明最胜王经》、《大孔雀咒王经》、《佛为胜光天子说王法经》、《浴象功德经》、《法华论》等经、律、论共 56 部 230 卷（一说 61 部，239 卷）；义净译经的范围很广，数量很大，大乘、小乘和密宗的经典都有。最有影响的当推《华严经》与《金光明经》。除上述外，义净的影响主要来自他的两部著作，他撰写了《南海寄归内法传》、《大唐西域求法高僧传》等著作，叙述南海和印度的佛教情况，尤其《大唐西域求法高僧传》中记述了他在国外的所见所闻以及中国去印度的和尚的名字和经历，两书均为研究中国和印度以及东南亚关系的重要史料，有很高的史料价值，为世界学者所重视。另外，他还著有一卷《梵语千字文》，写出了一批习见的梵语单词，供初学者学习梵语用，对当时初学梵语的学者来说，它不失为一部有用之作。

义净当年去印度的路线是“海去海归”，与玄奘的“陆去陆归”不同。可见，那时中印交通的道路发生了变化，海路占了上风。义净虽然在印度待的时间比玄奘长得多，但他在印度的影响，远远不如玄奘，不像玄奘那样妇孺皆知。

尽管如此，“义净毕竟是义净”，他也身手不凡，他“创造出了自己独特的译风”。在中国众多的和尚中到印度取经去而复归且翻译又卓有贡献者，只有三人，即法显、玄奘和义净，他同被认为“三峰鼎立中的一峰”，在中国佛教史上同样占有重要的地位。

6. 寺院经济与三武灭佛事件

北魏至太武帝（公元423—452年）时，统一了黄河流域，开始他信奉佛教，礼敬沙门。后来，北魏为扩大领地，巩固统治，控制人民群众，以从事兵役、徭役和缴纳租调，对沙门的数量严加控制，让一部分沙门还俗服兵役。据《魏书·释老志》记载，太武帝听信司徒崔浩之言，排斥佛教，改信道教，后来发展为灭佛行动，崔浩起了推波助澜的作用，他劝帝灭佛，于是“太武帝下令诛杀长安沙门，焚毁佛像”。后又下诏书，说佛教来自外域，“不本人情”。由于佛教盛行，招致“政教不行，礼义大坏”，历代丧乱。因此，要彻底取缔佛教。据《高僧传》（卷十）记载，“以伪太平七年，遂毁灭佛法，分遣军兵，烧掠寺舍，统内僧尼悉令罢道，其有窜逸者，皆遣人追捕，得必枭斩。一境之内，无复沙门”。可见，悲惨至极。

公元572年周武帝执政，后出兵灭北齐，统一北方。之后，曾以废佛、道二教，以此作为“富国强兵”之策。北周继西魏之后，领域扩大，佛教盛行，僧尼皆享受免除租调和徭役的特权，寺院占有肥沃土地。这种情况，引起举国上下的关注。为治国安邦，朝廷对佛教提出了种种限制的法令，采取“求兵与僧侣之间，取地于塔庙之下”的灭佛政策，强令僧侣缴纳租调，担负兵役、徭役。

周武帝灭佛，与北魏太武帝不同。一是他是佛、道二教并废；二是他虽毁坏寺塔，焚烧经典，但未杀沙门，只强迫僧尼还俗为民。他“原想保存道教，因佛、道二教争论激烈，有碍朝政，故将二教并废”。据史书记载，废佛之后，大量僧侣还俗，人民负担减轻，民众徭役减少，负担租调人增多，兵员扩大。因此，周武帝把废佛作为“强国富民”之策而加以推行。

到了隋唐时期，寺院经济有了发展。唐太宗曾宣扬佛教，建立寺院。武则天曾为争夺政权而利用佛教制造舆论，在全国建了不少寺院。寺院经济也不断发展。佛教僧侣采取世俗地主宗法制度的传法方式，师父在传授佛法的同时，也把寺院的财产传给嗣法弟子。到唐代中期以后，由于佛教寺院经济的高度发展，触犯了世俗地主和贵族的利益，也影响了国家的财政收入。于是，唐武宗下令没收寺院的土地财产，毁坏佛寺、佛像，强迫僧尼还俗。当时被毁寺院达4600所之多，僧侣还俗者达26500余人，没收寺院土地达数十万顷，查出奴婢15万人。但到后来，统治阶级又扶植和利用佛教。以上就是中国佛教史上“三武灭佛”事件。

第六章 宋、元、明时期：佛教热潮减退

1. 海上贸易兴起

到了宋代，即公元10—11世纪，在印度，婆罗门教抬头，尤其是伊斯兰教早已传入，到这时势力大增，而佛教逐渐消亡。这样，已不可能再像过去那样通过佛教形式进行中印文化交流，于是，佛学研究之风大减，弘佛化法之事已成为历史陈迹。但是，中印文化交流并未因此停止，而是由另一种方式取而代之，即海上商业贸易。

通过蓬勃开展的商业活动，中印两国的经济文化交流仍在进行。在宋代，中印贸易活动主要靠海路，史书中有不少记载，例如，周去非的《岭南代答》、赵汝括（适）的《诸蕃志》中均有较多记载，提到南印度和印度西海岸的一些重要港口，如古临、注辇、孟加拉。宋朝商人远航印度、阿拉伯和非洲各国，已经形成了空前繁荣的浪潮。据《诸蕃志》记载，当时的注辇（今印度科罗曼德耳海岸）、胡荼辣（今印度卡提阿民半岛）、麻罗华（今印度中央邦马尔民）、西天鹏茄罗（今印度东北孟加拉）、西天南尼华罗（今印度卡提阿瓦半岛南部）等国，都与中国的泉州港有交通贸易往来。从泉州港进口的货物主要有乳香、椰子、麝香木、木香、阿魏、珊瑚、象牙、角、猫儿眼等，从泉州运往南亚的外销瓷，在印度等国的遗址考古中均有发现，其中以福建商品居多。到了元代（1206—1368年），版图扩大，使中国成了世界上最强盛的国家，与印度交往的地区更广。据史书记载，当时中印之间的贸易频繁，中国船舶及载运的丝绸、瓷器、金属等货物，经常到达印度沿海港口。及至明代，中印关系仍以海运为主，海上贸易，无论时间之长，规模之大，还是地域之广，声势之壮，为前所未有，都大大超过元代，除了西海岸外，还扩大到孟加拉湾地区。

2. 元代的外交与贸易

元代（公元1206—1368年）中国是世界上最强盛的国家，其版图之大前所未有。它的声誉和影响远及欧、亚、非三大洲。东西方各国使节、商人、旅行家、传教士、医师和文化人士，往来于中国，络绎不绝。中外交通频繁，经济和文化上的联系，非常广泛而密切。

宋代以后，中印两国宗教方面的往来有所减少，但两国的贸易往来日益增加，彼此间国家之交往仍未中断。在元代时，中国和印度的交通，无论在陆路上或海上都很密切。在这段时间内，同印度的外交和贸易活动空前频繁，两国的文化也互有影响。元朝同印度诸国均曾互派使臣建立和平友好关系。《元史·外夷传》中记载了至元十六年（1279年）至二十三年（1286年）间中国使臣同马八儿（今印度马德拉斯一带）、俱兰（今印度奎隆一带）等使臣友好往来情况。在当时的摩洛哥人伊本·拔图泰写的《泷记》中，也记载了当时中国使臣到印度德里的情况。当时中印之间的贸易频繁，中国船舶及载运的丝绸、瓷器、金属等货物，经常到达印度沿海港口。《岛夷志略》是元朝一部实地考察录，它是研究中西交通史的重要著作，有很重要的史料价值。书中涉及的国家和地区有200余个，有关印度的就有几十处之多。众所周知，中国元代以戏曲著称，但有不少戏曲体裁取于印度，或受到印度文学的影响，例如，马致远的《黄粱梦》等人的著作就受印度影响。又如，“因果报应”的思想，都是小说、戏曲中大量出现的，其都来源于印度。

3. 明代中印贸易

及至明代，中印关系以海运为主。中国郑和7次去南洋和印度洋各国，时间长达28年之久，到过印度的许多地方，不仅为中印两国政府间带去了互赠珍贵礼物，而且还有大批商船随行，进行大宗国际贸易，促进了相互间的经济和文化联系。其声势之壮，前所未有。郑和等人能出使印度，不仅说明当时中国海上交通发达，而且说明了当时中印关系的密切和人民之间的友好。随船从中国运到印度去的物品很多，诸如，布缎、色绢、水银、麝香、草席等。当时，中国的乐器之一的“九云锣”非常流行，今天印度拉贾斯坦邦还有保留，深受人们的欢迎。当地人也承认此种乐器由中国传去，至于何时传去，还不清楚，有待于中印两国学者进一步研究。不过，由此表明，在明代中国的文化传入印度，而且丰富了印度的文化。

明代以降，中印两国人民之间的往来虽未断绝，但文化上的交流却受到严重影响。此时，欧洲资本主义处于上升阶段，殖民主义者极力向外扩张，用海盗式疯狂掠夺并残酷奴役东方各国。公元1510年葡萄牙人侵占了印度的果阿，第二年又征服马六甲。于1557年侵占了我国的澳门。由于中印两国经济上落后，遭受到了殖民主义者的直接或间接的统治，使中印直接往来严重受阻。

不过，两千几百年来人民之间形成的友谊毕竟是牢不可破的。在患难中的友谊虽然没有机会得到充分表现，却依然存在。这时由于彼此同情对方的苦难，心中所蕴藏的感情反而比以前更加深厚。因此，在以后的岁月里，中印之间的交流又有新的发展。

在古代，中印之间彼此学习，互相交流，促进了各自文化的发展，在不同的国土上生根、发芽、开花，结下了丰硕的果实，并为世界文化做出了重要贡献。

在明代，郑和下西洋是历史上的一件大事，既有政治意义，又有经济意义。

4. 郑和下西洋与印度

明朝初年，中国郑和7次去南洋和印度洋各国的故事闻名于世。郑和下西洋，民间称之为“三宝（保）太监下西洋”，在中国历史上是一件大事。郑和不仅信奉伊斯兰教，同时也信奉佛教，还受过菩萨戒，成为佛门弟子，并取法名“福善”。郑和7次奉使，时间长达28年之久，经30余国，最远达非洲东岸和红海。南亚和东南亚各地至今还保留了不少有关郑和的遗迹与遗物。他到过印度的许多地方，诸如，卡利卡特、科钦、孟加拉以及印度半岛南端两侧海滨之地，等等。郑和等人多次出访亚非各国，的确，不仅为中印两国政府间带去了互赠珍贵礼物，而且还有大批商船随行，进行了大宗国际贸易，促进了相互间经济和文化联系，其规模之大，为前所未有。

随同郑和去印度的人中，马欢写了一部《瀛涯胜览》，书中共记载二十个国家，还附有纪行诗。该书资料价值极高，为国内外学人所重视。费信写了部《星槎胜览》，该书分上、下两集，按国分述，附有诗篇。巩珍写的《西洋蕃国志》，记录了各国的风土人情等。这些均为研究中外文化和关系史的珍贵史书。在这些书中，对于印度人民的风土人情都有生动的叙述，这是了解印度情况、研究中印文化的重要史料。当时随船运到印度去的物品很多，诸如，瓷器、丝绸、色绢、水银、麝香、草席等。

郑和下西洋，在中国历史上是件盛事，在国内，家喻户晓，妇孺皆知，正如季羡林先生所说“无形中增强了中国人民和南洋、西洋各国，其中当然包括印度人民的互相理解。在国外，郑和的出使给南洋、西洋各国的人民留下了深刻的印象——郑和扩大了南洋、西洋各国人民的眼界，增强了他们对中国的了解”。总之，在明代，中国的文化仍传入印度，不仅丰富了印度的文化，而且发展了中印友谊。至今，在印度的科钦（Cochin），那里的朋友们还津津乐道，谈到郑和留下的建筑风格和渔网。他们的言谈举止之中，洋溢着对中国人民的古老而又新鲜的友情。

第七章　清代至近代：大转折

1. 印度与鸦片战争

中印文化交流活动到了明清之际已大不如前，西方资本主义文化潮水般地涌向中国，西方的天文、历算、数学、医学等都传入中国，清代皇帝康熙也勇于接受这些东西，并鼓励人们学习。明清之际，外交往来根本没有，中印之间，商贸活动也已中断。后来有了贸易往来，倒不是什么真正的经济、文化交流，而是毒害人的鸦片贸易。正如季羡林先生指出的那样："除了在西藏等边疆地区，两国人民还进行一些买卖交易活动外，别的活动根本听不到了，到后来确实又有'货物'从印度运来中国，但并不是一般'货物'而是毒害人民的鸦片，干这一行'死亡贸易'的人主要是英国殖民主义者，而不是印度人民。"（见季羡林：《中印文化交流史》160 页）

印度盛产鸦片，由以英国人为主的鸦片贩子运来中国，走私入境，在中国牟取暴利。鸦片贸易不仅给英印殖民政府带来经济利益，而且英国资产阶级也大发横财，赚取中国大量的白银，以弥补对华贸易的逆差。用赚来的钱再买原料，运回英国加工，然后把成品再运来东方国家销售。这样，既毒害了中国人民的健康，又赚了中国的钱财。中国人民对此忍无可忍，掀起了禁烟运动，英国政府悍然发动两次鸦片战争，迫使清政府承认鸦片贸易合法化，中国人民陷入灾难的深渊。

英国殖民政府欺骗印度人民，妄图得到印度人民支持，但印度更多的人们主持公道，不为英国殖民主义者的甜言蜜语所迷惑，勇敢地站出来伸张正义，当时年仅 20 岁的青年泰戈尔就是其中的一位代表。他在《死亡的贸易》一文中严厉地谴责了英国殖民者："用大炮把鸦片填进中国人口中也叫贸易吗？这是强盗行为。"还值得一提的是，在第二次鸦片战争中，英国人派往中国的军队中有不少是印度士兵，被抓来镇压太平天国革命。他们来中国后，发现受骗上当，于是掉转枪口与中国的太平军一起英勇作战，甚至不少印度士兵为中国革命而献出了宝贵的生命，这是我们永远不能忘记的。

2. 清末巨变与中印关系

鸦片战争以后，清政府腐败无能，与帝国主义侵略者缔结了一系列丧权辱国的不平等条约。因此中国人民忍无可忍，不断掀起反对封建主义和帝国主义的革命斗争，单从1905年至1907年全国爆发的反帝起义达400多次，于是1911年（辛亥年）10月10日爆发了震撼中外的辛亥革命，推翻了统治中国260多年的清朝政府，结束了2000多年的封建专制制度，建立中华民国政府。接着是洪宪帝制的闹剧、国民党统治、抗日战争，一直到中国抗战胜利，中华人民共和国建立。

在印度，英国殖民统治日益加重对印度人民的压榨、剥削和掠夺，因此，民族运动风起云涌，此起彼伏，圣雄甘地领导印度人民与英帝国主义展开了激烈斗争。

清代至近代，由于中印两国经济落后，遭到殖民主义者直接的或间接的统治，使中印直接交往严重受阻，几乎中断了中印之间的直接往来，但间接交往还是有一些的，两千几百年来人民之间形成的友谊毕竟是牢不可破的。中印人民彼此同情，相互支持，例如，当时中国辛亥革命的领袖孙中山得知有关印度消息后公开发表文章，谴责英国说："像英国这样大的领土，没有一处不是用霸道造成的。"那时印度人民的领袖圣雄甘地也是同样，很关心中国人民的命运和抗日战争的进展，在孟买对中国记者说："愿中国得知，吾人此次系为解放印度，亦为保卫中国而奋斗。"他们的文章和谈话，代表了中印人民的心声。一些学者在报纸和刊物上发表了大量类似的文章，《民报》、《东方杂志》等为中印交流起过重要作用。与此同时，也有介绍中印文化的图书问世。

中、印两国的交往史，实际上也是一部中印文化交流史，中印人民的友谊史。中印两国都是世界文明古国，两国之间，早在公元前2世纪就开始了相互往来，既有官方交往，又有民间往来，既有物质文化交流，又有精神文化交流。在宗教交流的同时，诸如文学、艺术、哲学等方面也有大量交流。两千多年来，彼此影响之广、之深，在世界上也是罕见的。中印两国分别解放和独立以后，两国关系的发展并非一帆风顺，但总的方向是朝前发展的，中间经过了曲折的发展道路。1950年以后中、印两国关系的发展状况，在本书中已经提到，这里不再重复。

3. 谭嗣同以佛法为武器进行变法

谭嗣同是近代思想家，资产阶级维新运动中的激进分子，是批判封建主义制度和思想文化的勇猛战士，同时也是崇信佛学的人物。

谭嗣同（1865—1898 年）湖南浏阳人，出身封建官僚，5 岁受书，15 岁学诗，平生勤奋好学，博览群书，公元 1894—1895 年受甲午战争刺激，力主变法图强，后结识梁启超，并通过梁启超了解康有为维新变法的理论，后研究佛教哲理，并与梁启超研讨变法理论，充当《湘学新报》等编辑，创办《湘报》等刊物积极宣传维新变法，1898 年 6 月，光绪帝下诏变法，谭嗣同参议新政。同年 9 月，慈禧发动政变，维新变法运动宣告失败，谭嗣同被捕入狱。在狱中他明知必死，但他毫无惧色，英勇就义。

谭嗣同的哲学思想比较复杂，前后有所不同，前期重视唯物，后期崇信佛学，力图从中寻找解决中国问题的思想武器。他著作丰富，其哲学代表作为《仁学》。该书主要反映了他的佛学思想，他不仅为了宣扬佛学，也是为维新运动提供理论根据。总之，想以佛学为思想武器，从中吸取力量，改造社会，发愤图强。他认为佛学理论比其他宗教的理论要好，威力无穷，是救国救民的良方。他所以推崇佛教，因为佛学中有平等思想。

谭嗣同继承了佛学中的平等思想，他要求打破官僚地主阶级垄断政权的局面，他极力推崇佛教，其原因是，他认为佛学中有“平等”思想。佛教来自印度，它一开始就宣扬“平等”思想。在原始佛教的教团里，没有“种姓”区别，不分高低贵贱，人都一律平等。在谭嗣同看来，要打破中国数千年来的封建制，就必须凭借佛学中的“平等”思想。在谭嗣同的心目中，中国当时的社会中的不平等现象，比原始佛教时期的印度社会，有过之而无不及。谭嗣同运用佛学中的“平等”思想，向不合理的封建专制制度，尤其是“三纲五常”发起了进攻。他认为，一切不平等的现象都应该废除，其中首先是君主专制。谭嗣同用佛学中的“平等”思想，反对君权，反对封建礼教，提倡男女平等，用以推进变法。在当时，对于揭穿“君权”的迷信，打击封建君主的绝对权威，以及冲击一切封建罗网等，都起了积极作用。

谭嗣同吸取了佛学中“我法两空”的“无我”思想。印度大乘佛教空宗有所谓“我法空”的理论，一方面把人类的自“我”说成是“空”的，另一方面把客观世界的万“法”也说成是“空”的，中国佛学唯识宗继承了这一思想，谭嗣同吸取了“无我”的思想，使之成为一种为人不为己的高尚人生观，一种奋不顾身的自我牺牲精神。他主张把生死置之度外，把自己的一生献给正义事业，一切为了利人、救人。在谭嗣同的心目中，人的一生，必须具有佛教所说的“无我”精神，除了救人，别无他用。这种“无我”精神，贯彻到了他的实际行动中，并把它改造成为勇于追求真理和乐于为真理献身的精神。因此，他一生热心于“变法”事业，宁可牺牲自己，也决不动摇，当变法失败，明知必死，他却不逃避，最后英勇牺牲，这就是佛学中“无我”精神在他身上的体现。

谭嗣同吸收并发扬了佛学中的“大无畏”精神。他要突破封建罗网，实行维新变法，并非易事，需要有一种大无畏精神，武装人们的头脑，鼓舞人们的斗志。谭嗣同认为，佛学提倡大无畏精神，信仰佛教，则会得到这种精神，敢把矛头指向封建专制制度。谭嗣同的大无畏精神贯穿在他的整个变法实践活动中。当变法失败，他不退缩，明知将遭到封建专制统治者的镇压时，也毫无惧色，反而郑重宣告：“各国变法，无不从流血而成，今日中国未闻有因变法而流血者，此国之所以不昌也。有之，请嗣同始！”（梁启超：《谭嗣同传》）直到临刑前还高喊：“有心杀贼，无力回天，死得其所，快哉快哉！”以上充分说明了佛学中的大无畏精神在他身上的体现。他的这种为追求真理而视死如归的精神，为后来的革命者所敬佩，就连青年时代的毛泽东也对谭嗣同异常敬仰，曾对蔡和森等说：“前之谭嗣同，今之陈独秀，魄力雄大，诚非今之俗学所可比拟。”（引自《张昆弟烈士日记》，见《湖南革命烈士传》）

4. 章太炎用佛教思想推进革命

章太炎出狱后，在日本做了轰动一时的长篇演说，公开亮出佛教思想的旗号，提出要“用宗教发起信心，增进国民的道德”，他要求每个革命者坚定革命立场，增强战斗精神，要像华严宗那样，为了“普度众生，头目脑髓，都可施舍于人”。他认为，只有把富贵利禄都看作“幻见幻想”，没有丝毫的留恋，这才是革命者的道德，他还把佛教思想和民族民主革命的要求联系起来，说“佛教最重平等，所以妨碍平等的东西，必要除去”。他为了寻找推翻清政府的理论根据，引用了佛教大乘戒律中所说的“国王暴虐，菩萨有权，应当废除”，和“杀了一人，能救众人，就是菩萨行”等说法，用以证明“主张革命”，“要求民主”是符合佛教教义的。他用佛教思想鼓励人们不怕死，不贪财，去掉奴隶思想，勇往直前，革命到底。他“七次追捕，三入牢狱，而革命之志，终不屈挠”，成为资产阶级革命队伍中的一位出色的鼓动家和宣传家。

在当时的历史条件下，章太炎宣传佛教思想，对鼓舞人们去反抗满清的黑暗统治，打破帝国主义和封建主义加在人民思想上的精神枷锁，从而不怕牺牲，勇往直前，进行革命斗争，无疑起到很大的教育作用。

章太炎利用佛教思想推进革命，对佛教思想做了新的解释，使之服从于当时斗争的需要，在这一点上有着它的积极作用。

当日寇侵略我国，抗日战火烽起，特别是在强敌压境，民族危机严重之时，他坚决主张抗日，公开反对蒋介石镇压学生爱国运动，对共产党的态度也有改变。

章太炎的晚年，保持了革命者的气节，佛教思想对章太炎有积极作用。

5. 印度援华医疗队在中国

中国和印度都是文明古国，中印两大民族之间的传统友谊犹如滔滔不息的黄河和恒河，源远流长。近代以来，两国人民在反对殖民主义和争取民主独立的斗争中，一贯相互支持，彼此同情，谱写了许多感人肺腑的篇章。1938年印度向中国派出的援华医疗队就是其中一个典型事例。援华医疗队员们的光辉形象，至今中国人民记忆犹新，它将作为中印友谊的象征永远活在中国人民的心中。

1937年日本帝国主义大举侵华，中国人民开始了全面抗日战争。印度人民得知这一消息，对中国人民的抗日活动深切同情并坚决支持，全国各地举行了盛大集会和示威游行，抗议日本帝国主义对中国的侵略。当日本帝国主义者把侵略战争推进到中国腹地的时候，印度人民不顾自己正在争取民族独立斗争中的困难，毅然向中国人民伸出友谊之手，进行了更大规模的声援活动，斥责日军在中国的暴行，抵制日货，捐款献药，救济中国难民。印度国大党特地精选了医生，组成医疗队于1938年9月1日派往中国，支援中国的抗日战争。这一国际主义壮举，鼓舞了中国人民的抗日斗志和抗战到底的决心。

这个医疗队由五人组成，队长是爱德大夫，副队长是卓克大夫，其他分别是柯棣尼斯、巴苏和木克吉大夫。他们告别亲人，不畏艰险，远离家乡来到中国。他们以卓越的医术和崇高的医德为中国抗日军救死扶伤，并培训了大批医护人员，为中国的抗日战争做出了杰出的贡献，为保卫世界和平献出了最大力量，有的甚至献出了自己的生命。这不仅在中印关系史上是件大事，而且在世界反法西斯斗争史上也占有光辉的一页。

他们到中国后先抵达抗日后方重庆，但工作一段时期后，他们不甘心留在后方工作，急于北上延安，冲破国民党的重重阻挠，克服了重重困难，跋山涉水，奔赴中国革命根据地、抗日战争的司令部——延安。在辗转途中，1939 年 1 月柯棣尼斯大夫突然收到父亲去世的噩耗，朋友劝他马上回去，但他坚决表示："国大党派我们来为中国人民服务，我决不回去。"于是他依然随医疗队继续赶路。

在这期间，五名医疗队员为了表达对中国人民的热爱与友谊，在爱德大夫的建议下，在每个人的中文译名后面都加上一个表示"中国"意思的"华"字，他给自己选的名字叫"爱德华"，意为"热爱道德，热爱中国"。其他人分别为卓克华、木克华、巴苏华和柯棣华。从此以后，他们的名字与中国人民的正义战争紧密地联系在一起。在生活和工作条件极端困难的情况下，他们舍生忘死而努力工作。

后来，由于卓克华大夫年事已高，体力不支；木克华大夫因劳累过度，患了肾病，他们两人在做出了自己的宝贵贡献后，相继回国。其余三人，即爱德华、柯棣华和巴苏华三位大夫于 1939 年 11 月长途跋涉，来到华北抗日的最前线。几个月后，爱德华大夫因已年逾半百，力不从心，再加上前线的艰苦生活和过度劳累，他的湿疹病再次严重起来，痛痒难熬，致使他无法继续留在前线工作，不得不于 1940 年 2 月 3 日返回印度。爱德华大夫在八路军里工作了一年多的时间。爱德华走后，柯棣华和巴苏华二位大夫则跟随八路军转战晋东南、冀中，最后于 1940 年 8 月中旬来到晋察冀军区离火线很近的地方——晋察冀的白求恩卫生学校及其所属医院工作。

上述地方生活条件和工作条件比延安更艰苦百倍，但柯棣华和巴苏华仍安心而努力工作，战胜一个又一个困难，取得一个又一个成绩。后来巴苏华奉命被调回延安工作，只留下柯棣华大夫一人在原地坚守岗位。他在离火线很近的地方施行手术，及时抢救了大量伤员，拯救了不少战士的生命，并使许多战士免于残疾。与此同时，柯棣华大夫还为战地医疗技术做出了出色的贡献，他不仅改进了外科机械，而且还教人们如何使用当地的中草药。在缺医少药和医疗设备极其简陋的情况下，柯棣华大夫的工作起了很大作用。

中国当局对柯棣华大夫的工作作风深为赞赏。1941 年他被任命为国际和平医院院长兼白求恩卫生学校校长。他工作十分认真，争分夺秒，夜以继日，每天工作 18 小时，甚至有时多达 20 小时。1942 年 1 月 4 日他给他的朋友巴苏的信中写道："我作为医院的领导，必须参与行政工作，加上我又主管外科病房，因而忙得不可开交。我的医务工作包括查房、做手术和帮助学员上手术台实习。我们平均每天做两个手术，因此病人流动量很大，整整一年中，我们做了大约 450 例外科手术，包括 45 例截肢，20 例疝气，35 例腰椎等。"柯棣华在战争前线的环境中，如此兢兢业业，不知疲倦地从事医疗和教学工作，为时 4 年有余。只有当日军对边区进行扫荡时，他的工作才稍有间歇。

柯棣华大夫因工作努力，积劳成疾，癫痫病严重发作，不幸于 1942 年 12 月 9 日以身殉职，时年仅 32 岁。柯棣华去世的消息传出后，使整个边区人民、根据地的每个村庄都像失去自己亲人一样沉浸在悲痛之中。人们不仅把他看作一个朋友，而且把他看作对中国反法西斯斗争的国际同情的象征。1942 年 12 月 30 日上午，延安各界人民为他举行了隆重的追悼大会，以示纪念，并表哀痛。当时中国根据地领导人之一毛泽东为他写的挽词中说："印度友人柯棣华大夫远道来华援助抗日，在延安、华北工作 4 年之久，医治伤员积劳病逝，全军失一臂助，民族失一友人。柯棣华大夫的国际主义精神，是我们永远不应该忘记的。"周恩来代表中国共产党和八路军向柯棣华大夫家属发了慰问信，信中写道："柯棣华大夫曾是中印两大民族友谊的象征，是印度人民积极参加反对日本黩武主义和世界法西斯主义的共同战斗的模范。他的名字将永远存于他所服务终生的两大民族之间。"

柯棣华大夫把最宝贵的年华献给了中国人民，他的光辉形象和感人事迹将与世共存。他被安葬于河北省石家庄烈士陵园，同其他为中国的解放斗争而捐躯的烈士们一起长眠安息，他将永远教育着世代中国人民。

柯棣华大夫不幸逝世，巴苏大夫为之悲痛万分。从此印度援华医疗队的崇高使命落在巴苏大夫一人肩上。巴苏大夫的医术和精心为病人服务的精神在边区闻名遐迩。他每天在门诊接待 100 多位病人，同时在病房负责 30 多张病床。他有"印度神医"之称，他把中国人民的解放事业当作他自己的事业。但太平洋战争的战火这时已延烧到印度门口，巴苏对祖国的命运忧心忡忡，魂牵梦萦。亚洲国家反法西斯联盟决定，巴苏应立即返印，参加本国的反法西斯运动。1943 年 6 月他向延安依依惜别，中国人民热泪相送，巴苏大夫在中国工作的时间最长，共达 5 年之久。在离开中国时，他曾表示终生难忘中国，总有一天再来。

随着巴苏大夫离华返印，印度援华医疗队的使命也就宣告结束，但巴苏大夫回印度后，仍坚持不懈地工作。他在印度国内广泛地旅行，介绍中国人民进行的艰苦卓绝的抗日战争。1943 年 10 月，他发起成立了全印柯棣华大夫纪念委员会，以发扬印度援华医疗队的精神，继承柯棣华大夫的遗志，加强中印两国人民在反法西斯斗争中的团结，还创办针灸诊疗所等。到 1978 年止，全印各地创办 30 多个针灸诊疗所，为贫苦穷人免费治疗或廉价收费。在以后数十年里，无论中印关系出现什么情况，是阳光灿烂，还是阴云凝集，巴苏大夫始终高举着中印友谊的大旗，勇往直前，义无反顾。在改善中印关系方面，他做出了杰出的贡献，起了不可磨灭的作用。1976 年以后他多次来到中国，来往于中印之间，他传递了中印人民彼此间的友好感情，发展了中印两国人民之间的友谊。可惜 1986 年 10 月 12 日不幸病逝于加尔各答。巴苏生前把中国视为他的第二故乡，遵照他生前的遗愿，他的一半骨灰葬在中国石家庄烈士陵园，与他生前战友柯棣华、爱德华为伴，长眠于中国大地上。他是医疗队在中国全部过程的亲身经历者和医疗队崇高精神的坚定继承人，是终生为印中人民友谊发展做出巨大贡献的国际主义战士。

1978 年印度外长瓦杰帕伊对当时访问印度的中国朋友说："巴苏是我们民族的英雄，也是我们之间友谊的桥梁。"这话千真万确。在世时有人问过巴苏："你在共产党地区时，精力充沛，干劲十足，什么原因？"他回答说："为被压迫人民的解放事业而工作是一种幸福。"多么宽阔的胸怀，多么豪迈的语言。他的崇高精神不得不为中印人民所钦佩。

爱德华来中国工作一年后，因病回国。他回国后，除治病外，仍然积极从事力所能及的工作，开展和平运动，并继续关心和支持中国人民的正义事业。后来爱德华大夫又多次访问中国。在 1957 年访华期间，因肝癌医治无效，不幸于 12 月 1 日病逝在北京。他生前想写一本书，以记述他在中国的经历和他对新中国的观感。他认为这件工作将有助于中印关系的发展，可惜他因病早逝，未能如愿。但他的高尚品格和伟大的国际主义精神，已为中国人民所熟悉，并深受中国人民的尊敬和爱戴。他生前留下遗嘱：将他的骨灰一半撒在印度的恒河，一半撒在中国的黄河。他的纪念碑和柯棣华、巴苏的陵墓并排一起，被建在中国石家庄烈士陵园里。每年有成千上万的成年人和学生来这里瞻仰这些烈士陵墓，学习他们的伟大的国际主义精神。

印度援华医疗队早已完成了它的历史使命，五位大夫都已先后作古，但他们个个英雄的表现和光辉的形象，给中国人民留下了深刻而美好的回忆。在中印友好事业中，他们都各自走完了自己的路，做出了重要贡献，甚至献出了宝贵生命。每当人们谈到"世界和平"和"国际主义"的时候，我们自然会想起印度援华医疗队的五位大夫。回顾柯棣华、爱德华、巴苏华等五位大夫远去的高大背影，中印人民会陷入深思，会明白未来的路该怎么走。

6. 中国人眼里的圣雄甘地

圣雄甘地是当代印度人民的伟大革命领袖，杰出的社会改革者和宗教改革者。他把毕生奉献给了印度的民族独立事业，给印度人民留下丰富的精神遗产。甘地热爱中国，一直关怀着中国革命的发展，对我国的抗日战争给予了道义上和物质上的支持。今天，印度人民纪念他，中国人民也同样怀念他。

一

中国人民对于甘地及其主义并不陌生。从 20 世纪 20 年代以来，中国的知识界曾以浓厚的兴趣不断向本国人民传送有关甘地的信息。据有人统计，在我国解放前的 20 多年中，有关甘地传记及其主义介绍的书籍近 30 多种，平均一年一种还多。其中有 16 种出版于 30 年代。在这些书籍中，仅是甘地的自传就有 4 种不同译本。此外，甘地的代表作品，如《印度自治》等被译为汉语。若以解放前在知识界享有盛誉的大型杂志《东方杂志》（1904—1948 年）为例，在该杂志上发表有关甘地及其主义和印度革命运动的译介文章有 70 余篇。此刊物中还辟有《甘地与新印度》的专栏，共发表专文 7 篇，于 1922 年 5 月出版。1948 年 5 月还发表过“追悼甘地专号”，刊载各种纪念文章 13 篇之多。至于在中国解放之后，有关介绍和研究甘地及其主义的文章与书籍就更多了，而且不少大学还开设了有关甘地的课程。上述情况表明，甘地及其主义在中国的介绍经久不衰，并产生了重大影响。

二

众所周知，圣雄甘地领导了著名的“不合作运动”。中国人民对他所领导的不合作运动非常重视，以第一次不合作运动为例，从 1920 年到 1924 年在《东方杂志》上相继发表的文章近 20 篇，最先发表的文章有《印度民族运动领袖甘地》、《甘地主义是什么》、《甘地的略传》、《印之静的革命》和《印度自治运动》等，对甘地及其主义做了一般介绍，绝大多数作者对甘地及其主义给予了热情称颂与赞扬。他们称甘地为印度“思想界领袖”、“圣人”、“印度之王”，如此等等，说其势力足以“支配目前印度的精神界和物质界”。也有称甘地主义代表了“东方的静的文明”，因甘地高唱坚持真理和反对暴力而称其为“印度的托尔斯泰”。稍晚发表的一些有关不合作运动的文章，意见颇有分歧。有赞扬者，也有批评者，赞扬者认为甘地为完成“灭除掠夺阶级”的革命任务，甘地倡导并实践了“和平而且坦荡”的非暴力一途，并历数其“可惊的成绩”。批评者则认为，不合作方案一时虽可能成功，但实无何等永久之效果。为此，批评者预言，不合作运动终难以非暴力达到目的。

在此时期，除了上述对甘地及其主义的肯定或否定态度之外，还有另一种态度，即对甘地主义和不合作运动形成的内外环境做了探讨和研究，以求取得进一步认识。从外部环境来说，有的作者在文章中论述了甘地对英国政治制度由崇信到怀疑和否定的思想过程，指出不合作运动，“全由英国政府战后措施不当，激之使然”。从内部环境来说，有的作者在文章中介绍了甘地思想的几大来源，其中包括宗教的、家庭的和西方人道主义的。文章中也着重强调甘地对近代文明的批判态度，更有作者在文章中指出了甘地革命理想可分为政治和社会两个方面，并对甘地社会革命思想的要点做了具体剖解，指出不合作运动是以人民的社会及经济利益为基础的一种实际政策。

1922 年 2 月，乔里乔拉发生了暴力事件后，甘地决定停止不合作运动。接着于 3 月 10 日殖民当局逮捕了甘地并将其判刑 6 年，印度民族运动受到了重大挫折，中国知识界对此十分关注。有人撰写专文“印度不合作运动领袖甘地入狱以后”论析甘地入狱的原因，并介绍其在狱中的生活和思想，发表了不同意见，并表示了对甘地和印度革命前途的深切同情、关心和担忧。

这里特别值得一提的是，孙中山对于甘地及其主义也发表了自己的看法。他在 1922 年到 1924 年的几次讲话中，一再肯定了甘地所领导的“反英斗争”，并为印度民族运动的高涨而无比高兴。当时他严肃地指出，印度虽“被外国的武力压服”，但并非“民族思想随之消灭”。在斗争方法上，孙中山赞赏甘地倡导的非暴力不合作运动。孙中山认为“抵抗外国的方法有两种：一是积极的，其方法是振奋民族精神，求民权、民生的解决，以与外国奋斗。二是消极的，其方法是不合作。不合作是消极的抵制，使外国的帝国主义减少作用，以维持民族的地位，免致灭亡。假若全体国民都能够和印度人一样不合作，又用宗教团体做基础连成一个大民族团体，无论外国用什么兵力、经济和人口来压迫，我们都不怕他”。

但是，在一些具体的斗争对策上，孙中山先生却与甘地不同。以抵制帝国主义“经济压迫”而言，甘地主张烧弃洋布，用手工自纺织，以此振奋民族精神，而孙中山则在总结国内几次提倡国货抵制洋货运动失败原因的基础上，指出洋货因为有不平等条约的保护，因而价廉，要国民永久不用常常是价廉质高的洋货而用国货，必因违反“经济原则”而绝难持久。所以，孙中山主张把政治问题的解决，如废除不平等条约，收回海关，实行关税保护，作为经济问题解决的前提。再以抵制帝国主义的“人口压迫”而言，孙中山认为“列强目前所以还不能吞并中国的原因之一，就是因为他们的人口比中国少。但如果彼增我减，长此以往，则百年之后，他们的人口就会超过中国，到那时，中国不但失去主权，要亡国……还要灭种”。[①]出于亡国灭种的忧虑，出于积极抵御帝国主义人口压力的需要，孙中山主张同时提高人口的数量和质量。而甘地则不同，他认为贫穷、灾荒、瘟疫和饥饿，每年都要在印度夺去成百上千万人民的生命，“倘若还接连产生子女，不过是加添许多奴隶和身体孱弱的人”，与其如此，还不如“停止生产继承当奴隶的人”[②]。为此，他极力提倡一种严格的宗教苦行生活，主张戒色和绝欲，以节制生育，减少人口，并认为只有在印度业已成为一个自由民族之时，方可改变这种做法。

以上不难看出，从中国进步知识界来看，在此时期，对于甘地及其主义的认识处在逐步深入之中，认识的主流是赞同的。孙中山对甘地的赞同，表明了在20年代初两国民族运动新高潮的历史阶段，彼此的应和共鸣。孙中山和甘地这两位东方伟大人物的名字，随着两国民族运动新高涨而响遍全世界。在此期间，他们在自己所领导的党为实现理想而进行的斗争中都取得了巨大成绩。

三

近十几年来中国对甘地及其主义的研究如何呢？我想，这也是印度朋友更感兴趣的问题。

近十几年来，甘地成了我国印度史、民族解放运动史、世界现代史界研究和争论的主要“热点”之一。对甘地的研究包括其阶级属性、非暴力抵抗运动、甘地主义、哲学社会思想及其在印度民族解放运动中的地位，凡此等等，不仅关系到对印度民族解放领导权的看法和对印度独立的性质与意义的分析，而且对研究印度现代史至关重要，同时，对探讨整个亚非拉民族解放运动也有一定的典型意义。

林被甸先生在分析了关于甘地阶级属性后指出：“从甘地世界观的变化，

---

① 参见《孙中山选集》第649、678、677页。

② 同上，630页。

甘地和甘地主义的出现与阶级斗争的关系以及甘地对英帝国主义的基本态度来看，甘地主要代表了印度民族资产阶级的利益，是资产阶级在民族运动中理想的政治领袖。”黄思骏先生也认为，如果说甘地是印度“封建地主阶级的代表”、“农民阶级的代表”这“既不符合印度近代历史的实际，也不符合甘地本人的实际”，“其客观效果必然导致否定甘地的历史作用”，[①]黄先生指出：要从甘地思想和社会实践的主要方面去看甘地的阶级属性。从总体上看，不管甘地的主观愿望如何，他做了大量有益于资产阶级的事，有充分理由说明，“甘地是印度资产阶级的代表。”[②]

贺圣达先生认为，甘地始终代表了当时占印度人口绝大多数的农民小生产者，他“是本世纪上半叶印度社会最广大的人民群众——农民的伟大代表”。[③]贺圣达先生指出，“在分析甘地的阶级属性时，必须要看甘地的基本思想和其主要活动的阶级内容，特别是注意他的活动和思想在客观上所起的作用和影响。从总体来看，甘地既不是印度资产阶级的代表，也不是印度地主阶级的代表，而是印度农民小生产者的代表。”[④]罗传芳、张克明先生认为，在研究甘地时，应注重历史事实，分清哪些是他的活动所引起的客观后果。甘地对资本主义文明是伤感、愤嫉、敌视、诅咒的，对古老的生活方式是眷念的，他是小农的代言人。[⑤] 王存华先生解释说：“甘地的宗教道德观，以‘暴力’、‘爱’为基础的哲学思想体系，对印度资产阶级来说是格格不入的，他‘复兴农村’的经济思想是与印度资本主义的发展背道而驰的。甘地的思想言行主要反映了印度农民小生产者的利益、愿望和要求，其主导方面是属于农民小生产者。”[⑥]如此等等。

在如何分析非暴力抵抗运动，怎样对待甘地思想，以及甘地在印度民族解放运动中的地位等问题上也都有很大的争议。

彭树智先生研究了甘地思想的整体性和独立性，他认为甘地思想根植于印度历史文化传统之中，撷取了西方文明的若干思想材料，并同印度历史文化传统相结合。空前的群众性、长期的连续性、独特的多样性是非暴力抵抗运动的三个显著特点，其主要内容是“总罢业”。非暴力抵抗运动促进了印度

---

① 见《世界历史》1981 年第 3 期。

② 同上，1986 年第 12 期。

③ 同上，1981 年第 3 期。

④ 《南亚研究》1986 年第 1 期。

⑤ 见《史学月刊》1984 年第 5 期。

⑥ 见《史学月刊》1987 年第 5 期。

的民族觉醒，使印度民族独立运动得以空前广泛的发展。因此作者认为甘地主义虽然基本上是民主资产阶级思想体系，但同时又包括小生产者的观点和要求，渗透着宗教意识。在估量甘地思想体系和他领导的民族独立运动时，从世界范围的反对帝国主义斗争中的实际结果来看，从争取印度独立和自由的总体要求来衡量其主流无疑是积极的、进步的，甘地的思想体系是印度民族主义的宝贵遗产。…… 李达三先生认为，为拯救印度，甘地耗尽了精力，献出了生命，他对印度民族运动最重要的影响是他所提出的通过群众斗争实现自由和独立的政治主张。从印度民族运动的全过程看，他是高举民族主义旗帜，把反英斗争坚持到胜利的最关键人物，他倡导的非暴力抵抗和手工纺车运动，起了反对民族压迫和帝国主义的历史作用。甘地的思想和活动是进步的，而不是相反①。张一平先生认为，“甘地的非暴力主义具有明显的反帝反殖性质，不是阻碍而是推动了印度民族解放运动的发展。”②

关于甘地的死，金克木教授从文化角度做了分析，其结论是，“甘地为印度独立战斗一生，却在独立成功时被本国人而且同是印度教徒的刺客当众刺杀。这不是一次简单的政治谋杀事件；也不是一个宗教狂热分子的一时冲动行为，刺客和被刺者在政治上代表了两种不同的现代印度文化的矛盾和冲突。”③

黄心川教授在探讨了甘地的哲学和社会思想后指出：“甘地不但在印度民族运动中起过巨大的作用，而且对亚非人民反帝、反殖斗争也有相当的影响。他憧憬人类社会的高尚理想，要求实现社会的正义和平等，对阶级社会中的各种剥削、压迫进行了无情地揭露和谴责，对劳动人民寄予很大的同情，并为其利益而奋斗终生。所有这些都是我们应该高度评价的。”

四

众所周知，中国与印度在历史上有过几千年的文化交流关系，我们两国人民互相学习，而且丰富了彼此的文化。在最近一百多年以来，两国人民都在西方殖民主义的剥削与压榨下忍受痛苦。我们对彼此命运的关心，是完全可以理解的，甘地关心中国的革命，并给予了巨大支持，早在第二次世界大战之前，当日本帝国主义侵略我国时，甘地对日本侵略者进行了无情的谴责，

① 见《历史研究》1982 年第 9 期。
② 见《世界历史》1981 年第 3 期。
③ 见《南亚研究》1983 年第 4 期。

并对我国人民的正义反日斗争给予了道义上的和物质上的支持。正是他把中国人民的抗日斗争和印度人民的反英斗争结合起来，还明确指出："日本统治印度和中国，同样是对其他国家和世界和平的损害……我由衷地深深同情中国人民，钦佩他们为了国家的自由和完整所做的英勇斗争和不断牺牲。"① 正是在甘地等人的支持下，于1938年印度派出了医疗队来到中国，支援中国的抗日战争，为中国的抗日战争做出了不可磨灭的贡献。这充分说明：甘地不仅重视和珍惜中印人民之间的传统友谊，而且还大大发展了这种友谊。在中国最艰苦的年代甘地给予我们道义和物质上的支持，我国人民至今记忆犹新，非常感谢。

同样，我们中国人民也很关心印度人民。我们关心印度的独立，早在1919年以前，就大量介绍了甘地及其有关信息。这在中国是家喻户晓，人人皆知的事情。1949年新中国成立以后，这种介绍和研究工作有了进一步加强和发展，对于甘地及其主义做了大量介绍和研究，有关甘地的书籍、文章大量出版，促进了中国人民对甘地和印度人民的了解。我们所做的这一切，目的在于相互了解、彼此支持，共同完成我们两国的建设任务，把我们各自的国家建设得更好，并进一步发展两国人民的传统友谊。展望中印两国人民友谊的前途，我们充满了信心。

7. 圣雄甘地的经济思想及其国际主义精神

圣雄甘地是当代印度人民的伟大领袖，杰出的社会改革者和宗教改革者，他把毕生奉献给了印度民族独立事业，给印度和世界人民留下了丰富的精神遗产。他的思想具有鲜明的独立性，在他的独特思想体系中，除了他的哲学思想和政治思想外，他的经济思想同样有其主要的独特性。甘地不仅忠于印度，也热爱中国，一直关怀着中国革命的发展，对中国的抗日战争给予了道义上和物质上的支持，他是爱国主义与国际主义结合的典范。

甘地对西方物质文明进行过批判，他早在1942年就郑重地提出："虽然当今机器时代的目标是把人变成机器，我的目标正是重新让变成机器的人还原。"甘地在这里所强调的是人，是把变成机器的人复归于赋有人性和有道德的人。

---

① 丹特尔卡：《圣雄甘地传》第5卷，第13页。

甘地根据当时的社会情况和历史条件，主张用分散的农村经济来反对集中的城市竞争经济。因此，他从几个方面对西方物质文明进行了批判：

甘地认为，城市集中化的经济的主要弊端在于导致财富集中到少数人手里，其结果是少数人有可能利用这种财富权利压迫多数人，并且终将形成阶级对抗。这种西方物质文明之所以不可取，它有可能使暴力行为泛滥和道德沦丧。这是与甘地的非暴力社会构想相矛盾的。

他还特别对拜金主义和为发财而缺德行为进行了批判。甘地把经济纳入了道德的范畴，他把经济分为正义的经济和非正义的经济。所谓正义的经济，即它与道德标准相一致；所谓非正义的经济，是指为发财、赚钱而缺乏道德行为。甘地认为，拜金主义者虽然富有，但由于缺乏道德伦理原则而使精神生活贫乏。因此，甘地认为，“美好的经济离不开人的高尚道德”。正义的经济代表着社会正义，重视人的道德素质，则有利于推进社会公益的提高。而非正义的经济是“以金钱价值代替了生活价值”，它忽视了人的道德价值，必然阻碍社会的进步。

甘地虽然对西方物质文明进行了多方面的批判，但他并未完全否定物质的文明。他认为，尽管西方的物质文明给西方世界带来了灾难，但它仍然适用于西方。不过，甘地也指出，对西方来说，也应当舍弃一味对物质享受的追求；西方若不愿死于纯物质享受的重压之下，也必须改变他们的人生观。甘地作为一个饱尝西方物质文明苦难的印度政治家和思想家，他对西方物质文明，特别是工业化丧失了不少的信任，是可以理解的，也是有一定道理的。他对西方物质文明的批判，主要归结为两点：一、造成了贫富悬殊的两极分化；二、造成了道德上的堕落。

因此，甘地注意到了经济与道德之间的关系和彼此间的影响，注意到了道德在经济领域中的潜力作用，从而在某种程度上把道德因素看作比智力和体力更为重要。甘地把道德与经济的关系提到了如此突出的地位，给人们留下了深刻的印象，至今在世界上有它重要的现实意义。

甘地认为，社会或经济的巨大变革会导致道德的失控或变化，这也是一种有规律的现象，而问题是如何面对。对此叹息或埋怨，则无济于事。对政治家、思想家们来说，应尽快重建新的道德价值体系，以适应和推进社会经济的变革，才是最有效的办法。甘地有自己的道德价值标准，他对西方物质文明的批判，是从人道主义的道德观角度而进行评价的。这种评价反映了印度广大下层劳动者的愿望和要求，也反映出印度民族的心声和抗议。表现出甘地强烈的爱国主义思想。这种批判虽然有它的历史局限性，但在当时是有其重要作用和积极意义的，它强调了在人类社会生活中人及其道德的价值和作用。

劳动创造财富，这是甘地农村经济思想的基础。它强调物质生产劳动在人类社会中的地位和作用。彭树智先生曾指出，“人们为了生计而从事农业或其他职业的体力劳动，被甘地奉为经济正义的原则。生计劳动成为甘地特有的经济道德观念和伦理原则。”在甘地看来，一个社会不至于衰败而能够生存和发展，其根本原因在于人人都在劳动。如果人们不劳而获，就是自我毁灭。这种把人类劳动，特别是体力劳动作为人类社会的基本经济活动和道德规范的观点，是一种简单、朴素而又实际的观点。人只要吃饭，就必须劳动（丧失劳动能力者除外）；劳动者热爱自己的劳动的同时，也应该尊重他人的劳动。甘地以实际行动纺纱和节俭就是对这种理论的实践。他是“人人都应劳动”的经济正义原则的提倡者和实践者。

甘地对人人都有工作做这个重要问题考虑得很多。他认为，若不能保证人人都有工作做，人人都获得过正常生活的条件，民主就是可怜的废物，而且也不可能持久。因此，甘地强调了利用纺车和振兴农村经济的重要性。当时有些人认为，印度也可以按西方的模式来做，印度也可以像西方那样加速城市化，不断减少农业人口的数目。但甘地对此持否定态度，不同意这种看法，他认为那是不切实际的幻想。于是甘地坚定地指出，进行大规模工业化的同时，生活必需品要靠积极振兴家庭手工业和农村手工业的办法满足供应，科学技术要帮助家庭手工业和农村手工业提高生产率，而手工业则是吸收印度民众参加生产自救活动的简便方法。遵照甘地的建议，印度人民开展了有关活动，取得了一些成绩。

但是甘地发展家庭手工业和农村手工业的主张，并非反对科学，并不反对科学所带来的好处与福利。甘地本人也曾说过：如果通过采用科学的新发明，只用三万人就能生产出全国需要的商品，他对此毫无异议，问题是：剩下的人去干什么，如果千百万人失业，无工可做，因而生活困难，那就有问题了。

今天，每个国家都为了获得本国的利益而与别的国家进行竞争，这样做，在一定程度上是有道理的，也是必要的，但是不能忘记，应该把为全人类服务作为自己的动因。

在这方面，甘地做出了很好的榜样，也有很好的教导。他是一位爱国主义和国际主义相结合的典范。他曾经说过：“如果这个世界不是一个整体的世界，我就不愿意生活在其中。”他还说过：“我的爱国主义不是排他的，而是包括爱整个世界。我反对寻求通过使其他民族受苦的办法，或者通过剥削其他民族的做法来发展本国的爱国主义。”这话，即使在当今的世界也有重要的现实意义。

甘地相信最大限度的自给自足与自力更生，但同时他还认为，在需要别人的帮助时，也应该接受别人的帮助；当别人需要帮助时，也应该帮助别人。他相信世界是一个整体，相信生活中必须团结。他是这样说的，也是这样做的。正是在甘地等人的支持下，于1938年印度派出了医疗队来到中国，支援中国的抗日斗争，为中国的抗日斗争做出了不可磨灭的贡献。在中国最艰难的岁月里，甘地给予我国道义上和物质上的支持，我国人民至今对此记忆犹新，并由衷地感谢。甘地的强烈的爱国主义思想和崇高的国际主义精神将永远活在中国人民的心中。

今天，我们中、印两国，都面临着艰巨的建设任务，为把我们两国建设得更好，让我们相互学习，彼此支持，共同努力吧。

8. 孙中山声援印度，谴责英国

孙中山是中国资产阶级革命派的伟大领袖，爱国者，他为追求民族独立、民主自由和人民的幸福倾注了毕生的精力。他不仅对中国革命做出了杰出的贡献，也很关注其他被压迫民族争取独立和自由的斗争，他对印度人民争取独立的斗争给予了坚决支持和声援，也有一些实际的帮助，对英帝国进行了有力的谴责。

孙中山对印度革命的同情与支持，主要表现在道义上。第一次世界大战期间，他撰写了《中国存亡问题》一书，书中除了表示坚决反对把中国拖入战争外，还大量谈到印度问题。孙中山认为，第一次世界大战是非正义的，战争双方都是争夺殖民地和半殖民地，争夺世界霸权，因此都是非正义的。孙中山在这本书里揭露了英国统治印度的原因，他尖锐地指出了英国对印度进行的掠夺：“英国每年取印度巨额之粮以供己用，而印度十年之间已饿死者千九百万。”又说“其苛敛与虐政，使印度不得求活，实一大规模之掠夺也”（见《总理全集》，上海民智书局发行，第941页），由此看出，孙中山对印度的关怀和对英帝国的气愤。

孙中山在他的《三民主义》著作中，也多次提到印度。由于殖民主义、帝国主义的统治，印度产的粮食每年远销欧洲，而印度人民缺粮，饥荒，有大量人口被饿死。这里他揭露了英国殖民统治的贪婪和残暴，表示了他对处于水深火热之中的印度人民的深刻同情。

18 世纪末 19 世纪初，随着英国实现工业革命，它的剥削方式也起了变化。从这时起，“得殖民地之国，所最希望者，其殖民地能供给己国之原料，同时为工业制品之销场”（见《孙中山全集》，第 3 卷，82 页），为此，采取了种种措施，加速对印度的剥削与榨取，从而使印度手工业深受打击，印度缺粮现象日益严重。

第一次世界大战中，英国不但用印度的人力、物力为它作战，还要印度出钱。孙中山揭露了英国对印度的勒索：“最近英国强迫印人担任战费十万万镑，而美其名曰印人乐输……”孙中山明确指出：“英之所以为帝国者，在印度不在英伦也”；“英国经济之基础，即其国家之命脉，在于印度”；“英国若无印度，即不能成为帝国矣”。失去印度，“大英帝国亦惟有瓦解而已”。（见《孙中山全集》，第 3 卷，第 66 ~ 69 页）

孙中山对印度的民族运动一直关心，当印度不合作运动兴起之后，对此表示了极大关注。1921 年，他在一次讲话中说道：“印度人受英国压迫，近亦引起反动，其革命思想，与前不同。观最近英文报所载，印度人之革命而被英国政府逮捕者，为数达六百余人。可见印度之革命精神，颇有进步，未必终为英国所屈也。”（见《孙中山全集》，第 6 卷，16 页）由此说明，孙中山看到了印度的前途和胜利的曙光，相信印度人民的斗争最终会必然胜利。

第一次世界大战后，英国作为战胜国，势力显赫。但孙中山却认为，英国的强盛中包含着深刻的危机，大英帝国不会维持太久，世界性民族自决洪流将会冲垮它的根基。印度民族斗争的新高潮是以“不合作运动”的形式开展的，孙中山对此非常重视和肯定，1924 年，他在一次关于三民主义的讲演中，特别向国人介绍了甘地的不合作主义。什么叫“不合作”？他对此进行了解释：“就是英国人所需要的，印度人不供给；英国人所供给的，印度人不需要。好比英国人需要工人，印度人便不去给他们做工；英国人供给印度许多洋货，印度人不用他们的洋货，专用自制的土货。”（见《孙中山全集》，第 9 卷，240 页）。孙中山希望中国人民学习印度，也用团结一致的行动，对帝国主义不合作。孙中山认为，甘地的不合作主义是抵抗外国统治的方法之一，“不合作的消极抵抗，使外国的帝国主义减少作用，以维持民族的地位，免除灭亡。”（见《孙中山全集》，第 9 卷，241 页）

孙中山虽然主张暴力革命，但他对甘地的不合作策略表示认同，甚至欣赏，表明了他尊重印度民族斗争的创造性。他主张“受屈人民当联合”，“在亚洲，印度、中国作为受屈者之中坚。”自然中印“要首先联合”。他提出了中印联合的必要性和重要性。1924 年泰戈尔要来中国访问，孙中山闻讯后非常高兴，把泰戈尔看作印度人民的使者。孙中山自己为实现中印联合而不断努力，但很不幸，他于 1925 年与世长辞。后来，中国国民党与印度国大党代表积极接触，共同发表了宣言，表示加强两国人民在反帝斗争中的合作，经双方协商，拟定了许多措施，孙中山的愿望得以实现。他声援印度，谴责英国，在历史上起了积极作用，孙中山被认为是近代中、印革命力量联合的奠基人之一，他永远活在中印人民的心中。

9. 泰戈尔同情中国，痛斥日本

泰戈尔是印度的伟大作家，印度近代文学的奠基人之一，诺贝尔文学奖获得者，也是一位伟大的国际主义者，中国人民的最亲密朋友。

泰戈尔的才能是多方面的，他是诗人、小说家、戏剧家和散文家，又是教育家、画家和音乐家。他为后世留下了 50 多本诗集、12 部长篇小说、百篇短篇小说、20 多个剧本。他生前无情地揭露了殖民者和封建主的专横残暴，热情地歌颂了印度人民反抗斗争精神，他的作品表达了印度人民追求美好生活的理想。

泰戈尔一生十分热爱中国，赞扬中国文化，重视中印两国人民的友谊，关心中国的命运。他痛斥日本法西斯侵略中国的行径，坚决支持中国人民的正义斗争。他于 1924 年来华访问，这是现代中印文化交流中的一件大事。他来中国后在各地讲演，热情地赞扬了中印友谊，并希望两国互派留学生，极力恢复中印两国间已经中断了的文化关系，使古老悠久的友谊尽快恢复起来，然而当时两国在没有获得政治上的独立的情况下，他的理想实现是很困难的。尽管当时环境恶劣，泰戈尔的访华起到积极作用，给中国人民留下了难忘的印象。泰戈尔的访华对中国文学界影响很大，后来他的许多作品被译成汉语，像郭沫若、谢冰心等不少文学家，都在不同程度上受到他的影响。泰戈尔回到印度后，在印度的国际大学创办了一所“中国学院”，推动中国文化研究，促进了中印文化的交流。抗日战争期间，他积极支持中国抗日，严厉谴责日本帝国主义的侵华罪行。直到 1941 年去世前，他在病床上还关心中国的抗日情况，深信中国必胜。泰戈尔毕生是中国人民的好朋友，我们将永远纪念他。

10. 泰戈尔对中印文化的贡献

罗宾德拉纳特·泰戈尔（Rabindranath Tagore）是印度的伟大作家、著名诗人、艺术家，诺贝尔文学奖获得者，印度近代文学的奠基人之一，他既是一位爱国者，民族运动的支持者和参与者，又是一位伟大的国际主义者和中国人民的最亲密朋友。

（1）泰戈尔对印度文化的贡献

泰戈尔于1861年5月7日出生在印度西孟加拉邦的加尔各答市。家庭属于商人兼地主阶级，是婆罗门种姓。祖父德瓦卡纳特·泰戈尔（1794—1846年）和父亲德本德拉纳特·泰戈尔（1817—1905年）都是社会活动家，支持社会改革。父亲是哲学家和宗教改革者。泰戈尔自幼受到良好的教育和家庭环境的熏陶。他进过东方学院、师范学院和孟加拉学院。但他厌恶刻板的学校生活，没有完成学校的正规学习，他的知识得自于父母和家庭教师以及自己的努力。他从小喜欢诗歌创作，12岁开始写诗。泰戈尔自小酷爱文学，爱读梵文、孟加拉文和英文著作，十几岁时，就熟读了印度两大史诗《摩诃婆罗多》和《罗摩衍那》、古代长诗《云使》以及名剧《沙恭达罗》等。1878年，即他17岁时，遵照父亲的意愿赴英国留学，最初学习法律，但非其所好，改学英国文学，并研究西方音乐。1880年回国，专门从事文学创作。1884年，他离开城市到乡村去管理祖传的田产，有机会接触到农民。1901年他在圣蒂尼克坦即和平村建立了一所学校，来实现自己的教育理想。后来这所学校发展成为著名的国际大学。1905年以后民族运动高潮到来时，泰戈尔投入到反帝的爱国运动中去，并且撰写了大量的爱国主义诗篇。例如，《洪水》、《让我祖国的地和水甜美起来》等，泰戈尔义愤填膺，写出了热情洋溢的爱国诗篇，大大地鼓舞了人民群众的斗志。

他在文化艺术领域中取得了重大成就，表现了他多方面的才能，他一生勤奋写作，从19世纪80年代到逝世，整整写了60多个春秋。为后世留下了50多本诗集，12部长篇小说，百余篇短篇小说，20多个剧本。他生前无情地揭露了殖民者和封建主的专横残暴，热情地歌颂了印度人民的反抗斗争精神，他的作品表达了印度人民追求美好生活的理想。

泰戈尔的才能是多方面的。他不仅是位诗人、小说家、戏剧家和散文家，还是教育家、画家和音乐家。泰戈尔以诗人著称于世。他不断有诗集和小说发表，有些诗不仅长期流行于印度民间，而且被选入中、小学课本，对激发印度人民的爱国热情和弘扬印度文化起到积极作用。

泰戈尔从少年时代就开始写诗，12 岁时，写了一首十四行诗，轰动了学校，校长看后惊诧万分，到 15 岁又写了一首长诗《野花》，在杂志上发表后，更是轰动。这时少年诗人泰戈尔在加尔各答知识界崭露头角，颇负盛名。从此，创作的欲望倍增，后来，他参加了《婆罗蒂月刊》的编辑工作，不断在该刊物上发表诗文。1878 年，当他 17 岁时遵从父亲的意愿，赴英国伦敦学习法律学。但到了那里，泰戈尔对学习法律毫无兴趣，因为他早已醉心于文学，并立志在文学领域里有所作为，开辟自己的生活道路，在异国他乡，违背了父亲的旨意，改学英国文学，并研究西方音乐。他于 1880 年回国，在英国只逗留了 14 个月，在大学只念书 3 个月，他的大部分时间用于学习西方的文学艺术和了解英国的社会生活。名义上虽然入了伦敦大学，但实际上还是靠自己学习。因此，他并未受过什么正规教育，他的知识主要是靠自己得来的。

泰戈尔于 1880 年从英国返回印度，已年满 19 岁，专门从事文学创作。他在 20 岁以前，已发表了很多作品，写了不少诗歌、小说和论文，计有：7000 多行诗、小说《女乞丐》、《怜悯》；歌剧《瓦尔米基天才》、《死神的狩猎》；散文《旅游札记》以及论文《孟加拉文学的希望与失望》、《论歌德》等。其主题都是反封建的，猛烈抨击了封建婚姻制度和种姓制度。以后他不断有诗集和小说发表。很值得一提的是，1881 年当他年仅 20 岁时，就在《印度人民》期刊上发表了一篇政论，题为《在中国的死亡贸易》，文中强烈抗议英国对中国进行的鸦片贸易和侵略战争。

殖民制度和封建制度给人民带来了巨大灾难与痛苦，不堪忍受殖民统治和封建剥削的农民也揭竿而起，发动了轰轰烈烈的起义。知识分子反对殖民统治的情绪更是日益高涨。印度的孟加拉地区则是运动的中心。年轻的泰戈尔也积极投入到民族解放中来。他写的《论印度的婚姻》文章，猛烈抨击了印度的婚姻制度，引起了社会的关注。他除了撰写文章讨伐殖民主义和封建主义外，年仅 23 岁的他，担任了宗教改革组织“梵社”的书记。“梵社”为社会改革发挥了重大作用。

1881 年至 1890 年的 10 年间，他一方面积极参加社会改革活动和编辑《儿童杂志》工作，同时还创作了大量作品，例如，诗剧《大自然的报复》，抒情诗《暮歌》、《晨歌》，诗集《刚与柔》、《心灵》、《婴儿音乐》，歌集《太阳阴影》，短篇小说《大路的倾诉》、《河边的台阶》、《王冠》，历史小说《拉杰尔什》等。他的诗歌抒发“人类之爱”的感情，宗教气息较浓。小说

《河边的台阶》、《大路的倾诉》等揭露了社会矛盾，批判了社会不良现象；诗集《晨歌》等，引起了很大反响，深受读者欢迎，文名大振。而且他大胆打破了旧诗歌的传统形式，开辟了自己诗歌的创作新路。

到了1884年，泰戈尔的创作“黄金时代”来到了，因为他的生活发生了重大变化，他奉父亲之命，走出了加尔各答城市的高楼大厦，来到孟加拉农村的广阔天地，管理田地，接待农民。这样，有机会接触到广大下层群众，了解他们的真实生活。这对他来说非常重要。由于处理农事，接见佃户，与他们接触和交谈，待了解到他们真正的生活与苦处后，使他触目惊心，很同情他们的处境，并与他们建立了感情，请他们唱歌、跳舞，请农民、民间艺人演唱民歌、民谣以及民间叙事诗，自己并有意记录下来。他对农民的赤贫和痛苦，表示大为震惊和同情，对殖民者和封建主的专横霸道，表示极大愤怒，在《孟加拉剪影》一书中则有充分体现，这个时期是他在文学创作方面最丰富的时期。正如张光璘先生所说：“严峻的现实生活，人民的不幸遭遇，激发了他强烈的创作欲望，为他提供了无尽的创作源泉。他的创作激情像火山一样喷发出来，奋笔疾书，文思泉涌，汩汩滔滔，一泻万里。”这话很有道理。

不仅他的著作如此丰富，而且为教育事业的贡献也不凡。他于1901年来到和平村，创办了学校，从事教育事业。他一贯反对印度传统的封建教育方式，采用的是“练鹦鹉式”的教育方法，他对当时英国在印度推行的殖民教育，更是深恶痛绝，认为这种学校是“兵营”，是殖民者培养“忠顺奴仆”的地方。它的教育目的是“用本国人来统治本国人”。他主张解放儿童的天性，主张发扬民族精神，培养“爱”的品德。因此，为了教育事业，他花了大量心血。1901年他征得父亲的同意，创办了“森林学校”，他在那里一面带学生学习，一面垦荒种地，后来，这所学校发展为闻名世界的“国际大学”。

在这里，他除了教学，写了许多作品，主要作品是一些长篇小说，如《小沙子》、《沉船》、《戈拉》等。这些作品揭露了当时印度社会上的不良现象，反映了印度人民的觉悟，起了“号召人民团结起来，为民族解放而斗争”的作用。

1890—1900年的10年，是泰戈尔创作获得大丰收的10年，在这个时期，他有大量著作问世，诗集有《黄金船》、《缤纷集》、《碎玉集》、《梦幻集》、《刹那集》、《故事诗集》，等等。除此以外，他还写了60多篇短篇小说，如《喀布尔人》、《摩诃摩耶》等，还有著名诗剧《齐德拉》等。

1894 年发表的诗作《两亩地》一诗，是反封建剥削的代表之作。该作品现实性很强，深刻地揭露了封建剥削者贪婪狡诈的本性。

印度的童婚由来已久，一害个人，二害国家，为世所罕见，摧残了不少妇女和儿童，泰戈尔十分憎恶这种陈风陋俗，因此，创作了《客人》、《小妾》、《练习本》等作品，揭露童婚的罪恶。

印度的寡妇殉夫自焚，此恶俗自古就有，历史久远，虽然屡遭百姓的反对，但一直流行不止，1892 年泰戈尔写了《摩诃摩耶》小说，对这种封建恶习进行了揭露和批判，深受读者欢迎，在社会上产生了积极影响，此小说成为他的代表作之一。

种姓制度是印度教特有的制度，人分等级，彼此接触受到限制和影响，泰戈尔对不合理的种姓制度进行了批判。他虽然出身于最高级种姓，即婆罗门种姓，但接受了民主思想，背叛了自己出身高贵的种姓家庭，反对不合理的种姓制度。1892 年他发表了寓言《纸牌国》，对种姓制度进行了讽刺和批判，虽遭到围攻，受到指责，但他并未退缩，以后又继续发表了《素芭》、《偏见》、《弃绝》等作品，对不合理的种姓制度进行了揭露。

泰戈尔在 19 世纪最后 10 年的创作，一是反封建的，二是反英国的殖民统治。这一时期以反封建为主题的作品，表达了广大人民反对封建势力的力量和愿望，鞭挞了封建统治者；另一个重要内容，就是反对英国殖民统治。印度的沦亡、民族的压迫、殖民地人民的悲惨生活，在他的作品中都有充分的体现。例如《故事诗集》，他借用历史题材，加以再创造，借古喻今，讨伐殖民者，借用古代的民族英雄，唤起人们的爱国热情，激起对殖民者的仇恨。类似的作品还有《最后一课》、《履行的诺言》、《太阳与乌云》等，都是揭露殖民统治的种种罪恶和反对殖民统治的作品。泰戈尔的反封建、反殖民主义的作品，奠定了他在印度近代文坛上的重要地位。

20 世纪，印度人民反英斗争掀起了新的高潮，英国殖民者千方百计破坏印度民族的解放运动，削弱民族斗争的力量。泰戈尔对此大为不满，虽然在从事教育事业，1905 年以后，民族运动高潮到来时，泰戈尔毅然投身于民族解放运动中去。他组织群众，领导反英游行，在集会上发表演说，高唱爱国歌曲，走在游行队伍的最前列。在爱国热情的激励下，他撰写了大量爱国诗篇，例如，著名的诗歌《洪水》、《让我祖国的地和水甜美起来》等，由他自己谱曲，在群众中传唱，起了很好的作用，使殖民当局惊恐万分，禁止演唱。《人民的意志》一首诗，是泰戈尔 1911 年的作品，由作者谱曲，印度独立后，由制宪会议正式通过，被定为印度的“国歌”。

然而，随着运动的深入，斗争方式不免有所改变，当斗争的方式由和平斗争转入暴力斗争的时候，泰戈尔的思想同群众运动的领袖们的意见发生了分歧，一些群众也未接受他的意见。他反对极端派使用暴力，不同意群众烧毁英国货和进行武装斗争，他认为这是破坏，主张多做“建设性”的工作，诸如“消除贫困和愚昧”等。由于脱离实际，他的主张未被采纳，于是他退出运动（1907 年），回到和平村，专门从事教育和文学创作。1910 年他发表了《吉檀迦利》这一重要诗集，1912 年他第三次去欧洲旅行时随身带去了自己翻译的《吉檀迦利》英文本，他给作家们朗读后，受到高度赞扬，从此，他一举成名天下，轰动了整个欧洲文坛，不久，获得了诺贝尔文学奖。1913—1916 年，先后又发表了一些作品，诗集有：《新月集》、《园丁集》、《飞鸟集》等，长篇小说如《家庭与世界》等。

他自 1908 年退出政治运动到 1917 年间所写的作品，反映出他是正视现实的伟大作家，用他自己的话说：“真理是严酷的，我喜欢这个严酷，他永不欺骗。”泰戈尔就是一位追求真理、面对现实、努力奋斗的伟大作家。

1919 年前后，印度国内民族矛盾阶级矛盾空前激化，罢工罢市绝食游行示威等抗议活动此起彼伏，不断发生，英国殖民当局深感惊慌和不安。泰戈尔再也不能安坐在书桌前潜心写作了，于是他于 1919 年离开圣蒂尼克坦（和平村）学校，到印度各地旅行，了解运动形势和人民的疾苦。还积极参加印度的民族解放运动，发表演讲，痛斥英国的殖民政策，但另一方面，仍在圣蒂尼克坦坚持不懈地从事教育工作，原来的森林学校，后来发展成著名的国际大学，不同国籍的人均可入学就读，许多世界著名学者可前去讲学。这样，增进了国际间的交往，发展了各国人民的友谊。他从 1920 年直至逝世的 20 年中，一直为印度的独立和世界和平而奋斗，奔走呼号。他多次出国访问，足迹遍及欧、非、亚四大洲 30 多个国家。

但在 1920 年以后，泰戈尔仍然发表了不少著作。诸如，《摩克多塔拉》（1922 年）、《红夹竹桃》（1923 年）、《舞女的供养》（1926 年）、《新气息》（1931 年）、《贱民之女》（1933 年），等等。

1940 年泰戈尔因劳累过度而病倒，后经医治无效，于 1941 年 8 月 7 日逝世，享年 80 岁。

泰戈尔把自己一生的创作实践与印度民族解放斗争紧密地结合了起来，从而开辟了印度近代进步文学的道路。他成功地运用孟加拉语写诗，给印度近代诗歌开拓了一个新天地。他创立了印度近代短篇小说的体裁。他的业绩辉煌，一生是伟大的。

(2) 泰戈尔在中国的影响

泰戈尔有强烈的正义感。当他 20 岁时，就撰写文章《死亡贸易》，痛斥英国殖民主义者从印度运鸦片到中国毒害中国人民的罪恶行为，他强烈抗议英国对中国进行的鸦片贸易和侵略战争，他把这样的英国人称作“强盗”。

泰戈尔为了寻求中印友谊，不顾年迈体弱，他于 1924 年远涉重洋来华访问，当时中国革命的领袖孙中山先生特地写信向他发出邀请。泰戈尔访华，历时近 50 天，他兴致勃勃地访问了上海、南京、济南、北京等地，几乎走遍了半个中国，广泛地接触了各界人士，从中国的末代皇帝溥仪，到各界名流以及学生；谈话的内容也十分广泛，由宗教、艺术、政治，直至人生，等等。他满怀信心地说：“我相信你们有一个伟大的将来，那也就是亚洲的将来。”他还指出：“中国和印度的友好和团结是奋斗的亚洲的基石。”最后，当离开中国时，有人问他：“落下什么东西没有?”他摇摇头说：“除了我的一颗心之外，我没有落下什么东西。”他对中国人民的深情厚谊，感人肺腑。

泰戈尔从中国回到印度后，为促进中印友谊的发展，特意在国际大学增设了一所中国学院，专门学习和研究中国语言文学。泰戈尔在中国学院成立大会上激动地说：“对我来讲，今天真正是一个伟大的日子，是一个我长久以来盼望着到来的日子。从今天起，我将能够代表我们的人民把我国人民和中国人民之间的文化交流和深厚友谊，紧密联系起来。”

泰戈尔的作品在中国有着广泛的读者。他的作品从 1915 年开始介绍到中国，到 1949 年已达到 200 多种。到 2000 年出版了《泰戈尔全集》，共 24 卷，近 1000 万字。泰戈尔的作品，引起了中国翻译界、出版界的高度重视，已出版深受中国读者欢迎的不同版本，在中国学术思想界产生了积极的影响。

泰戈尔的思想和作品，在中国流传的过程中，不但受到广大读者的欢迎，而且对许多作家也产生过较大影响。中国现代著名诗人、大文学家郭沫若便是其中之一。郭沫若曾经说过：“最早对泰戈尔接近的，在中国恐怕我是第一个。”（见《郭沫若诗作谈》郭沫若答，1939 年 8 月 16 日）在谈到自己作诗的经验时说：“自己作诗的经验上，是先受了泰戈尔诸人的影响。”（见郭沫若：《我的作诗经过》），他在回忆泰戈尔诗歌给他留下的最初印象时写道：“第一是诗的容易懂；第二是诗的散文式，从此泰戈尔的名字便深深地印在我的脑海里。”

泰戈尔的泛神论思想对郭沫若早期思想也影响甚大，他说：“我因喜欢庄子，又因接近了泰戈尔，对于泛神论的思想感受着莫大的牵引。”（见郭沫若：《我的作诗经过》），泰戈尔的泛神论思想，促使郭沫若蔑视一切权威，增强了反抗旧制度的信念，产生了冲决一切罗网的力量。1919 年“五四”运动前后，郭沫若把爱国精神、个性解放和从泰戈尔那里接受的泛神论思想熔于一炉，作为“自我表现”的动力，汇集成一股反抗现实、打破封建桎梏的豪迈激情，写出了“五四”新文学运动中最伟大的诗集——《女神》，为中国新诗开辟了一个崭新的时代。泰戈尔的诗歌对我国“五四”以后新诗形式的创立，提供了许多有益的借鉴。

冰心是受泰戈尔影响较大的另一位著名作家。冰心早期的著名诗集《繁星》和《春水》，是直接受到泰戈尔诗的影响而创作的。她在《我是怎样写〈繁星〉和〈春水〉的》一文中写道：“我自己写《繁星》和《春水》的时候，并不是在写诗，只是受了泰戈尔的《飞鸟集》的影响。”（见冰心：《冰心全集自序》）

总之，泰戈尔的作品影响过冰心的创作。除上述外，我国有些著名作家、诗人如徐志摩、郑振铎等，也在不同程度上受过泰戈尔的影响。至今，中国年轻的读者也很喜欢读泰戈尔的作品。每个读过中学的中国人，提到印度，自然会想到泰戈尔。

前面提到泰戈尔访问中国。我们认为，他访问的最大收获是加强了中印两国人民的传统友谊，重新开辟了中印两国文化交流的道路。在历史上，中印两国人民来往了几千年，交流文化，相互学习，彼此影响，情谊深厚。但是，从宋元以后，特别是从西方的殖民主义来到东方以后，这种友好来往受到了阻碍，以至于最后陷于中断。19 世纪中叶以后，由于两国人民反对殖民主义运动的逐步开展，这种中断了的友谊又有回复的征兆。但是并没有能真正恢复起来，泰戈尔对此深感遗憾，于是他决心以恢复这种中断了的友谊为己任。他来中国后，在多次演说中强调，他要重新修建中印交通的道路。对此他说到做到。他从印度带来印度人民的友谊，在中国到处播下了友谊的种子，让中国人民了解到一些印度情况，他又把中国人民的友谊带回到印度，可以说，他的访问在中印关系史上成为一个新时期的序幕。从此以后，两国的来往又逐渐频繁起来。他在印度大力提倡中国语言和中国文化的研究的同时，还以身作则，身体力行，率先在国际大学创办了中国学院。当时的形势是，日本军国主义者正在处心积虑想要消灭中国文化，泰戈尔却大张旗鼓地提倡中国文化的研究，并且邀请不少中国学者和艺术家到印度去参观访问，还为中国留学生设立了奖学金。这些非凡的创举，产生了重大而深远的影响。

1937 年，日本帝国主义发动侵华战争，泰戈尔坚定地站在中国人民一边，他写了一些如同利剑怒火一般的诗篇，痛斥日本法西斯的侵略行径。同年，他撰写了著名的文章《中国与印度》，在社会上影响巨大，人民备受鼓舞。

直到晚年，泰戈尔仍很关心中国人民的抗日斗争，声讨日寇，直到1941年临终前，他在病床上，仍关注中国的抗日情况，深信中国最后必胜。

泰戈尔逝世已过60多年，但中国人民永远怀念这位伟大的作家和尊敬的朋友。他的作品在中国广为流传，影响深远，他对中国的深情厚谊，中国人民永志难忘，并永远激起我们对这位伟大作家的怀念之情。因此，中国总理周恩来1956年访问印度时，在国际大学的亲笔题词中，对泰戈尔和他在中国的影响给予高度评价。他写道："泰戈尔是伟大的诗人、哲学家、爱国者、艺术家，深受中国人民的尊敬。泰戈尔对中国的热爱，对中国人民民族斗争的支持，会永远留在中国人民的记忆中。"

随着时光的流逝，泰戈尔的不朽作品和高尚人格，将会被越来越多的人所认识和体会，从而放射出更加灿烂的光辉，伟大的泰戈尔将世世代代活在中国人民的心中。

11. 季羡林与中印文化交流

中印两国自古以来，一直是相互学习，彼此交流的。几十年来，季羡林先生上承前代之余绪，下开一世之新风，对印度文化不仅做了大量细致认真的研究，独辟蹊径，发前人之未发，有不少影响巨大很有历史价值的著作问世，而且还身体力行，做了很多有关中印文化交流的实事。他不愧为中印文化交流的使者。

季先生一向重视文化交流的研究，他说："我们研究文化交流，决不是为研究而研究。除了学术意义外，还有现实意义。——全世界各国人民都时时刻刻生活在文化交流中，都从文化交流中既得到物质利益，也得到精神利益。"

季先生认为，中印文化交流历史久远，尤其"佛教于公元前传入中国后，也由于同样的原因站稳了脚跟，并逐渐扩大其影响，不但在群众中流行开来，而且深深地渗透到中国传统思想核心之中，如果不是佛教传入中国，中国的哲学的发展将会迥然不同，这一点我们很难想象。随着佛教在中国的传播，博大精深的印度哲学、文学和艺术等也随之传入进来。所以印度文化对中国的影响，成了一个家喻户晓的现象，十分突出，令人难以忽视"。季先生强调指出："公元前佛教传入中国后，经过了试探、适应、发展、改变、渗透、融合许许多多阶段，最后成为中国文化、中国思想的一部分。”因此，季先生认为：“不研究佛教对中国的影响，就无法写出真正的中国文化史、中国哲学史甚至中国历史。佛教在中国的发展，是一个非常有意义的研究课题。”这些话说得非常精辟和中肯。但是，长期以来，我国在这方面的研究落后，为改变这种状况，季先生多年来致力于这方面的研究，先后出版了几部重要著作，如《佛教与中印文化交流》等。但是，文化交流是相互的、双向的。因此，季先生认为，“如果中印两国之间没有相互学习和交流，两国文化的发展就不可能是今天这个样子。”他就中国文化对印度的影响进行了大量研究，发表不少著作，诸如，《中印文化交流史》、《交光互影的中外文化交流》等，填补了这个研究领域的空缺。

季羡林治学六七十年，涉及的领域之广之深之杂之多，在国内外实属罕见，很难用一两句话所能包容，涉及印度、中印文化交流等学科的就有很多。概括地讲，主要有以下几个方面：一是印度学研究，二是中印文化交流史研究，三是中外文化交流史研究，四是翻译著名印度文学作品及印度文学研究，五是比较文学与民间文学研究，六是散文创作等。

在印度学研究方面，季先生卓有建树，贡献巨大，首屈一指，是他几十年来用力最甚、花时间和精力最多的领域。所谓印度学，包括印度的语言学、文化学、历史学、佛教学，等等。他不仅精通英语、德语、梵语、吠陀语、巴利语、吐火罗语，还能阅读法语、俄语等书籍，这为他从事语言学研究提供了重要条件。在印度古代语言研究方面，他突出的贡献是发现并证明了古代印度语言各种形态变化特点，他的论文为判定佛教经典产生的年代、地点、流传情况提供了可靠的依据。他把佛教梵语的研究同印度佛教史的研究结合起来，解决了印度佛教史上的许多问题，发现了佛教梵语的发展规律，为丰富和发展语言学做出了重大贡献，对印度语言发展史的研究意义重大。他通过对语言学的研究，还促进了自己对其他学科的研究。他把语言研究与佛教史实的探索紧密地结合起来，在探讨古代佛教语言时，并不严格限于语言的形态变化，而是努力探究隐蔽在形态变化后面的东西。季先生的大量细致研究获得了丰硕成果，达到了国际一流水平，为世界各国学者所敬重，在世界梵语学界和语言学界受到高度重视。他的代表作有《印度古代语言论集》、《原始佛教语言问题》等。

在印度文化学方面，季羡林先生继往开来，功勋同样卓著。他对印度文化的形成、其特征、优点与长处、缺点与不足，以及它与西方文化的差异、与中国文化的区别等，都有明确的阐述，对印度文化在世界文化中的突出地位和重大影响，也有科学的说明。中印两个伟大民族相互学习、文化交流，已有两三千年的历史，季先生对此进行了系统研究和整理，并指出：“中印两大文化圈之间，相互学习和影响，又促进了彼此文化的发展，这就是历史，也是现实。”这话千真万确，一针见血。他不仅对印度文化做了大量介绍，而且进行了长期研究，大大推动了中国对印度文化的研究事业，促进了中印文化交流和增加了中印间的彼此了解。他的代表作有《季羡林论印度文化》、《古代印度的文化》、《中印文化交流论文集》等。在他的垂范和积极倡导下，我国一批又一批学术著作相继问世。

在历史学方面，季先生高屋建瓴，辨伪辟谬，新义迭出，发前人之未发，这是他的研究特点之一，诸如印度佛教传入中国的时间与途径问题等，就是例证之一。季羡林先生主张，研究历史要有“史德”，实事求是，注重考证。“考证的目的在于求真求实，而真实又是历史研究的精髓。对史料不做考证求实的工作而妄加引用，或歪曲原意，或削足适履，不管有意还是无意，都是不道德的行为，为真正有良心的学者所深恶痛绝。”他还主张，研究历史切忌教条主义，他强调指出，“历史研究，贵在求真，决不容许歪曲历史事实，削足适履，以求得适合某种教条主义的‘论’”。他不仅对中国历史研究提出了看法，更对印度历史研究发表了高见。关于印度历史，季先生给我们提供了研究印度历史的科学理论和方法，他主张要历史唯物主义地划分历史时期和确定社会性质、用实事求是的态度和科学的比较方法来研究等，并身体力行，为中国学者做出了光辉示范。他除了发表过《印度简史》、《1857—1859 年印度民族起义》等著作外，还写了许多涉及印度历史的重要学术著作，如《罗摩衍那初探》、《中印文化交流史》、《糖史》等，在这些著作中，他对许多前人未注意到或没有解决的有关印度历史问题，做了科学探讨，提出了独到的见解，填补了印度历史研究的空缺，起到了开拓印度历史研究的作用，获得了国内外学者的盛赞。

在佛教学方面，季羡林先生是国内外为数很少的真正能够运用原始佛典进行研究的佛教学的学者。他用大量的梵文、巴利文、佛教梵文、印度古代俗语及汉译佛典等原始资料进行研究，就原始佛教的语言问题与一些国际学者进行研讨、辩论，最后匡正了一些国际知名学者的错误结论，产生了重大影响。其代表作有《原始佛教的语言问题》、《印度古代语言论集》、《佛教》（《季羡林文集》第 7 卷）等；在吐火罗语言研究方面，他填补了我国这方面研究的空白，引起了国际学术界的高度重视，为中国争得了荣誉。代表作有《吐火罗文研究》、吐火罗文《弥勒会见记》译释（见

《季羡林文集》第 7、11 卷)。

在《大唐西域记》中，有五处提到“大乘上座部”，季羡林先生深入研究后指出：“大乘本无所谓‘上座部’和‘大众部’之分。因此就给各国研究《大唐西域记》的学者带来了问题和困难。一百多年来，欧洲和日本学者异说纷纭，然而始终没有准确地解决这个问题。”季先生抓住这一关键问题，查证了大量中外文有关史料，对佛教史上这个长期悬而未决的问题，做出了科学论断。季先生认为：“所谓‘大乘上座部’并不是大乘与上座部两种东西，而是接受大乘思想的小乘上座部的一种东西，可是又包含大乘与小乘两方面的内容，因此才形成了‘大乘上座部’这种奇特的教派。”季先生在吸收前人成果的基础上做出了新的重大贡献，从而把研究工作又推向一个新的高度。他的这一成果具有重大的国际影响和实用价值。

佛教从印度传入中国，但佛教曾又“倒流印度”。这一反馈现象鲜为人知。这在印度佛教史上，在中印文化交流史上，甚至在世界宗教史上，是一个很有趣的现象。为什么在佛教中出现这种现象，对研究佛教史、中印文化交流史、世界宗教史，都有深刻的意义。但至今还没有哪一部佛教史或有关书籍，认真地谈到这个问题。季先生通过研究和分析大量史料，对佛教倒流的现象、原因等做了精辟阐述，对倒流印度的史实做了科学结论，解释了这一特异现象，从而为佛教学的丰富和发展做出了新贡献。可详见《季羡林佛教学术论文集》等。

在中外文化交流方面，季先生主张积极开展中外文化交流，既总结过去，又展望未来。他写文章，作报告，办讲座，大力宣传文化交流的必然性和重要性。诸如,《文化交流的必然性和复杂性》、《中国文化发展战略问题》等，后来他又主编了《东西文化议论集》，所有这些，受到中外学者的重视，影响颇大。他对中外文化交流的研究，其范围相当广，其时间也相当长。但更难能可贵的是，他对中印文化交流史的研究，贡献更大。他用了大量时间和精力，对中印两三千年的中印文化交流的事实进行了系统的挖掘和整理，并指出其交流的特点：“互相学习，各有创新，交光互影，相互渗透。”季先生对印度和中、印文化交流的研究，成就卓著，主要代表作有《中印文化交流史》、《佛教与中印文化交流》、《糖史》和《大唐西域记校注》，等等。由于成就辉煌，他被印度文学院院授予“名誉院士”。印度驻华大使南威哲先生（V. K. Namblar）在授予他“名誉院士”仪式上的讲话中说：“季羡林教授对印度的研究，倾注了毕生的精力，真可谓是一个传奇式人物。季羡林教授也是世界上公认的梵文研究的带头人。他对中印两国历史长期相互交流的研究所做的贡献，时至今日仍然起着先锋作用。”印度文学院院长罗摩坎达·赖特先生（Ramkanta. Rath）在授予季羡林教授名誉院士仪式上的讲话中指出：“采取这一史无前例的创举，把名誉院士授予季羡林教授，中国、东方文化学术界的带头人，我对此举倍感欣慰。”印度文学院院长认为，“季羡林教授是一位世界知名的杰出东方学者，也是当代世界公认的最为著名的梵文学者之一，他在开创中国对印度古典文学的研究方面的贡献，是完全无与伦比的。”

在印度古代文学方面，他翻译、介绍了大量印度古代文学作品，并进行了一系列认真研究，做出了突出贡献，填补了中国的印度梵文文学的空白，促进了中印文化的交流，增进了中印两国人民之间的友谊，获得了中、印两国学者的交口称赞。几十年来，他陆续翻译了《沙恭达罗》、《五卷书》、《十王子传》、《佛本生故事》等名著。尤其经过十年坚忍不拔的努力，终于翻译完了世界著名的印度大史诗《罗摩衍那》，不但填补了我国梵文文学翻译的一项空白，也是我国翻译史上的空前盛事。因此，得到了国际梵文学界的极高评价和赞扬。在此基础上，他又研究了《史诗》在我国新疆、汉、傣、蒙、藏地区传播的情况，以及它在中国的影响，为中印文化交流研究做出了新贡献。此外，他还主编了《印度文学史》等，总之，为深入研究印度文学和印度文化对中国的影响做出了重要贡献。

在比较文学与民间文学方面，季先生勇于创新，不因循守旧，重视比较文学研究，正是在他的倡导下，成立了中国第一个比较文学研究会，并担任比较文学学会名誉会长，从而推动了我国比较文学研究工作的蓬勃发展。他提出了建立比较文学中国派的主张，得到中国学者们的一致赞同。此学派在中国不断发展壮大，引起了世界文学界的极大关注，如今已成为世界比较文学的一个重要组成部分。他指出了比较文学属文化交流范畴，并强调了“比较”的重要性和必要性以及所使用的方法，把“中国文学纳入比较文学轨道，纠正过去欧洲中心论的偏颇”，他亲自写过一些比较文学论文，指出了目前在比较文学方面存在的问题。他认为：“在世界文学史上，东方文学一向占据着很重要的地位，中国、印度、伊朗、阿拉伯、日本以及其他许多东方国家的文学对世界文学产生过巨大的影响，促进了世界文学的发展。但是到了今天，东方文学却远远没有得到应有的重视，习惯于欧洲中心那一套做法，或多或少，有意无意，抹煞东方文学在世界文学中的作用，这不利于世界各国人民之间的互相学习与互相了解。”因此，他强调：“我们进行比较文学研究并不是为比较而比较，真正的目的是通过这种研究，发展我们自己的文学。”现在的问题是对东方文学重视不够，他主张建立比较文学的中国学派，目的“并不是为中国文学夺冠军，只是想能够较客观地认识中国文学及东方文学的价值和地位，吸收各学派的长处，建立一个科学的有特点的比较文学体系，促进我们文学的发展”。但如何才能做好比较研究，季先生强调指出：“一个人如果真想搞比较文学，至少必须通中国文学，另外再通一门外国文学，不能精通，也要稍通。对中外文学理论和发展规律要有一定的理解。具备了这样的基础，就不至于乱比，瞎比，比较的结果，也会有助于中国新文学的发展。”要搞好比较文学研究，应重视文艺理论建设，两者关系密切。他认为：“中国古代文艺理论、印度古代文艺理论、西方古代文艺理论，是人类文艺理论的三大体系。我们都应该下功夫努力学习，‘采得百花成蜜后’，必有所得。只有做到这一步，中国的比较文学才能真正有所突破，才能真正立于世界比较文学之林，从而形成我们大家所期望的比较文学的中国学派。”总之，季先生为中国比较文学的复兴和建设做出了巨大贡献。其代表作有《〈罗摩衍那〉在中国》、《漫谈比较文学史》、《比较文学之我见》、《比较文学与民间文学》和《季羡林文集》第8卷。

散文创作。季先生的研究工作有个特点，即几项工作同时交换进行，也是一种积极的休息方法。与此同时，若偶有所感，还写点散文。他写的散文，别具一格，另具特点，在中国20世纪的文坛上独树一帜，可读性很强，已为世界所公认。提到季羡林的散文，人们无不交口称赞。他既擅长抒情，又擅长写景，偶尔还用典引诗，使文章耐人寻味，给人以无限的美感。因此，读他的散文，既会被他那高尚的人格力量所震撼，又会被那些散文佳作的艺术魅力所陶醉。他“刚正不阿，疾恶如仇，择善固执”的性格，在文章中均有体现，感人至深，读者爱不释手，为众人所称道。他的散文，就像他的为人一样，淳朴、亲切、幽默和睿智，有丰富的内涵和动人的情感。截至目前，他已创作出150多万字的散文，其中包括对印度的回忆记录，如《天竺心影》等。

中印文化交流是相互的。印度文化传入中国，影响了中国文化，但中国文化，也传入印度，无论物质文化，还是精神文化，对印度文化的发展产生了重要影响，这也是事实。因此，季先生说：“如果中印两国之间没有相互学习和交流，两国文化的发展就不可能是今天这个样子。”这话千真万确，在世界民族之林中，像中印两大民族文化这样密切，在世界上的确是举世无双的。季羡林先生破除了中印两国单方面学习的成见，创立了“中印文化互相学习，各有创新，相互渗透”的新说。发表了一些文章和专著，对中印文化关系研究做出了重要贡献。

中印之间的文化交流，与佛教的传入有密切关系。印度佛教很早传入中国，但如何传入的？途径如何？传入中国后有哪些改造与发展？佛教传入的同时，对中国的语言、文化、音乐、艺术、医学等到底产生了哪些影响？佛教传入中国后，在中国经过了改造与发展，后来又如何倒流印度？等等。季先生对这一系列问题都进行了认真研究，一一做了回答，解决了很多疑难问题。读了季羡林先生的著作，不仅使许多问题可以迎刃而解，而且还会给读者带来种种启发。

季先生从事中印文化交流研究工作，有其独特的方法，“是从语言现象出发的”，以语言学、历史学等为依据，“最喜欢考证，亦称考据。考据，严格说来，只能算是一种研究方法，其精髓就是：无据不信。”加之，不墨守成规，不故步自封，敢于思考，勇于探索，勤于耕耘，独辟蹊径，发前人之所未发，对中印文化交流的诸多方面进行了大量研究，从而开拓了新的领域，著作丰赡，令人赞叹不已。例如，《原始佛教语言问题》、《印度古代语言论集》等，都是重要著作。

那么中国文化对印度到底有哪些影响，季先生同样做了大量研究，成果显著，令人敬佩。其中主要包括以下几个方面：

1. 他对制糖术在中印两国之间交流的历史，进行了研究，通过对大量中外史料查证，他得出了“制白糖的技术”是从中国“传入印度”的这一结论。并且指出，“这一技术是经海路传入的，即使全靠语言学证据也能证明这一点。”（见《季羡林论中印文化交流》第 2 页）。但他又在中国历史文献《明史》中找到了证据，再次证明，中国的制糖技术传入了印度，地点是孟加拉，时间是明代（详见上书）。这是季先生的重大贡献之一。经过多年研究，他又发表了《糖史》这一辉煌巨著，令世上学人叹为观止。

2. 中国蚕丝输入印度的历史，过去还没有人系统深入地研究过，这在中印文化交流史上无疑是一个重大事件。多少年来，季先生利用中印两国的古代文献，以及考古发掘的资料，确定了中国丝输入印度的时间、输入印度的过程和道路以及输入印度后发生的作用。

“中国丝”究竟从什么时候就输入印度？最早的记录，是季先生在印度古书里发现的。季先生在印度的古代语言和文献中发现了有“中国丝”的记载，例如，在乔胝厘耶（Kautiliya）著的《治国安邦》中有“中国的成捆的丝”的记载，说明公元前 4 世纪传入印度。“大约在公元前 2 世纪至公元后 2 世纪这个时期纂写的《摩奴法论》里有几处讲到丝。”（详见《季羡林论中印文化交流》第 104 页）“著名史诗《摩诃婆罗多》和《罗摩衍那》里也有几处讲到丝”。约生于公元前4世纪中叶的语法家波你尼（Panini），在他的著作里用了Kanseya（茧产生的东西）这个字。此外，还见于印度古代诗圣迦梨陀娑的《鸠摩罗出世》和《六季杂咏》以及《五卷书》，等等。季先生在研究中发现，“最有意思的是‘从中国输入的成捆的丝’，后来逐渐有了‘丝衣服’的意思。再经过几度演变，这个字的两个组成部分Cina和Patta都可以独立存在，而仍有‘丝’的意思。与这个字有关的字Cinamsuka，原义是‘中国衣服’，后来也变成‘丝衣服’，从这两个字可以看出，印度人一想到丝，就想到中国，一想到中国也就想到丝，在他们的心目中丝与中国简直是一而二，二而一了。”（详见《中国蚕丝输入印度问题的初步研究》）

关于“中国丝”输入印度的情况，在中国的史书中记载更多，最早的记载是《汉书》。季先生研究后指出：“足见前汉时代中国已经由海路通印度。去的目的是买壁流离、奇石、异物。带去的是黄金与丝织品。这是中国正史上关于中国丝输入印度的最早记载。”（详见《中国蚕丝输入印度问题的初步研究》）

季先生研究发现，在西方典籍里也有“中国丝”运到印度去的记载。以后随着社会的发展，时间的推移，中国丝输入印度有增无减，质量当然越来越好。（详见上书）

关于钢铁，中国也传入印度，季先生通过梵文研究发现：“在梵文里，在许许多多的表示‘钢’的同义词中，却有一个很特殊的字：cinaja，cina就是支那，指中国；ja意思是‘生’。合起来这个字的意思就是‘生在中国的’。这肯定指明了，中国冶炼的钢，在某一个时期，通过某一条渠道，输入到了印度。印度素以产钢著名，而中国的钢却偏偏传入印度。其间的关系不也同样发人深思吗?”（详见《交光互影的中外文化交流》一文）。

季先生对中国的纸和造纸法何时传入印度、如何传入、影响如何等一系列问题进行了研究。季先生研究发现，在7世纪末叶印度语言里已经有了“纸”字了。纸在7世纪末叶到了印度。造纸法输入印度一定晚于纸。等到中国发明了印刷术，不管是直接的，或是间接的，传入印度后，那更是锦上添花，纸与印刷术配合起来，对文化传播和推进作用就更大了。（见《中国纸和造纸法输入印度的时间和地点问题》一文）。

从以上简介可以看出，几十年来，季先生对中印文化交流做了大量研究，成就辉煌，令人敬佩。但他对中印文化交流的贡献，不只表现在研究上，体现在著作中，而且他还身体力行，做了大量有关中印文化交流的实际工作。几十年来，他接待过的印度的学者、记者、官员和学生，不计其数；收到过多少访者来信、写过多少回信，无法统计，仅在报纸上、刊物上发表过的，已相当可观。在不同场合的讲演，答记者问，也有很多，其影响巨大，有大量口碑为证，在一些报纸或杂志上也有刊载。至于他在家中接待过的印度客人，就更多了，访问者的体会、感受和看法，谁也无法全部集到，但看到更多的则是他的一些有关回忆文章，已汇集成册，《天竺心影》则是其中之一。

几十年来，季羡林先生参加过无数次国际会议，到过世界上几十个国家，其中先后出访印度多次，访问的时间也长、考察的地方也多，有时以中国友好代表团成员身份应邀访问，有时以中国学者身份应邀出席国际学术会议。时间有长有短，长短不一。长时，达一个半月之久，走遍印度各地；短时，起码在一周以上，参观考察几座主要城市。不管哪次出访，在印度所到之处，均受到当地人民热烈欢迎，他应邀做过热情洋溢的讲演，介绍了中国文化，带去了中国人民的情谊。回国后，他把在印度的所见所闻和感受等，都一一写在文章里，出版发表，告诉了中国人民，乃至世界人民。

从他的一些回忆录里，可以看出印度的灿烂文化，可以了解到印度过去所受帝国主义列强的侵略和印度人民英勇反帝的斗争精神，更可看出，两千多年来，中印世代友好的历史记载和当今两国人民友好的种种表现。读者从中体会到，季先生对中印文化交流所起的重要作用。季先生在印度到底如何受到欢迎和接待，他有什么样的感受，他做了些什么等，在他的文章里可以看到，他这样写道："我们在印度的时候，经常对印度人民说，我给你们带来了中国人民的友谊，我也将把你们的友谊带回中国去，带给中国人民。然而，友谊究竟应该怎么个带法呢？友谊确确实实存在的，但是看不到摸不着，既无形体，又无气味；既无颜色，又无分量。成包地带，论斤地带，都是毫无办法的。唯一的办法，就是用我们的行动带。对我这样喜欢舞笔弄墨的人来说，行动就是用文字写下来，让广大的中国人民都能读到，他们虽然不能每个人都到印度去，可是他们能在中国通过文字来分享我们的快乐，分享印度人民对中国人民的友情。"

他接着又写道："我深深地感觉到：如果我不把我的经历写下来，那就好像是对印度人民犯了罪，也好像是对中国人民犯了罪：至少也是自私自利的行为。我的内心在催促着我，在驱策着我。不管舞弄得好或坏，我只好舞弄它一下子了。"

季先生对印度人是这样说的，他也是这样做的。回国后，他把在印度的所见所闻和亲身感受，都一一写在文章里，发表在刊物上。让中国人民分享他的快乐，感受印度人民对中国人民的友好情谊。例如，他谈到 1951 年他初抵德里的情况时说："一下飞机，我就吃了一惊，机场上人山人海，红旗如林。我们伸出去的手握的是一双双温暖的手。我们伸长的脖子戴的是一串串红色、黄色、紫色、绿色的鲜艳的花环。我这一生还是第一次戴上这样多的花环。花环一直戴到遮住我的鼻子和我的眼睛。各色的花瓣把我的衣服也染成各种颜色。有人又向我的双眉之间、双肩之上，涂上、洒上香油，芬芳扑鼻的香气长时间地在我周围飘拂。花香和油香汇成了一个终生难忘的印象。"（见《初抵德里》一文），场面如此热烈，的确使人深受感动。

季羡林先生多次访问印度，他不仅进行了学术交流，还带去了中国人民对印度人民的深情厚谊，带回了印度人民对中国人民的友好感情。这是非常珍贵的，这将永远教育和鼓舞着中印两国人民。1952 年他在一篇文章中这样写道："我终于走下了飞机，踏上了印度的土地。飞机场上挤满了人，总有两三千吧。站在最前列的是印度首都新德里飞来的印度政府代表团，西孟加拉代表团，加尔各答市政府代表团和各人民团体的代表。""人堆里爆发出来了热烈的掌声，'中印友谊万岁'的欢呼声响彻整个飞机场。""在同印度朋友和华侨握手的时候，我们眼睛里都充满了热泪"，"我们再也不觉得他们是'洋人'，我觉得他们是我们的兄弟。"（见《到达印度》一文）今天，我们读了这篇文章，同样深受教育。

中印有几千年的友好历史，这在两国的史书中均有不少记载。今天，在现实生活中，也有中印友谊的活见证。季先生作为友好代表团主要成员之一，他于 1978 年再次访问印度时，对此就有深刻的感受，他在一篇文章中写道："一提到科钦，我就浮想联翩，回到悠久的中印两国友谊的历史中去。中印两国友谊的历史，在印度，我们到处都听人谈到。人们都津津有味地谈到这一篇历史，好像觉得这是一种光荣，一种骄傲。但是，有什么具体的事例证明长达两千多年的友谊的历史吗？当然有的。比如，唐代的中国和尚玄奘就是一个。听说，他的事迹已经写进了印度的小学教科书。在千千万万印度儿童的幼稚的心灵中，也有他这个中国古代高僧的形象。但是，还有没有活的见证证明我们友谊的历史呢？也当然有的，这就是科钦。'印中友谊万岁'的口号声此起彼伏，宛如科钦港口外大海中奔腾汹涌的波涛。一双双洋溢着火热的感情的眼睛瞅着我们，一只只温暖的手伸向我们，一个个照相机、录音机对准我们，一串串五色缤纷的花环套向我们……难道还能有比这更好的更适当的中国、印度两国友谊的活的见证吗？"（详见《回到历史中去》一文）

印度人民对中国人民非常热情友好，季先生对此深有感触，感慨万千。因此，他在自己的文章中这样写道："在过去一个月的时间内，我们走过了大半个印度，经历的事情比我过去生活过的四十年似乎还要多……印度各阶层的人士，我们都会见过了。印度人民的情谊把我们每个人的心都填得满满的，简直满到要溢出来的程度。我们又是兴奋，又是感动，我们觉得，我们已经认识了印度，认识了印度人民。过多的兴奋，过多的激动已经使我们有点疲惫了。”

在科钦是如此，在其他地方也是同样，例如他在孟买就是如此，他在文章中这样写道：“记得有一个晚上，邀请我们共同欢度节日……夜已经很深了，我们几次想走；但是，印度朋友却牢牢地抓住我们不放。他们说：‘我们现在不让你们睡觉。我们要让你们在印度留一天就等于留两天。你们疲倦，回国以后再去睡吧。我们相信，我们到了中国，你们也不会让我们睡觉的。’我们还有什么话好说呢？印度朋友到了中国我们不也会同样不让他们睡觉吗？现在已经过去了二十七年；但是，当时的情景还历历如在眼前，朗诵声还回荡在我耳边。印度人民的这种友谊使我们永远难忘。”（详见《孟买，历史的见证》一文）

的确，中印传统友谊，深入人心，感人肺腑的例子很多，这里不一一列举。季先生把印度人民对中国人民的友好感情带回了中国，至今，读者每读到这里，无不深受感动。（详见《深夜来访的客人》一文）

季先生不仅如实记载了印度人民对中国的友好情谊，而且大谈中印文化交流的悠久历史，同印度人民进行文化交流。他到底是如何与印度人民进行文化交流的，在他的一些文章里均有体现。季先生每到印度，一有机会，就做面对面的交流，这方面事例很多，现不妨略举一例。例如，他参观德里大学和尼赫鲁大学时，受到热烈欢迎，他做了热情洋溢的讲话。他的文章中有这样的记载：“主人致过欢迎词以后，按照国际上的不成文法，应该我说话了，我的心情虽然说是平静了下来，但是要说些什么，却是毫无准备。当主人讲话的时候，我是一边注意地听，一边又紧张地想。在这样一个场合，应该说些什么呢？说什么才算适宜得体呢？我对于中印文化交流的历史曾做过一些研究，积累过一些资料。我也知道，印度朋友最喜欢听的也是这样的历史。我临时心血来潮，决定讲一讲中印文化交流从什么时候开始的问题。这是一个争论颇多的问题，我有我自己的一套看法。我就借这个机会讲了出来。我不同意那种认为中印文化交流开始于佛教的传入的说法，也就是说，中印文化交流始于公元一世纪。我认为要早得多，至少要追溯到公元前三世纪、四世纪的屈原年代。在屈原的《天问》中有‘顾菟在腹’这样一句话。‘顾菟’虽然有人解释为‘蟾蜍’但汉以来的注释都说是兔子。月亮里有兔子的神话在印度极为流行……在汉译佛典里，这个故事还多次出现。根据种种迹象，这个神话可能源于印度，然后传入中国，写入屈原的著作中。那么中印文化交流至少已有两千三四百年的历史。如果再说到二十八宿，中印都有这个名称。这个历史还可能提前许多年。总之，我们两国的文化源远流长，至今益盛，很值得我们两国人民引为骄傲的了。我这一番简单的讲话显然引起了听众的兴趣。欢迎会开过之后，我满以为可以参观一下，轻松一下，然而不能，欢迎会并不是高潮，高潮还在后面，许多教员和学生把我围了起来，热烈地谈论中印文化交流的问题。但是他们提出的问题又不限于中印文化交流。有人问到四声，反切。有人问到中国古代有关外国的记载，比如《西洋朝贡典录》之类。有人问到梵文文学作品的翻译，有人问到佛经的中文本，有的人甚至问到人民公社，问到当前的教育制度，等等。印度朋友们就像找到一本破旧的字典，饥不择食地查问起来了……只有用满头大汗来应付这种局面。但我心里是愉快的，深深地被感动了，整个校园都给浓烈的中印友谊的气氛所笼罩了。"

其他例子还有许多。总之，他不仅代表中国人民同印度人民交流了感情，结下了友谊，而且同印度人民做了面对面的文化交流，增进了彼此间的了解，这是很难得的，很可贵的。

事情不止如此，季先生在他的文章中，谴责了殖民主义者的统治，歌颂了印度人民的斗争精神。下面让我们引用一下他的精彩文字记载。他在文章中写道："海边上巍然耸立着一座极其宏伟壮丽的拱门，这就是英国人建立的著名的印度门……在这里建这样一座门，是殖民主义者征服印度的象征，是他们耀武扬威的出发点。据说，当年英国派来的总督就都从这里登岸，一过这座门，就算是到了印度……然而曾几何时，沧海桑田，风云变幻，当年暴戾恣睢，不可一世的外来侵略者到哪里去了呢？只剩下大海混茫，拱门巍峨，海浪照样拍打着海岸，涛声依旧震撼着全城。印度人民挺起了腰杆走在自己的土地上……这一座印度门就成了历史上兴旺盛衰的见证……我们看到站起来的印度人民，想到倒下去的老殖民主义者，看到生气勃勃的鸽群，听到混茫的大海的涛声，真禁不住要'问苍茫大地，谁主沉浮？'答案远在天边，近在眼前，作为历史的见证的孟买恰恰就回答了这个问题。"（详见《孟买，历史的见证》）

季羡林先生把自己看过的印度名胜古迹告诉了中国人民，写得具体生动，给人以真实感和形象感。读者读后，不仅了解到印度灿烂的文化，而且仿佛也来到印度，身临其境，例如回忆著名的泰姬陵就是一例。他在文章中写道：

“这陵墓是用一块块白色大理石堆砌起来的。但是，无论从远处看，还是从近处看，却丝毫也看不出堆砌的痕迹，它浑然一体，好像是一块完整的大理石。多少年来，我看过无数的泰姬陵的照片和绘画；但是却没有看到有任何一幅真正照出、画出泰姬陵的气势来的。只有你到了泰姬陵跟前，站在白色大理石铺的地上，眼里看到的是纯白的大理石，脚下踩的是纯白的大理石；陵墓是纯白的大理石，栏杆是纯白的大理石，四个高塔也是纯白的大理石。你被裹在一片纯白色的光辉中，翘首仰望，纯白的大理石墙壁有几十米高，仿佛上达苍穹。在这时候，你会有什么样感觉，我不知道。反正我自己仿佛给这个白色的奇迹压住了，给这纯白色的光辉网牢了，我想到苏东坡的词：‘琼楼玉宇，高处不胜寒。’我自己仿佛已经离开了人间，置身于玉宇之中。有人主张，世界上只有阴柔之美与阳刚之美。把两者融合起来成为浑然一体的那种美，只应天上有。我眼前看到的就是这种天上的美。我完全沉浸在这种美的享受中，忘记了时间的推移。”读者读到这里，仿佛身临其境，泰姬陵就在眼前，让读者大开眼界。

季先生还参观考察了佛教圣地那烂陀。季先生在文章中告诉读者：“这个地方不仅是佛学中心，而且是印度学术中心。从晋代一直到唐代，中国许多高僧如法显、玄奘、义净等都到过这里，在这里求学。”尤其他提到玄奘时说：“中国唐代的这一位高僧不远万里，九死一生，来到了印度，在那烂陀住了相当长的时间，攻读佛典和印度其他的一些古典。他受到了印度人民和帝王的极其优渥的礼遇。他回国以后完成了名著《大唐西域记》。给当时的印度留下了极其翔实的记载。至今被印度学者和全世界学者视为稀世珍宝。在印度人民中，一直到今天，玄奘这个名字，几乎家喻户晓，妇孺皆知，我们在印度到处都听到有人提到他。”如此等等。这样，季先生不仅把印度的一些名胜古迹告诉了中国人民，使读者能获得有关印度的历史、地理和文物等知识，还把中国古代高僧，诸如玄奘等重要人物的历史作用和他们在印度人民心目中的地位也告诉了中国人民。

其他例子还有，不再一一列举。总之，季先生通过他的文字介绍，让读者领略了印度的锦绣山河和风土人情，仿佛亲眼看到了印度的名胜古迹和佛教圣地等，把读者带到了印度；又仿佛生活在热情而质朴的印度人民中间，领略中印人民的淳厚友谊；还使读者走进了历史，重温了古代中印两千年来的传统友谊，并与印度人民做各种交谈或回答各种问题，探讨中印友谊的不断发展和中印文化的更好交流。

中印文化交流历史悠久，而文化交流促进了我们两国的社会进步，加强了我们的友谊，并给两国带来了福祉。几十年来，季先生在吸收、继承前人成果的基础上，排除万难，独辟蹊径，对中印文化交流开创了多个新的研究领域，硕果累累，受到世人的称誉，不仅如此，他还身体力行，为中印的文化交流在诸多方面做了大量实际工作，他在不同的时间、不同的场合，有不同交流方式和交流内容。以上不难看出，无论是季先生的大量研究著作，还是他出国访问时的讲演或谈话，以及回国后的珍贵记载，都为中印友谊和文化交流做出了重要贡献，产生了重大影响。因此，季先生在“交流文化，传递友谊”方面，为我们树立了榜样，起到了常人所起不到的文化交流使者的作用，他将永远鼓舞和教育着中印人民。

第八章 中印文化交流及相互影响

一、印度文化在中国

1. 佛教的中国化

佛教传入中国后，受到中国社会历史条件的影响，逐渐走上了中国化的道路。佛教刚传入中国时，人们把它看成是社会上流行的一种神仙道术。东汉以后，印度的小乘佛教和大乘佛教都传入中国。魏晋时期玄学盛行，以般若学说为基本内容的大乘空宗，因为在思想上与玄学有相似之处，得以迅速传播。佛教学者用老庄玄学思想来解释佛教教义，迎合了当时上层社会的需要。季羡林先生认为：“西晋以后，来华的高僧和本土的高僧都日益增多，佛教影响的深度和广度都日益提高，佛教思想渗入中国精神文化的各个方面。在物质文化方面，中印双方的交流也有显著的增加。在政治上的往来也频繁起来。这些事情都是与佛教活动分不开的。”（季羡林著：《中印文化交流史》，第 38 ~ 39 页）西晋末年，尤其是后来，战争连年不断，人民生活困苦不堪，因此，更容易接受一些佛教宣传，为佛教的传播提供了方便条件。

南北朝时期，佛教与传统文化进一步融合，随着佛教的不断普及，出现了一些佛教学派。南朝各代统治者深信佛教，竺道生高僧（255—434 年）大力宣传，北朝统治者也对佛教给以扶植，这些都推动了佛教的传播。

魏晋时期，佛教寺院的经济力量还比较微弱，后来逐步发展，逐渐形成了独立的寺院经济。佛教内容丰富起来，印度各派佛教已基本介绍到中国来。佛教经过魏晋南北朝的发展，已在中国扎根，构成了中国社会上层建筑和民族文化的一个组成部分，无论在思想上，还是在经济上都为隋唐时期创立具有中国民族色彩的佛教宗派准备了条件。

隋、唐两代，是中国佛教的鼎盛时期，国力强盛，文化繁荣，在当时对世界文化有过积极贡献，佛教在这样的社会历史条件下，由南北朝时期的滋长发展到盛大，形成了具有国际影响的许多宗派。这一时期，把佛性心性化，或说是把儒家的心性佛教化。此时出现的佛教诸多宗派，并非传统佛教之面貌。印度佛教已发展成中国化的佛教。

2. 中国佛教宗派与儒、释、道的融合

佛教传入中国，到隋唐时期，政治、经济文化都有了空前发展，统治阶级重视文化治理，对儒、释、道三教都给予扶植，公元9世纪以后中国佛教达到了极盛时期，这个时期大乘各宗派先后兴起，即所谓的八大宗派，出现了百花争艳的景象。这八大宗派是：三论宗、瑜伽宗、天台宗、华严宗、禅宗、净土宗、律宗、密宗 。其中在中国历史上影响较大的是天台宗、华严宗、禅宗和净土宗四大宗派。

佛教自东汉传入中国后，在中国的大地上逐步形成了中国化的佛教。儒、释、道的融合经历了一个漫长的过程。首先是大量佛经被译成汉语在中国传播，直到唐代，一直把翻译佛经当作最主要的事业，因此还出现了大规模的国立译场。据统计，截止到唐代730年，译出的经、律、论共计5048卷，到明代增至为9000卷。

最先传入中国的是大乘佛教。大乘佛教在中国的发展，形成了天台宗、华严宗的教理。后来中国佛教徒从大乘佛教出发，对大、小乘诸经典进行了研究，把大、小乘结合成一个整体，形成了佛教的教理体系，并加以实践，这样，就产生了中国独特的佛教——禅宗和净土宗。

印度不同教派的经典传入中国后，中国僧侣给以改造，先后创造了各具特点的中国佛教宗派。这些宗派的出现，标志着佛教中国化的完成。佛教在中国传统文化的影响下，逐渐适应了社会各阶层的需要，在一般民众中获得了生存的基础，为了在中国扎根，一改与儒家正统的孝亲观念的冲突，佛教逐步玄学化和儒学化，特别是禅宗的建立，把佛教徒从烦琐的戒律中解脱出来，强调“孝”是成佛的根本，使佛教与道家、儒家在思想上基本上取得了一致。这样，既适合了中国士大夫的口味，又满足了那些平民百姓的需要。

回顾其发展历程，东汉三国时期的佛教属于佛、道融合时期，它依附于方术、道士；晋南北朝时期属于佛玄融合时期，它依附于玄学；隋唐时期，

佛教势力大增，寺院经济逐渐雄厚，建立宗派，完成体系，属于三教鼎立时期，但佛教未能凌驾于儒学之上。到宋、元、明、清时代，随着封建社会的衰退，佛教势力日益衰退。

3. 佛教与中国民俗

印度佛教传入中国后，使中国的信仰与习俗受到很大影响，这种影响与中国的传统文化相融合，从而出现了一些新的信仰与习俗。

佛教传入中国，特别是南北朝以后，中国民众进一步接受印度佛教文化，产生了一些新的观念和新的崇拜对象，诸如，“因果报应”、“人生轮回”、“行善积德”、“不杀生”、“阎王”、“西天”等，直到今天仍在民间起作用。拜佛、念佛不仅是僧人每天重要的事情，对普通百姓也有影响，有时遇到麻烦或不顺心的事情，也去庙里烧香拜佛。念经，本是佛门弟子了解经文、理解佛祖的教义修行的必要课程，但传到民间后，许多人把念经当成功德，成了获取佛的“保佑”和获取来世“善报”的手段。有些人为了自身的利益，如求子、求雨、求富贵、求健康等也向佛祈祷发愿。

随着佛教的流传，有些佛教神中国化，如观音菩萨，传入中国后，其形象不断丰富，后来还出现了千手千眼观音，出现各种名目的观音，作用也越来越大。又如阎王，在印度主管地狱，传入中国后虽然还是阴间的主宰，但又增加了“十八层地狱”的观念，“见阎王”成了人们“死”的代名词，甚至其意思也有改变，“阎王”也有了铁面无私、公平正直的意思。有些中国神佛教化，如关公，人们把他与佛教联系起来，促使对关帝的崇拜更加盛行。又如龙，中国有拜龙的传统，但印度龙也传入中国，印度的龙，实为“蛇”，佛教传入中国后，印度龙的特征传了过来，如说释迦牟尼出生时，有龙吐温水为之沐浴，于是龙吐水又成了中国民间的一种信仰。后来才有了龙口、龙泉、龙头之类的说法，甚至还有了龙女故事的流传。

随着佛教的传入，有些节日庆祝也传到中国，如2月19日的“观音会”、4月8日的“浴佛会”、6月24日的“荷花生日节”、“盂兰盆节”等。

盂兰节起源于印度，又称盂兰盆，盂兰盆供，梵文 Ullambana，意思是“救倒悬”。据《盂兰盆经》记载，佛陀的弟子目连以天眼通观得母亲堕入饿鬼道，在地狱受苦，骨瘦如柴，目连伤心万分，马上用钵盛饭，借神通力量送给母亲。母亲刚接过饭，还未入口，饭则化为火炭，目连看后十分痛心。

自己虽得神通，但不能救母，于是大哭起来，赶快跑去找佛陀求救。佛陀告诉他："你母罪根深结，要靠十方众僧的道力才成，非你一人能力所为。"并指示他："7 月 15 日那天敬设盛大盂兰盆供，以百味饮食供养十方众僧，靠十方众僧的威神道力，才能使你母解脱。"目连遵照执行，母亲果然脱离了饿鬼道。事后佛陀告诉弟子："从今以后，凡佛弟子行慈孝者，皆可于 7 月 15 日备办百味饮食，广设盂兰盆供，供养众僧，为现生父母增福延寿，报答父母养育之恩。"

盂兰盆节是个"孝亲节"。西晋时，《佛说盂兰盆经》翻译到中国，受到提倡孝道的中国人民的喜爱。南北朝时，梁武帝（502—549 年）给予提倡推广，把 7 月 15 日定为"盂兰节"，设"盂兰盆斋"。到唐代，受到极度重视。宋元以降，盂兰盆节逐渐失去其本意，由孝亲变成祭鬼，以后慢慢变成一种民间习俗。

目连救母的故事动人，在中国广为流传，不仅是文艺作品的内容之一，而且被搬上戏剧舞台，《目连救母》深受大众欢迎。

浴佛节来源于印度，也是个佛教节日，随着佛教传入中国。据佛教传说，释迦牟尼于 4 月 8 日出生，他降生时，有九条龙口吐温凉水，沐浴佛身。因此，每逢佛教诞辰日，佛教徒则举行浴佛活动。还有一些习俗，如火葬、浅葬等，都与佛教有关。

一提到火葬，人们往往认为它是由外国传入的。其实，我国很早就有，文献中也有记载，据《墨子・节葬下》记载："秦之西有仪渠之国者，其亲戚死，聚柴薪而焚之，熏上，谓之登遐，然后成为孝子。"仪渠地处今甘肃庆阳县西南，由此说明，在先秦时代仪渠人已实行火葬。另据报道，在甘肃临洮县寺洼山的史前遗址中发掘出一个盛有人类骨灰的大陶罐，也证明，我国的火葬早在原始社会时期就有。当然，就主要地区而言，中国传统的葬法还是土葬。

东汉初期，佛教传入中国。遵照教规，和尚死后进行火葬，在《高僧传》中有佛僧徒焚身的记载。后来，火葬不止限于和尚，而且扩大到民间，甚至皇室成员也有实行火葬的。据《新五代史》记载，儿皇帝石敬瑭建立的后晋王朝灭亡后，他的妻子李氏和儿子出帝被契丹俘虏，后来李氏病死，出帝为其母"焚其骨，穿地而葬焉"。说明五代时，火葬已成风气。

到了宋、元时期，火葬更加流行，据史书记载，全国各地都有。后来，由于封建统治者为了维护儒家伦理观念，主张厚葬，火葬受到禁止，在明、清时代逐步衰落，但并未绝迹。我国古代火葬的流行，与佛教的传入有密切关系。

中国人自古相信今世，不信来生。但佛教传入中国后，也影响了一些人的思想，因果报应就是一例。

因果报应、人生轮回的佛教思想来自印度，在中国影响很大，至今影响着人们的思想行为。“因”、“果”指的是因果规律，实际上指的是因果报应，生命轮回。“因”指“因缘”，“果”指果报，指任何思想行为都会导致相应的后果。佛教认为，“因”未得“果”之前，不会自行消失。相反，不作一定之业因，也不会得到相应之结果。因此，提出“三世因果”，现世人们的贫富穷达，都是由于前生的善恶作为所决定的结果。今生的善恶行为，必然导致来生的罪福报应。因此，许多人广行善事，以积阴德，一为今世平安，二为来世福泽，三为子孙的昌盛。出于这一信仰，不少人济危扶贫、布施斋僧、念经拜佛、治病救人等，这些对人、对社会都不无好处。不仅如此，在中国民间流行的诸如观音、阎王、龙王等，也与印度有关。

关于观音、阎王与龙王，在中国很有影响。观音是佛教菩萨名。梵文 Avalokitesvara 的意译，亦译“光世音”。据说，遇难众生只要诵念其名号，“菩萨即时观其音声”，前往拯救解脱，因而得名。唐代因讳太宗李世民名，故去“世”字，略称“观音”。南北朝时有许多观音经，如《法华经·观世音菩萨普门品》等，人们信仰观音，祈求观音菩萨保佑，于是形成了一种民间的普遍信仰。观音菩萨最初的造像是男相，女相观音造像始于南北朝，因为在一般人看来，女性更能代表慈悲菩萨的形象。

阎王，即死神，又译阎王、阎罗，梵文 Yamaraja，古印度神话中死神，管理阴间，早在《梨俱吠陀》中就有记载，佛教沿用其说，随着佛教而传入中国。传说在他的属下设十八判官，分管十八地狱，据《翻译名义集》卷二记载，阎魔兄妹都管地狱，兄治男犯，妹治女犯。

龙王，中国民间的一种普遍信仰。中国上古就有拜龙的习俗，殷商时期的甲骨文中就有了“龙”字，以后历代都有拜龙一俗，至今已成为中华民族的象征物。印度自古就有拜龙的习俗。印度所谓的“龙”是指蛇而言。佛教传入中国后，印度“龙”的一些特征也传到中国。例如，传说释迦牟尼为太子刚出生时，有龙吐温凉水为之沐浴，于是龙吐水变成了中国民间的一种信仰，有人则把一些出水的地方命名为龙口、龙泉等，而天降雨水也被认为是龙吐水。佛教《华严经》中有诸多龙王的记载，如毗楼博叉龙王、娑竭罗龙王等，能兴云布雨等。道教也有此说，诸如四海龙王等，若遇天旱不雨或遭水灾，诵经召龙王，即可普降大雨或排水救灾。总之，龙王能去灾致福。

4. 佛教与中国哲学

佛教于两汉之际传入中国后，经历了近两千年的岁月，它渗透到了中国社会的各个领域，并产生了广泛影响，其中包括对哲学的影响在内，而且对中国哲学的影响很大。起初它依附于中国的传统思想而逐步在中国立足，以后不断发展壮大，丰富、补充了中国哲学，构成中国传统文化的组成部分。

中国古代哲学可概括为几个发展阶段，即先秦诸子学、两汉经学、魏晋玄学、隋唐佛学、宋明理学。中国的古代哲学，尤其自魏晋以后，就与佛教结下了不解之缘。如魏、晋的玄学，先是作为般若学传播的媒介，进而与般若学交融汇合，最后被般若学所取代。佛教般若学的传入丰富了中国哲学的认识论。至于隋、唐两代，佛学则成为当时社会上流行的一大思想潮流。唐代玄奘将印度唯识学系统地介绍到中国，创立了唯识宗（法相宗）之后，中国所有的佛教派别都受到过唯识学说的影响。若谈论隋、唐哲学，把佛学排斥在外，隋唐哲学就变得十分单薄。因此，隋、唐哲学是中国传统文化不可分割的组成部分。至于宋、明理学，在思维模式、修行方法等方面，都明显地受到佛教的影响。关于佛教哲学对中国哲学的影响，赵朴初先生做过专门研究，他谈道："佛教各宗派学说，对中国思想界也起了不可磨灭的影响，有的研究中国古代哲学的人感到两晋南北朝隋唐五代时期的中国哲学史基本上是佛学在中国的发展史。至于宋明哲理，在很大程度上受了华严宗、禅宗理论的刺激和影响而产生的。在晚清时期，中国知识界研究佛学成为一时的风气。一些民主思想启蒙者，如谭嗣同、康有为、梁启超、章太炎等，都采取了佛教中一部分教理作为他们的思想武器，甚至我国早期的马克思主义活动家瞿秋白同志的早年时期，也受过佛教思想的影响。他曾说过：'无常的社会观，菩萨行的人生观引导我走上了革命的道路'。——可见佛教的慈悲、平等、无常、无我的思想在近代的知识界中是起了一定的启发和鼓舞作用的。"（见《文史知识》1986 年第十期）佛教哲学本身蕴藏着极深的智慧，它对宇宙人生的洞察，对人类理性的反省，对概念的分析，有着深刻独到的见解。因此，恩格斯在《自然辩证法》中称誉佛教徒处在人类辩证思维的较高发展阶段上。在世界观上，学者认为，佛教否认有至高无上的"神"，认为事物是处在无始无终、无边无际的因果网络之中。因此，在西方学术界中有人认为佛教是唯一的"无神论"的宗教。因为佛教既以"诸法皆空"为教义，当然神也是空的，神既然空，何来创造世界之事。但同时，佛教又认为“业果不空”，“业”即人的有意识的行为活动，这种活动必然要产生一定的结果，这两者都实际存在，不是空无所有。赵朴初先生认为，“在人生观上，佛教强调主体的自觉，并把一己的解脱与拯救人类联系起来。佛学和中国古典的交互影响，推动了哲学提出新的命题和新的方法。它以独特的思想方式和生活方式，给予人们一新的启发，把人的精神生活推向一个新的世界。”（见《文史知识》1986 年第十期）

佛教对中国思想界也起了不可磨灭的影响。中国早就有“因果报应”思想，认为报应的主体是其家庭与子孙，而不是行为者本身。佛教宣扬“因果报应”，生死轮回，认为每个人的现实命运是本人前世行为的结果。这样，就在中国原有“因果报应”说的基础上，增添了丰富内容。

魏晋南北朝隋唐文化，是中国民族文化的辉煌时期，在这一时期中，作为中国哲学思想发展主流的是佛学，其影响大，范围广。因此，若不懂佛学，中国哲学史则写不成，历史上有关例子是有的，据说，胡适当年写《中国哲学史》半途辍笔，其原因就在于此。总之，印度佛教与中国哲学关系密切，要研究中国哲学离不开印度佛教。

5. 佛教与中国语言、文学

（1）佛教与语言

随着佛教传入中国，印度的一些梵语字也传入中国，汉语词汇里吸收了大量印度语的词，丰富了中国的语言词汇。有些是佛教用语，或专业用语，音译过来后成为汉语中的字，或词。如“佛”、“菩萨”、“罗汉”、“塔”、“僧”、“尼”、“禅”、“魔”、“刹那”、“弥勒”、“觉悟”、“经”、“天竺乐”、“婆罗门乐”、“琵琶”等。有些字是音译过来后，又加上中国字，如“阎王”，原文是“阎摩”或“阎罗”，加上“王”字，给予中国化，变成了“阎王”。有些字是按意义译过来后中国化，成为通用的词，如“解脱”、“报应”、“和尚”、“法宝”、“戒律”等。有些词是吸收了印度的哲学术语，如“一尘不染”、“四大皆空”、“有缘”、“无缘”等。

中国汉语音韵学的出现和发展，同印度梵语的影响有关。东汉以后，随着佛经在中国的传入，很多知识分子学习梵文后开始注意研究汉语里的声音了。从此中国的汉语音韵学建立了起来。到了南北朝时，对汉语定出了“四声”，并依照四声分类排列汉字，编定了字典。到后来，在分析汉语每个字的元音、辅音的基础上，定出了汉语所有字的读音系统，并整理成书，如隋朝（公元6世纪）出现的一部“切韵”，到了宋朝，发展为“广韵”，出现了按音韵排列的字典，后来发展成汉语一切字的读音系统。到了唐朝一个名叫守温的和尚，他仿照印度梵文字母表制订出一套汉语辅音字母表，共36个字母。这样，对汉语语音的分析更加精密，汉语语音学从此又有了新的发展。

（2）佛教与变文、说唱文学

随着两国的不断交往和佛教的传入，对中国的文学也有影响，给中国文学注入了新的血液，不仅给文学增添了新内容，还赋予中国文学以新的形式。“变文”是韵文和散文相结合的一种文体，这种体裁来自印度。变文在我国敦煌石窟有大量发现，这些变文多半以演唱佛教故事，其内容有些取材于佛经，如鸠摩罗什译的《维摩诘经》、《阿弥陀经》等，有些取材于中国古代故事，如“王昭君”、“孟姜女”等故事。

印度古代文学流传方式主要靠口传，重要的内容编成诗歌题材，说明内容的部分本来也是口头讲的，就写成散文，散文中常常有许多故事，这种诗、文结合的形式不少名著是这样的。这种形式传到中国以后，随着佛教的流行，在人民中间也逐渐传播开来，受到人民大众的欢迎，于是形成用口语，又说又唱，或以唱代说的文学体裁，在唐代，这叫“俗讲”，用通俗的语言讲解佛教的教义，用诱人的故事说明深奥难解的理论，从和尚开始，以后逐步传到民间社会。故事内容起初与佛教有关，后来又发展出与佛教无关的一些作品，这种传统从唐代传到宋代。到宋代又出现了“说书”的行业，所讲的故事书叫“话本”，到元明时期发展成艺术价值很高的小说和戏剧。中国的戏曲也受到印度戏曲的影响。

（3）佛教与中国文学

中国历史悠久，文化灿烂，其中佛教对中国文化的发展起了重要作用，它影响到中国的哲学、艺术、建筑、民俗和文学等方面。两千年来，特别是魏晋以来，佛教诗僧以及受出世思想影响的著名诗人创作出大量的名篇佳作，这对促进中国诗歌的发展和中国文化的繁荣产生了巨大影响。

中国诗歌发展的历史悠久，及至唐宋，佛僧诗歌的创作更是空前繁荣，下至元、明、清，甚至民国，佛僧诗歌的创作仍然活跃。诗僧们由于受宗教的影响，他们的诗歌作品与世俗文人的作品，从内涵到外延均立意独特，风格相左，其作品表现得超然飘逸。

早在印度佛教传入中国以前，中国已有宗教流行，只是还不发达而已，这在中国最早的诗歌总集《诗经》中已有记载，例如，关于祈神、赞神的歌词就是证明。汉末魏晋时期（大约1—3世纪），天下大乱，民不聊生，在此时期，中国的道教则应运而生，同时印度佛教也传入中国，佛教传入中国大致在东汉初期（公元1世纪）。佛教追求个人解脱，逃出苦海，修炼成佛，进入极乐世界。从根本上说，佛教是为了解除现实中人们的痛苦，特别是精神上的痛苦。于是佛教的看破红尘，容易被深陷痛苦中的人们所接受，逍遥遁世则成为时尚。这就拓宽了文人的思维，给文学创作开辟了新路，促进了诗歌的发展与繁荣。在这个时期，佛僧诗人们描绘了与世俗情趣迥然不同的美妙仙境和脱出凡俗的清净之地。由于受佛教影响，在东晋及其以后所流行的诗歌就渗入了佛理。诗僧们创作的大量山水诗融入了佛教意识，山水诗往往以佛教逃避现实、超尘脱俗的精神去领略山水的美，从而获得心灵上的寄托和精神上的满足。东晋诗僧帛道猷可谓其中代表诗人之一。

唐代是中国文学的繁荣时期，更是佛教诗歌创作的“黄金时代”，诗歌的思想内容和艺术手法都达到很高的地步。佛教至唐，趋于鼎盛，出现了不少名响古今的高僧，如玄奘、慧能等人，而且还把印度佛教中国化，使之成为具有中国特色的佛教，创立了天台宗、唯始宗、华严宗、禅宗、净土宗等宗派，其中以禅宗覆盖面最广，影响最深。禅宗吸取了中国道教玄学的精粹，改造并发展了佛教的“空空”教义，对中国诗人的思维方式与中国的传统文学产生了重大影响。

应该指出的是，儒、佛、道三教皆为唐诗思想文化的源泉，其中以佛教的禅宗对唐诗的影响最大，唐代诗僧众多，著作丰盛，有许多诗篇程度不同地含有禅意。唐代的慧能有中国佛教禅宗实际创始人之称，慧能（公元638—713年），唐代僧人禅宗南宗创始人，佛教史上称为禅宗大祖。他一改过去的繁仪缛节，也不主张苦行渐修，倡导“明心见性”、“法在自心”、“我心即佛”、“顿悟成佛”、“不立文字”等理论，开辟了自修自悟能快速成佛的捷径。因此，信之者众。同时，慧能还主张“经”由人造，“佛”由人成，“欲求见佛，但见众生，不始终生，则万劫觅佛难逢”。这就打破了佛理的神秘性和被少数人垄断的局面，使佛教普及，世俗化，深入民间，接近了社会现实。僧人的诗歌创作贴近世俗和人民大众，能反映社会问题，喊出人民的心声。诗僧寒山、拾得、庞蕴等人继承了慧能的思想，王维、白居易、皎然等人也深受慧能影响，此外，禅宗诗人往往以诗自现性情，借物象而达禅理，寓禅意禅趣于语言文字之外，形成了新的创作方法和诗歌特点。

唐代诗人王维（701—761年）二十一岁中进士，一生好佛，信仰禅宗，尤其后期的诗作深受佛教的影响，不仅以禅语入诗，而且以禅趣入诗，以禅法入诗，既能用诗的语言来表现宗教观念和感情，又能用佛教的认识方法来丰富诗的表现手法，开创了诗歌艺术的新局面，他的诗作甚丰，后世称其为“诗佛”。现举例如下：

终南别业

中岁颇好道，晚家南山陲。
兴来每独往，胜事空自知。
行到水穷处，坐看云起时。
偶然值林叟，谈笑无还期。

这是一首记述游赏山水“胜事”的诗。作者叙述自己中年以后便厌倦尘俗，信奉佛教，隐居终南别业，为空寂的山水和秀丽的田园所陶醉。此时不但“诗中有画”，而且表现出诗人超脱凡尘的高洁情致，诗人还在“水穷”、“云起”中悟出了禅理：世间一切变化无常，都在生生灭灭之中。

白居易（公元772—846年）也是唐代著名诗僧之一。早在青年时代就开始学佛习禅，入仕以后，由于宦海风波，屡遭挫折，更促使他皈依佛说，走上避世不争的道路，晚年更成为一个虔诚的佛教徒。他也是一代诗坛宗主，以写讽喻诗和新乐府知名朝野。白居易的那种不务虚名、不忧生死、随缘任遇的精神品格，都反映在他的一些诗歌中。白居易一生诗作很多，今存3000余首，在唐代诗人中，其作品数量首屈一指，现引其四绝一首《白云泉》：

天平山上白云泉，云自无心水自闲。
何必奔冲山下去，更添波浪向人间！

就是说，人间的烦恼已经很多，为什么还要增加些“波浪”呢？诗人以这种心情看待人世，流露出了作者的佛教出世离俗情绪。

唐代诗僧众多，灿烂繁星。著称于世的诗僧有寒山、拾得、景云、护国、皎然、玄览、青江、灵澈、贯休、王梵志等人。他们的创作成就，在当时和以后一直受到文人的重视，留下了数量可观的不朽诗篇。

诗僧所写的诗大都散发着佛禅趣味，对唐诗的发展有重大影响。其中寒山的诗影响最大，人们称他的诗“诗中有禅，禅中有诗”。在反映社会矛盾方面起到积极作用。现引一首诗如下：

杳杳寒山道，落落冷涧滨。
啾啾常有鸟，寂寂更无人。
淅淅风吹面，纷纷雪积身。
朝朝不见日，岁岁不知春。

这是寒山的代表作之一，这首诗写的是山中的景色和诗人的超然物外的心情。全诗浸透着寒凉之意和空寂而超然的情趣，写山、水、鸟、人、风雪或写境、情，各具情态，变化多姿，好像一幅连环画。此诗所表现的空寂而超然物外的情趣，典型地体现出佛门诗的特色。

到了宋代，中国的佛教仍然处在一个比较兴盛的时期，佛教对诗歌的发展仍起着重要作用。诗僧们作诗以唐人为榜样，诗歌继承了唐诗的传统，例如，开宋代诗风的代表人物王安石、苏轼等诗人都无不师法唐诗，当然也有自己的特色，他们在继承的同时，也有新的发展。在这个时期，虽说佛教不如唐代盛行，但比以前更普及，深入穷乡僻壤和社会各阶层，佛教更加世俗化、民间化，其影响也更加广泛。

宋代的诗僧往往以禅理入诗，以禅喻诗，这是宋诗的一大特点。宋人的诗歌理论及诗歌艺术都脱胎于禅宗。例如，著名诗人严羽的《沧浪诗话》则是以禅理论诗的代表作，影响很大，被看作诗话之冠。他论诗，主张用“妙语”，“不著一字，尽得风流”，此论缘于佛学的“顿语”和“不立文字”。不立文字，不是不要文字，而是传意达理不仰仗于文字直接阐述，或用象喻或以境传，以客观物象和局部境界的呈现引人去“悟”，从而获得一种意在言外的富有弹性。严羽对诗歌的创作，特别是对诗歌艺术性的提高，做出了重大贡献。

在宋代，受佛教思想影响的最著名和最有成就的诗人要数苏轼（公元1037—1101年），他曾研习佛教，尤其当他命遭坎坷，宦途失意，屡遭贬斥时，他更是倾心于佛，往往从佛教和道教的思想中找慰藉，表现出达观的生活态度，他的诗富有禅风禅味。现引其诗如下：

和子由渑池怀旧

人生到处知何处，应似飞鸿踏雪泥。
泥上偶然留指爪，鸿飞哪复计东西。
老僧已死成新塔，坏壁无由见旧题。
往日崎岖还记否，路长人困蹇驴嘶。

这是苏轼的一首诗，表达了诗人对人生的感叹和怀旧之情。

宋代以后，直到明、清，才人辈出，但他们的成就未超出唐宋的范围。所不同的是，元、明及清，随着社会的发展，不同民族和不同国家间交往的频繁，佛教与儒、道，更深入地融会合流，使得各种思想、教派的发展各趋世俗化。因此，作为以往主要的文学表现形式的诗歌，逐渐通俗化，很快让位于词曲、戏剧和小说。

总之，在中国，佛教的虔诚诗僧众多，历史悠久，他们及其诗作对揭露社会矛盾，反映人民疾苦，丰富诗歌内容与创作手法等方面产生重大影响，对中国文化的发展和丰富起到一定作用，构成了中国文化不可分割的一部分。

（4）中国的佛教诗僧及其虔诚传统

——佛教对中国文化的影响

迦挨希沃尔（Gyaneshwar）是印度著名的虔诚诗人，他用马拉蒂语对《薄伽梵歌》做了注解，表现出他的虔诚和对哲学的深入探索。他还写了《哈里巴特》（Harlpath）等歌颂毗湿奴大神的颂歌，他不愧为印度的著名虔诚诗人之一，其作品在语言风格上也颇具特色，他是一位划时代的人物。我们应该纪念他，他将永远活在我们的心中。

印度虔诚诗人的作品不仅加重了文学的宗教性，而且还丰富了文学内容和表现手法，这些对后世文学内容和人们的思想都有很大影响。

今天，笔者借此机会，谈谈中国的佛教诗僧及其虔诚传统，以便增进对中国的了解，有助于加强中印文化的交流和中印友谊的不断增长。

在中国的历史上，虽然没有出现过像印度那样的宗教虔诚运动，但却出现了不少虔诚的佛教诗人，他们有大量诗作留世，因此后人称他们为诗僧。众所周知，中国历史悠久，文化灿烂，其中佛教对中国文化的发展起了重要作用，它影响到中国的哲学、艺术、建筑、民俗和文学等方面。两千年来，特别是魏晋以来，佛教诗僧以及受出世思想影响的著名诗人均创作出大量的名篇佳作，这对促进中国诗歌的发展和丰富中国文化的繁荣产生了巨大影响。

中国诗歌发展的历史悠久，及至唐宋，佛僧诗歌的创作更是空前繁荣，下至元、明、清，甚至民国，佛僧诗歌的创作仍然活跃。诗僧们由于受宗教的影响，他们有着与世俗迥然不同的人生态度和认识事物的特殊角度。因此，他们的诗歌作品与世俗文人的作品，从内涵到外延均立意独特，风格相左，而且内容奇异，技法超群，其作品表现得超然飘逸。但由于他们远离政治，不问世事，因此，自古以来其创作影响容易被忽略。除个别僧人曾留世诗人专集外，他们的大量作品往往只见于历代诗文合集中或历代高僧传记内。

东晋的诗僧帛道猷是著名的诗僧，现引其诗一首如下：

陵峰采药触兴为诗

连峰数千里，修林带平津。
云过远山翳，风至梗荒榛。
茅茨隐不见，鸡鸣知有人。
闲步践其径，处处见遗薪。
始知百代下，故有上皇民。

这诗写出了山林景色的特点；山峰起伏，连绵“数千里”，长林如带，衔接平野渡口；云遮雾障，使远山掩蔽其中，山风袭来，荒野更阻塞不通。在这荒茫的山野里，虽草屋隐不见，但闻到鸡鸣声，方知有人居住其间。作者“闲步践其径”，看到遗薪“处处”，始知百代下，故有上古帝王，百代之下的上古遗民，仍在这“世外桃源”中繁衍生息。此诗语言质朴而富有山野情趣，作者超尘脱俗的襟怀寄寓其中，诗风清新闲逸，引人入胜。

前面提到，唐代是中国文学的繁荣时期，尤其是诗歌发展的顶峰时期，标志着唐代是中国诗歌史上的一个新纪元，更是佛教诗歌创作的“黄金时代”，诗歌的思想内容和艺术手法都达到很高的地步。

在唐代，佛僧诗人王梵志（约590—约660年）原名梵天，是唐代著名诗僧。他的诗作语言通俗浅近，广泛流传于民间。王梵志和他的五言诗，唐宋以来一直受到僧俗人士的欢迎，明代以后才渐渐失传。王梵志重视诗歌惩恶扬善的社会功用，他有不少诗敢于揭露某些不合理的社会现象和人们灵魂中粗俗卑劣的一面，无论是揶揄嘲讽，谐谑调侃，还是无情鞭挞，劝世导俗，逐渐形成了一种泼辣犀利的诗风，起到针砭顽俗、补弊救偏的作用。他的诗作中，有相当一部分诗宣扬佛教思想、禅门戒律的诗作，有的劝说世人多行善事，有的讲说轮回报应，有的阐释佛理教义，有着浓重的宗教色彩。总之，王梵志的诗歌内容复杂，既有宣扬佛理教义的内容，也有揭露现实矛盾和反映民间疾苦的诗作，有时还利用讥讽谐谑的表现手法，抨击一些不公正的社会现象，为世人伸张正气，因此，具有一定的现实意义。现引一诗如下：

世间日明照，皎皎照众生。
贵者乘车来，贱者膊担行。
富者前生种，贱者悭贫生。

贫富有殊业，业报自相迎。
闻强造功德，吃着自身荣。
智者天上去，愚者入深坑。

这是王梵志的代表作之一。全诗以对比手法阐述佛教因果业报思想。开头四句揭示人世间贫富不均、贵贱悬殊的客观现实，对比鲜明。中间四句用佛教业报思想说明造成这种现象的原因："业报自相迎"，最后四句劝人今生行善积德，为来生造福。诗中展现了贫富不等、贵贱悬殊的现象，这对我们认识封建社会是有积极作用的。

据有学者统计，唐代诗僧的诗约占全部唐诗的十分之一，即5000首左右。有名姓可考的诗僧不下百人，见诸文献的诗僧别集达40家之多，家数和卷数约当留存唐诗的二十分之一。因散佚严重，现有专集者，仅有寒山、皎然、贯休、齐己、王梵志等数家。

诗僧有的诗揭露了社会矛盾，在反映社会矛盾方面起到积极作用。例如寒山的一首诗：

富儿多鞅掌，触事难祗承。
仓米已赫赤，不贷人斗升。
转怀钩距意，买绢先拣绫。
若至临终日，吊客有苍蝇！

此诗揭露了为富不仁者，并满怀激情地对他们加以冷峻的诅咒，富人大多为追求财富而整天忙碌，贪得无厌，却不知供奉佛祖教义，不积功德，不把财物布施于人。即使他们仓里的存米霉烂变质，也"不贷人斗升"，反倒像"买绢先拣绫"一样，打着坏主意，想囤积居奇，哄抬米价，趁机发财。对这些为富不仁者，人们自当冷眼相报："若至临终日，吊客有苍蝇！"诗中反映出的社会矛盾在当时具有普遍性和典型性，至今仍有一定的认识价值。

总之，魏晋隋唐以来，由于儒、佛、道三教的兼融与交流日趋频繁和广泛，有些诗人在崇儒的同时也信仰佛教，儒、佛、道兼于一身，儒家的关心现实、济世救民；佛家的看破红尘、普度众生；道家的清净无为、弃世绝俗等，从各方面给诗人以营养，使诗的题材与内容更加丰富，给诗歌创作以生生不息的源泉和灵感。

到了宋代，中国的佛教仍然处在一个比较兴盛的时期，佛教对诗歌的发展，仍有重要的影响作用。

前面引述的宋代苏轼的一首名诗《和子由渑池怀旧》，表达了诗人对人生的感叹和怀旧之情。前四句是对弟弟发问的议论。诗人以飘飞不定的鸿雁做比喻，说它虽可以在雪泥上留下爪印，但不能存在很久！劝弟何必问“民知否”，人生就是这样无常，一生之中不知要换多少地方。在封建社会中，不知有多少文人过着这种漂泊不定的生活。依照佛教教义所言，人生无常，世间一切事物都不能久存，没有永恒不变的东西，都处在生灭成坏之中。人生应得失随缘，逢场作戏，任其自然地生活。诗人今日赴任，虽算不得十分荣耀，但与昔日赴往渑池路上的狼狈相，形成了鲜明对比，今天荣耀了，不知哪一天又会倒霉，人生莫测。诗人正是对人生早有这种超然的见解，所以在后来的几次逆境中，他都能处之泰然，乐观地对待。

自宋以后，直到明清，才人辈出，但他们的成就未超出唐宋的范围。所不同的是，元、明及清，随着社会的发展，不同民族和不同国家间交往的频繁，文化教育的不断发展，佛教与儒、道更深入地融会合流，使得各种思想、教派的发展各趋市俗化。因此，作为以往主要的文学表现形式的诗歌就逐渐通俗化，并很快让位于词曲、戏剧和小说。

到了近代，佛教与中国文化的关系仍然非常密切。在近代中国，佛教文化的发展也明显地带上时代的特点。即试图把佛教思想用于改革社会，改进国民道德和培养人们的无私无畏精神，当然是用其中某些合理因素，例如，较丰富的辩证法因素，严密的逻辑分析辩证方法等，这些对近代中国文化的发展有一定的借鉴作用。

佛教诗僧的突出代表人物要数苏曼殊等人。苏曼殊（公元1884—1918年）有诗僧之称，他不仅精通中、日、英、法、梵诸种文学，而且在绘画、诗歌、小说、翻译等方面造诣很深，名倾一时。他坚信佛教，特别是禅宗，对他一生的言论和行动都有很大影响。他深受唐代诗僧寒山、拾得等人的影响，并继承他们的传统，重视诗歌以及小说的创作，其作品充满着佛教思想，甚至在他的诗歌中还使用了佛教语言，如《有赠》一诗，被公认为他的代表作品：

春雨楼头尺八箫，何时归看浙江潮。
芒鞋破钵无人识，踏过樱花第几桥。

这里的“芒鞋破钵”，完全是佛教语言。苏曼殊还是一位小说家，一生写了不少著名小说，他的小说特点是多以佛教故事为题材，作品中男女主人公的最后结局都以遁入空门为僧尼而告终，内容受佛教思想影响较深，作品中有不少反帝反封建的内容，在当时起了积极作用。因此，他的诗歌和小说曾风行一时，不仅在反帝反封建的斗争中发挥过作用，而且也丰富了中国的文化宝库。

总之，在中国，佛教的虔诚诗僧众多，历史悠久，他们及其诗作对揭露社会矛盾，反映人民疾苦，丰富诗歌内容与创造手法等方面产生了重大影响，对中国文化的发展和丰富起到了一定作用，构成了中国文化不可分割的一部分。

6. 佛教与中国的科技、艺术

（1）佛教与中国医学及天文历算

中国医学非常发达，闻名世界。但印度的医学也传入了中国。随着佛教的传入，佛经的翻译以及一些通晓医术的印度僧侣来华，印度的一些医学理论、医疗方法及药方药物也相继传入中国。东汉末年安世高翻译的佛经就有《人身四百四病经》、《开元释教录》等，不仅从印度传来了医学理论和治病药方，而且还有过医生来中国开业，甚至还给皇帝治病献药。被翻译过来的医学和医方也很多，诸如，《隋书》中记载的有《龙树菩萨药方》4 卷、《西域诸仙所说药方》23 卷、《婆罗门诸仙药方》20 卷、《婆罗门药方》5 卷，等等。《本草纲目》中也记有许多印度传来的药名。在宋朝时也流行过印度医学书，据《宋史》记载，有“龙树眼论”、“耆婆药用方”，等等。随着佛教的传入中国，印度的眼科医术也不断地传入中国。所有这些，大大促进了中印医学的彼此学习和互相交流。

中印两国天文历算都很发达。中国在有历史记载以前，天文历法的科学已经开始，从甲骨文中可以得知 3000 多年以前的历法。印度历法传入中国后，引起了中国古人的重视，甚至到公元 7—8 世纪时一些天文学者来中国工作，佛教徒也懂天文，甚至有的是天文学者。

前面提到，印度的天文学历史悠久，成绩辉煌。在笈多王朝时代，天文学获得了高度的发展。重要的天文学著作有《太阳手册》（公元 4 世纪或 5 世纪，作者不详）和《圣使集》（约公元 550 年）。“圣使”即阿耶婆多，《圣使集》是他的天文学论文集。阿耶婆多确定了太阳年的长度为 365. 3596805 天，同现代的估算非常接近。当时他曾认为，地球不但按其轴心自转，而且绕太阳旋转。另一位天文学家是彘日，与阿耶婆多处于同一时代。他通晓希腊和罗马的天文学，从中吸取了包括黄道 12 宫符在内的许多内容。他写了许多星相学方面的著作，例如，《广博观星大集》和天体观测指南方面的著作，及《五部悉坛多续篇》等。印度的天文学描绘过天体的运动。

中国也是世界上天文学发达最早的国家之一。早在新石器时代中期，先民已开始观察天象，并用以定方位、定时间、定季节了。到了商代，已有甲骨文的日食和月食记录，并且还出现了世界上最早的新星记录。这同发达的历法有关，没有很好的历法，就不能辨明季节，不可能准确地确定地理位置和观测天上的星辰。随着佛教的传入中国，一些天文学书也伴随而入，中国的历法虽然发达，但对印度的历法也很重视。据学者研究，从魏、晋，到隋、唐，我国和印度有频繁的交流，这个时期，印度的一些天文学书传进了我国，译成了汉文。在“隋书”所列的书目中有“婆罗门天文经”21 卷，“婆罗门天文”1 卷，等等。除此以外，在汉译佛经里也有许多谈到天文的地方。例如，早在三国时译出的《摩邓女经》，晋、南北朝时译出的《大集经》中都有与印度天文学家有关学说的介绍，都谈到了印度的天文和历法。从这些书的翻译说明，已经有不少人接触到了印度的天文学。这些有关天文学的书传到中国时，中国的天文学已经很发达了。因此，印度的天文学是否受到过中国天文学的影响，还未见到有关资料。

印度的天文历法传入中国，当然对我国的天文历法的发展有帮助，但我国的天文历法学家还是依靠自己的传统和实际经验来观测研究发展的，他们既注意学习外国的学术成就，但又不照搬，而是消化吸收后，给以发展创新，例如，中国和尚制定的“太衍历”就与印度的那个“九执历”不同，要比“九执历”更精密、更科学。这种例子还有。

无疑，印度天文学对我国天文学的发展起过积极作用，但我国的天文学家主要依据本国的传统和实际的观察研究发展了天文科学。

历法学与天文学密不可分，历法的制定离不开天文学的实际应用 。我国制定历法很早，有历史记载以前，天文历法的科学已经开始，从殷朝遗留下来的甲骨文中可以知道三千几百年前的历法。在印度的天文学和历法传来以前，我国的历法虽然已经有了很大发展，但印度历法传来后，仍给以关注和利用。唐朝时，在中国流行的印度历法有三派之多，即迦叶派、拘摩罗派、瞿昙派。那时政府设有负责观察天象和推算历法的机构，叫“司天台”，印度的学者也在里面担任一定的职务。史书中记载有关学者的名字，如瞿昙罗、瞿昙晏等，他们在公元 7 世纪和 8 世纪时为我国工作，或帮我国制定历书，或翻译印度历书（如“九执历”）和编写历书（如“开元占经”）等。到了我国唐代时，翻译的佛经就更多了，里面有不少谈到印度天文历法的地方，印度的天文学自然对我国的天文学的发展有帮助作用。

天文历法与数学密切相关。印度的数学传入中国后，中国古代科学家对它给予重视，如《婆罗门算经》3卷、《婆罗门算法》3卷、《婆罗门阴阳算历》1卷，早在隋代被译成汉文，产生了积极影响。我们学算术，一开始就学1、2、3、4、5、6、7、8、9，这九个阿拉伯数字和“0”这一符号，可是这九个数字加上“0”的符号的记数方法，是印度人发明的。阿拉伯人从印度学到后，把它叫印度数字，以后由阿拉伯人传到欧洲，所以欧洲人叫它阿拉伯数字。因此，印度的数学不仅影响了中国，而且影响了世界，丰富了世界文化的宝库。

（2）佛教与中国雕刻、佛塔、佛寺、绘画、音乐、舞蹈等艺术

中印两国佛教艺术发达，但中国艺术的发展，受到了印度佛教的影响。据史书记载，古代印度的和尚，不仅带来了佛经，传来了佛教，而且有些人本身就是艺术家，也向中国传授了各种艺术。无论是建筑、雕刻、绘画，还是音乐、舞蹈、戏剧等，都对中国有很大的影响。

佛教雕塑造像

中印两国的雕刻，在古代是各自独立发展的。中国的雕塑艺术，历史悠久。早在先秦时代，中国的雕塑技艺已达到很高水平，陕西临潼秦始皇陵发掘的数千件大型兵马俑陶塑，就是很好的例证，它被誉为世界文化史上的一大奇迹。到东汉以后，中国的雕刻艺术才与印度的雕刻艺术有了接触，开始发生变化。东汉以后，随着佛教的不断传入，印度的犍陀罗雕刻艺术才波及中国，使中国的雕刻艺术染上了印度的风格色彩。这种艺术传入中国，表现得较突出的是云冈石窟的雕刻。云冈石窟开凿于公元4世纪，据文献记载，不仅图样取自印度，而且还有印度僧人参加。该石窟庄严伟大，为东方三大艺术之一。云冈石刻的早期作品多带有犍陀罗雕刻的风格，那是因为印度当时笈多王朝艺术吸收了犍陀罗艺术的优点。这种艺术传入中国后，更多地表现出了中国人的特殊创造、聪明才智，显出中国固有的风格与印度的艺术相结合。可以说，印度雕刻艺术在中国土地上得到发扬，将中国人的才能，充分加以发挥。三国两晋以后，随着印度佛教在中国不断地传入，佛教艺术在中国也不断得到传播和发展，使中国的艺术从内容到形式，从理论到实践都发生变化，雕塑、壁画不只见于宫殿和墓室，也扩大到石窟和寺庙等建筑。

魏晋南北朝时期，中国的佛教得到很大发展，雕塑造像深受重视，而且达到很高的水平。现在发现的一些古代石窟都是古代艺术宝库，龙门石窟、云冈石窟等都是北魏时开凿的，至今闻名于世。隋唐时期，雕塑艺术更加辉煌，尤其到武则天时期，佛教雕塑达到高潮。由于她提倡佛教造像，所以雕塑精品很多，龙门石窟群中规模最大的是奉先寺大卢舍那像龛，此龛凿成于武则天当政时期。至于四川省乐山市的乐山大佛则更是天下闻名的佛教雕像。它雕凿于唐代，背山面水，佛高 71 米，历时 90 年完工，堪称世界第一大佛像。

印度雕刻巨大的佛像，多在石窟中，如著名的阿旃陀（Ajanta）石窟、爱劳拉（Alora）石窟等，就是很好的例子。这种凿窟造像的方法到中国仍然保持着，从北魏到隋、唐，成就了不少伟大工程，例如，上面提到的大同的云冈、敦煌的千佛洞等，都是这种艺术传播发展的结果。从这些石窟的精美群像中，就可以看出中、印文化的结合了。

佛塔与佛寺的传入

中国的塔、寺的建造，起源于佛教。建塔、造寺，包括建筑、雕像等艺术，随着佛教的传播而传入中国。到公元 4—6 世纪，全国各地涌现出许多壮丽的塔寺建筑，闻名于世的敦煌、云冈、龙门等石窟就是中国雕塑艺术的宝库。

中国的塔是从印度的塔演化而来。印度塔叫窣堵波，为梵文 stupa 的译音。印度最初的窣堵波是专为埋葬尸骨用的，尸体梵文是 sarira ，音译舍利。因此每个窣堵波都是舍利窣堵波，又译“舍利塔”。印度的窣堵波呈半圆形，传到中国后，受到中国文化传统的影响，塔的形状发生变化，演变成一种新的建筑类型。早期的如绘画等，绘画艺术，主要是指寺庙里的壁画而言。印度塔起源于寺庙，早期的塔，承袭中国的传统，为木制结构，塔身多为四方形，后来才出现六角形、八角形等，隋唐以后，建塔材料改用砖、石，取代木制结构，克服了易燃的缺陷。塔内部为空心，有楼层可登。辽代以后才出现了实心塔。宋代以后，建筑更加讲究，出现了花塔，即塔身上半部有各种花饰，或佛像或动物的雕像，这与印度的雕刻艺术传入中国有关。

寺与塔密切相关，有时密不可分，也是受印度影响而来的。寺也是教徒崇拜的对象，一般而言，塔位于中央，为寺的主体。后建的佛殿供奉佛像，供信徒膜拜，与塔并重。到了唐代，佛教进一步发展，佛寺的布局多呈院落式，不只一院，有的排列为三院，大寺甚至排列为十院，富丽堂皇，非常壮观。山西五台山的南弹寺、佛光寺则为唐代一例。到了元明清时代，与以前相比，无多大变化。

绘画艺术

佛教传入中国，对中国的绘画也产生了重大影响。中国的宗教人物画与印度有关。根据史书记载，从印度来到中国的和尚有不少也是画家，印度画起源于寺庙，在寺庙开始画画，传到中国时也是这样。在南北朝、隋、唐时代，画家常为佛教庙宇画画，题材多为佛教故事或神鬼。佛画艺术主要是壁画，最初见于佛本生故事画，到了唐代，逐渐为经变故事画所代替，即把佛教故事绘制成图，绘画艺术极度发展，从内容到形式大大丰富起来，佛寺壁画极盛，名画家辈出，像阎立本、吴道子等均以擅长佛画而闻名于世。

但在印度，佛教初行时，印度人并不为佛画像，也不为它雕像。后来在希腊艺术的影响下，印度西北部才出现了有希腊风格的石刻佛像，以后这种艺术在印度传播开来。随着佛教的流行，这种艺术也传到了中国，先到新疆，后到内地。到中国后，不限于佛像，罗汉像、鬼神像也都有了。这种艺术进一步发展，除了石刻外，还有泥塑像。在印度，由于佛教的盛行也开凿山洞，造石窟、石庙，里面除刻石像外也有壁画。这种画壁画的风气也传入中国，洛阳龙门石窟、大同云冈石窟等都是范例。

随着印度佛教的不断传入，中国的佛教艺术也不断受到影响，从而使中国的绘画艺术得到了很大发展。尤其到了魏晋南北朝时期，佛教艺术不断提高，从绘画的内容到形式，绘画艺术写实手法有了进一步发展。绘画场所从宫殿、墓室走向石窟、寺庙，绘画内容从表现统治者的生活转向宗教题材，人物画大大增多，并与广大人民生活密切联系起来。中国画家在继承中国传统画的基础上，学习了印度佛教画，于是画师辈出。虽然他们多才多艺，多种擅长，但都擅长画佛教人物画。主要代表有曹不兴、卫协、顾恺之、陆探微、张僧繇、展子虔等。曹不兴被称作中国佛像画的始祖，他的画在当时被认为是东吴的一绝。卫协一改民间豪迈的风格，向巧密精思的技巧发展，他的画被认为有气势有精神。顾恺之博学多才，强调形、神的统一，成就突出。陆探微、张僧繇、展子虔均以画佛而知名当世。显然，这些都是受印度影响的结果。下面介绍几个著名画家的故事：

曹衣出水的故事

北齐时代一位画家，名叫曹仲达。据宋代若虚的《图画见闻志》中记载："曹之笔，其体稠迭，而衣服紧窄"，认为是"曹衣出水"的来源。所谓"曹衣出水"是指画人的衣服皱褶非常逼真，像刚出水的衣服一样紧贴人身，而且有种透明感。曹仲达在北齐的画家中，他的画最好。他画的人物、衣服的花纹能充分表现衣服下垂的状态，故对他的画有“曹衣出水”的评价，艺术家认为，这是受了印度佛教犍陀罗艺术风格的影响。犍陀罗为古印度西北部一地名，在希腊艺术的影响下，出现了希腊风格的艺术，以后在印度发展起来，随着佛教的流行，这种艺术传到中国。犍陀罗艺术的特点“衣服有轻飘之感，线条极为强烈，深刻刚强”，在三国两晋时，对中国佛教画风格影响甚大。这是一种说法。还有一种说法，认为“曹衣出水”是指曹不兴而言。曹不兴，三国时代吴国人，他的画在当时被认为是东吴一绝。据说孙权曾让他画屏风，他误将一滴墨溅到屏风上，于是他乘机把墨画成了苍蝇，孙权看屏风时，以为是真苍蝇，用手挥之，但苍蝇不飞。这又是一种说法，但一般认为第一种说法可能性更大。

画圣吴道子

吴道子（公元 685—760 年）原名道玄，字道子，阳翟（今河南禹县）人，幼年父母双亡，家境贫寒，早年曾做画工，后改学绘画，学习刻苦，不到 20 岁画已出名。据传，他曾访过某庙的和尚，由于和尚对他傲慢无理，他便在庙墙上画了一头驴。每到夜里，画驴便从墙上下来，叫个不停，和尚不得安宁。后和尚只好央求吴道子将画涂掉，和尚才得以安宁。画圣吴道子以寺观壁画而闻名于世。他的壁画，仅长安和洛阳就有 300 余间，壁画形象各异，非常感人。他画画不用尺度，用笔一挥而就。据说在长安景云寺画的地狱变像，奇形异状，阴森可怕，屠夫见了畏罪，纷纷改行，可见画意感人至深。他画 300 里嘉陵江的美丽风光，竟能一日而成，玄宗为之惊喜，因此，传为佳话，广为流传。他虽以奇观壁画为主，也画过当年帝王、名士的肖像画和历史画，其画风均以豪放、有力为主要特色。平日作画极富于感情，冲动起来，“立笔挥扫，势若风旋”，其画更加神采飞扬。

音乐、舞蹈与杂技

除了造型艺术外，在音乐、舞蹈、戏剧和杂技等艺术方面中国也学习过印度。中国有悠久的音乐、舞蹈传统，很古的时候就创造了自己的音乐、舞蹈等艺术，但随着佛教的传入，中国也受到印度的影响。根据史书记载，在汉代以后更加明显。公元 3 世纪，中国就有梵贝的流行。南朝梁武帝崇信佛教，他极力提倡过印度佛教乐曲，因此，乐舞活动非常普遍，并具有一定的规模。据《隋书》中记载，印度乐队来中国始于 4 世纪中，宫廷中设的乐队中有“天竺伎”，即印度乐舞。中国唐代音乐舞蹈很盛，其中有外国舞。据《新唐书》和《旧唐书》记载，唐朝曾有印度的乐舞杂技团来中国。到唐玄宗时（公元8世纪），宫廷里的各种乐队中还有印度歌舞。据《唐书乐志》记载，当时最流行的音乐中，有龟兹乐和天竺乐等。在《新唐书》、《旧唐书》中都有印度乐舞、印度歌舞的记载。与此同时，印度音乐中的各种鼓和弦乐器在当时也很流行。在唐代和尚讲经时，一面有人讲经，一面有人吟唱解说经文的诗，以后这些解经诗就成了文学作品，独立开来，成为“变文”，发展成后来的小说、戏曲、弹词等。当然这些歌唱的调子就发展成为后来的新曲调。

印度乐曲、乐器传入中国，在很大程度上是借助了宗教的力量。始于秦汉，盛于隋唐，衰于元明。但传入的路线大都并非直接，而是以西域作为媒介。在汉译《妙法莲华经》中有箫、笛、琴、箜篌、琵琶等乐器。这些在敦煌壁画和云冈石刻中都可以看到。这些外来乐器在汉代加入了中国的乐队，使中国传统的歌舞乐调起了很大变化。如琵琶，专家们对此多有研究，史书上也有不少记载，原系“马上弹奏的乐器，最初写作批把，后又写作枇杷，晋代以后才改成琵琶”。琵琶这类乐器为印度和波斯所共有，古梵语中的“拨弦”（Bharbhu）的音译和琵琶相近。又如箜篌（vina），为印度梨俱吠陀时代乐器的代表，也是在汉代传入中国，盛行于时。在汉时作曲家曾为此创作了《箜篌引》的乐曲。北魏云冈石刻数见伎乐人抱有此器，千佛洞249号北魏洞窟就有箜篌演奏图。值得注意的是，在印度的佛教圣地之一的佛陀伽雅出土的石刻中（属于4世纪中叶至5世纪初）也有弹奏箜篌的图像。两者相同并非偶然，必然有文化联系。后汉时，又从新疆传入竖箜篌，又称“胡箜篌”。南朝梁武帝提倡过印度的音乐，隋唐时代的“天竺乐”就是印度的乐舞。隋书中记载，印度的音乐队始于公元4世纪（东晋），据《新唐书》、《旧唐书》中记载，唐朝曾有印度的乐舞伎团来中国，到公元8世纪初唐玄宗时宫廷的各种乐队有了印度歌舞、印度音乐，如“婆罗门乐”。以上看出，印度音乐早就传入并流行于中国。

印度的乐舞传到中国后，并非生硬地吞食，而是经过融化吸收，给予中国化，最有名的《霓裳羽衣曲》便是一例，它也是来自印度。据《唐会要》说，“天宝十三载（公元754年）改《婆罗门曲》为《霓裳羽衣》”。在杜佑《理道要诀》中也有类似记载。《霓裳羽衣》诞生在宫廷里，但并不局限于宫廷和庙堂，它征服了广大士大夫阶层。

《霓裳羽衣》是部典型乐舞。白居易的《长恨歌》里先后两处写到“霓裳羽衣”。唐代是宫廷舞发展的高峰，就艺术成就而言，《霓裳羽衣》堪称盛唐乐舞的绝顶。白居易对这部舞的赞赏，达到无以复加的地步，“千歌万舞不可数，就中最爱霓裳舞”。

在隋唐时期，外来乐舞最盛，隋九部乐、唐十部乐、天竺乐等都居于最重要的地位，龟兹乐、高昌乐等也都是天竺乐的化身。

杂技与幻术

印度的杂技早就传入中国，据《搜神记》中记载，晋代有天竺人到江南来，表演多种幻术，能割断舌头，重新接上；能剪断绢布，还能复原；烧物，而物不伤；能吐火等。有些来自印度的佛教徒，用幻术、杂技宣传佛教，据《隋书・音乐志下》记载，隋文帝初年，遣散了“百戏”人员。在《旧唐书・音乐志》记载，“大抵散乐杂戏多幻术，幻术皆出西域，天竺尤甚，汉武帝通西域，始以善幻人至中国。安帝时，天竺献伎，能自断手足，刳剔胃”。高宗恶其惊俗，下令禁“自断手足，刳剔胃”的天竺使入中国。高宗虽然禁止那种残酷骇俗的幻术，但民间仍时有所闻。

中国的幻术，历史悠久，内容丰富，但随着佛教的传入，印度的奇特幻术，也早就传入中国，丰富了中国的幻术内容。中国的幻术早在公元前西汉时期就已出现。佛教从后汉传入中国以后，“幻术”也随之传入中国，给中国幻术以影响。关于传入中国的幻术，在东晋《搜神记》中有些记载，例如，“断舌复续”、“剪带还原”、“吞刀吐火”、“烧物不伤”，等等。

中国有关莲花的幻术很多，历史很长，也受到印度佛教的影响，尤其是受了高僧佛图澄（公元232—348年）所传的神通故事的影响。高僧佛图澄于公元310年来到洛阳，以高僧身份宣传佛教，据《佛图澄传》记载：后赵石勒召见佛图澄时，佛图澄从钵中变出青莲花。另据《高僧传》记载，有许多幻术，如除钵内生莲之外，还有九莲宝灯、金莲宝座、口吐莲花等幻术。《高僧传》中说：（印度）鸠摩罗什曾以五色丝做绳结之，烧为灰末，没水中，须臾，灰聚浮出，复为绳。

以上不难看出，印度的幻术传入中国后，不仅宣传了佛教，印度的幻术也使中国人大开了眼界。

二、中国文化在印度

中国和印度都是世界四大文明古国之一，国境相邻，两国早在公元前2世纪就开始了相互往来。既有官方交往，又有民间往来，既有物质文化交流，又有精神文化交流。两国人民在漫长的历史长河中，由于彼此往来和相互学习，不仅对各自文化的发展起了积极作用，而且为世界文化都做出了重要贡献。

早在20世纪80年代初，笔者在印度访问期间，不少印度朋友向笔者提过许多问题，有些印度朋友对笔者这样说："古代，中国受印度的影响；现代，印度受中国的影响。"这种说法，乍听起来，似乎有理，但仔细一想，很不全面，也不符合事实。当时笔者做了解释，也曾反问过他们：在古代，印度就没有学习过中国？现代，印度就没有值得中国学习的地方？回答是肯定的。我们大家都同意。的确，古代，中国受到了印度的影响，向印度学了不少东西，这是事实。但与此同时，古代印度也受到中国的影响，这方面也有不少事实。可以说，从古至今，中印两国人民一直相互学习，取长补短，相濡以沫，这种文化亲情在世界上是罕见的。

前几天，笔者又看到几篇文章，通篇谈的都是印度如何影响了中国，这当然重要，但都未提及中国对印度有何影响。中印两国都是文明古国，彼此间既然有交往和接触，影响当然是相互的，不可能是单向的，否则是讲不通的。以前，笔者在《古代中印文化交流及其影响》（中外文版）中谈到一些，今天，我想再谈点中国对印度的影响，略陈管见，仅供参考，不妥之处，望读者指正。

季羡林先生曾明确地指出："印度对中国的影响既深且广，至今不衰。然而中国文化对印度怎样呢？其影响微乎其微，似乎在若有若无之间，因而在许多人的心目中，中印文化交流就成了单向流动了。但是，倘一深入研究，则立刻会见其不然。对待历史的态度，中印两国迥然不同。马克思甚至说，印度古代没有历史。因此，中国文化在印度几乎无案可查。"（季羡林《中印文化交流史》第4～5页）

尽管如此，有关的"蛛丝马迹"总可找到一些，季羡林先生在这方面做了大量深入研究，并获得了丰硕成果，令人敬佩。当然，还有待于中印学者对此不断发掘和研究，不断取得新成就。

在印度古代文献中，就有关于"中国"的记载，例如，印度史诗《摩诃婆罗多》中就提到"支那"的马，"支那"的兵等。另一部史诗《罗摩衍那》中也提到"支那"，还有著名文献《摩奴法论》中也提到"支那人"。"支那"是古代印度人对中国的称呼。一般人推测是中国秦朝的"秦"字译音。如此说来，中国和印度开始往来至少可以上溯到秦汉时代（公元前一二百年），到现在也有两千多年的历史。在这长期的交往中，中国文化对印度也是有影响的。

1. 物质文化传入印度

中印两国，在长期的交往中，彼此学习，相互影响。印度文化影响了中国，同样，中国文化对印度也有影响，无论是物质文化，还是精神文化。所谓物质文化，即指物质产品。据史书记载，诸如，丝织品、钢、糖、茶、竹笛、朱砂、桃、梨等，都传入了印度，并且产生了积极影响。

众所周知，中国是世界上最早养蚕和织造丝绸的国家，也是中国人民对世界文化的贡献之一。远在三千多年前，商、周时期便已有养蚕，并织出华美的丝绸和多彩的锦绣。到了战国时期，中国的丝绸已驰名世界，当时欧洲一些国家称中国为“丝国”，中国的丝也传到了印度，在印度的《利论》（Arthasastra）中有了 Cinapatta 这个字，意思是“产在中国的成捆的丝”，梵文里还有 Cinamsuka 这个字，意思是“中国衣服”、“丝衣服”，这些同丝有关联的字都有 cina（支那，中国）这个字。可见，丝是产生在中国的。在公元前 4 世纪时，中国的丝绸已输入印度，而且很受欢迎。汉代张骞通西域后，中国的丝绸更络绎不绝地运往世界各地，其中包括印度。中国的丝绸传到了印度，丝的生产技术也是从中国传到印度的，这方面有大量证据。季羡林先生对此做了深入研究，可详见其著作：《中印文化交流史》、《中印文化关系史论文集》，等等。

中国是产糖很早的国家之一。公元 5 世纪末 6 世纪初南朝、齐、梁时期，中国南方已知道用甘蔗生产砂糖的技术。到了唐代，公元 647 年摩羯陀国使者来长安，向唐太宗夸耀印度的砂糖，于是唐太宗派人到摩羯陀学习熬糖法，回来后取扬州诸蔗用印度工艺熬制蔗汁，所得砂糖“色味愈西域甚”，超过印度的砂糖。可谓“青出于蓝胜于蓝”，后来又传入印度，所以印地语中有 cini 一词，意思是“中国的”（指白糖），这就说明，中印两国古代的制糖术是相互学习的。关于中印两国在制糖方面是如何相互学习的，季先生对此有详细论证和说明，有兴趣者可详见季羡林先生的名著《糖史》。

瓷器制造也由中国传入印度。中国的瓷器历史悠久，世界闻名。从公元 8 世纪末开始（唐代），中国瓷器已开辟了国外市场，以后不断发展。无疑，与印度也有交流，无论陆上丝绸之路所经的中亚、西亚和埃及，海上华船和阿拉伯船所到的印度洋各地，都发现有中国瓷器的碎片。9 世纪以来，中国瓷器的出口已见诸阿拉伯著作。伊本 · 郭大贝（约 830—912 年）写的《省道志》

（846 年）中提到中国的瓷器外销各国的情况，其中多处提到印度。“印度科罗曼德海岸的阿里卡曼陀古址，在本地治里以南 3 公里，是罗马时代南印度的对外贸易港口。1937 年以后，1945 年英国在这里发掘过，1947—1948 年法国政府再次发掘出土过 9—10 世纪越窑瓷器、龙泉青瓷小壶一件、青白瓷残片。1945 年英国考古学家莫歇・韦勒主持发掘三个月，发掘出土了宋瓷、越窑瓷、龙泉青瓷残片，还有磁州窑残片。同时出土的还有 11 世纪到 12 世纪的朱罗铜器。”（见沈福伟：《中西文化交流史》207 页）可见中国的瓷器早就传到了印度。1983 年，有一位印度朋友让笔者看过一个从孟加拉邦出土的带有中国字样的中国瓷器，最后鉴定为中国明代的。中国的制瓷术传到了印度，这是事实。印地语中有一词 Cini mitti ，意思指“中国泥土”（瓷器），它充分说明了中印之间的文化交流关系。

同样，造纸术也是中国对世界文化的重大贡献之一。在中国，纸的发明在世界上是最早的，至晚在汉和帝元兴元年，即公元 105 年，蔡伦发明了以麻头、破布、树皮、废渔网等为原料造纸的方法。从此，造纸术很快就传播开来。印度古代没有纸，而是使用贝叶、树皮之类的东西。纸是由中国传去的，义净在公元 671—695 年侨居印度，他在印度看到了纸，接触到“梵文”的“纸”字。《南海寄归内法传》中也记有此事。但中国的纸和造纸术是如何传去的，对此有不同意见。据学者研究，“在甘肃西部、楼兰、吐鲁番、高昌、焉耆、库车、叶尔羌、和阗等地都掘出来了古代的纸。从发掘确定的年代来看，蔡伦发明造纸以后不久，纸就开始向这些地区传去。——传出中国，传到南亚、西亚许多国家，比如波斯、阿拉伯等。印度当然也包括在里面”（见季羡林：《佛教与中印文化交流》第 153 页）；还有种说法，公元 650 年由内地传到西藏，又从西藏传到尼泊尔，后来又从尼泊尔传到印度。义净在 671—695 年侨居印度，在他之前印度已经有了纸。换句话说，也就是在 7 世纪末以前，纸已经到了印度。不管怎样，纸和造纸法传到了印度，这是事实。纸和造纸法的传入，促进了印度文化的发展和中印文化的交流。

中国对于钢铁的生产技术掌握得较早。据历史学家的意见，在中国春秋时代（公元前 770—476 年）有了铁，战国时代（公元前 476—221 年）有了钢。近些年来，考古发掘证明，当时的炼钢技术已相当发达。到了西汉，中国的冶金技术更加提高。在印度，钢的出现也很早，是由雅利安人大约在公元前 1100 年传出去的。梵文表示“钢”的字有几个，其中之一是 cinaja ，其意思是“支那生”，即“中国出产”。由此证明，中国的炼钢技术也传到了印度。这就说明，在钢的生产方面，中国和印度之间早有交流。在汉代，除了上述东西传入印度外，据《前汉书》记载，从汉武帝起，中国和印度西北部克什米尔地区建立了外交关系，并且进行了大量物质交流。当时，从印度传入中国的物品有珍宝、白玉、水晶、玛瑙等。据传，在公元 1 世纪时，从中国还向印度传去了桃树和梨树，所以梨树在古代印度有“中国王子”之称。桃、梨可能是从中国甘肃河西一带输入印度的。

2. 精神文化对印度的影响

在精神文化方面，中国对印度也有影响。但是，有关这方面的记载并不多见，有待于印度学者在这方面取得更多的成果。印度学者苏尼蒂·库马尔·恰特吉先生对此做了大量研究，他在《India and China : Anlient Contacts What India Recelved from China》一书中写道：

“当两个伟大国家的人民相遇的时候，我们可以想见他们之间的影响是相互的，这种影响不单是依靠贸易，依靠物质交流，而且在更大程度上还依靠思想的交流，依靠智力、观念形态和精神的交流。”“如果当时印度不能从中国吸取某些精神营养，那就只能表明印度人智力贫乏，缺乏接受能力。这样说来，自然就会产生一个问题，在印度与中国的长期接触中，中国这一面的收获既然硕果累累，那么这种影响仅只是单方面的吗？印度既然能够给中国一些东西，就不能从中国拿到一些什么吗？”这话说得很有道理，事实也是这样。因此，印度另一位学者普拉萨德·昌德拉·巴格奇先生在他的著作《印度与中国——千年文化关系》中也提到：

“中印之间的文化交流，似乎多半是印度文化影响中国。印度文化对中国影响的确很大，以致没有人想到中国文化对印度还会有什么影响。”果真如此吗？不是的。于是，这位学者认为：

“探索古代印度人的思想所受的外来影响一直是很难的。古代文献照例不表明一种思想的出处，即使这种思想是外来的。切实信奉自己具有历史悠久传统的印度人对一种思想的来历是漠不关心的。他们真正关心的在于思想本身，在于这种思想对提高他们自己的文化理想能做出的贡献有多大。吸收外来思想看起来是可能的，然而融合得非常完善，任何外来的痕迹都无法发现。”如此说来，这就是印度为什么缺乏有关“中国对印度影响的资料”的原因之一。

除了上面提到的那些物质文化交流外，在精神文化交流方面，中国对印度的影响也有一些例子。例如，中国的历史编写方法、文章体例和神秘崇拜、绘画艺术以及文学艺术等。因此，印度学者普拉萨德·昌德拉·巴格奇先生认为：

“严格说来，在古代我们从未有过编写历史或历史年代记的传统。古代历史提到有历史，但我们不知道它究竟是怎样的文体。在一些《往世书》里有统治王朝的表册和国王的名录，可是却找不到任何特定朝代政治事件的记载或统治者继承次序的年表。这些都不能认为是名副其实的编年史。——自称是古代贵霜人后裔夏赫（shahi）诸统治者有书写在丝绸上的王朝编年纪。这些编年纪保存在那伽尔科特城内，但在穆斯林入侵时被破坏了。它可能是与玄奘所指的包括官方编年史与政府文书在内的‘尼罗蔽荼’同一类的记载。‘蓝’与‘黄’色显然说的是用来书写在丝绸的颜色，不用说，这种在丝绸上书写记载的习惯是中国的。贵霜人与中国有很亲密的关系，这种编年纪的记载法大概是从中国传来的。”他在书中还进一步举例谈道：

“自从中古时代早期起，印度的一些印度教王国就开始任命编年史官记录他们的统治者统治时期的历史。克什米尔与尼泊尔首先注意到这事。《诸王流派》及其补遗就是克什米尔王国自成体系的编年史。尼泊尔的《年代记》上溯到公元9世纪，它在表明各个朝代和发生在一个特定朝代的时间方面，处理历史资料比克什米尔编年史更为准确。”在印度的阿萨姆邦也有编年史写法的流传，由此传入印度的内地不足为奇。因此，巴格奇先生认为：“编写朝代编年史的习惯对印度传统来说是一件新事物，人们总认为这是受了中国的影响。只有中国从很早的时候起就有这种传统。在印度，跟着这样做的多半是与中国有几个世纪密切联系的边沿地区的王国。”此话不无道理。

中国的道教在印度也有影响。据印度学者普拉萨德·昌德拉·巴格奇先生研究，道教和古代印度哲学有明显的相同之处，“凡是初到中国的印度学者都会有这样的看法，第一批去到中国佛教传教士都住宿在道庵，并与道士混杂在一起。这些传教士中的某些人返回印度后，利用他们获得的道教知识来发展自己的哲学，这是有可能的。鸠摩罗什是大乘教信徒，据说他曾写过《道德经》的评注。”到后来，“特别在唐代，印度人似乎对道教有了一些兴趣”，大约在7世纪中叶，东印度的一位婆罗门信徒名叫鸠摩罗，“他对在印度的两位中国使者（李义表和王玄策）谈到他对老子及其哲学的强烈兴趣。他向王玄策要一张老子的肖像。又请李义表送他一本《道德经》的梵文译本。”但是否梵文译本到了印度，学者们存有争论，缺乏应有的证据。但巴格奇先生认为，“有理由相信，译本后来到了印度，并传入佛教神秘主义者们的手中，他们按自己的意见利用道家的思想发展成一个新的流派，这派佛教就叫萨哈哲耶纳。它的一些教义能够溯源到大乘教的基本哲理，而其他一些则似乎完全是外来的。这派的文献看来并不太早，其兴盛时期多半在7世纪至12世纪之间。”巴格奇先生认为，“印度对后期的道教是知道的。印度神秘主义者不论是佛教徒、婆罗门教，还是瓦伊纳维派，在发展自己的教义时都广泛地利用了道教。它们的实践，在中印两国都限于秘密社会。”这是巴格奇先生的意见。笔者认为，再举一些实例，就更有说服力了。

中国艺术曾对印度产生过影响，表现在笈多王朝的钱币上。印度学者苏尼蒂·库马尔·恰特吉对此做了研究，他在《印度和中国的古代交往》一文中写道：“中国绘画也可能对阿旃陀艺术有某种影响。这是一个伟大文化互相交流的伟大时代，如果说中国绘画确实对印度艺术产生了影响，这一点也不足为怪。”“在印度笈多王朝帝王们赞助的艺术领域里也能找到印中两国交流的一些成果。在笈多钱币上，有用公元四五世纪笈多王朝的婆罗密体梵文刻下的铭文。这些梵文铭刻是印度一般的书写方式沿钱币的边缘镌刻写的，字母的书写顺序是从左向右。例如，我们就有完全使用梵语的铭文，如‘无敌的国王征服了这个世界，他现在正以自己的善行征服上天’。但国王的名字刻在钱币的中央，在国王的立像旁边是按汉语的习惯自上而下书写的字母，字母从右到左分作两行（印度字母分两行书写在钱币上，一行是‘沙摩陀罗’，一行是‘笈多’，书写的顺序是从上到下）。在后来唐代所编纂的汉梵字典中，梵文词也是按同样的方式书写的，印度字母按照汉语的书写风格从上到下一个字母压一个字母。笈多钱币的设计者在用印度字母进行装潢，所采用的这种图案在印度确实是十分新鲜的。看来这种设计方式是受了汉字书写方式的启发。”恰特吉先生又接着谈道：“在一些笈多钱币上，比如，在关于马祭的钱币上，马的形象和当时中国绘画中的马就很相似。绘制在钱币上的三角旗（一种小旗）在马前的旗杆上随风翻舞，而这种飘摆的布饰和中国人绘制布饰时的处理方法是很相似的。这就说明，早在公元4—5世纪，即在中印两国彼此接触频繁的情况下，印度的艺术也受到了中国艺术的影响。早在公元前最后几个世纪，中国绘画艺术就给我们留下了一些范本，公元4世纪时中国有一位大画家顾恺之，在至今还保存着据说是他所创作的三四幅伟大的绘画，作品中描绘了中国男女的庄严形象，这些绘画使我们对印度笈多王朝以前中国的绘画艺术成就有了一些了解。”上述例子也可能反映了中印文化相互影响的一些情况。

中国的绘画艺术对印度也有影响。中印两国人民在对待艺术的态度方面有很多一致的地方，这里很可能有相互影响的结果。有一件值得注意的事情，即阿旃陀石窟的壁画，该石窟中有很多自然风景画，例如花、水果，间或还有树。印度美术中缺少自然风景绘画。恰特吉先生认为，“中国人很早就养成了一种使自己独立于自然之外的习性。这种习性使他们能够像欣赏风景画那样去客观地观察大自然，因此中国人很早就发展了他们的风景绘画，而这正是印度艺术所缺乏的。”另有印度学者例如巴朗先生在《戒日王传》中也提到，中国的绘画艺术也传进了印度，“波斯自唐代以来，崇拜中国艺术，模仿中国画的式样，因此辗转传入印度，使印度的花鸟画，也间接受了中国画的影响。”因此，中外学者认为，阿旃陀石窟的有些壁画不仅带有中国风格，甚至中国画师参加制作，也是有可能的。

在文学领域中，印度学者苏尼蒂·库马尔·恰特吉先生认为，“我们注意到印度文学（如梵语文学）中有一些新颖的表现手法，在同中国人接触之前我们还没有发现过如此突出的现象。”第一是对待大自然的态度，“从吠陀时代起，印度人就认为人和自然不是相分离的，人是自然的一部分，永远处在大自然之中，而不是独立存在于大自然之外。”印度人的这种朴素的观念贯穿于他们对整个世界（无论是有生命的，还是无生命的）的看法之中，这种观念已经成了他们思想的基础。印度古代文献中有很多这方面的证据。人是大自然的一部分，因此他们同自然之间存在着一种亲缘关系。在迦梨陀娑的《沙恭达罗》中，沙恭达罗把一种爬行植物看作她的姐妹，这是极其自然的，在《梨俱吠陀》以及后来的《离欲百咏》那样的梵文作品中也有所表现。自然力是人的兄弟姐妹，就如同上天是他的父亲而大地是他的母亲一样。阅读经典的梵文诗歌，常常使人联想到树木森林都有活的灵魂。因此，苏尼蒂·库马尔·恰特吉认为：

“从很早的时候起，无论在中国，还是在印度，那些古圣先贤们就养成了一种返归自我，远离狂乱人世而过一种隐居生活的习性，或者如同大多数印度的贤哲们那样，使自己与大自然融为一体，或者如同中国的贤哲那样，在隐居中观赏自然并从中寻求乐趣。那些弃世的印度仙人和苦行僧通常将森林深处或山坡的茅舍作为自己的居处，有的则住在山洞里，他们的居室之前常有山溪流过，在那里他们沉思冥想，试图使自己与无限的宇宙和谐一致，尽情享受大自然的美丽和极乐。尽管他们想寻求自然之神而使自己与大自然融为一体，但即使采取这样一种态度，在某种程度上脱离大自然也是不可避免的，十分自然的。在梵语文献中，这样一种情景随处可见：隐居于森林之中的苦行僧，在洞穴与陋室中过着与世隔绝的生活，通过各种方式去感知与那不可见的无限真实的内在统一与精神和谐（这种不可见的无限真实是通过大自然显现出来的）。在巴利文的佛教文献《长老偈》中有一些美妙的诗歌，从中可以听到那些孤寂的僧侣们的心声。他们独自住在山中的林间空地上，如同为求得对最高精神的亲证而献身的婆罗门教贤哲和苦行者一样。他们把山洞作为自己的居室，在那里静坐观赏展现在他们面前的不同季节的自然之美。所有这一切都呈现出一幅关于这种生活方式和处世态度的动人图画。这种情况在中国很早就有，在中国发展起来的这种隐居遁世的生活方式看来同印度无关，在这里我们特别可以想到中国的那些以老子为始祖的道教大师和思想家们就是采取的这样一种生活态度。对待自然的这样一种态度就好像是发源自中印两国的两道溪流，后来在中国文献中汇合了。”“中国的古诗和山水画中充满了这类内容”。上述这番话说得有理，值得深思。

苏尼蒂·库马尔·恰特吉先生在书中还写道：“尽管中国人是生活在美丽的大自然之中，不过似乎从很早的时候起他们就培养了一种有意识地超脱于自然之外的态度，采取这种超脱态度完全是为了更充分地领略自然之美。这种对于自然的有意识或者说自觉的分离现在也还存在。在印度，在迦梨陀裟的作品中，特别是他的《云使》中，我们似乎第一次看到了对待大自然的这样两种不同态度的混合掺杂。作品既反映了那种古朴深远的、原始的对人和自然关系的知识，即把人看作是自然的一部分，同时也反映了当时的人对这种关系的认识，可以说这是一种进一步发展了的、世故更深、更加喜欢自省的人，他们使自己远离自然之外，以便对大自然的庄严美丽有更深入的认识，在这方面，我个人认为，在描写大自然的印度（梵文）诗歌中所反映出来的这种超脱自然的时代精神（正如我们在迦梨陀娑对自然的令人惊叹的简洁描写中所看到的那样）是由于印度的诗人和作家（至少是其中的一部分）受了中国人对待自然态度的影响。迦梨陀娑的《云使》对种种不同的自然景象有十分精妙的描绘。我们在这部作品中可以看到一系列精美的自然风景画和对于自然景色的生动描述。”恰特吉先生认为：“《云使》之所以能够成为文学和自然的爱好者们永不枯竭的欢乐之源，原因就在这里。但后来的其他印度作家在他们的作品中对此并没有很好地继承。不过，从大体上讲，这种独立于自然之外去欣赏自然的特征在印度出现，或者说得到加强，大半是得益于同法显那样的中国学者和信徒的接触。”

迦梨陀娑生活在公元400年左右，时值笈多王朝鼎盛时期，那也正是法显到印度去的时候。印度学者苏尼蒂·库马尔·恰特吉认为，《云使》的故事结构中有中国文学的影响，虽则还不能完全肯定这一点。一个被迫远离的人把云派作使者，到自己的亲爱的朋友或爱人那里去传递情愫，产生这样一种想象是很自然的。迦梨陀娑可能没有受过任何人的影响，不过把云派作一个使者或请求云作为一个使者向自己的爱人传递音讯，这一直是中国古典诗歌中一个很普遍的内容。《云使》中所描写的花园完全可以用典型的中国古典园林来印证，这种园子往往有人工堆砌的假山，有蕉林和荷塘。竹林是中国和印度园林的普遍特征。那么是不是早在公元后不久中国的这种高度发展的园林对印度就产生了影响呢？中国古代园林艺术之水平之高已被强盛无比的汉唐时代的苏州、杭州和其他地方的园林所证明，更不待说后来清朝北京的园林了。印度当然有自己的园林艺术，但这并不妨碍它接受外来的影响来丰富自己。

关于中国文化对印度的影响，恰特吉先生又补充了其他例子。他认为，"在中国古代神话中，有一个牛郎织女的故事，其中的织女和牵牛同《云使》的故事十分相似。织女是中国神话中太阳神的女儿，她和天上的牛郎结为夫妻，他们彼此相爱如此之深，以至于织女未能尽心尽职地为众神织锦缝衣。于是他们便遭到惩罚，被迫分离，每隔一年才能相会一次。这也是《云使》的中心内容，在中国的传说中还有其他一些内容类似的故事。两者之间有惊人的相似之处，考虑到中印两国交流的各种情况，迦梨陀娑可能听到过这类故事的内容，而后把它全盘印度化并移植在自己的《云使》之中。"这是他的看法，不知印度其他学者是否赞同。

在宗教方面，中国对印度也有影响。佛教从印度传入中国，而且对中国影响很大，这是众所周知的事实。但是佛教"倒流"回印度，这也是事实。对此季羡林先生做了专门研究，他在《佛教倒流》一文中写道：

"印度佛教从印度传到中国来。中国人接受了这一个外来的宗教以后，并不是墨守成规，原封不动地把它保留下来，而是加以改造和提高，加以发扬光大，在传播流通过程中，形成了许多宗派。总起来看，在律的方面——僧伽组织方面的改变，比起在教义方面的改变与发展要少一些，要不太引人注意一些。在佛教义理方面，中国高僧在几百年上千年的钻研与学习中，有了很多新的发展，有的又'倒流'回印度，形成了我所说的'佛教倒流'。中国佛教典籍中对于这种现象有一些记载。"（见季羡林著：《季羡林佛教学术论文集》，第 464 页）

季先生对在佛教史上这稀有的现象进行了探讨，对诸如为什么只有佛教大乘才有"倒流"现象，为什么只有中国人才能把佛教"倒流"回印度等问题做了深入研究。季先生举例说道："禅宗，虽然名义上是菩提达摩从印度传到中国来的，但实际上是在中国发展起来的一个佛教宗派，流行的时间最长，最富于中国特色。……《证道歌》中的思想大概也不出中国禅宗这一套东西。

这一套东西印度人可能是陌生的，认为是莫测高深的。因而《证道歌》终于在唐玄宗时期（8 世纪）传回了印度，为那里的人所‘亲仰’。最典型意义的‘倒流’现象是宋赞宁的《宋高僧传》二七《含光传》所讲的情况。”“含光谈到一个印度僧人再三叮嘱含光把智顗的著作翻成梵文，传到印度。看来智顗对大乘空宗的研究水平超过了印度空宗大师龙树。”（见季羡林著：《季羡林佛教学术论文集》，第 465 页）

为什么会有这种现象，为什么只有中国高僧才能发展佛教义理，才能“倒流”回印度去，季羡林先生从中国人的精神素质着眼，进行了解答，他在文章中写道：

“在四五千年的文化史上，中国人民表现出极高的智慧和极大的创造力。这是人人皆知的历史事实，无待赘述。中国人善于思考，又勤于思考。中国人的基本思维方式是综合的，有别于西方人的分析。他们探讨理论，往往从实际需要出发，不像西方人那样从抽象的理论出发。连极端抽象的数学，中国古代数学史也表现出来了这个特点。《含光传·系》认为印度人‘念性’，而中国人‘解性’，实在是深中肯綮。这一点我在上面分析过了，这里不再重复。梁启超对中国人智力方面特点的观察我看也值得重视。他在《中国佛法兴衰沿革说略》那一章中谈到中国人的‘独悟’问题。他举的例子中有一个是晋代高僧道生。道生孤明先发。立善不受报和顿悟义，他认为一阐提人皆有佛性，因而受到旧学僧党的责难。后来《大般涅槃经》从印度传来中国，里面果然提到一阐提人皆有佛性，与道生之说若合符契。梁启超认为‘大乘教理多由独悟’。他由此想到中国人富于研究心，中国人有‘创作之能’。他这些意见同《含光传·系》里的意见，几乎完全相同，足证这是符合客观实际的。这就是独有中国高僧能发展印度佛教义理，‘倒流’回印度去的原因。”（见季羡林著：《季羡林佛教学术论文集》，第 507 ~ 508 页）

通过季先生的大量研究证明：佛教“倒流”回印度现象，主流是大乘，空宗有智顗，有宗有玄奘，梁武帝也是大乘。但是，在大乘之外，也能找到“倒流”现象，比如说，在持律方面，就有道宣持律，声名远播天竺，这当然也属于“倒流”现象的范畴。

总之，中印两国文化交流的历史是悠久的，“获益”是双方的，内容是多方面的，即既有物质文化交流，又有精神文化交流。中国和印度的学者对此做了大量研究，取得了很大收获。季羡林先生对此也进行了大量研究，成就卓著。因此，他认为，“如果中印两国之间没有相互学习和交流，两国文化的发展就不可能是今天这个样子”。这话是千真万确的。

第二篇　印度文化

第一章　印度历史与文化的特点

1. 悠久的历史与文化

印度历史悠久，文化灿烂，是世界文明古国之一，对世界文化宝库做出了不朽的贡献。

早在公元前2500年左右，印度原始居民达罗毗荼人就已有了高度发达的城市文明，位于摩亨殊达罗和哈拉巴的古代遗址便是有力的佐证。在那里发现了水井、浴室和复杂的排水设备，还发现了不少家用器皿、油漆的陶器、最古的钱币、雕刻精细的石器、铜铸的武器、金银手镯等物。这充分说明了当时市民的生活情形。有关科学家认为，它比当时巴比伦和埃及还要进步。这些遗址至今对世界各国的考古学家和历史学家仍然有着极大的吸引力。公元前2000年至1600年间，游牧民族雅利安人从西北进入印度。从此，雅利安人由印度河流域逐渐向东南发展，移住恒河流域。他们带去了梵语和宗教。这个宗教是一种通过献祭仪式向象征自然力的神灵表示敬意的宗教，诸如，雷电之神因陀罗、火神阿耆尼、水神伐楼那，等等。这一时期，在印度历史上称为“吠陀时代”和“史诗时代”。

“吠陀”原意为“明”或“知识”。吠陀本集共四部，即《梨俱吠陀本集》、《娑摩吠陀本集》、《夜柔吠陀本集》和《阿闼吠陀本集》。《梨俱吠陀本集》又名《赞诵明论本集》，包括1000多首诗，内容是赞颂火神阿耆尼、战神因陀罗、苏摩酒、太阳神苏尔耶、晓天神邬霞、水神伐楼拿和死神阎摩的。《娑摩吠陀本集》又名《歌咏明论本集》，包括1800多节歌词，这些歌词，在祭祀时可配曲演唱。《夜柔吠陀本集》又名《祭祀明论本集》。有两种本子，即《白祭祀明论》（《白论》）和《黑祭祀明论》（《黑论》）。《阿闼婆吠陀本集》又名《禳灾明论本集》，据说为古仙阿闼婆所传，故名。全书有诗700多首，多系咒语。四部吠陀中，《梨俱吠陀本集》产生最早，最有价值，是印度上古诗歌总集。继吠陀之后又有与各部吠陀本集有关的《梵书》以及与各《梵书》有关的《奥义书》之类续作出现。《梵书》是各派婆罗门传授吠陀和祭祀仪式的讲义。《奥义书》则是哲理著作。

史诗时代产生了两部不朽的史诗，即《摩诃婆罗多》和《罗摩衍那》。《摩诃婆罗多》又名《大战书》，共十八篇，十万颂。讲的是古代印度北方一个婆罗多王国内部的俱卢人和般度人之间在俱卢之野（今哈里亚纳邦）发生的一场战争，这场战争对北印度的影响尤其重大。这部史诗被称为印度古代知识的百科全书。《罗摩衍那》（或《罗摩传》），共七篇，一万九千多颂，是描写罗摩和他的妻子悉达的生平故事的。两部史诗对印度人民的思想行为、道德观念以及文学艺术、风俗习惯都具有深远的影响。

公元前600年左右，犀顺那伽王建立了犀顺那伽王朝，国名摩揭陀（或摩犍陀），国都在旧王舍城。传至频毗沙罗、阿阇世和优陀延王时，建华氏城为国都，国势极盛。后来，由于婆罗门的地位逐渐提高，下层人民的处境日益悲惨，阶级矛盾尖锐，在意识形态领域中出现了百家争鸣的局面，人民的思想异常活跃，于是，耆那教和佛教应运而生。耆那教主张皈依正智、正信、正行三宝，为自我解脱之途。尤重正行，即以瑜伽苦行求得解脱。教祖大雄创立的耆那教强调真理和非暴力，对印度艺术和哲学做出了重大贡献。佛教是释迦牟尼创立的。它提倡平等，无种姓之别，无贵贱之分等。值得一提的是，佛陀的人格和他注重博爱、怜悯与和谐的精神，对印度的思想和文化产生了深远的影响，佛教在印度之外也深深扎根。由于佛教的主张适合当时社会情况，受一般人欢迎，因此发展迅速。

后来，犀顺那伽王朝为难陀王朝所灭，引起诸侯纷争，出现了社会动乱的局面。公元前4世纪初，希腊亚历山大入侵印度，占据了北印度。亚历山大死后（公元前323年6月），月护起来打败了难陀王朝，扫除了希腊人在旁遮普的残余势力，建立了孔雀王朝。公元前273年，月护之孙阿育王即位。8年后，阿育王征服了位于今奥里萨邦的羯凌伽国，杀人10万，俘15万，整个战争中死亡的人不计其数。阿育王于是动恻隐之心，皈依佛教，集结佛法于华氏城，建石柱寺塔，大力提倡佛教，还派佛僧往叙利亚、埃及、锡兰、缅甸等国传播佛教。公元前200年左右，孔雀王朝被南方的安度罗国和北方的大月氏所灭。大月氏人本在中亚，入侵印度西北部后，建都犍陀罗城，称为贵霜王朝。贵霜王迦腻推崇佛教，使佛教声势大震，更传播于印度之外，也传到了中国。这时佛教已分为南北两派，开始设佛像，供人们膜拜。

公元3世纪，旃陀罗·笈多一世驱逐大月氏，灭安度罗国，建立笈多王朝。笈多王朝版图甚广，南至纳巴达河，东北达尼泊尔边境。我国晋代高僧法显去天竺取经（399—414年）之时正是旃陀罗·笈多二世在位时期。

笈多王朝时期，政治比较开明，经济繁荣，在文学艺术及科学等方面都有很大发展，被称为印度历史上的黄金时代和文艺复兴时期。这一时期出现了《云使》和《沙恭达罗》的作者迦梨陀娑，《罗刹娑与指环印》的作者毗沙迦达多和《小泥车》的作者苏陀罗伽等许多杰出的作家。还出现了佛教作家世亲和陈那氏，天文学家圣使、彘日、梵藏等著名人物。大小各十八部《往世书》是在笈多王朝时期形成了目前的格式，它是印度神话、传奇、传说、教义、仪式、道德、法典、宗教和哲学的总宝库。此外，鹿野苑石庙、那烂陀寺、阿旃陀的一些石窟壁画等，都反映了笈多王朝在建筑、雕刻和绘画艺术方面所达到的令人惊叹的水平。

笈多王朝终因北方的哌哒人入侵而灭亡。后又有羯若鞠阇国兴起，有人认为羯若鞠阇国即笈多王朝的复兴。戒日王即位后，国势益盛，东征西伐，所向披靡，除摩诃刺侘国外，无不臣服其下。唐代玄奘游印度时，正当戒日王在位。戒日王死后，大臣篡位，国家大乱。在此后的数百年间，形成了小国纷立、互相争霸的局面。改信伊斯兰教的突厥人自中亚连年入侵印度，例如，阿富汗伽色尼王朝国王马茂德在 26 年的时间内（公元 1000—1026 年）入侵北印度达 15 次之多，致使印度不少城池被洗劫，寺庙惨遭焚毁，无数精美建筑变成焦土。古尔王国国王穆罕默德从公元 1175 年至 1206 年先后六次出征印度。所到之处，抢劫一空，大肆破坏神庙石柱与建筑，许多建筑艺术的光辉成就，被夷为平地。最后，穆罕默德的部将古杜布·邬丁征服德里，建立了奴隶王朝。从公元 1206 至 1526 年间，德里的伊斯兰教王朝前后更换多次，后为北方入侵的强者所征服。

12 世纪末期穆斯林统治建立，在印度文化史上开始了一个新的时期。印度教和伊斯兰教之间虽有着根本的区别，不过很快就开始了一个和解过程，在哲学观点上接近吠檀多的苏菲派神秘主义是一个会合点。巴卑尔于 1526 年建立莫卧儿王朝后，一体化的趋势得到加强。到了巴卑尔的孙子阿克巴大帝时，莫卧儿帝国国势极盛，几乎统一了全印度。他还倡导各教归一，召集全国各教的代表开会，制定法律，允许信仰自由。在阿克巴大帝英明和宽容的统治下，牢固地奠定了全国文化的基础。印度教文化和伊斯兰教文化在保持各自特性的同时，相互深刻地影响着对方。例如，印度的伊斯兰建筑起初是朴素而简单的，但不久以后，建筑师就开始采用印度教寺庙的装饰，诸如莲花图案等。同样，许多在中世纪建成的印度教寺庙也带有伊斯兰教的特色，如圆顶、拱门和用石头及大理石雕成的屏风等，印度建筑在阿克巴的孙子沙·贾汗时期（1627—1658 年）臻于顶点，举世闻名的泰姬陵就是其中一例，印度著名的红堡建成也归功于他。在绘画方面，也有两种传统的融合。奥朗则布对印度教的态度有所冷淡，战争不断，国势大衰。1707 年奥朗则布死后，各地土邦王公纷纷自立，这给后来欧洲人的入侵提供了可乘之机。葡萄牙、荷兰、法国、英国接踵而至，互相排挤，最后英法两国决一雌雄，结果法国失败，英国取胜，英国乘机蚕食印度，扩大势力。与此同时，印度人民的反抗斗争并未稍戢，此起彼伏，接连不断，但是轰轰烈烈的印度民族大起义于 1857 年终被残酷地镇压了下去，莫卧儿帝国覆灭，印度完全沦为英国的殖民地。

英国殖民统治时期，不仅在印度修建铁路、开矿山、建工厂、办学校，而且还介绍西方的科学文明，也发掘印度古代文化遗产，这些在印度产生了一定影响。不过，更重要的是由于英国的侵略和掠夺，给印度带来了巨大灾难和不幸。

印度文化尽管在政治上处于屈从地位，但仍然保持着它的活力。在 19 世纪后半期，小说家和戏剧家开始以政治、历史和社会题材为其创作的主题。伟大的乌尔都语诗人伽利卜和孟加拉小说家班吉姆·查特吉对印度文学做出巨大贡献。杰出的音乐家们仍保持着古典印度音乐的传统。卡塔克派舞蹈在勒克瑙和斋普尔得到发展，后来由于阿巴宁德拉纳特·泰戈尔和其他孟加拉派艺术家的倡导，印度绘画有了复兴。在孟买和加尔各答上演的剧目，既有传统的神话，又有现代的内容。

与此同时，印度人民争取民族独立的斗争并未停止，相反，以各种方式进行了不懈的斗争。在印度国大党的领导下，争取民族独立的运动日益高涨，这个时期的文学作品反映了当时人民的风起云涌的爱国运动。当圣雄甘地在与南非种族主义英勇斗争之后回到印度时，印度的历史翻开了新的一页。他英勇不懈地领导人民开展反英斗争，为印度民族独立做出了不朽的贡献。尼赫鲁也配合甘地做了大量工作，起了积极作用。印度伟大诗人、哲学家罗宾德拉纳特·泰戈尔在文化战线上进行了英勇战斗，在诗歌、音乐、戏剧、长篇小说和短篇小说，甚至在绘画等方面都留下了他的个性和劳作的印记，整整一代印度作家和艺术家都受到他的影响，他不愧为印度文化的泰斗。

1947 年 8 月 15 日印巴分治，印度宣告独立，从而结束了英国在印度的统治。1950 年 1 月 26 日实施新宪法，印度宣布为独立自主的民主共和国。

印度自独立以来，在文化领域里发生了重大变化，取得了辉煌成就，例如，在文学、音乐、舞蹈和绘画以及电影界等方面，优秀人物大量涌现，他们在继承和发扬优秀文化传统的同时，不断革新创造，从而为丰富和发展印度的文化做出了不同贡献。

历史悠久的印度文化，在漫长的历史长河中，以其连续性、吸收性和融合性见长，从而使印度文化得以不断发展和丰富。

2. 复杂的人种与民族

复杂人种

印度在历史上屡遭异族的入侵和占领，因而人种繁多，血统混杂，语言纷乱，素有“人种博物馆”之称。如果单从外貌和体形看，有些印度人像欧洲的白种人，有些似非洲的黑种人，有些则是棕褐色的亚洲黄种人。他们有的头发乌黑，有的呈金黄色；有的身材高大，有的个子矮小；有的高鼻梁，有的塌鼻子。许多世纪以来，不仅各色人种迁入印度，而且各种宗教和文化一直不断地传入印度。因此，印度文化吸收了多种民族的不同传统，从而变得多姿多彩。

据考古发现，印度最早的居民是旧石器时代的人。以后在漫长的岁月里，不断有许多民族先后从西北部、东北部等地进入南亚次大陆。这就形成了许多不同的混合人种。印度到底有哪些人种，各指哪些人，至今说法不一。近百年来，许多人种学家从肤色、身材、眼色、头、鼻、发质和血型等角度进行了各种分类研究，但仍未取得一致意见。

据地质学家研究，从前，印度、澳大利亚、太平洋诸岛和非洲曾连成一片，当时可能已有了人类居住，而且是同一种人。后来，由于地震的发生，或其他原因，而分成了若干地块，中间出现了海洋。当然，这里的居民也就被分离，并开始逐渐形成了不同的社会和宗教。在南印度发现的人类最古的遗迹，在非洲、澳大利亚和爪哇、苏门答腊等太平洋的岛屿上也有同样发现。由此证明了上述看法。

数千年以后，在某些地方由于气候变得干燥，土地变得贫瘠，人口逐渐增多，人们为了改善生活而到处迁徙，于是出现了人种的分离和融合现象。在印度也有同样情况。

在印度辽阔的国土上，曾发现大约 50 万年以前的人类遗迹。数千年来，又有不同人种不断进入印度，而且不断彼此融合。所以在印度的居民中可以看到有不同人种的特征，故印度有“人种博物馆”之称。

多数学者认为，印度有以下人种：

（1）尼格利陀人

其特征是身材矮小，皮肤为深褐色，头发乌黑，鼻宽唇厚，肩窄腿短，胡须和体毛不多，臂长。据有关学者认为，这部分人是印度最早的居民。今天的安达曼人、印度沿海地区的卡达尔人和巴拉因人等以及比哈尔邦山区的一些土著人均为他们的后代。

（2）原始澳大利亚人

又称维达类型人。澳大利亚的土著人和原始澳大利亚人身材特征非常相似，由此而得名。有学者认为，这种人早于达罗毗荼人进入印度，所以也称他们为“前达罗毗荼人”。原始澳大利亚人的特征和身材特点是：长发型、身材矮小，头发乌黑而卷曲，鼻宽唇厚，肤色为褐色，中印度大多数土著部落居民属于这类，南印度也有分布。例如，比尔人、杰纠人、孟达人、奥朗人、霍人、贡德人、孔德人，等等。印度之外，斯里兰卡的维达人为典型代表。

（3）达罗毗荼人

或叫地中海高加索人种。这一人种从西班牙和摩洛哥到印度都有分布。据有关人类学家研究，它分几支，早于雅利安人，从不同时期进入印度。这种人的特征是：长脸形，中等身材，鬈发呈浅褐色，唇薄，皮肤为浅褐色。操达罗毗荼系语言，使用象形文字，是这一人种创造了印度河流域文明。

达罗毗荼人占印度全部人口的21.6%，主要分布在南印度。关于达罗毗荼人是否属印度的原始土著人，对此有不同说法。一般认为，古时雅利安人进入印度后，才把达罗毗荼人从印度西部和北部赶到印度南方，于是达罗毗荼人就成了南印度的原始居民。因此有些学者说，达罗毗荼人是印度的土著人。而又有学者从印度古籍中找出了达罗毗荼人更早的人种名称，叫作尼沙达。还有一种说法，印度最早的土著人与原始的澳大利亚人属同一血统。这种原始的澳大利亚人原住亚洲，后来有一支人移植成了澳大利亚人。有的西方学者认为，在赤道以南，从前有个大国，东到爪哇，西连非洲，这个国家称为“莱茂里亚”，是达罗毗荼人最早居住的地方，但后来由于地壳发生变化，它的大部分被水淹没。这种说法在泰米尔语的文献中也有记载。泰米尔语的五大史诗之一《希尔薄提迦尔摩》和《马杜拉斯特拉·布拉朗》中有南马杜赖被洪水淹没的记载。

至于“达罗毗荼”一词的形成，学术界也有不同看法。不少学者认为，现在的泰米尔纳德、安得拉、卡纳塔克和喀拉拉的居民是达罗毗荼人的后裔，他们的语言属达罗毗荼语系。古时候整个南印度被称为达罗毗荼地区，但后来安得拉、卡纳塔克和喀拉拉分别独立，达罗毗荼一词则演变成了“泰米尔”。

根据文献记载，泰米尔纳德的很大一部分已被大海吞没，因此它的文化不免遭到破坏，根据已有文物考证，可以了解到达罗毗荼人的文化及文明情况。从语言上看，俾路支的布拉灰语和泰米尔语很相似。同样，地中海沿岸的居民与达罗毗荼人的体形、肤色也一样。从泰米尔纳德和巴格达挖掘发现的文物证明，这两个民族的丧葬仪式也相同。当然，也有印度学者认为，达罗毗荼人并非从外地迁来，他们是这里最早的居民。不管怎样，是达罗毗荼人在印度西北部发展了摩亨殊达罗与哈拉巴文化，所谓印度河文明，实际上指的就是达罗毗荼人的文明，他们对印度文化曾做出过相当大的贡献。这一人种也有分化，形成了不少分支，还有许多混血人种。他们的特征是：皮肤黑，长头型，上臂长，鼻子扁平，个子矮小，现在西孟加拉邦的桑塔尔人便是血统较纯的达罗毗荼人。

（4）印度的雅利安人

他们原与欧洲的雅利安人属于同种，为与欧洲的雅利安人相区别，所以叫印度雅利安人。在公元前2500年左右，雅利安人一度趁世界人种移动的风潮，分东西两个方向移动，一支由中亚进入欧洲，成为今天欧洲人的祖先；另一支则由中亚向东，越过兴都库什和喀喇昆仑两高原，居留在伊朗高原与印度，成了伊朗人和印度人的祖先。雅利安人是好战的游牧民族，进入印度后，同在此居住的达罗毗荼人时常发生激烈斗争，后来逐渐征服他们。达罗毗荼人大部分被赶往南方，一部分则沦为奴隶。雅利安人便开始占据印度西北部印度河上游的旁遮普一带。后来，渐次向东发展，直至恒河上游地区。他们发现此处土地肥沃，资源丰富，因此迁入者日益增多，构成了印度的雅利安人种。雅利安人原为白种人，其长相明显具有欧洲人特征，身材高大，长头型，胡须多，鼻梁细高，头额宽及皮肤白皙等。今天不少印度人属于他们的后裔，或为他们的混血种，血统较纯的人现在亦可见到，例如，拉其普特人、查特人等就是，主要分布在旁遮普和拉贾斯坦等地。也有人说，现在印度教中的僧侣可能是血统较纯的雅利安人。印度古文献《吠陀》和《史诗》中提到过一种信奉火神的雅利安人。但长期以来，并未引起人们的重视，印度人对此也缺乏研究，直到18世纪，欧洲从事印度古代文化研究的学者发现梵文跟西方语言非常相似。1786年英国人威廉·姜斯指出，古希腊语、拉丁语、哥特语和西尔特语跟梵语同出一源，从此便出现了研究印欧语系的学说。到19世纪中叶，德国浪漫派代表人物麦克斯·穆勒提出了雅利安人的学说，并指出雅利安人在古代遍布欧洲、西亚和印度。从此以后，人们就把那些在语言上属于梵语系统的印度人称为雅利安人，或叫印度雅利安人。过去人种学家认为，雅利安人是在三四千年前从俄罗斯大草原迁徙到印度的。现在，剑桥大学考古学家又提出了新见解，认为雅利安人是在8500年前从今土耳其中部迁徙而来的。这种人起先分布在印度河和朱穆纳河流域，后来分布到全印度。像旁遮普和拉贾斯坦邦的早期居民大多数属于雅利安人。后来又有蒙古人种的人进入印度，于是出现了不同种族的通婚，形成了混血人种。因此，有的人脸型像欧洲人，但肤色较黑，其中当然也受到自然气候的影响，如南印度的雅利安人就比北印度的雅利安人黑。

（5）蒙古人种

印度北部和东北部与亚洲内陆相连，因地理和历史上的种种原因，亚洲的蒙古人约在公元前一千纪中叶从北部和东北部进入南亚次大陆，构成了蒙古人种成分。由于文化落后，在印度古代史中作用不大。他们从北部和东北部进入南亚次大陆，构成了蒙古人种成分。其肤色为黄色或褐色，脸扁平，突颚骨，鼻小，唇厚，肩宽，胡须和体毛少。蒙古人分长头型和宽头型两种。长头型的分布在阿萨姆和边疆地区的土著民族；宽头型分布在杰德岗等地。

众多的民族

印度的民族也很复杂，几个语系的民族都有。印度有几千年的文明史，在漫长的历史发展中，印度民族对东方乃至世界文化的发展和繁荣起过重大作用，对人类文明有着伟大的贡献。

印度也像有些国家和地区一样，从国家来说，历史上王国林立，相互争战和不断有外来移民进入；从民族来说，是由许多种族、民族和不同种族成分与民族成分重新组合而成的民族，并且还有许多土著部落。历史证明，印度的统一和独立是各民族共同完成的，不仅人口众多的印度斯坦族等十几个大民族在统一大业中起了重要作用，就是广大少数民族如桑塔尔人等也做出了重大贡献。

印度人种复杂，由几支组成。澳亚人是其中之一，他们从西方进入印度，以后分布开来，蒙达人、奥朗人、霍人、贡德人、孔德人和卡西人等就是他们的后代。他们的祖先对印度古代文明贡献很大，主要表现在从旧石器文化发展为新石器文化，陶器、耒耜的发明，水稻和一些果树的培植，以及用棉花织布等方面。达罗毗荼人也是古老的民族，现在主要分布在印度南部，但在古代这一民族曾分布在印度中部、北部和西部广大地区。在北印度，达罗毗荼人与澳亚人一度并存，不过，可能最初是前者居于统治地位，后来才发生种族和文化的混合。考古证明，达罗毗荼人的文化比较发达，从泰米尔人早期的语言看，在雅利安人之前他们已经知道锡、铅、锌及各种普通金属，还能制造精美的陶器。在农业上，他们已会用犁耕田，有船和独立舟作运输工具，能纺织染色，也有了文字，在印度河流域发掘出来的古代文化，一般认为是达罗毗荼人创造的。当时已属于金、石并用时期，有了陶器、青铜器以及有轮制彩陶等；农业上有稻、麦等农作物的种植。最突出的是城市建筑，那时候能设计复杂的街道、水沟和浴池等。印度伊朗人，即古代的雅利安人，他们进入印度时间晚于上述两民族，大约在公元前2400年至公元前1500年间。从《吠陀》文献得知，雅利安人从西北进入印度。初入印度时，一般称“梨俱吠陀时期”（公元前1000年），其所占领的地区包括后来的阿富汗斯坦、旁遮普、信德和拉其普塔纳的一部分以及克什米尔等地。到“梨俱吠陀后期”（公元前1000年至公元前600年）雅利安人占领了北印度的大部分。当时雅利安人分为许多部落，属于游牧民族，它们的社会经济发展水平落后于当地的土著，但他们的武力强大，因此才征服了土著，并与之混合。当时雅利安人的主要财富是牲畜，后来学会了农业种植，犁田耕种，种植大麦和小麦等，但种植水稻是后来与澳亚语系民族接触后才学会的。雅利安人会木匠、铁匠等技术。另外，还有蒙古人，他们大约在公元前1000年的中期进入印度，在《吠陀》中称为喀拉特人，由于他们文化落后，在印度古代历史上作用不大。因此，有关他们的记载很少。除上以外，还有尼格利陀人，他们皮肤较黑，个子矮小，头发浓密，鼻子扁平，手长脚长。他们早在旧石器时期已到达印度，为印度最早的居民之一，但目前已人数很少。南印度的格达尔人、伊鲁拉人、巴尼亚人和安达曼群岛上的安达罗人等是他们的后代。

印度对民族问题并未形成一致意见，如“民族”的定义是什么，划分的标准是什么，应如何区分等一系列问题并未真正取得一致看法，关于“多数民族”与“少数民族”问题也有不同划分方法。有些人主张，凡信印度教的为多数民族，其他宗教信仰者均为少数民族，甚至把锡克教徒也归为多数民族之中，因为锡克教是印度教的分支。当然有人对此持有不同看法。但是对“部落”的划分从上到下意见是一致的。但对他们有不同称呼，有的称他们为原始民族，有的称他们为山区部落，有的称他们为森林部落，有的称他们为万物有灵部落，有的称他们为落后部落，有的称他们为落后的印度教徒，如此等等。所有这些叫法，都有一定道理，都是从不同角度而得出的结论。但是，从他们的形成和发展历史来看，这些民族虽然在其所生活的地理环境、生活状况和宗教信仰方面有不少共同特点，大多称他们原始部落。不管如何称呼他们，其实是少数民族，现在还比较落后，他们处在落后的社会发展阶段，其社会风俗千奇百怪，在不同程度上还保持着原始文明。这对了解和研究人类社会发展史提供了条件。因此，自18世纪中叶以来，印度的部落民一直引起印度国内外人类学家的重视。

现在把印度的主要民族简介如下：

（1）印度斯坦人

印度斯坦人为印度人口最多的民族，约有2.866亿人，主要分布于印度的北方邦、中央邦、拉贾斯坦邦、哈里亚纳邦以及比哈尔邦的西部地区。属于混血人种。

公元前2000多年，雅利安人从次大陆西北部进入印度。雅利安人进入恒河和朱穆纳河流域后，建立了王国，开始了后来的印度历史。

早在史诗时期，也就是《摩诃婆罗多》和《罗摩衍那》时期，在北方邦邻近的一些地区成了俱卢族和般度族的大战场，罗摩一生的事迹和《摩诃婆罗多》里的伦理观念成了后来印度人的生活和道德准则。

印度斯坦人混有达罗毗荼人血统，他们大体上可分为雅利安人和达罗毗荼人两大类。雅利安人主要包括阿黑尔人、查特人、洛蒂人、马利人、卡迪贡比人、拉吉普特人、查尔达尔人等。达罗毗荼人的后裔也有许多分支，主要有邦多人、科尔巴人、白伽人、莫特拉人、恰布阿人、沙特利埃人和高尔人等。高尔人又有不少支派，主要有帕特拉人、摩利亚人、高亚人、波里坦人，等等。

从民族角度看，印度斯坦人是雅利安人和达罗毗荼人的混血种。学者们认为，印度教徒中前三个种姓是雅利安人，而首陀罗是原来当地的土著人，或混血儿。但实际上，今天的印度教徒中不可能这样分，据人类学家研究，这一地区的人几乎3/4为雅利安人，1/4为混有达罗毗荼血统的人，南部和东部地区达罗毗荼成分占主要的。北部和西部以雅利安成分为主。蒙古成分（有雅利安人血统成分的）主要分布在东北山区，但是，实际上各地区都有混血种，从这个角度看，在整个印度，血统最复杂的是印度斯坦人。他们中有最白的人，也有最黑的人，像旁遮普人那样身材魁梧、白皮肤雅利安人样子的也很多，从深褐色（深棕色）到深黑色的都有，像孟加拉人那样棕色的在城市阶层里到处可见，黄皮肤的蒙古型人在山区非常普遍。总之，在整个印度有多少种体形、肤色和外貌的人，在印度斯坦人中都可以找到。因此，印度斯坦人为印度提供了全印度的民族缩影。

大部分印度斯坦人操印地语，少数人说乌尔都语，均为印欧语系印度语族。绝大多数人信印度教，少数人信伊斯兰教、佛教、基督教和耆那教等。

印度斯坦人主要从事农业，主要种植小麦、玉米、水稻、棉花和豆类等，一部分人在工厂、矿山做工。手工业纺织较为发达，以棉纺、刺绣、金属等精巧手工业著名。

印度斯坦人分布的地区，有悠久的历史和文化传统。公元前15世纪编订而成的最古文献《吠陀》和公元前4世纪至公元4世纪左右成书的大史诗《摩诃婆罗多》和《罗摩衍那》的内容都涉及印度斯坦人分布的地区。印度斯坦人能歌善舞，民歌、民间舞蹈享有盛名。

（2）孟加拉人

印度的孟加拉人共有8022万，主要分别在孟加拉邦。在远古的时候，孟加拉地区的居民属于亚澳人种。他们操亚澳语，这种语言现在还在，可以在土著人中找到痕迹。这些土著民族中的高尔人、布林德人、崩德拉人、尼夏德人等，在《往世书》里都有记载，这证明他们是很古老的。

后来，蒙古人由东北进入这个地区，他们的语言带有缅藏语的特点。学者们认为北孟加拉的包隆人和东孟加拉的姜塔尔人就是这支操缅藏语的蒙古人后裔。

当蒙古人不断地进入孟加拉并在这里定居下来的时候，雅利安人开始由印度西部进入比哈尔地区，并且在整个北印度建立了许多强大的小王国，摩羯陀国就是其中最富强的一个。孟加拉的雅利安人正是从摩羯陀进来的。因此，历史上习惯称他们为温格摩羯提人。他们是同比哈尔和北印度的达罗毗荼人混血的雅利安人。

孟加拉人中也流行种姓制度，但不像其他地方那样明显和严格，而且由于民族混杂，很难从宗教文化或风俗习惯上把他们区分开来，只能大体上把他们归入婆罗门、维迪耶、伽耶斯特和首陀罗四个种姓。

婆罗门主要有五个姓，按地区看，又可以把他们划为拉蒂婆罗门（住在拉特地区）和瓦兰德拉婆罗门（住在瓦兰德拉地区）。拉蒂婆罗门中主要是被称为坎尼亚古巴吉（曲女城婆罗门）的五个大家族。据说他们的祖先是巴拉尔森那国王从曲女城请来的，并赐给他们“邬巴蒂亚耶”和“阿贾尔耶”（大师）的称号。这支婆罗门的后裔现在都喜欢按英语习惯把自己的姓写成穆克吉、查特吉等。

关于维迪耶种姓，则意见纷纭。有的人说，雅利安人进入孟加拉的时候，维迪耶是一个专管祭祀的种姓，婆罗门后来和他们通了婚。有人说，他们实际上是行医的。有人说，他们是婆罗门同首陀罗妇女结合生的后代。也有人说，他们本来属于吠舍种姓。不管怎样，今天孟加拉维迪耶种姓的地位仅次于婆罗门，居第二位。

孟加拉的迦耶斯特历来是一个文明和进步的种姓。他们在社会地位上、行政职务和其他领域里总是身居高位，许多社会活动家、宗教领袖和文化机构的负责人都出身于迦耶斯特。按孟加拉的种姓制度，迦耶斯特属于首陀罗种姓，但是婆罗门无法歧视他们。因为他们有权势，有钱，因为婆罗门要靠他们生活。现在很多迦耶斯特人竟戴上了只有婆罗门才能佩戴的圣线。此外，在孟加拉还有一些属于迦耶斯特的副种姓，他们的姓已经和正统的迦耶斯特人的姓不一样了，很可能形成一支新的种姓。

首陀罗是社会地位最低的种姓。工人、农民、手艺人、仆役等都属于这个种姓。其中以盖沃尔德人最多，他们在古代是孟加拉的居民，占有土地。今天，他们在孟加拉人中占绝大多数。现在人们称农民为哈里盖沃尔德，把渔民叫奇盖尔沃德。由于现代化教育、商业和工业的发展，他们中有些人已经成了学者或富翁。

孟加拉人也有吠舍和刹帝利种姓，但是他们为数不多，影响不大。吠舍种姓在孟加拉叫拜奈，他们在社会上没有什么地位和声望，有些地方甚至把他们算作首陀罗。他们当中从来没有做过生意的人，喜欢把自己说成是维迪耶种姓。

孟加拉人本来不存在刹帝利种姓，现在那些自称是刹帝利种姓的人，实际上是莫卧儿帝国统治时期随曼·辛哈一起来到这里的拉吉普特封建王公的后代，他们一般都在自己名字后边加"辛哈"一词。在莫卧儿王朝和英帝国统治时期，他们是贵族，即使在今天，他们也还算"上流人"。

孟加拉人的主食是大米，喜欢吃鱼。大米除做米饭外，还用水浸泡后磨成浆，同椰子、红糖掺在一起，做各种甜食。鱼的种类也多，做法和吃法也五花八门。他们虽然很讲究饮食的味道和花样，但是除了鱼而外，其余的营养价值都不高。他们喝牛奶很少，吃酸牛奶也不多。所有蔬菜几乎都是用菜籽油炒，基本上不用黄油。由于过分讲究花样，所以花钱多，妇女烹饪任务也很重。孟加拉有名的甜食是拉斯古拉（一种带甜汁的元宵）和生代西（一种奶酪糖）。加尔各答的拉斯古拉不仅驰名全印，而且畅销世界许多国家。

孟加拉人的穿着很简单。在农村，男的只绕缠一条齐膝长的围裤，肩上搭一条擦汗巾。在城里，人们一般都是下身缠围裤，上身穿一件衬衣。也有穿西服上衣的，孟加拉人不需要毛料衣服和棉被，但离不开雨伞。

孟加拉上流人缠围裤的方法与众不同。他们喜欢把围裤的一头留出一段，吊在前面，称之为衮佳。年轻人则喜欢把衮佳别在后腰，以便干活利落。从前爱玩棍棒球的人和士兵都是这样缠围裤。

孟加拉人特殊服装是宽袖无领长衫，一般是丝绸做的。穿这种衣服时，一定要披一件丝绸布单或绒线薄毯，这是一种体面排场的打扮。在正式场合，印度教徒和穆斯林都喜欢穿这种衣服。

孟加拉妇女从前不能穿鞋，甚至连拖鞋也不许穿，但必须戴面纱。现在思想守旧的妇女喜欢把纱丽围在身上，不缠紧，以免看出她苗条的体形。但受过教育的妇女不论这些。

孟加拉人和印度其他地区的人一样笃信宗教。但由于历史的原因，他们又具有自己的特点。雅利安人未到孟加拉之前，孟加拉人是大自然的崇拜者；雅利安人进入孟加拉后，尽管孟加拉人也敬奉雅利安人的神，但是他们对自己原先的地神、村神、家神等更为虔诚，而且往往把他们自己的神同雅利安人的神混合在一起。例如，他们所敬的地神、湿婆神、迦利女神以及非雅利安人的女财神等，尤其是迦利女神，是他们原先的神与雅利安人的神糅合在一起的典型。

孟加拉人在宗教上的另一大特点是不狭隘保守，善于融合。符咒派的观点、婆罗门的观点和佛教的观点，都兼而有之。特别是佛教观点对孟加拉的印度教影响更大。印度教吸收其他教派观点补充自己的这种现象，在印度其他地方也是少有的。从杰旦尼耶到辩喜，所有孟加拉的宗教领袖都高举着一切宗教融合论的旗帜，所以在孟加拉地区始终没有宗教和教派纠纷。

孟加拉人喜欢过各种节日，一年到头节日很多，例如，杜尔迦节、罗其密节、湿婆节、克里希纳节、斯尔斯瓦蒂节，等等。

（3）安得拉人

安得拉人有8000多万，占全国人口的8.5%，主要分布在安得拉邦等地。关于安得拉人的来历有着种种不同的说法，有些学者认为，他们属于雅利安人，另一些学者不同意这种说法。在《摩诃婆罗多》和《罗摩衍那》两大史诗中，称他们为达罗毗荼人。在阿育王石柱铭文里，凡提到安得拉人的地方，也提到了“普林达人”，但没有肯定他们是哪个王国的人。在《梨俱吠陀》的《爱达罗梵书》里说，安得拉人是众友仙人的后代。据说他受到父亲的诅咒后，迁居到温蒂亚山（文底耶）南部，在那里，同当地的达西安族妇女结了婚，他们的子孙后代便是安得拉人，这就是说，安得拉人是雅利安人和达罗毗荼人的混血种。看来，最早的安得拉人要么是一些脱离了雅利安族或者不得不放弃雅利安族而加入达罗毗荼族的原雅利安人；要么就是一些跟雅利安人混合后脱离了其他达罗毗荼族的达罗毗荼人。泰米尔语《往世书》中称他们是达罗毗荼以外的人。

今天的安得拉人中，除了一些土著人仍保留着原来的纯血统外，其余都是混血种。他们的另一个特点是，外貌既不明显地像北方人，也不明显地像南方人，似乎既有雅利安、达罗毗荼人的特点，也有蒙古人种的特点。一般身材高大，臂膀粗壮，肤色多样，深黑色、棕色或浅灰色等都有。

安得拉人还保持着种姓差别，分为婆罗门、刹帝利、吠舍和首陀罗四个种姓。同一个种姓又分为数以百计的副种姓。虽然种姓之间彼此不能通婚，从前就连饮食也不统一，然而安得拉邦的婆罗门和非婆罗门，在社会地位上差别甚小，知识界尤其如此。因此，这个邦企图在政治上建立宗教、教派和种姓的派别的可能性很小。

安得拉人大都信仰印度教，其次是伊斯兰教和基督教。从前，安得拉是佛教和耆那教的中心，现在信仰这两种教的人已大为减少。这个邦的印度教是湿婆和毗湿奴教的综合体，凡有婆罗门庙的地方也都有毗湿奴祭棚。

印度教徒特别注重婚事，认为结婚是生活中的一件大事。结婚一般限于同种姓内进行，同外种姓结婚的寥寥无几。有些种姓禁止家族内通婚，特别是婆罗门种姓更是如此。以前盛行童婚，现已改变了这一陋习，童婚被认为非法了。在安得拉邦的历史上，曾多次掀起过争取寡妇改嫁权利的运动，但运动过后，寡妇的处境却依然如故。

在安得拉人中，至今允许同舅舅和姑姑的儿女结婚，这种风俗从表面上看，违背了印度教的古代法典，而且对北印度的印度教徒来说，简直是不可思议的。可是，它却为大多数安得拉婆罗门称之为老祖宗的阿波斯登布仙人所允许，结果就形成了流行于当地的一种风俗。

安得拉人喜欢吃辣椒，吃辣椒是人们的一种嗜好，在他们看来，如果没有辣椒，任何食物都是索然无味的。安得拉也盛产蔬菜，但很多人却喜欢吃咸菜。咸菜里要放大量辣椒和油。他们还喜欢在菜里放大量罗望子等调料。有时为了减少调料的刺激性，要吃很多酥油。在安得拉邦，奶酪是各种姓和各地区的人必不可少的食品。一顿饭结束时，一定要吃奶酪和乳浆。主食和副食都按一定的顺序分道上席。先上豆饭之类的主食，再上调料，最后上菜，但在吃饭时，将菜、调料同米饭等主食拌在一起，用手抓着吃。

安得拉人不大习惯吃糖，却很喜欢喝茶。旦巴古（烟草）也是安得拉人生活中不可少的。

（4）旁遮普人

大约在公元前2000多年以前，雅利安人从开波尔西北部山口进入印度，他们首先征服了旁遮普地区，并在那里定居下来，然后又从西北沿着恒河向东南移，到了北方的波罗奈城（现在的贝拿勒斯）等地。当时的雅利安人分许多部落，每一个部落都有酋长或罗阇（国王）。各个部落之间经常发生战争，同时各部落也联合起来反对当地的非雅利安民族。这些当地民族可能就是达罗毗荼人。后来雅利安人完全征服当地的非雅利安人，成了主人。

历史学家认为，公元前5世纪左右，旁遮普地区可能曾属于伊朗帝国的一部分属地。不过，旁遮普所发生的第一件可靠的历史事件是公元前326年亚历山大的入侵，印度的系统历史也是从这时开始的。当时旁遮普有许多小土邦，他们你争我夺，互相不和，亚历山大利用呾叉始罗（即现在巴基斯坦的塔克西拉）的土邦王阿米和切拉姆鸠那布地区的土邦王普鲁之间的仇恨，打败了普鲁。但是亚历山大遇到过土邦王的抵抗，波罗斯的土邦王曾公开和亚历山大宣战。最后，波罗斯战败被俘，亚历山大乘胜前进。但由于沿途不断同雅利安人交战，他的军队已疲惫不堪，再加上士兵们常年在外，普遍思家，希望尽快返乡，所以士气低落，甚至拒绝继续前进。亚历山大无奈，只好从比哈斯河岸撤退，经摸谟尔坦、信度和俾路支斯坦（现属巴基斯坦）返回本国。回国途中，亚历山大在伊拉克的巴布尔地区暴死身亡。亚历山大死后，普鲁等土邦王再次崛起，并将希腊人从旁遮普中部驱逐出去。

当时被摩羯陀国王难陀驱逐出摩羯陀国的前军事首领旃陀罗·笈多趁亚历山大撤离旁遮普之机，控制了旁遮普，并以旁遮普为基地打败了摩羯陀帝国，于公元前322年称帝，阇那伽被封为宰相。

时过16年后，北阿富汗的希腊统治者塞留古（他是亚历山大的军事首领，亚历山大把在印度占领的土地交他治理，并封他为副王）为了收复失地，向旃陀罗·笈多兴兵讨伐，但被旃陀罗·笈多打败。双方达成协议，塞留古还把女儿海伦嫁给了旃陀罗·笈多。

从此以后，直到旃陀罗·笈多的儿子宾头沙罗和孙子阿育王统治时期，旁遮普地区一直比较平静，无外族入侵。

阿育王死后，北阿富汗的希腊人又开始向旁遮普入侵，并占领了旁遮普，建立了自己的王国。希腊人在旁遮普统治了整整100年。这些希腊人在著名的佛教学者龙树的影响下，先后皈依了佛教，被印度完全同化。

公元前100年左右，北伊朗的西蒂安人入侵印度，他们和希腊人一样，属于雅利安人。西蒂安人的塞种族的一个酋长莫加在旁遮普的西北部建立了王国。现在东旁遮普的莫加城名可能就和当时塞种王朝有关。

公元1世纪时，贵霜人从中亚来到旁遮普，他们灭了塞种王朝，把所有外来族都赶出了旁遮普。贵霜族也属于塞种人的一个王族。

贵霜王朝的一个国王中迦腻色迦最有名，影响最大，他的都城是布路沙布罗（即今日白沙瓦，现属巴基斯坦）。从中亚到印度的迦尸（今贝那勒斯）地区，都是他的疆土，整个旁遮普、信度河流域和克什米尔地区，都是他的王国的领域。

贵霜王朝统治了将近300年，后来逐渐和当地人融为一体，不复独立存在。

公元4世纪末，旃陀罗·笈多·维格拉马迪特耶征服旁遮普，笈多帝国的末代帝王塞犍陀·笈多统治时期（公元5世纪），匈奴人入侵旁遮普，并从旁遮普向印度其他地区进攻，匈奴人是游牧民族，善骑射，挥戈自如。他们入侵旁遮普之后，大肆掠夺，任意屠杀，使旁遮普受到浩劫。

匈奴人最后在夏迦尔（现在的锡亚尔科特）建立了京城，并在旁遮普统治了70多年。后来，匈奴人也被同化，成了印度人。

11、12世纪时，穆斯林开始大规模地入侵。先是葛兹尼的土耳其统治者苏布戈特甘，随后又是他的儿子马茂德多次入侵旁遮普和印度其他地方。尤其是马茂德，他像秋风扫落叶一样，把旁遮普几个印度教国王全部赶走。马茂德王朝的国王在旁遮普统治了将近100年。

在此期间，阿富汗境内的高利王朝已经兴起。12世纪末，高利族国王穆罕默德·高利把信度河流域和旁遮普的穆斯林领地一个个征服了，1186年又从马茂德王族的国王库斯洛马立克手中夺取了拉合尔（现属巴基斯坦），这样旁遮普又开始了高利王朝的统治。穆罕默德·高利于1206年被一个科克尔人暗杀丧命。

1398年，帖木儿楞格听说旁遮普非常富庶，便率领数万军队，从撒马尔罕长驱直入旁遮普。帖木儿楞格打败了突格卢王朝的国王，一路烧杀抢掠，直抵德里。

1526年，巴卑尔发动了侵略，并在印度建立了莫卧儿王朝，这个王朝后来出了胡马雍、阿克巴、贾抗格尔、沙贾汉、奥朗则布等历史上有名的帝王。

穆斯林在旁遮普失败以后，锡克人统治了旁遮普。后来旁遮普又被英国占领。英国人在旁遮普统治了大约100年，英国人离开印度时，把旁遮普分为东西两个部分，东部归印度，西部归巴基斯坦。

现在的旁遮普人可以说是印度雅利安人种的典型代表。但旁遮普人并非全部是纯粹的雅利安人。由于旁遮普在历史上屡遭外族入侵，成千上万的外族人在旁遮普先后定居下来，例如，希腊人、伊朗人、塞种人、匈奴人、蒙古人、阿拉伯人等，他们不仅在这里定居下来，而且随着时间的流逝，逐渐都同原来的旁遮普人融为一体，成了旁遮普人。所以现在的旁遮普人，实际上是各个民族长期融合的结果。

从人种的角度看，旁遮普人可以分为四类。

第一类是由古代的雅利安人其中部分是由后来进入旁遮普的希腊人和塞种人等繁衍而来的，这些人组成了今天旁遮普的印度教社会。他们中根据印度教的经典也分为四个种姓，即婆罗门、刹帝利、吠舍和首陀罗。在这四个种姓中又有许多副种姓。不过，旁遮普的种姓制度没有某些邦那么严格。旁遮普古代的刹帝利现在叫柯帝利，这个叫法不仅是刹帝利一词的变音，而且还标志着他们职业性质的变化，因为柯帝利种姓中有相当数量的人是行商的，他们的人数在商界占绝大多数，他们在做生意和放高利贷方面比吠舍种姓的商人还高一筹，他们在职业上已经和吠舍种姓没有什么特殊的不同，所以他们基本上已经算作吠舍种姓了。

旁遮普的柯帝利种姓中，绝大多数人姓阿罗拉或阿罗莱。据说他们的祖先原来是从印度河流域的一个叫罗利的地区过来的，所以姓阿罗拉，意即“从罗利来的人”。在旁遮普农村，几乎所有的柯帝利种姓都姓阿罗莱。

旁遮普原先的吠舍种姓都姓阿格拉瓦尔，据说他们可能从操印地语的地区迁到旁遮普去的，后来慢慢变成了旁遮普人。

第二类人中，查特族的人最多，印巴分治以前，他们在旁遮普的3500万人中占600万之多。从信仰的角度看，他们中绝大部分属伊斯兰教，而且留发。目前在东旁遮普讲旁遮普语的查特人，几乎全是锡克教徒，称为印度教徒的旁遮普人很少。

第三类人是拉吉普特人，他们是从前移居到旁遮普来的拉贾斯坦人的后裔。印巴分治前，他们有300万，其中绝大部分人信仰伊斯兰教。现在的旁遮普邦的拉吉普特人中大约有三分之二是印度教徒，三分之一是锡克教徒。但是旁遮普和其他地方一样，许多信仰印度教徒的首陀罗种姓都称自己是拉吉普特人。

第四类是古贾尔人，这个族的人分布在从克什米尔到古吉拉特地区。古吉拉特邦的名字就是由这个族的名字来的。现属巴基斯坦的西旁遮普的古吉拉特、古贾尔汗、古贾朗瓦拉等城市的名字也是用这个族的名字命名的。古贾尔人一般以畜牧为业，但同时也像查特人和拉吉普特人一样，善于务农。印度教徒喜欢把古贾尔人中的上层算作刹帝利之列。

除了以上所说的四类人而外，还有各种不同的山地民族，他们是拉吉普特人、古贾人、西藏人等人种的混合民族，他们有自己的语言和文化。

旁遮普的哈里真人大部分信基督教。他们中有的是古代雅利安人的奴隶的后裔，有的是后来从东北地区胁迫来的人的子孙。

典型的旁遮普人一般身材魁梧，胸部宽阔，肤色比印度其他地方的人稍白略带褐色。旁遮普农民生活比较富裕，每家都有较好的家具、被褥、毯子、铜器、马车、收音机、电视机等。有些人家还有摩托车、汽车等。旁遮普人的生活水平在印度是最高的。旁遮普人主要吃面食、黄油。平原地区的人很少吃大米，但山区人主要吃大米，很少吃面食。旁遮普人不大习惯吃辣椒和其他调料，但大量吃黄油、牛奶和酸牛奶。从前旁遮普人不知道喝茶，只知道喝用酸牛奶做的饮料，现在普遍习惯于喝茶了。

在旁遮普人中，除师尊家族的雅利安人以及外来的一些吠舍人和耆那教徒而外，其他的绝大多数人，包括婆罗门在内都吃肉。不过除锡克人以外，其他人并不天天吃肉。

（5）奥里萨人

奥里萨人为印度主要民族之一，有 3670 万，占全国人口的 5.1%，主要分布在奥里萨邦，属原始达罗毗荼人与雅利安人的混合种。

雅利安人大约在公元前 1000 年到公元前 800 年左右进入奥里萨地区，建立了第一个雅利安王国。公元前 5 世纪左右，雅利安人才从北印度大批涌进奥里萨，结果雅利安和达罗毗荼两个民族和文化逐渐融为一体。

雅利安人未进入奥里萨之前，奥里萨的本地居民是奥特拉人，古代梵文著作中对奥特拉人中的夏瓦尔、孔德、甘特、盖瓦尔德等族姓都有记载，不过往往把他们说成是令人憎恶的半人半兽类，对他们使用了魔、妖、怪、精、夜叉、食人者等恶意敌对的字眼，《毗湿奴往世书》里说“夏瓦尔人是矮小、塌鼻、墨黑、红眼妖怪”。《爱达罗梵书》里说他们“大肚皮、两耳下垂、面如魔鬼”。有的梵文古籍中说他们是“住在国境边区的民族”，这说明奥里萨的原始居民曾坚决抗击过雅利安人的入侵，同雅利安人进行过长期的战争，所以雅利安人憎恨他们，使用了充满敌意的词汇。还说明当时奥里萨是处于雅利安人的势力范围之外，雅利安人不能随便进入他们的地区。

在远古时，有位名叫格岭伽的人在奥里萨地区建立了格岭伽（羯凌伽）王国，今天的格岭伽巴特纳姆就是当时的京城。据历史记载，公元前 262 年左右，摩羯陀帝国的阿育王向格岭伽国发达侵略，并灭亡了格岭伽。大约在公元前 150 年左右，格岭伽王国又重获独立。公元初，它又成了其他王国的附属国，到公元4世纪时，它被笈多王朝吞并。公元640年又被甘诺吉王国占领。后来格岭伽分成几部分，乌特伽尔是当时的一个王国，比较强大，大约在公元795年乌特伽尔国王还曾派宗教使臣到了中国的朝廷。

11—12世纪时，奥里萨由盖斯利王朝统治。12世纪时，从西部过来的焦拉甘伽人在奥里萨建立了焦拉甘伽王国。在焦拉甘伽王朝的后期，北印度的穆斯林国又开始向奥里萨进攻，1434年奥里萨又成为一个独立的王国后又发生了内战，1580年被莫卧儿王朝征服，到1803年以后奥里萨又落入英国殖民者之手，一直到印度独立为止。在漫长的历史岁月里，奥里萨人受尽了各种苦难，这是奥里萨地区发展较慢和人民贫困的根本原因。

奥里萨人一般都是印度教徒，也有种姓制度，但种姓区别不很严格，这一点同其邻邦不同。从他们所从事的职业来看，也很难区别他们种姓的高低，低级种姓可以升为高级种姓，高级种姓也可以降为低级种姓，其决定因素是经济条件。

按印度教习惯，最高的种姓是婆罗门。奥里萨的婆罗门有外来的，也有土生土长的，外来的婆罗门是距今1000年前一个国王为了复兴婆罗门教从曲女城请来的，这部分婆罗门中被称为夏瓦尼（国王恩宠者）的婆罗门地位最高。姓高善必和瓦林德尔的婆罗门也是从北孟加拉的外来户。最先到奥里萨地区来拓荒安家的婆罗门姓阿拉腊耶格（拓荒者）。当地的婆罗门有姓罗库那蒂亚的，有姓拉摩金德利玛的，有姓乌特伽尔的，也有姓其他姓的。姓乌特伽尔的婆罗门地位最高。婆罗门中，既有受人尊敬的潘迪特、祭司、学者和宗教经典的权威，也有家庭佣人和厨师。

奥里萨人一般直率诚实，勤劳本分，笃信宗教，热爱和平，待人接物彬彬有礼，素有天真无邪之称。奥里萨人多为印度教徒，信奉属于毗湿奴教派的扎格纳特神，但土著人则多为基督教徒。奥里萨人在生活习惯和穿着打扮上，颇似孟加拉人，衣着比较简单，通常只穿一件圆领长衫，缠一条围裤，或者只缠一条围裤，然后在头上披一块布单，土著妇女不少都袒露上身。农村妇女喜欢戴首饰，城市妇女多戴耳环。

他们的主食是米饭，副食有鱼虾、豆制品和各种蔬菜，香蕉、椰子常做早餐。

奥里萨的节日和斋日很多，除了全国性的灯节、洒红节、敬难近母节、敬斯尔斯瓦蒂节、克里希那降生节、罗摩降生节而外，还有一些特殊节日，例如，雨季节、游神车节、八月十五节、巴厘岛旅行节、青年节、秋千节、敬罗其密节，等等。

（6）泰米尔人

根据印度梵文文献记载，泰米尔人是指达罗毗荼人，目前共有人口 6070 万。今天整个南印度包括泰米尔纳德邦的泰米尔人，都是雅利安人来到印度之后，从北印度和西印度被赶到南印度去的原始居民达罗毗荼人的后裔。达罗毗荼人的文明在雅利安人未进入印度之前就已经相当发达。

据神话传说，最先到南印度去的雅利安人是阿格斯迭仙人。根据《罗摩衍那》一书记载，雅利安人是武装入侵到南印度去的，一些学者认为，罗摩和十首王之战，实际上是雅利安人和达罗毗荼人之间的最后一次决战，雅利安人战胜达罗毗荼人，征服了南印度。后来，经过漫长的岁月，雅利安人又和达罗毗荼人融为一体了。

有关达罗毗荼人和雅利安人之间的战争，在泰米尔语文献中也有记载，这些文献资料，一般都保存在寺庙的祭司手里。根据大诗史《摩诃婆罗多》和《罗摩衍那》里的记载，古代泰米尔纳德及其周围地区有三个主要王国，即杰尔（旧译罗其国）、焦尔（旧译朱罗国）和邦迪耶（旧译潘地亚国）。传说杰尔、焦尔和邦迪耶是兄弟三人，系泰米尔人，原先他们团结和睦，关系融洽，共理朝政，京城在达摩尔波尼河岸的高尔盖。后来兄弟仨关系破裂，各建王国，分霸一方。杰尔王国在西部沿海地区，即今日的喀拉拉地区；焦尔王国在北部和东部，京城是提鲁契腊帕里；邦迪耶王国在南部，京城是马杜赖，三个王国为扩大各自的版图，经常发生战争。

据古代史诗记载，邦迪耶国的统治时间从公元前 500 年直到公元 300 年。邦迪耶王国文化发达，经济繁荣，但到公元 3 世纪后，由于内外原因，国力衰竭，濒于灭亡。公元 6 世纪末，邦迪耶王国又突然崛起，该王国有很大发展。公元 10 世纪初叶，邦迪耶王国再度衰落。公元 12 世纪时，国王杰达·瓦尔曼·古尔谢克尔·邦迪耶宣布独立，并摧毁了岗吉布拉摩城和坦焦尔城。这个王国后来又征服了焦尔和杰尔两个王国，把王国的疆域扩展到南至锡兰、西至迈索尔，北至代鲁尔等地。

后来由于内部斗争和德里穆斯林王国对马杜赖的入侵，邦迪耶王国受到极大削弱，接着杰尔王国又乘机进犯，结果邦迪耶王国一蹶不振，日益衰败，到公元 16 世纪时，终于覆亡。

关于杰尔王国的详细历史，至今仍不得而知，据说杰尔王国的国王杰勒尔·阿丁曾被焦尔国王葛利迦尔打败。该王国的第二个国王叫邬代衍·查兰，是一位酷爱艺术的人，第三个有名的国王叫奈东·杰勒尔，英勇善战，他曾入侵过南部和东部的几个王国，立过战功。

关于焦尔王国的古代历史，在《往世书》中有所记载，该王国的第一个国王名叫葛利迦尔，他的执政时期大约在公元1世纪末到2世纪初，京城是提鲁契腊帕里。葛利迦尔是位学者，英勇善战，他打败过杰尔王朝和邦迪耶王国，征服过巴拉沃王国，把疆域扩大到了安得拉的大门口，甚至远征到了喜马拉雅山麓。

1303年，北印度的穆斯林开始向南印度大举进攻，他们像秋风扫落叶一样，席卷邦迪耶、杰尔、豪耶斯尔、国王朗巴蒂等王国。但是不久穆斯林统治者和地方封建领主之间又发生了战争。在混乱的局面中，维查耶纳伽尔王国应运而生，定都于东格帕德拉河南岸，维查耶纳伽王国的缔造者是哈利哈尔（诃里诃罗）和布迦兄弟两人。在他们统治时期，维查耶纳伽尔王国的版图东起孟加拉湾，西到阿拉伯海，抵克里希纳河，南至坎尼亚库马里。当时在克里希那河北还有一个巴哈蔓尼王国和维查耶纳伽尔王国并存，两个国王之间战争连年不断，1565年维查耶纳伽尔王国终于灭亡。它的灭亡为穆斯林征服南印度打开了通道。维查耶纳伽尔王国在泰米尔纳德统治了250年。

从公元17世纪末到19世纪初，欧洲势力在西海岸站住脚跟。葡萄牙人很早就已入侵。荷兰、法国和英国也接踵而来。从那时起，南印度的历史便成为欧洲人势力相互争夺的历史。

英国人首先于1311年在安得拉的马苏巴顿和尼贾摩巴顿建立了贸易公司。1639年他们从维查耶纳伽尔王国的一位继承人手里买了马德拉斯的马特那摩地区的一个村庄，并建立了一座叫圣乔治的大城堡。这是英国在印度修建的第一座城堡。以后，英国人从这里逐渐向整个印度扩张。1674年法国人也在邦迪吉里建立了殖民区。到公元17世纪末，泰米尔纳德沿海的许多地区都变成了欧洲人的基地。

公元18世纪英法战争之后，签订了1763年的巴黎协定，从此法国在印度的势力宣告结束。

泰米尔人分布的泰米尔纳德和印度的其他地方一样，被英国人统治了200多年。

古代的泰米尔人敬奉树木和蛇，祭牲。开始迷信鬼神，后来敬奉天神，再后来则信奉湿婆神。在泰米尔语最古老的诗歌中曾提到马约、夏约等神的名字。

现在的泰米尔人一般都信奉湿婆神。除了湿婆神外，还敬奉太阳神、水牛、大象、乌鸦、伐楼拿、土地神、光神和雨神，等等。

泰米尔人的村民有不少忌讳，他们认为第一、三、五胎生女孩最好，如果第四胎是女孩，认为会倾家荡产。第五胎生女孩会家财万贯。第五胎若生男孩，便会家破人亡。如果生双胞胎，那么最好都是男孩。如果都是女孩或一男一女，则被认为是不祥之兆。如此等等。

泰米尔人认为，出门时遇到以下情况则被认为不吉祥，应立即回家休息片刻，然后再出门：①出门遇到蛇、猫、寡妇、行乞僧、独身婆罗门、理发师、油贩；②听到喷嚏声或其他难听的声音；③出门时滑了一跤；④听到不认识的人说“别去”，等等。

泰米尔人实行族内通婚。印度独立后，虽然异族异教之间可以通婚，但这种婚姻在社会上仍受歧视。

（7）马拉提人

马拉提人亦称马拉塔人，有7193万，占全国人口的8%，主要分布在马哈拉施特拉邦，在古吉拉特邦和中央邦也有分布。马拉提人是雅利安人、达罗毗荼人和希腊人的混合种，他们来自中亚地区。到这里后，有的皈依了印度教，有的改信佛教。

现在的马拉提人中，还混杂着很多拉吉普特、古吉尔和阿黑尔这样一些后来的种族。其中可分为三部分，即真正的马拉提族、贡毕族和岗格利族人。马拉提人不超过20%，他们自称属于刹帝利族系，要比其他两个民族“低级”。“高级的”的马拉提人是马哈拉施特拉传统的地主、封建领主和统治者；“低级”的马拉提人主要指一般的农民、牧民、仆役和士兵等。高、低级的马拉提人之间一般不能通婚，但只要有钱，有名誉和地位，也可以不受等级的限制。有了金钱、名誉和地位，下等的马拉提人也可以称自己是刹帝利人。当然，今天在知识界这种歧视已经没有什么特别意义了。

马拉哈塔族曾有几个王朝。在马哈拉施特拉除古代马拉哈塔、孔雀、塞德尔格和西德沃等几个王朝外，还有卡纳塔克地区的格登薄和豪耶斯尔王朝。高拉合布尔地区的西尔哈尔王朝，瓦楞格地区的迦格迪耶王朝，以及萨格尔地区的沃拉勒王朝等。目前的马哈拉施特拉人中有96个不同民族，其中有些同古代王朝有关，有些同中世纪的拉吉普特人有关，几乎所有马哈拉施特拉的拉吉普特人都取马拉哈塔为名，而且成了马拉哈塔人的首领，这些人至今还称自己是拉吉普特血统的马拉哈塔人。在宗教信仰和生活习惯上，他们属于马哈拉施特拉的刹帝利阶层。无疑，在高阶层的马拉哈塔人中混有许多拉吉普特人。但是，实际上马拉哈塔人是一个单独的民族。一般马拉哈塔人的脸形、肤色和体形同拉吉普特人很少有相似之处。一般马拉哈塔人呈黄褐色，身材矮小，鼻子小，眼睛圆大，嘴唇肥厚，身体结实。而拉吉普特人不是这样。

按照印度教的等级制度，马拉提人的社会地位为中等，他们一方面在社会上属于高级的婆罗门，另一方面又属于广大的被压迫的下层阶级。在马哈拉施特拉邦，所谓被压迫阶级的人数达30%以上。其中包括许多属于表列种姓的印度教民族。皮尔人和土著人以及一些其他落后阶层。

马拉哈塔帝国灭亡后，马拉提人一般都从事农业。英国统治时期，当兵是马拉提人的一种谋生手段。现在的印度军队中，马拉提人成分大大减少。今天他们主要从事农业和其他一些体力劳动，也有从事脑力劳动的。但经商的人很少。

据古代文献记载，马哈拉施特拉古代居民的文化同属于住在北印度的雅利安人文化。他们的生活方式和经济制度同雅利安人是一样的。他们的艺术、风习和节日也同样受北印度的雅利安人影响。

公元7世纪时，玄奘在《大唐西域记》一书中提到马拉提人时说，他们纯朴、精干而自信，“其性傲逸，有恩必报，有怨必复，人或凌辱，殉命以仇，窘色投分，忘身以济”。人知好学，高僧、圣人、学者甚众。马拉提人的这些特点，至今犹存。

马拉提人喜欢摔跤，印度的大力士以马拉提人居多，他们还善于打板球、曲棍球和羽毛球。

马拉提人的服装一般穿围裤和圆领上衣。农民喜欢包肥大的头巾；城市人一般戴圆帽。

马拉提的妇女的服装别具一格，身上缠一块八尺长的纱丽，下身不再穿任何衣服。一般说，马拉提妇女能吃苦耐劳，她们把纱丽缠得很紧，目的是为了干活利落。今天还可以看到成千上万马哈拉施特拉妇女这样缠着纱丽在沿海从事盐业和渔业劳动，或在田间、工厂同丈夫一起劳动的场面。

马拉提人的饮食没有什么特别，米饭、面饼、奶、奶油、酥油和蔬菜，这些在北印度常吃的食物，在这里也同样流行。一般人认为马拉提人喜欢素食，其实并非如此，只不过有些保守的婆罗门和信仰毗湿奴教的马拉提人才不吃鱼和肉。

马拉提人的节日繁多，内容丰富多彩，最大的节日是耿乃希节。

（8）古吉拉特人

古吉拉特人（旧译瞿折罗人），印度主要民族之一，人口约5059万，主要分布于古吉拉特邦，在其邻邦也有少量分布。

关于“古吉拉特”一词的来历，说法不一，一种认为，“古吉拉特”是由梵语“古贾尔”（瞿折罗）的变音“古贾尔”发展而来。另一种认为，“古贾尔”很可能是5世纪时随匈奴人一起入侵印度的一个名为“古贾尔”的民族，他们分布在克什米尔和现在的古吉拉特一带，而其主要定居区是拉贾斯坦。他们出入印度时，是处于游动状态，所到之处都有一部分人留下来，并把他们的居住区命名为“古贾尔”。现在的古吉拉特、古贾朗瓦拉、古贾尔康以及西旁遮普一些城市名称的来历都同这个民族有关。据说现在北方邦的萨哈兰普尔城18世纪时也叫“古吉拉特”。公元7世纪玄奘在印度时，西拉贾斯坦还叫“瞿折罗”（古贾尔）。9世纪时，拉贾斯坦的北部和中部叫“古尔贾尔特尔”。11世纪初，拉贾斯坦的部分地区仍叫“古贾尔”。由此推断，古代的古贾尔比今天的古吉拉特邦面积要大。

古吉拉特人操古吉拉特语，古吉拉特语属印度雅利安语系的晓尔塞尼·阿布婆朗希语的范畴，即纳格尔语的两个分支，阿盘底语和高尔杰尔语中的高尔杰语的演变形式。采用的书写体是梵文的书写体。

大约在公元1000年以前，雅利安人开始进入这个地区。在摩诃婆罗多时期，北部的俱卢邦加尔王国和马杜赖的晓尔塞尼王国以及索拉施特拉的亚德沃人（亚度）王国之间关系甚密。

公元前2世纪到公元4世纪的600年间，印度历史上为塞种人统治时期。塞种人原先统治西印度，称西霸王，大约公元40年左右，他们征服了古吉拉特。大约在公元150年左右塞种人国王鲁陀罗达曼统治了从信德到乌贾因的整个地区。

笈多王朝时，超日王于公元35年左右入侵古吉拉特，同索拉施特拉的塞种国王作战20余年，终于获胜，将古吉拉特并入笈多帝国。

公元8世纪信德的阿拉伯人入侵古吉拉特，并于公元770年灭掉法拉彼王国。但是古吉拉特人和古贾尔人奋起抵抗，给入侵者以坚决回击，使他们未能在古吉拉特站住脚。以后的200年间，穆斯林势力再也未敢向印度进犯。

在索楞喀王朝即遮楼其人统治时期，古吉拉特曾数度遭到外族入侵，但入侵者屡遭失败。1025年穆尔拉吉的孙子毗摩一世在恩哈尔瓦尔执政时，马茂德·格兹那威入侵失败，并被追至印度河一带。此后百余年，穆斯林未敢轻举妄动。1176—1178年，穆罕默德·高利经穆尔坦向恩哈尔瓦尔进军，被王后那耶格·代维打得片甲不留。后来王后的儿子毗摩二世在阿布河岸再次打败高利。1194年，高利的部将古杜布丁·艾贝格也在古吉拉特被打得落荒而逃。此后又有近百年的时间，穆斯林未敢来犯。这样，索楞喀王朝在古吉拉特统治了200多年。索楞喀王朝时，古吉拉特地区修建了许多耆那教庙和湿婆庙。古吉拉特的非暴力思想影响和毗湿奴教颂神曲就是在这个时期产生的。

1407年由于帖木儿·楞格德入侵和突格卢克王朝的衰败，古吉拉特的省长扎法尔·汗（伽法尔）宣布独立。这个特殊的穆斯林王国在古吉拉特统治达165年之久。这个王朝最后一个国王叫穆扎法·沙，于1572年被阿克巴尔打败。自此古吉拉特归入莫卧儿帝国的版图。

奥朗则布死后，马拉塔人的势力大增，并于1758年控制了古吉拉特。在马拉塔人的统治时代，古吉拉特人的经济遭到极大破坏，所以他们对马拉塔人非常仇视。1761年马拉塔人被阿布达里打败，许多地区宣布独立。1618年以后，英国人在古吉拉特的苏拉特地区建立了商栈，并开始插手古吉拉特的事务。他们于1775年同古吉拉特的迦耶格瓦尔结盟，取得了一些地区的控制权，然后分别同迦蒂亚瓦尔地区200多个小王国和封建采邑结盟，继而彻底结束了古吉拉特原来的一统天下。

在英国统治时代，阿穆达巴德成了一座重要的工业城市。古吉拉特商人和知识分子遍布全印度和世界许多地区。这一时代古吉拉特出了不少伟人，例如，圣雄甘地、雅利安社奠基人德亚南德、印度制宪会议第一届印度主席维德尔·帕依·巴特尔以及被誉为印度铁人的萨尔达尔·瓦拉帕·帕依·巴特尔，等等。

古吉拉特人成分复杂，有拉吉普特人、古贾尔人、巴拉斯人、鲍哈拉人和科杰人等。

古吉拉特人主要从事农业，农作物有水稻、小麦、玉米、花生、烟草、棉花、甘蔗等。大多古吉拉特人食素，爱用辣椒等调料。对奶油、豆粉、甜食颇感兴趣。

一般的古吉拉特人，男子多缠围裤，穿阿吉根（一种长上衣），妇女多穿纱丽。纱丽样式不一，缠法各异。最流行的是彩色头巾。妇女也穿宽裙和短上衣，上衣和裙子各式各样，都有绣花，镶有无数闪光镜片，鲜艳夺目。

古吉拉特邦的节日很多，主要有九夜节、灯节和洒红节。但是，古吉拉特最大的节日还是灯节。灯节是他们欢迎财神的光明节，目的为了招财进宝，请吉求安。过节时，万家灯火，一片辉煌。

洒红节也是一个重要节日，青年男女尤其喜欢这个节日，他们成群结队，走街串巷，洒红泼水，嬉戏玩耍，尽兴方罢。

(9) 拉贾斯坦人

拉贾斯坦人为印度主要民族之一，有5649万人，主要分布于拉贾斯坦邦，其相邻各邦也有少量分布，属欧罗巴人种印度地中海型。民族成分复杂，历史文化悠久。操拉贾斯坦语，该语言包括七大支，50 多种方言。七大支是：马尔瓦里语、中部和东部拉贾斯坦语、东北部拉贾斯坦语、马尔维语、西部拉贾斯坦语、皮利拉贾斯坦语和东旁遮普拉贾斯坦语。

从拉卡·普拉利山冈（拉贾斯坦苏尔德格附近）的出土文物得知，这一地区同哈拉巴和摩亨殊达罗一样，在公元前几千年就具有了人类的高度文明。

斋普尔的百拉特（维拉特）发现了阿育王的两个石柱。由此证明，公元前 3 世纪孔雀王朝的疆域曾扩大到这里。公元前 2 世纪，希腊人曾入侵拉贾斯坦地区，在乌代普尔发现的希腊钱币就是一个例证。从公元前 2 世纪到公元 4 世纪，拉贾斯坦的南部和西南部是由塞种人统治。公元 46 世纪，摩羯陀的笈多王朝统治过拉贾斯坦。公元 734 年，西索迪亚王朝的皇帝巴巴·拉瓦尔统治了吉多尔（契沱尔），并把穆罕默德·宾·卡赛姆赶出了拉贾斯坦。公元 1012 世纪末期即穆斯林入侵初期，整个北印度几乎都归拉吉普特王朝统治。当时在拉贾斯坦及其附近有 5 个著名的国家，即阿季米尔、迈瓦尔、马尔华、德里和卡瑙季，当时在拉吉普特人内部相互厮杀，纷争不已，各霸一方，这给穆斯林的入侵提供了机会。

后来，拉吉普特人虽然撤离了德里、卡瑙季和阿季米尔等地，但依然统治着拉贾斯坦西部和南部部分地区。14 世纪，喀尔吉·苏尔坦·阿拉邬丁对西索迪亚的首府吉多尔大肆进行破坏。在整个 15 世纪当中，拉贾斯坦的拉吉普特王朝同古吉拉特和马尔华的穆斯林王国之间的战争连绵不断。16 世纪初期，迈瓦尔的国王拉那·僧格拉姆·辛哈乘德里的帕坦帝国衰败和古吉拉特与马尔华混战之机，几乎占领了整个拉贾斯坦。因此，他被称为拉贾斯坦的第一个王公。但不久他就被莫卧儿人巴卑尔所灭。在 1527 年的喀那瓦哈战役中，拉那·僧格拉姆·辛哈战败身亡，建立统治的拉贾斯坦和独立印度的理想化为泡影。后来阿克巴的政策在拉贾斯坦获得胜利。他通过对拉吉普特人的联姻，除西索迪亚王朝外，把所有的拉吉普特王国都联合起来。1568 年阿克巴攻陷吉多尔。佐德普尔和比卡内尔等拉吉普特王国不久就归顺了莫卧儿帝国。

18 世纪初，奥朗则布死后，莫卧儿王朝开始衰落，德里由于王位之争而陷入一片混乱。此时，佐德普尔国王再一次统治了阿季米尔，成了当时拉贾斯坦最大的王国。到 1803 年几乎整个拉贾斯坦都由马拉塔人统治。但马拉塔人对拉贾斯坦的统治如同他们对其他地方的统治一样，只是收税而已，并未建立任何行政制度。英国人利用这一情况，取代了马拉塔人的势力，把拉贾斯坦诸王国置于自己的统治之下。1857 年大起义时，拉吉普特军队对英国人进行了英勇反抗，但很快就被镇压下去。在整个英国人统治时期，拉贾斯坦处于四分五裂状况，直到印度独立后，这种现象才告结束。

拉贾斯坦的民族成分复杂，宗教和教派很多。主要有印度教徒、穆斯林和土著人三种。印度教徒又分不同种姓，主要有刹帝利、婆罗门、查特、吠舍、马利和古杰尔等。穆斯林也分几种，有迈得人、摩尔伽德人和伽耶姆卡尼人。土著人也分若干支，主要有皮尔人、迈沃人、米那人、迈尔人、格拉西亚人、桑锡人、耿耶尔人和巴沃利人等。

人数最多的是拉吉普特人。他们在拉贾斯坦的重要性不仅由于数量上的优势，更主要的是在于他们政治上的作用。在若干世纪中，拉贾斯坦的统治者都是拉吉普特人。特别在穆斯林入侵的年代里，他们充当了印度教信仰、文化和传统的保卫者。

拉贾斯坦的吠舍大多信耆那教，也有一些信奉毗湿奴教的。吠舍的副种姓主要有奥斯瓦尔、阿格尔瓦尔、包尔瓦、斯拉沃根、马海歇利和歇利马尔等。

饮食方面受宗教影响，婆罗门、吠舍和耆那教徒大都吃素，拉吉普特人和穆斯林则喜欢吃肉。富人多吃大米、酥油等富有营养的食物，村民大都以粗粮为主食。

拉贾斯坦人的服装很有特色，名门贵族一般穿高级质料的华丽衣服，平民百姓一般穿质料粗劣的简单衣衫。妇女的服装一般艳丽，主要有裙子、纱丽和紧身上衣等。拉贾斯坦的妇女喜欢穿随着季节的变化而更换不同颜色的衣服。夏天的衣服颜色较淡，如浅黄色、浅绿色等；冬装多为红色，如浅红色等；雨季服装多为浅绿色。

拉贾斯坦妇女很喜欢装饰品，每逢节日庆祝活动，妇女们一个个打扮得花枝招展，美丽动人。男子注重留胡须，他们认为胡须是光荣的象征。

拉贾斯坦的节日很多，除了印度全国性的节日，如胜利节、灯节和洒红节外，还有一些地方性节日，如迪吉节、格朗高尔节，等等。

（10）那加人

那加人是印度的主要民族之一，大多分布在那加兰邦、阿萨姆邦和梅加拉雅邦的长斯山区，人口约有 100 万。

那加人居住的地区，多为高原和山地，山高谷深，景色壮丽。他们以农业和狩猎为生，农作物主要有水稻和玉米等。

那加人属于蒙古人种，来印度后又形成不少分支。例如，格恰利人、拉帕人、迈吉人、米利人、腊龙格人、迦罗人、库格人、阿奥那加人、恩迦米人、加坑桑人、姜人、坑蒙人、高尼耶格人、洛塔人、佛穆人、金格炯格尔人、杰里扬人，等等。此外，还有不少混合种人。

那加人的语言很不统一，一是因为他们大多居住山区，与世隔绝，相互来往甚少；二是那加族中不断产生新的分支，这些分支之间，即使路途相遇，也互不讲话；三是那加人从来没有自己的文字，也从未感到有使用文字的必要。他们相互交往，就打手势。他们至今还没有书面文学，只有些口头流传的民歌和民间故事。

那加人历史悠久，在古代文献中早有记载。尽管他们没有系统的历史，但从历史上，一些断简零篇足以说明那加人是个古老的民族。据说，湿婆神同自己的妻子吴玛一道去找般度的儿子阿周那的时候，把自己打扮得像喀拉特人，这在大史诗《摩诃婆罗多》中也曾提到。由此可见，喀拉特人在摩诃婆罗多时期就已经有了，喀拉特人就是我们今天所说的那加族人。湿婆神之所以装扮成他们的模样，据说因为喀拉特人容貌美丽迷人的缘故。

那加人属于蒙古人种，远古时从中国的西藏和缅甸去了一部分蒙古人，这部分蒙古人大都定居在那加兰邦、阿萨姆邦和梅加拉雅邦的卡斯山区和柬迪雅山区。据记载，有一次中国发生了严重的自然灾害，他们来到了缅甸。后来，缅甸又出现了饥荒，于是他们越过边境，来到现在的住区。那些从缅甸或经过缅甸从中国而去的民族，定居在不同地区，便以山名或地名命名。例如，住在格恰尔山的则叫格恰尔族人，就是其中一例。至今，他们唱的一首民歌里还说：

我的第一个祖国是中国，
我的真正家乡是喜马拉雅山区。

现在他们有些村庄还和中国的名字一样，例如，毕亚德、梯亚阁、葛亚本、德尔公，等等。

16 世纪初，格恰尔人统治上阿萨姆时，丁撒族就是格恰尔族的一个分支。这个民族自称是黑丁巴的后裔。格恰尔人统治被阿萨姆时，同时也统治着那加山区。当时格恰尔人已经会使用砖瓦盖房，在迪马普尔的城门上，用各种砖修建的窗户、这种图案，至今遗迹尚存。

原先，格恰尔人并不信仰印度教，据说后来一个婆罗门祭司让当时的国王皈依了，并且给国王取名为克里希纳钱达尔。这里流传着一个国王和他的兄弟皈依印度教的有趣故事。

祭司让人铸了一个大铜牛，举行了祭祀，然后选了个吉日良辰，让国王和他的弟弟钻进铜牛肚里。在念咒的时候，让他们从母牛的肚子里生下来，祭司宣布，国王和他的弟弟，将来要成为摩诃婆罗多的英雄皮摩和他的妻子黑丁巴的后裔。在第二次世界大战时期和这以后，有些那加人开始发生变化。那些住在城市附近又同英国人和基督教传教士有往来的人，开始以某种形式与外界联系，他们愿意和其他人那样过城市生活，穿新式服装，收听广播，看电影、坐汽车等。那加青年开始冲破陈旧的传统习惯，谋求现代化生活。有些西方的舞蹈取代了他们的民间舞蹈。有些英国的电影歌曲取代了他们的民歌。啤酒代替了米酒，巴黎和伦敦的新式服装、超短裙以及女式西服在一些城市的大街上出现了。

那加人淳朴、憨厚、勤劳、勇敢，在反对英国统治和日本的侵略中，起过重大作用。独立以后，他们的文化有一定的普及和提高，在经济发展、工业建设、管理能力等方面也不断提高。

那加人居住的地区大都是山区，交通不便，尽是小路。村庄稀落，而且大部分村庄是在一些高山顶上，在村里就能看到周围情况，对进村来的每一个朋友或敌人能及时做出反应。他们之所以喜欢住在高处，重要原因之一是为躲避吃人猛兽的伤害。

他们对外来的生人，不管是本族的或外邦的，起初总是尽量保持一定距离。但是，一旦他们确认，来的人不会伤害他们的时候，他们就欢迎他，相信他，亲近他。只有这时，那加人的真正热情才会迸发出来。他们请客人喝他们喜欢的“苏摩酒”或“米酒”。按照客人身份高低贵贱，屠杀牛、猪、羊或鸡等来款待，并且举行歌舞会。你看到那加人说话诙谐，能歌善舞，你会感到欣快；他们那健壮的身体，使你感到他们充满着生机活力。你看到他们砍伐森林，焚木作肥，用镐头和弯刀劈山造梯田地忘我劳动，会为他们的辛劳精神而感动。

那加人采用“火耕”的耕作方法。今年在这块地里播种收割，明年这块地就放弃不用，转到另一新处，重新砍伐森林，焚木作肥，下种收割。现在政府正引导他们采用固定的耕作方法，在国家农业站和农场里，推广新的耕作技术，给各地请来的农民介绍固定耕作的好处。

那加人造田也像盖房一样精心尽力。他们平成 10 到 30 英尺宽的大畦，用镐头松土，捡出里面的石子，再沿着梯坡砌道石墙，用泥土抹好。田造好以后，勤劳的青年，再从山顶上或附近把泉水或小溪引到田地。这是一项极其艰苦的工作。有时为了引水灌田，不得不修一条二三英里长的水渠。有时他们在山涧修一道拦水坝，安装竹筒做引水渠道，把水引来浇地。

那加人不仅勤劳、智慧，而且非常勇敢。他们喜欢打猎，经常把捕获水牛作为检验青年人气力和勇敢的一种方式。他们把一头力气很大的公牛拴在木桩上，村长手持木棍猛打牛背，打得牛乱蹦乱叫，待牛性大发时，站在牛旁的人则把牛绳松开，参加比赛的青年则赤手空拳随在牛后，边喊边赶。跑在最前面的青年，在靠近牛头时，凭着他灵活的动作和有力的双手，紧紧抓着牛的两角，把牛头狠狠地按在地上，直到牛双膝跪地，这位青年再用一只脚踩住牛的气管，等牛半死，这位青年就算获胜。获胜者不仅得不到任何奖赏，他还要款待其他青年。但从此以后，这位青年就成了全村青年的首领。

那加人的村里设有长老会，它是经选举产生的村里的议事机构，负责处理村民纠纷。如果一个人控告另一个人做了坏事，而被控告者又不承认，可由长老会出面裁决。裁决的方式是让原告和被告同时发誓，通过观察他们发誓的表情，判断他们之中的哪一个做了坏事。进行这样的裁决要举行一个仪式：在一个早晨，长老会的成员，不吃饭就来到村里的一个公共场地，四周坐满人，一声不响，场地中间生一堆火，并排放一块大土块、一颗稻粒、一根玫痒草（又名蝎子草）、一个兰靛筐、一颗老虎牙。之后原告和被告就开始发誓，轮着指着地上的东西大声说："我要是说谎，出门就挨天刀剐；如同黄土和泥巴，大雨一淋就化；如同播种一颗籽，入土不见再发芽；如同缠了蝎子草，满身发痒无办法；如同全身中了毒，紫青如靛人人骂；老虎把我撕成块，永远不能回老家。"

长老们认为：一个人若是干了坏事，见了上述东西，就会产生恐惧感，说话就不自然或是踌躇不安，这样就可以断定他干了坏事。

那加青年有这样一种风俗：如果一个姑娘还没有爱上谁，她总是把头发梳得很短，如果她把头发留起来，并且让人在胳膊上刺青，那就表明她已选好了对象。同样，一个男青年如果腰间没有系三串小贝壳，那就说明他还没有选好女朋友，一旦有了女朋友，他就立即在腰间系上三串小贝壳。小伙子们也和姑娘一样，注意打扮自己。他们耳系红绿花，头戴树叶圈，圈上插有羽毛、猪獠牙、水牛角和嫩香蕉叶。在腰间、胳膊、脖子和小腿上要戴红藤、小贝壳、蜗牛和线串。

那加人很注重刺青。刺青也很讲究，有各种图案和花纹，在胸部、胳膊和腿上刺青均可。从刺青上可以看出一个人的身份和地位。从前，谁要是在战场上杀死一个敌人，则把敌人的首级带回来，那么他就有权让人在他的胸膛上刺一个特殊的铜青，然后再把那颗人头挂在自己的门前，以耀门庭，赢得别人的敬佩。现在情况虽已不同，但是对刺青仍然重视。有的地方把刺青看成是宗教和装饰的需要，甚至一个姑娘若没有刺青到了结婚年龄就找不到对象。

3. 印度民族的主要特点

印度民族是伟大的有智慧的民族，其文化源远流长，在漫长的五千年历史长河中曾不断对人类社会的发展做出了重要贡献，在世界文化史上占有极重要的位置。

任何一个国家的民族文化，都是一个民族在历史的劳动和生活中长期实践逐渐积累综合形成的。它是哲学、政治、经济、教育、文艺、伦理、宗教、法律、心理、语言文字，乃至风俗习惯等多层次的外化，而每个历史阶段，又各有其时代的特征。

印度民族是一个复杂的综合体。印度是一块辽阔的大地，在这块辽阔的大地上，生活着众多的民族。这些民族，无论在人口数量、种族特征、语言系属和宗教信仰上，还是在社会发展、经济活动、文化传统以及生活习惯上，都千差万别，各具特色，归纳起来，主要有以下几个特点：

一是民族数量大，人口多。印度民族的数量很大，有几百个之多，人口有10亿多，这在世界上也是不多见的。所有各民族，人数数量不等，既有上亿人口的大民族，如印度斯坦人、孟加拉人等，也有不足千人的小部落，如安达曼人等。印度民族人口的分布有其共同点：一般人口众多的民族分布在江河流域，平原地区和沿海一带。城市人口所占比重较大，经济文化也比较发达。而人口较少的民族一般分布在森林、高原、山区、孤岛或沙漠一带。那里大多交通不便，经济文化也比较落后。

二是人种复杂。印度在历史上屡遭异族入侵和占领，因而人种多，血统混杂，语言纷乱，素有“人种博物馆”之称。如果单从外貌和体形看，有些印度人像欧洲的白种人，有些印度人又似非洲的黑人，有些人则是棕褐色的亚洲黄种人。他们有的头发乌黑，有的呈金黄色；有的身材高大，有的个子矮小；有的高鼻梁，有的塌鼻子。多数学者认为，印度有以下几大人种：①尼格利陀人（Negrito），②原始澳大利亚人（Proto Austaloid），又称维达类型人，③达罗毗荼人，或叫地中海高加索人种（Mediterranean），④印度雅利安人，⑤蒙古人种（Mongoloid）等。许多世纪以来，不仅各色人种迁入印度，而且各种宗教和文化一直不断地传入印度，因此印度文化吸收了多种民族的不同传统，从而变得多姿多彩。

三是语言系属多。印度的语言分属几大语系，即印欧语系、达罗毗荼语系、汉藏语系、澳亚语系等。印欧语系（又叫雅利安语系，或北印度语系）起源于雅利安人的梵语，北印度几乎所有的语言属于雅利安语系，例如，印地语、梵语、旁遮普语、帕坦语、克什米尔语、古吉拉特语、阿萨密语、孟加拉语、马拉蒂语、信德语、比哈尔语、拉贾斯坦语、奥里雅语、乌尔都语等，都属于雅利安语系。除上述语言外，古印度还有一种语言叫巴利语（Pali），它是公元前6世纪由吠陀语发展而来的，它是一种书面语言，见于佛教经典。属于印欧语系的民族，主要有印度斯坦人、旁遮普人、信德人、孟加拉人、古吉拉特人、阿萨姆人等；达罗毗荼语系主要指南印度的语言，有25%的人使用这种语言，其中包括泰卢固语、泰米尔语、坚那达语和马拉雅兰语等。属于达罗毗荼语系的民族主要有泰米尔人、马拉雅兰人、泰卢固人、坎纳达人等；汉藏语系的语言主要包括那加语、米佐语、曼尼普尔语、博多语、普提亚语。该语系的语言也受雅利安语系的影响，其中有许多雅利安语系的词汇。属于汉藏语系的民族主要有那加人、米佐人、曼尼普尔人等。他们分布在印度的东北地区，即印度的喜马拉雅山区和东北地区；澳亚语系的语言主要有桑塔尔语、蒙达语、霍语、卡里亚语等，分别是桑塔尔人、蒙达人、霍人、贡德人、皮尔人等讲的语言，他们分布在印度中部地区，即文迪亚山脉和萨特普拉山脉之间的广大地区。

四是宗教信仰复杂。印度是一个宗教成分相当复杂的地区。西方国家主要信仰基督教，而印度则不然，主要信仰印度教，其次是伊斯兰教，另外则是基督教、锡克教、佛教、耆那教、拜火教，等等。尤其印度教和伊斯兰教的影响很大。印度的多数居民为印度教徒，占82%以上，其人数超过6.8亿。除印度教外，其他宗教人数分别为：伊斯兰教徒1.16亿，基督教徒人数为1960万，锡克教徒人数为1630万，佛教徒人数为640万，耆那教徒人数为340万，等等。宗教关系不仅影响到国家关系，还与社会、经济和文化有着密切联系，它深入人们生活的各个方面。

印度各民族的社会发展和生产力水平很不平衡，从民族部落、原始公社到社会主义，各种社会形态都有。因此，印度是了解社会发展史的好地方。从原始的弓箭、石斧，到现代化的电脑、导弹，各种技术同时并存，显示出人类智慧演进的不同阶段。印度地域辽阔，资源丰富，地形复杂，既有高山与丘陵，又有平原与沙漠，河流纵横，森林、草原、湖泊星罗棋布，气候多样，从而为印度各族人民的经济活动和生活方式提供了各种条件，形成了与自然环境相适应的丰富多彩的文化。

根据其社会形态和从事的主要经济活动及其生产力水平，印度民族可分为6种不同经济文化类型，即采集和渔猎型、游牧型、刀耕火种农业型、固定耕作农业型、耕锄灌溉型和现代农业型。

采集、渔猎型。它是最原始的一种，人们靠采集、捕鱼和打猎作为谋生手段，至今还靠天然资源维持生活。他们分成若干群体，住在山林或海滨河畔。居住在山林者，除采集野果、野菜、块茎和鸟蛋外，还猎获野猪、猴类以及其他一些小动物。住在海滨或河流湖畔者，主要靠捕捉鱼、虾、龟、蟹等为生。他们所使用的工具大都简单，一般使用棍棒、标枪和弓箭等，捕鱼用渔网、鱼笼和弓箭、标枪等。这类人分布在印度南北各地，例如，安得拉邦的雅纳迪人、喀拉拉邦的卡达尔人、北方邦的拉吉人、比哈尔邦的罗尔人、奥里萨邦的邦德人等。

游牧和畜牧类型。从事这种类型的主要是一些部落，随着社会的发展，这部分人越来越少，但是，至今还有，分布在印度的山区或森林地带，靠游牧为生。像印度的多达人、古贾尔人、（拉贾斯坦邦和古吉拉特邦的）拉巴里人、（南印度的）高拉人、库龙巴人等，有的则以放牧为主，有的是把放牧作为生活的辅助手段，还有的是农、牧结合。

刀耕火种农业型。原始农业发展初期的一种经济文化型。即伐木造田，耕地经常变动，不固定在一个地方，属于迁徙性农业，在雨季到来之前，将树木砍倒，晒干后放火烧掉，然后撒种或点种。有些地方，一块地种一茬或两茬庄稼之后就休耕；有些地方是连种三茬庄稼之后休耕。这些种过的土地直到再长出树木，形成森林以后，再去伐木造田，进行耕种。这种方法，在人类历史上起过积极作用，但在今天，当森林面积已大大减少的情况下，刀耕火种，伐木造田，砍树烧山则成了一种破坏生态平衡的行为。印度个别地区至今还有这种“烧山种地”现象。不少从事刀耕火种的人，往往辅之以食物采集。

固定耕作农业型。目前有些民族已放弃了刀耕火种的方式，采取了固定的耕作方法。虽然还有刀耕火种现象，但主要是耕种固定土地。固定的耕作方法的采用和农业生产的确立，保证了父权制的稳定和发展，从而形成了村落，过定居生活。人们在一定的地域范围内从事农业生产，以农业生产为主，同时还兼搞狩猎与畜牧业或其他一些副业，以增加收入，补充生活上的需要。这种民族的生活有了一定的保障。如印度的沙奥拉人、霍人、奥朗人等，这种经济文化型目前在亚洲较普遍存在，但绝大多数是各国的少数民族。

畜耕灌溉农业型。它是一种比较发达的农耕型，有了较先进的劳动工具，使用牛、犁、耙、锄等犁田耕地，也利用水渠和水堰浇水灌溉，农业生产力已发展到相当高的水平，因粮食有了富余，因此，有些人从事各种手工业、畜业和科学活动，从而为人类跨入文明时代奠定了基础。印度各民族对农业都较重视，这是印度民族特点之一。直到近代以前，印度民族的文明所以一直走在世界的前列，与其经济文化和科学技术一直发达不无关系，其基础由于有发达的农业。

现代农业型。随着工业的发展，科学、技术也进入了农业生产之中，使农业走向机械化和科学化，国家对此也很重视。农业机械化的使用和科学种田的结果，不仅节省了劳力，提高了劳动生产效率，而且大大提高单位面积产量。印度粮食的产量，不仅达到了自给自足，而且成了粮食出口国之一，与此不无关系。目前，许多民族农民已重视农业现代化，尽管现代化的程度还不高，但在这方面有了很大发展和变化。

当然，上述几种类型，并非为印度一个国家或一个民族所特有。同一个国家或民族，由于地区的不同，自然条件的差异，而具有不同的特点，既有相同的，也有不同的，甚至相互交错，共同存在。

印度民族文化具有多种特点，而且有着悠久的历史和辉煌的成就。在世界古文化群中，它有其独特的地位和崇高的价值，为世界文化宝库做出了重要的贡献。新世纪、新千年已经到来，世界正在发生突飞猛进的变化，世界各国人民为了建设好各自的国家，在世界范围内正进行着频繁接触和广泛交流，彼此学习，相互借鉴，从而使各国的政治、经济、文化等不断发生日新月异的变化。越来越多的人认识到，具有悠久历史文化的中、印各族人民，将会发扬以往的光荣传统，充当重要的角色，成为历史发展的强大动力，发挥更大的作用。让我们更加努力，相互学习，取长补短，创造更光辉的未来。

4. 印度文化的基本类型及其特点

印度是一个文化发展很早的国家之一，它与中国、埃及、巴比伦一样，在世界史上古部分里同样占到很重要的篇幅。但是印度因其地理环境关系，它的文化，自始即走上独自发展的路径。

印度和世界上其他国家的文化一样，它的文化发展在很大程度上为它的地形所左右。这个国家的领土被大自然划分成的若干单位都有着各自不同的经历。深邃的江河和蜿蜒的山脉横贯印度，这助长了一种孤立精神的形成，从而使印度分裂为许多小的行政单位，甚至社会单元，这些小单位或单元间的差异又因各地条件的无限多样性而更加深化。倾向于一致和结成一体的趋势，只有北方巨大的河流平原和半岛内地广阔的高原才表现得比较显著。那座把印度同亚洲其余地区隔离了的巨大山脉，虽然使印度自成一体，并有利于形成一种独特形式的文明，但从来不足以维护印度河和恒河流域这块充满欢乐的领土免受野心勃勃的帝王或到处流徙的游牧民族的入侵。这些入侵者通过一些狭窄的山口，相继进入印度。还有那些布满富庶港口的漫长海岸为来自远方的勇猛海盗和冒险家的"帆船敞开大门"。

但是，这些山口和海岸远不只是侵略者与征服者的大门，它们对于印度同外界进行和平交往也大有益处。它们不仅带来了一批又一批虔诚的香客与和平的商人，而且还成为把印度文化与文明传播到亚洲大陆大部分地区和世界其他地方去的通道。

我们说，各国民族文化所以不同，究其原因，首先还是由于自然环境的区别，而影响其生活方式，再由生活方式影响到文化精神。人类文化，由源头处看，从其性质来说，一般分为三类：（1）游牧型；（2）商业型；（3）农耕型。游牧文化发源于草原地带；商业型文化发源于海滨地带以及近海的岛屿；农耕型文化发源于河流灌溉的平原。三种不同的自然环境，决定了三种不同的生活方式，形成了三种不同的文化类型。我们还可以把上述三类归结为两大类，即游牧商业型和农业型。印度文化当然属于后一类，即农业文化类，和中国一样。上述两种类型文化各有特点。游牧商业型起于内不足，内不足则需向外寻求。因此而为流动的、进取的。一般农耕型民族可以自给，无事外求，并继续一地。因此，相对说来，表现为"静定"和"保守"。游牧商业型民族，无论其世界观或人生观都有一种强烈的对立感，对自然则为天人对立，对人类则为敌我对立，因此其文化特点常见为侵略性的。农业型民族在生活上所依赖的是气候、土壤和雨水。这三者非人类自力所能安排，对上述三者从根本上说只能是信任、忍耐和顺应，谈不上什么"克服"与"战胜"。否则，会闹出笑话或受到大自然的惩罚。所以，农业型文化是"物我一体"，或叫"天人相应"，这种文化的特性常见为和平的。一般来讲农民与耕地相联系，生于此，长于此，老于此。因此，他们不求空间的扩张，唯望时间的绵延。希望天长地久，福禄永终。

游牧商业民族，又常具有鲜明的财富观。牛羊孳乳，常以成倍增加，一生二，二生四；因此，其财富有两个明显特征：一是愈多愈易多，二是愈多愈不足，追求积累。而农民则不同，不想积累，唯知生产，因其生产有定期，亩产有定量，而且生生不已，源源不绝，固不愿多藏。因此，游牧商业型文化常为富强的，且不断追求。而农业型文化则为安足的。古代农耕民族的大敌常为游牧民族，古代印度有雅利安人进入印度为例。印度近代农耕的大敌则是商业民族，例如，荷兰、葡萄牙、英国等先后侵入印度便是例证。如此等等。今天的印度文化，同上述文化密切相关，不可分割。今天的印度文化，很难说哪一部分是受了哪种文化的影响，一种文化，在它存在的同时，不可能不受到其他文化的影响，反过来，它也会影响到其他文化。

从气候来看，印度大部分地区处在热带，小部分地区处在温带，北部较冷，南部较热，而有的地方终年 37.5℃。物产丰富，衣食易给，他们的文化大都从多量的闲暇时间里产生或形成。这点与中国不同，中国地处北温带的较北地带，在北纬 35 度左右，其气候、雨量远不能与印度相比。因此，中国人是在一种勤奋耐劳的情况下创造自己文化的。笔者曾同印度朋友说过：你们印度人困难小，至少比中国负担小，你们主要存在“饱”的问题，而中国则有“温”和“饱”两个问题，即不只是“吃饭”问题，还有“温”问题，这里主要指过冬的问题。他们也承认，我们中国人的任务比他们艰巨。当然，这只是相对而言。

人类文化的发展受到自然条件的影响或限制，人类文明与文化是在一定自然条件下和地理环境的基础上发展起来的，在它形成的过程中，会深刻地打上地理环境的烙印。的确，地理环境可以成为一个国家发展的重要原因，但并非是全部原因，如同一个人要生存，水是很重要的一样，但只有水还不够，还需要阳光、空气和食物等。同样，人类的发展在需要自然条件的同时，还需要人们的智慧、奋斗和不满足的追求相配合，人类能以自己的智慧、勤劳和科学方法使自然环境发生变化。经过了几个不同历史阶段的人类历史，从古代原始文明到今天科学发达的时代，所发生的一切进步都是人类不断奋斗、探索和不知疲倦劳动的结果。在印度过去五千年的历史长河中，地理条件并未发生多少根本性变化，可是当地各民族的经济状况、社会形态、文化艺术、宗教哲学等，总之，它们的物质文化和精神文化都发生了不同程度和不同性质的变化。但是，不管如何变化，在它变化的过程中会受到地理条件的影响，而且其变化结果总还带有地方烙印，这即是它的特点。

应如何看待印度民族文化，这是个认真思考的问题。一个国家的民族文化反映在现在，也表现在过去。印度文化也同样如此，即表现在印度以往全部历史进程中。不过，大家知道，印度的历史并不系统，有关文字记载少，尤其是古代。因此，有些人认为，印度的历史无从谈起。关于什么是“历史”，印度著名的历史学家 D. D. 高善必说过：“可以肯定，印度没有一部古代史能像罗马或希腊的历史那样记载得详尽准确。不过，到底什么是历史？如果历史仅仅意味着一连串妄自尊大的杰出人物的名字和令人难忘的征战，那么印度历史就难以编撰了。然而如果重要的是知道某个时期的人们是不是使用犁，而要比知道他们的国王叫什么名字更重要的话，那么印度就有历史了。”

我们应当从全部历史的客观方面来看待文化的真相。第一，应该明白其复杂性，不要单着眼于一枝一节，应放宽胸怀，通视其大体不同文化的融合；第二，应明白其完整性，不同民族群体生活如何统一融合的或相互吸收的或者相互影响的，从多方面来了解：从物质生活，衣食住行，到集体生活，如社会、政治组织以及内心生活，如文学、艺术、宗教信仰和哲学思想等，它们彼此息息相通，相互都有影响。从它复杂的各方面来了解背后的完整性。金克木先生说得好，“整个文化应包括三个部分，即文献、文物和民俗”，缺一不可。“民俗……是有语言的，又是不讲话的。”“要找出文物——物记，还要有人证——民俗，旁证——其他文化，合到一起才算研究文化”。第三，要明白其文化的发展性，如同生命一样，它是向前伸舒，不断成长的，既要看到现在，又要看到过去。通过古今的相互联系，来深刻地了解过去和现在，了解文化的发展性。

印度有自己的地理环境、自然条件、经济状况、社会形态、宗教信仰和历史特点等，所以也就形成了印度独特的文化。它拥有悠久的历史，印度河文明因主要分布在印度河流域而得名。以印度河流域为中心的印度文化在世界上影响很大，它具有丰富的内涵和无比的魅力，长期以来受到世界各国人民的重视，它主要具有以下几个特点：

一是宗教性。印度文化中，宗教信仰不仅是特有的，而且是重要的。印度文化中充满了宗教色彩。古代印度人的生活，几乎各个方面都受到宗教的支配，都能看到宗教的影子，例如，印度教的婚姻，至今还把它看成是一种神圣的宗教仪式，认为夫妻是通过神选定的；同样，对种姓的产生也有种说法，婆罗门、刹帝利、吠舍和首陀罗分别是从梵天的嘴里、胳膊、大腿和脚下出生的。因此，他们的地位不同，所从事的职业也不同。宗教思想的体现是广泛的，从生到死，各个方面，简直是没有宗教就没有生活。

所谓宗教信仰，其最高目的是引导人们追求未来的幸福；生前得福，死后升天，轮回不止，不重名。因此，印度古代没有留下真正的历史著作，与中国不能相比，原因就在这里。

二是古老性。印度是世界文明古国之一，印度文化是世界最古老的文化之一。当世界上不少国家还处在野蛮、黑暗的时代，印度文化已经相当发达了。在哈拉巴和摩亨殊达罗发掘的文物表明，印度文化与文明始于公元前3200年至1700年（这一文明一直延续到公元前1000年）。印度河文明早已进入奴隶社会，从出土的文物可以得到证明。突出的例子是，在一些印章上有奴隶主拷打奴隶和杀人祭神的描绘，出土了一些赤土陶像，他们紧抱双膝蹲着，颈上还有一个前面凸出的镣铐，等等。大多数学者认为，当时的居民是达罗毗荼人。现在他们主要分布在南印度。当时由于雅利安人的入侵，才使达罗毗荼人被迫迁到印度南方。

三是连续性（或继承性）。印度文化不仅古老，而且具有连续性的特点。印度有几千年的历史，但看到今天的印度文化还能想象到遥远的过去，还能理解过去的文化，今天还闪烁着它的光芒。当然，不完全是原来的样子。有些已经发生了变化，如印度的纱丽，有几千年的历史，今天还是妇女们的主要穿着，但其质料与式样当然发生了变化。历史上，多次遭到异族入侵，也不断地改朝换代，可是，一些传统机构、宗教、史诗、仪式、风俗等至今仍然流行，它们并未因时间的流逝和朝代的更改而消失。

四是哲学性。印度文化哲学性较强，历史学家、文学家、诗人、艺术家等，在自己的作品中都富于哲理思想，而且在人们生活中也有广泛体现。

印度人科学世界观的萌芽早在原始公社末期的《梨俱吠陀》时代就已出现。进入奴隶制社会之后开始形成系统的哲学。在印度最早的哲学著作《奥义书》中已经看到唯物主义与唯心主义的对立斗争。唯物主义者认为，某种物质元素（地、水、风、火、金等）是世界的根源，而唯心主义者则认为，梵、灵魂等是世界的根源。在漫长的历史发展中，一直存在着两种世界观的斗争，因此形成了许多派别。唯心主义哲学与宗教有密切联系，长期以来，印度国内外的一些哲学家一直渲染印度哲学是东方精神的产物，是“宗教的哲学”。黑格尔也曾说过：“我们叫作东方哲学的，更适当地说，是一种一般东方人的宗教思想方式——一种宗教世界观，这种世界观我们是很可以把它认作哲学的。”印度宗教所以发达，与此不无关系。但印度的唯物主义也很强大，有其悠久的历史传统，自古至今未曾中断。像印度顺世论那种彻底的唯物主义世界观和无神论在世界哲学史上也实属罕见。印度的唯物主义一般是在各种自然科学，特别是医学、天文学、数学中酝酿而成，它反映了各个时代进步阶级与人民群众的利益和要求。

印度哲学决不单纯是少数哲学家的事，它是群众的世界观，这种世界观有时虽然和宗教信仰混在一起，但他们力图以逻辑思维或辩论的方式了解世界一切现象的根本原因和发展规律，寻求人生终极目的的意义，并且为了解人生和社会的矛盾而做了种种尝试。因此，印度的民间歌谣、寓言非常丰富，哲理性很强。例如：

遮伐加（顺世派）

活着就应把福享，没有人能不死亡；
一旦身体烧成灰，再要重来无法想。

这是古代流行的民间歌谣。唯物主义的派别代表是顺世派。顺世派认为，地、水、火、风四种元素构成身体，从这里产生意识，这些（元素构成的身体）消灭了，意识也就自动消灭了。

顺世派是肯定人生的，否定死后还有什么另外的世界。因此，他们反对祭祖、祭神作为祭祀的依据和祷词的《吠陀》经典，求“解脱”的苦行，指出这些不过是仗此维持生活的人们的谋生手段，无赖的骗人术。

五是神秘性。印度文化充满了神秘色彩，如世界的形成、存在和毁灭分别由三个神来掌管，即梵天（创造之神）、毗湿奴（保护神）、湿婆（毁灭神）。同样与人们经济、生活有关的神还有罗其密，与艺术、知识、才干有关的神是斯尔索迪女神，智慧神是耿乃希。若不敬上述这些神则做事不顺利。同样，还有因陀罗（天神）、阿格尼（火神）、瓦鲁纳（风神）、苏里耶（太阳神）以及罗摩、克里希纳和佛陀等诸神也是各负责一面的，这就是印度。人们认为，若不给他们这些男女众神上供、祈祷，不取悦于他们，就得不到神们的恩典，今世得不到幸福，来世升不了天堂，这就是印度文化的一大特点。因为在印度的传统中，老天至高无上，是真理的化身，取悦于神，也就成了生活的最终目的。俗话说，“我活着，但没有我，我是由神组成的。”

六是吸收性。这是它的另一个特点。印度文化非常活跃，不时地根据需要而吸收进入印度的外来文化。从历史上看，它有各种文化：雅利安人以前的文化、雅利安文化、古代中亚传进的文化、穆斯林文化以及后来的西方文化等，其中当然包括中国文化在内。因此，许多成分进入了印度。如果印度文化缺乏适应能力的话，它早就被毁灭了，被消灭了，但事实并非如此。这种文化是适应性或吸收性都给予它适应了一切形势而存在下来。今天印度的文化，很难说哪一部分受了哪种文化的影响，一种文化，在它存在的同时，不可能不受到其他文化的影响，反过来，它也会影响到其他文化。由于有这种吸收性，使印度文化不仅历史悠久，而且丰富多彩。

七是完整性。印度文化是全面的、完整的，人类生活的最高目的是全面发展，印度文化注意到全面发展，对所谓人生的阶段、不同职责、婚姻、家庭等都做了特殊规定。并且把“法”、“利”、“欲”和“解脱”定为人生平衡的基础，视为人生的四大目的，“利”和“欲”被统一起来，注意到身体、思想和精神三方面的发展。这三方面发展了，才能获得“解脱”，这种思想人们大多具有。同样为了发展智慧和长身体，规定了独身和成家，为了精神的发展规定了林居和出家。现代印度当然没有这些规定了，用“民主”、“人道”、“捐献”、“祭祀”等来实现人民大众的福利。

八是多样性中的统一性。印度文化的多样性中有统一性，印度有多种宗教团体，如印度教、伊斯兰教、基督教、耆那教、锡克教、拜火教等，它们有自己的信仰、风俗、习惯、礼仪和语言等，尽管这么复杂，具有多样性，但全印度都拜毗湿奴、湿婆、罗摩和克里希纳等神，他们的故事流传全印度。同样，有些风俗也是如此。如联合家庭从北到南都存在；结婚时总有些复杂的宗教仪式，全印如此。种姓制度不仅存在于印度教徒中，在穆斯林中也有一定影响。所以多样性中有统一性，因此印度才存在，才发展。

印度历史悠久，文化源远流长，在历史上产生过重要影响。历史在前进，社会在发展，在当今世界上，它同样发挥着重要作用。

5. 印度国语的确定及主要通用语言

（1）国语的确定

印度于1950年在宪法中规定，用天城体字母写的印地语为联邦正式用语。由于印度长期受过英国的殖民统治，所以英语在印度很有影响，基于这种情况，1950年的宪法中还规定英语为行政和司法用语。15年以后，即1965年将以印地语代替，但到1965年4月26日印度人民院又通过正式语言法案，即规定1965年以后，除印地语外，英语仍为印度官方用语。因此，印地语和英语同为官方用语。

值得注意的是，印度流行的英语中，有不少印地语词（当然，印地语中也有不少英语词）混合使用，错综复杂。甚至有些名词用两种语言构成，例如，大家熟悉的印度“人民党”，“人民”取于印地词，“党”字取于英语词。像这种例子很多很多。因此，要想很好地了解和学习印度，仅懂印地语固然不成，但只懂英语也很不方便。

根据按语言建邦的原则，印度承认其他 14 种主要地区语言为有关邦的官方语言。这 14 种主要地区语言是旁遮普语、阿萨姆语、克什米尔语、乌尔都语、梵语、信德语、孟加拉语、古吉拉特语、马拉提语、奥里萨语、泰米尔语、泰卢固语、马拉雅兰语、坎纳尔语（坚那勒语）。这 14 种语言中，除克什米尔语、梵语和信德语外，其余均为有关各邦的正式语言。旁遮普邦的官方用语是旁遮普语；阿萨姆邦的官方用语是阿萨姆语；西孟加拉邦的官方用语是孟加拉语；古吉拉特邦的官方用语是古吉拉特语；马哈拉施特拉邦的官方用语是马拉提语；奥里萨邦是奥里萨语；泰米尔纳特邦是泰米尔语；安得拉邦是泰卢固语；喀拉拉邦是马拉雅兰语；卡纳塔克邦是坚那勒语；印控查谟—克什米尔地区是乌尔都语；北方邦、中央邦、哈里亚纳邦、比哈尔邦、拉贾斯坦邦、喜马偕尔邦等都使用印地语。另外还有一些局部地区的语言，如迈提利语（比哈尔邦达尔班加地区）、道格里语（喜马偕尔邦和印控克什米尔地区）、贡格尼语（果阿地区）、曼尼布尔语（印度北部地区拉贾斯坦邦）等。全印度各民族、部落的语言，再加上方言超过 150 种以上，如果再仔细区分，则多达 1600 种。

（2）印度主要通用语言

印地语（Hindi），属印欧语系印度雅利安语族，为印度国语，使用人口 3.4亿（1991 年），但主要分布在印度北部和中部地区，如拉贾斯坦邦、中央邦、比哈尔邦、北方邦、哈里亚纳邦、喜马偕尔邦和德里地区。印地语分为东部印地语和西部印地语两大地区方言。东部印地语包括阿沃提语、巴凯利语和恰蒂斯加利语、西部印地语包括克利波利语、邦格鲁语、波罗吉语、格瑙吉语和崩代里语。这些方言约于公元 10 世纪前后由流行在恒河流域的晓尔赛尼和摩羯提等俗语发展而来。这一时期各种地方语也先后兴起，如马拉提语、孟加拉语等。后来穆斯林进入北印度，使这些印地语系所包括的各方言，如克利波利语、波罗吉语、阿沃提语等及其文学发生了影响。到了公元 16 世纪，各方言，尤其是波罗吉语和阿沃提语已相当发达，直到 19 世纪，所谓印地语文学就是用波罗吉语创作的。19 世纪时，德里—亚格拉地区的克利波利语取代波罗吉语成为印地语的基础方言。早在 13—14 世纪北印度的穆斯林进入南印度时，克利波利语成为他们共同的交际语言，并以此语言从事文学创作，形成了德干印地语。但德干印地语用的是波斯字体，有大量的阿拉伯语和波斯语词汇。德干印地语后又流传北印度，于是促进了北印度印地语的发展。在当代，当克利波利语采用天城体和使用以梵语为主的语汇时，便是印地语；当采用阿拉伯语—波斯语字体和使用以阿拉伯语—波斯语为主的语汇时则是乌尔都语。印地语的固有词汇大多源于梵语和俗语，但吸收了不少阿拉伯语、波斯语、土耳其语、英语、法语以及葡萄牙语的词汇，用天城体书写，这种字体是由古代婆罗迷字体演变而来，于公元 10 世纪定型。印地语文学开始于公元 11 世纪中叶。印地语共有 11 个元音，33 个辅音，词尾 a 不发音。名词有阴阳性之分和单复数之别。动词有性、数、时、体的形式，分及物动词和不及物动词两大类别，用及物动词表示完成体时，主语需加后置词。形容词随被修饰的名词或代词有性和数的变化。句子成分的排列顺序为主语、宾语、谓语。

泰卢固语（Telugu）属达罗毗荼语系，印度安得拉邦的官方语言，使用人口为 6601 万（1991 年），继印地语之后，它为第二大语言。泰卢固语有亚洲的意大利语之称。发音柔和动听，是印度音乐作品中经常使用的语言，它被认为是一种优美悦耳的语言，受梵语影响很大，梵文词几乎占泰卢固语全部词汇的 80% 以上。梵语长期作为安得拉邦的官方语言，受到学者们的重视和官方的提倡。到公元 7 世纪时，泰卢固语已经成熟并逐渐代替了梵语，于公元 11 世纪发展成为文学语言。

孟加拉语（Bengali）属印欧语系印度雅利安语族，为印度西孟加拉邦的官方语言，在阿萨姆邦南部、比哈尔邦东部一些地区也流行这种语言，又是孟加拉国的官方语言，它由摩羯陀俗语演变而来。在印度其使用人口为 6959 万（1991 年）。

孟加拉语用梵语的天城体书写，此语言是一种相当发达、丰富而富于表现力的语言，有大量文学作品。它吸收了大量原形梵文词，孟加拉语中有 80% 的词来自梵语，以至于文言孟加拉语几乎同梵文没有区别。孟加拉语的语音特别，一般把短元音发成长元音，听起来柔和悦耳。动词无性的变化。

马拉提语（Marathi）属印欧语系，为印度马哈拉施特拉邦的官方语言，使用人口为 6248 万人（1991 年），为印度第四大语言，主要分布于马哈拉施特拉邦、中央邦、古吉拉特邦等地。关于马拉提语产生的年代说法不一，有的说它产生于公元 7—8 世纪，有的说它产生于公元 9—11 世纪，总之，它已有 1000 年以上的历史了。马拉提语采用天城体的写法。在马拉塔时代，官方用语使用的是一种天城体的变形，称作“毛利”，用这种字体书写方便，可以像英语一样连写。马拉提语词汇的 95% 来自梵语和俗语，其余分别来自达罗毗荼语系的语言、英语、葡萄牙语等。名词分阴性、阳性和中性。动词无人称变化。

泰米尔语（Tamil）系达罗毗荼语中最古老和最基本的语言，也是世界上古老语言之一。目前操泰米尔语的人达5300万（1991年），除泰米尔纳德邦外，在印度各地也有分布，甚至在其他国家也有。如马来西亚、新加坡、缅甸和锡兰北部也有不少人讲泰米尔语。

泰米尔语发音独特，字母形状为圆形体，同印度其他语言的字母形状截然不同。它共有31个字母，其中元音12个，辅音19个。古时，在棕榈树叶上或石板上书写泰米尔文字，有一些现在仍保存在坦焦尔的“斯尔斯瓦蒂之宫”图书馆和一些古庙的墙壁上。

泰米尔语文学艺术有两三千年的历史。泰米尔语的古典文学作品除一部分史诗外，其他的都已失传。据说泰米尔纳德的格瓦德布拉摩南面的马杜赖和库马里河以南的广大地区，古代曾被海水淹没，因此文学作品全部被毁，仅在一些庙宇、寺院和学者个人家里保存了一些作品，但这些作品大部分后来也被白蚁咬坏。

乌尔都语（Urdu）属印欧语系印度雅利安语族。为印控克什米尔地区的官方语言。在北印度各邦以及南印度部分地区都有流行。使用人口为4340万（1991年）。乌尔都语和印地语起源相同，书写方法不同，乌尔都语采用的是阿拉伯语—波斯语字体。但穆斯林作家喜欢使用波斯词、阿拉伯语词，婆罗门学者喜欢用梵文词。古代时，宫廷语言是梵语，中世纪穆斯林统治时，宫廷语言是波斯语。在多格拉王朝统治时，乌尔都语取代了波斯语，至今仍是克什米尔的官方语言。“乌尔都”一词源于土耳其语，其意为“军营”。乌尔都语最初形成于12世纪左右，在公元14世纪时为莫卧儿王朝的宫廷用语。因莫卧儿皇帝多在军营内处理公务，因此，所使用的语言称作“皇家军营之语”，即乌尔都语。后随莫卧儿王朝军队远征，因此在印度南方也得到传播和发展，后又回到印度北方正式成为莫卧儿王朝的官方语言。公元16世纪时出现了乌尔都语文学繁荣的局面。今天的乌尔都语中除有源于梵语的变形词外，还有大量的阿拉伯语、土耳其语、旁遮普语和波斯语词汇。

古吉拉提语（Gujarati）属印欧语系印度雅利安语族，为印度古吉拉特邦的官方语言。使用人口为4067万（1991年），主要分布于印度古吉拉特邦。古吉拉提语起源于折罗俗语（Gurjara），和拉贾斯坦语为同一语言，公元15世纪时才形成独立语言。17世纪时才发展成文学语言。因地区不同，口头讲的古吉拉提语互有差异，例如，格奇地区讲的语言，混杂不少信德语；巴拉斯人和穆斯林说的古吉拉提语中使用了大量波斯词和阿拉伯词；科杰族人讲的类似乌尔都语；纯古吉拉提语中梵文的原形词很少，但高深的文学作品中梵文词占40%。古吉拉提语现在采用的书写体是天城体，所不同的是字母较少，字上没有横线，因此对操印地语的人来说，理解古吉拉提语并不特别困难。

克什米尔语（Kashmiri）属印欧语系印度雅利安语族，使用人口为320万（1991年），分布在克什米尔山谷地区。克什米尔语从未做过官方语言，古代时，宫廷语言是梵语，中世纪穆斯林统治时，共同语言是波斯语，多格拉王朝时，乌尔都语取代了波斯语，乌尔都语至今仍是克什米尔地区的官方语言和教育工具，所以克什米尔各地区间的交流主要靠乌尔都语。多数学者认为，克什米尔语在公元13、14世纪时已发展成熟，其历史则可上溯到更早。公元10世纪的一块石碑曾发现用夏尔达字体镌刻的克什米尔语的词句。克什米尔语源于拜夏基俗语，和印度雅利安语族的成分相融合而成。在莫卧儿王朝时期受波斯语影响，而后受旁遮普语影响，近代又受英语和乌尔都语影响。因此，在克什米尔语中，除了有大量梵语词汇外，还有大量波斯语、阿拉伯语、土耳其语、旁遮普语和英语词汇等。克什米尔语的主要方言有邦贾瓦利语、波古利语、拉姆巴尼语和格希德瓦里语等。从穆斯林统治时期开始，克什米尔语一直使用波斯语字母的书写体，但婆罗门学者一直坚持使用夏尔达书写体，现在仍有人使用天城体书写。克什米尔语是印控克什米尔地区的第二官方语言。

马拉雅兰语（Malayalam）属达罗毗荼语系，印度喀拉拉邦的官方语言，使用人口为3037万（1991年），主要分布在喀拉拉邦。“马拉雅兰”一词原为“山地之国”的意思，后来成为当地语言的名字。此语言形成于公元10世纪。在马拉雅兰语中，除有大量的梵文、巴利文、俗语词汇外，还吸收了不少泰米尔语、英语、阿拉伯语、葡萄牙语、荷兰语、法语等外来语的词汇。关于马拉雅兰语的产生，至今众说纷纭。有人认为，它是从梵语发展而来的；有人认为它是从泰米尔语发展来的；还有人认为，它同泰米尔语是姐妹语言。不过，大多数人认为，马拉雅兰语起初只是泰米尔地区的一种方言，后来由于接近梵文，才逐渐发展成为一种正式语言。值得注意的是，喀拉拉人和泰米尔人在历史上曾一度使用同一种语言，直到公元3—4世纪以前，两种语言使用的书写字母还是一样的。《多尔迦比耶姆》是泰米尔语最古老的语法书，书中不少词汇如今在泰米尔语里已不使用，可是，在马拉雅兰语中反而可以见到。人们认为，泰米尔语中两部有名的语言学著作就是马拉雅兰人写的。

另外，泰米尔语的文学著作中，也有不少地方是关于古代喀拉拉人的生活片段。因此，泰米尔语和马拉雅兰语很可能是由同一种古代南方语发展而来的。这个古代南方语到底是怎样一种语言，怎样产生的，人们仍不得而知，于是就借助神话来加以解释。据说湿婆和他的妻子在喜马拉雅山的一座山峰上举行婚礼的时候，许多人从南方来向他们祝贺。由于客人太多，地球失去了平衡。于是老年人纷纷向湿婆建议，请他派一位德高望重的男神仙到南方去，以便把一些人吸引到南方去。湿婆派仙人阿格斯叠担任这个任务。阿格斯叠到南方去讲什么语言呢？无法解决。于是湿婆神把阿格斯叠和语法家波你尼叫到跟前，用两手敲起鼓来。阿格斯叠按照鼓的左半部发出声音创造了南方语言，波你尼按照右半部发出的声音创造了北方语言，即梵语。

公元 9 世纪时，开始出现了马拉雅兰语的文学作品。后来由于地区不同，形成了四种不同类型的文学。马拉雅兰语原来的字母是圆形的，写在贝叶上，后来受到梵语的影响，才改写成现在的样子，但有些字母仍是它特有的，所以马拉雅兰语的字母比梵语用的天城体字母多。现在对马拉雅兰语字母进行了改革，其字母数量比过去有所减少。

坚那勒（Kannada）属南印度的达罗毗荼语系，为印度卡纳塔克邦的官方语言，使用人口为 3275 万（1991 年），除卡纳塔克邦外，相邻各邦如安得拉邦、马哈拉施特拉邦、喀拉拉邦和泰米尔纳特邦也有部分人使用。坚那勒语历史悠久，最早见于公元 5 世纪的石刻铭文。公元 9—10 世纪甘伽国王统治时期，出现了宗教文学作品，坚那勒语受到梵语的影响，它有多种方言，主要有哥德古语、多德语、哥德语和巴德格语。其采用的字体由婆罗迷字体南方分支演变而来。

奥里萨语（又名奥里雅语）（Oriya）属印欧语系印度雅利安语族，印度奥里萨邦的官方语言，使用人口为 2806 万（1991 年），分布在奥里萨邦。奥里萨语是一种由摩羯提语的变体发展而来的，从词汇、语法、句子结构看，同孟加拉语极为相似。奥里萨语受了泰卢固语的某些影响，它虽然采用了孟加拉语似的天城体书写形式，但字母却像泰卢固语字母一样是圆形的，所以有些学者说奥里萨语的书写体是古达罗毗荼语字母的翻版。奥里萨语中吸收了大量的梵语词，尤其在文学作品中特别明显。

旁遮普语（Panjabi）属印欧语系雅利安语族，印度旁遮普的官方语言，使用人口为 2337 万（1991 年），主要分布在旁遮普邦和巴基斯坦的旁遮普省。该语言由古代晓尔赛尼俗语发展而来，到 19 世纪才成为文学语言。旁遮普语字母是师城体，是梵文用的天城体的一种变形，因为是锡克师尊创造和提倡的，所以叫师城体。师城体字母能将语音准确地书写出来，比较科学。讲旁遮普语的人，在印度、巴基斯坦都有。所以，旁遮普语中有三种不同宗教信仰的人的作品。写法也有三种，穆斯林用阿拉伯语字母写，印度教徒用天城体写，锡克教徒用师城体写。

阿萨姆语（Assamese）属印欧语系，是印度阿萨姆邦的官方语言，使用人口为1307万（1991年），主要分布于印度东北地区，“阿萨姆”一词源于蒙古语，意为“不可战胜的”。阿萨姆语最早见于公元7世纪时佛教经典，但成为独立语言则是13世纪的事情。它是从梵语、俗语、阿布婆朗希语和摩羯提语演变而来的。后来又受到几种亚洲语言的影响，例如，那加山地区、曼尼普尔、格恰尔和鲁夏伊山区的居民、阿萨姆河套地带以及北格恰尔山的保罗人、雅利安人讲的语言，主要受缅甸语和藏语的影响；康摩蒂人、杜隆格人、发喀亚尔人和多拉人讲的语言，主要受泰语和汉语的影响。阿萨姆语采用与孟加拉相同的变形天城体字体，只是个别字母略有不同。阿萨姆语中约60%的词汇来自梵语，另外还有不少澳亚语系和汉藏语系的词汇。由于种种历史原因，阿萨姆语文学的发展受到了影响，从其著作及特点来看，阿萨姆语文学的发展大体分三个时期。即18世纪以前是以翻译作品为主；19世纪时期，西方文化进入该地区，阿萨姆语的地位有所提高；到20世纪，新的作家大量涌现出来，作品的体裁和题材多种多样起来。

拉贾斯坦语（Rajasthani）属印欧语系印度雅利安语族，为拉贾斯坦邦的地方语，其使用人口为1430万（1991年），但该语言有多种方言，主要有七大分支，50多种方言。七大分支是：马尔瓦里语、中部和东部拉贾斯坦语、东北部拉贾斯坦语、马尔维语、西部拉贾斯坦语、皮利拉贾斯坦语和旁遮普拉贾斯坦语。上述几十种方言，在语音及语法上均有差别，各有特点，但它们彼此之间互有影响，因此有许多共同点。拉贾斯坦语采用天城体字母，文学作品丰富。

印度的语言一直是个复杂而严重的问题，对这一点外国人感到麻烦，本国人感到头疼。有的印度朋友开玩笑说：“我们印度有多少人，就有多少种语言。”这当然是个笑话，也是个夸张，但至少也说明一个问题，即印度语言繁杂，在一张卢比的纸币上可以看到15种语言的文字并列一起，蔚为奇观。就是同一种语言有时两村之间也有区别。凡是到过印度农村的人，对此都有感受。虽然印度政府都曾把印地语作为国语推广，但在非印地语地区的南方仍有一定阻力，地方语和英语至今仍占主要地位。不过那里很多人所讲的英语与欧美人讲的英语有点异样，乍听起来有点困难，若不习惯，有时也会闹出笑话。目前还有一种现象，即印度流行的英语中，有不少印地语词。当然，印地语中也有不少英语词混合使用，错综复杂。

由于印度民族众多，语言复杂，所以在不同地区，尤其南北两地通话也有一定的困难，文化交流也受到影响，这对整个印度的团结、统一和经济发展不可避免地要带来一些影响。

6. 宗教在印度社会中的地位

人们一提到印度，往往想起佛教，的确，佛教是发源于印度的一种宗教，它在历史上对包括中国在内的不少国家的社会文化影响很大，但佛教并非是印度的唯一宗教，更不是当今印度的主要宗教。现在印度，除了佛教以外，还有伊斯兰教、基督教、耆那教、锡克教、拜火教、印度教等，而人数最多，影响最大的还是后者，即印度教，信仰印度教的人数占印度全国人口的82%以上，而且它在欧美、亚非等几十个国家和地区都有流传。

宗教是人类文化现象之一，历史久远，分布普遍，影响深广。宗教与人类生活密切联系。人类文明的各个部门，人类活动的各个方面，从哲学思想到文学艺术，从政治经济到文化教育，从伦理道德到风俗习惯，从科学理论到音乐美术、建筑以及舞蹈等，无论是社会的价值取向，还是人们的生活方式，都同宗教有着密切的关系。

大千世界非常复杂，要理解这个世界，首先要理解人，要理解人，就必须考察其一切活动，而在一切活动中，宗教起着直接影响，有时甚至是核心作用，尤其像印度这样的国家更是如此。当我们了解印度社会和各民族或各地区的文明或文化的时候，不能不注意它们与宗教的错综复杂的关系，无论是历史，还是现在。

印度人对本国的宗教众说纷纭。的确，要给它下一个确切的定义是很困难的。印度学者认为它（dharm）不等于英文词 Religion，认为两者是有所区别的。此说不无道理。宗教是历史的产物，至于它在历史上起过什么样的作用，暂且不谈，但它带来的一些文化，不少是有用的。宗教有自己的功能和特性，具有很大的包容性，尤其像在印度这样的国家里，这点恐怕是公认的。印度的宗教有非理性和消极的成分，这是事实。除此以外，还有科学的和可取的一面，这也是事实。恩格斯早在一百年以前就指出过，佛教有辩证思想。其他宗教也有类似情况。“宗教也和科学、哲学、艺术一样，不是一时冲动或

者愚昧无知的产物，而是人类有了问题并作了思考的产物。”（见金克木教授：《文化解说》，第 82 页）

印度的宗教正是如此，我们对宗教也必须作如是观。

一个宗教的教义和训诫，在信徒看来是至高无上的，信徒们必须遵从，视为一个人的必备品质和修身养性的重要条件，如若违抗，轻则受到谴责，重则受到惩处，印度教在这方面的表现尤为突出。这样，教义与训诫成了一种强化形态的宗教道德，约束人们思想行为的准则和规范，所以宗教是一种道德；宗教力图以神的观念解释世界，解释人与自然、人与人、人与神之间的关系，因此，宗教又是一种宗教哲学；宗教的礼仪繁多，不同宗教在不同发展阶段其礼仪也有所区别，不尽相同，但都对人们的日常生活或人生的不同阶段有着繁多的规定，起约束作用，有的涉及人的出生、入学、结婚、丧葬等，有的涉及起居饮食，男女私事，社会交往等。因此，宗教也是一种礼仪。宗教为政治起鼓吹作用，政治为宗教起推动和支持作用，两者互相利用，这在历史上不乏其例，即使在今天，印度还有大量宗教性政党和政治组织存在。显然，宗教又是一种政治团体，即宗教政治。从原始宗教的法律到后来具有典章形式的宗教法典及各种刑法，都存在着一种宗教法律，所以宗教包含着“法”的观念和制度。印度的《摩奴法论》便是一个典型例证。它产生于公元前 2 世纪至公元后 2 世纪，是一部宗教与法律合为一体的典范。《法论》（《摩奴法论》）中分门别类地规定了民法、刑法、婚姻法的条例，规定了社会各种族包括国王在内的义务，还规定了社会成员日常生活的准则。《法论》中明文规定了直系亲属六代以内不准通婚，以及反对买卖性质的婚姻等条款。据统计，在《法论》中讲纯粹法律的地方约占全书的四分之一，其余都与宗教伦理有关。讲的是人们在社会中的行为规范。此书非常重要，正如季羡林教授所说：“《法论》给我们提供了不少有价值的有关古代印度历史、宗教、哲学、政治、经济和社会习俗的资料。”对研究印度古代与现代有很重要的参考价值。所以《法论》在印度国内外产生了巨大影响。在国内，当英国殖民统治者给印度人民制定法律时有所参考。在国外，泰国的律书与它有关，在印度尼西亚的爪哇岛上至今还有它的影响，在佛教流行的缅甸又何尝不是如此呢。

印度禁忌很多，不可胜数。这些禁忌都与人们的社会生活有着直接关系，诸如婚姻禁忌、饮食禁忌等，人们的信仰不同，生活习俗有别，所以人们在选择配偶和结婚时往往有种种考虑。为了所谓的婚事吉祥、家庭和睦或生活方便而流行着一些禁忌，但是由于过分强调某些禁忌而不顾及其他，也会给青年男女的择偶、结婚带来困难或不便，甚至造成不幸的悲剧，不同种姓的人结婚困难就是一例。还有一些禁忌，如膳食等，有的相同，有的相反。如有的专食牛肉，有的则视牛如神，绝对禁食。另外还分什么“生食”、“熟食”或“顺食”、“逆食”等界限，不可乱食，有的则不论这些，如此等等，五花八门，非常复杂。而且有些宗教禁忌与法律相似，甚至是不成文的法律，属于一种强制性的规范，对社会和群体稳定起着维护作用。当法律尚未形成时，人们不得不依靠宗教的禁忌行为为自身划定不可逾越的雷池之界。印度有些法律直接取于宗教禁忌行为，自古如此，上面提到的《摩奴法论》就是一例，这就说明，禁忌与宗教信仰有着密切的关系。

一个民族的生存与发展，离不开与其有关的自然环境和生活条件，同时也构成了宗教的内容及其特点。印度广大地区气候较热，植物茂盛，动物繁多。不少动植物与人们生活有直接利害关系，于是成了被崇拜的对象，蛇是其中之一，那里自古有拜蛇的习俗。一些人想要发财致富，就要拜蛇，有些人若有某种疾病或生理缺陷，诸如患皮肤病、不育症或儿女智力欠佳等也要拜蛇。

不仅拜蛇，更要拜牛。牛在印度，备受青睐，算是走了红运。它在印度教徒中被视为最神圣的动物，享有优越的地位，每个湿婆庙里都有牛的塑像，牛是代表繁殖的象征，又是人们维持生存的基本来源。牛有各种用途，母牛提供牛奶，公牛可以拉车，“用牛粪烧饭，香甜可口”，“用牛粪焚烧尸体，其灵魂圣洁，可以升天”。因此，牛受到保护，在古代的《摩奴法论》中明文规定：偷牛者受到严惩，杀牛者判罪，连偷牛粪者都被罚款。由此可见，宗教与人们生存的手段是紧密相连的。

考古学家认为，史前人在一些洞穴中作画，实际是进行一种宗教艺术创作。因此，可以认为，宗教意识的发生要比艺术更早，或者是同期。不管怎样，艺术同宗教有着密切关系。

早在公元前3000年，印度西北部已出现了高水平的艺术成就。在摩亨殊达罗和哈拉巴发现了带动植物图案和原始文字的印章，发现了铜制舞女，石刻人像，以及绘有几何图案的陶器和宝石制的装饰品等。因此，可以推知，印度在史前期已有很悠久的创造历程。这种艺术是雅利安人进入印度以前的作品，是达罗毗荼文明的标志。以后又有婆罗门教、佛教和耆那教兴起，这几种宗教，对印度的建筑、雕刻和绘画艺术的发展都起了很大作用。仅以公元前3世纪的阿育王时代为例，当时曾建有大量石塔，据统计共有84000多座。塔外有栏围绕，雕刻着美丽的浮雕图案。保存至今最完好的有两座，一座是北印度的桑奇大塔，另一座是佛陀加雅大塔。桑奇大塔分为三座，最大的佛塔直径为120英尺，高54英尺，佛塔的周围有围墙，围墙有四道门，门上刻有佛本生的故事以及动植物等，都栩栩如生，形象逼真。佛陀加雅大塔的主体部分为方台形。从塔基到上端渐次减杀，上建圆锥形尖顶，通高为170英尺，十分雄伟峻拔。塔前拱门上，有狮、鹿、牛、象等动物图案的雕刻，都很生动逼真，引人注目。这座宗教建筑反映出浓厚的宗教思想，同时又是精美的艺术品。它们虽已年深日久，但并不影响其艺术光彩，它们是印度人民，也是世界人民的瑰宝。

在南印度也有很好的宗教建筑，并另有其特点。印度教寺塔建筑，有圆锥形的，也有长方形的。这些石料建筑，其内部与外部的雕刻装饰都很丰富、精巧，尤其是南印悉当布朗的湿婆神庙的雕刻，曾将舞人的122个优美舞姿遍布于殿的外壁上，给人以壮丽雄伟之感，可称为宗教与艺术的一种结合。

伊斯兰教建筑另有特点，无论其建筑风格，还是装饰图案都别具一格，对印度文化有很大影响。亚格拉城的泰姬陵被视为伊斯兰教建筑的优秀代表，其建筑材料是大理石、红砂石和各种宝石与黄金。陵墓建在一个很高的四方平台上，用白色大理石砌成，光滑洁白，庄严美观。陵墓的上部是个硕大的白色圆顶，平台的四角各有一座白色高塔，尖尖地刺入天空；四个尖尖的高塔衬托着中间泰姬陵的圆顶，相映生辉，给人一种奇特的美感。

在绘画艺术方面，阿旃陀石窟壁画当首屈一指。该石窟群建成的时间早晚不一，其壁画各具特色。大量壁画以宣扬佛教为主要内容，虽然是为宗教服务的，但其内容都以当时现实生活为基础，是当时社会生活的真实写照。在表现技巧上，构图和谐紧凑，线条舒展，笔调洗练，色泽鲜艳，达到了很高的艺术水平，至今为各国艺术家们所推崇，不愧为印度艺术的宝库，世界人类文化的奇迹。

以上说明，印度的建筑、雕刻和绘画等艺术多以宗教内容为题材，并附丽于寺庙、陵墓、石窟等建筑上。印度的音乐和舞蹈艺术同样多以宗教内容为题材，活跃于庙宇中或各种宗教活动的庆祝上。

印度的音乐和舞蹈不仅历史悠久，而且也同宗教有密切联系。早在上古文献《吠陀》中对音乐和舞蹈就有了记载。在印度，印度教的三大神之一湿婆的另名就叫“舞王”，人们在祭神或过宗教性节日时都举办歌、舞等集会，这已成为印度人民生活的重要组成部分，在现实生活中，流传至今的古代颂神曲、祭神舞很多，可以说印度的音乐和舞蹈是以古代繁仪为基础，大多在庙宇里发展起来的。因此，印度人认为，“音乐和舞蹈的起源是神圣的”，其最终目的是帮助人们信神，所以在大约3000多年的音乐、舞蹈发展中，音乐和舞蹈往往以精神为主导，而艺术处于从属地位。随着宗教的发展变化与传播，随着社会的不断发展，音乐和舞蹈也不断丰富和提高。载歌载舞，而且往往歌、舞并举，这是印度音乐、舞蹈的特点之一。

总之，可以说，从古代的壁画、神像，到当代以宗教题材的绘画，从祭台到陵墓和各种宗教建筑，从原始简单的祈神、拜神舞蹈，到后来复杂优美的舞姿，如此等等，无不包含有艺术的表现形式，因此，宗教也是一种艺术。不仅如此，宗教还涉及星相学、天文学、数学、化学、医学等，如印度教、佛教等不同宗教中有大批精通上述学科的学者，他们对印度文化乃至世界文化做出了重要贡献。如此说来，宗教涉及一切文化，从某种程度上说，宗教创造了自己的文化形式，而这种文化既是一种特殊形态，又是世界文化的一个组成部分，从而丰富了世界文化。

7. 印度的主要宗教及其对社会文化的影响

印度社会一直是个忠于宗教的社会，并以此闻名于世。宗教传统，是印度社会的古老传统，从吠陀前期一直流传至今。宗教是印度人生活的最高理想。

印度，是世界宗教发祥地之一。世界三大宗教中有两大宗教产生于印度。直到现在，绝大多数人笃信宗教。宗教与印度社会、政治、经济和文化有着密切的联系，它深入印度绝大多数人生活的各个方面。

在印度，不管是城镇，还是乡村，是工厂，还是学校，从几岁、十几岁的儿童，到几十岁的老翁，他们同你交谈之间，一定会问你："信什么教?"当你回答不信任何宗教时，许多人甚至青年学生都会感到惊奇，不可思议。在印度，可以说处处有神庙，村村有神池。

印度的宗教和教派很多，除了印度教、伊斯兰教、基督教和锡克教外，还有佛教、耆那教等。人数最多的是前面四种。据2001年统计，印度教徒有8.3亿，伊斯兰教徒有1.38亿，基督教徒有2400万，锡克教徒有2000万，佛教徒有800万，耆那教徒有422万。下面对各宗教分别加以介绍：

印度教

印度是个古老的国家，它具有5000年的悠久历史。在雅利安人进入印度以前，这里的原始土著达罗毗荼人就创造了先进的文化，有了崇拜自然的原始信仰。在公元前 2000 年左右，一支雅利安人开始由中亚进入印度西北地区，逐渐征服当地土著人。到公元前五六世纪，雅利安人由印度河发展到恒河流域。这时，他们逐渐放弃了原来的游牧生活，开始定居下来，改事耕作，遂出现了原始村落社会。随着雅利安人和达罗毗荼人的接触，相互影响不断加深，不仅使雅利安人接受了达罗毗荼人的宗教，连他们的思想、行为以至风俗习惯也受到影响。例如，崇拜湿婆、湿婆林加和偶像，以及在日常生活中对于生、死与结婚等有关的宗教仪式活动也重视了。几个世纪后，雅利安人的宗教仪式、祈祷方式和崇拜火神等习俗，以及语言也使当地的达罗毗荼人受到影响。这就形成由印度河流域的土著人宗教和中亚移入的雅利安人游牧部落的宗教混合而成的吠陀教，其特点为对种种神化了的自然力量和祖先的崇拜。此后在印度最初的奴隶制国家逐步形成过程中，吠陀教被加入了新内容而发展成为婆罗门教。正如有的学者所说，“婆罗门教主张吠陀天启、祭祀万能和婆罗门（祭司）至上。”并在种姓制度的基础上建立起一整套烦琐的玄学体系和祭祀仪式。到了孔雀王朝时期，由于阿育王（公元前 273—前 232 年）大力推广佛教，使佛教得到很大发展。相比之下，婆罗门教有所削弱。直到公元 3 世纪笈多王朝兴起时为止，婆罗门教一直处于衰落状态。但到公元 4 世纪贵霜王朝灭亡后，笈多王朝的十几个皇帝都信仰婆罗门教，给婆罗门教以大力扶植，并把它定为国教。这样，使婆罗门教得以复兴和发展。到了公元 6 世纪，随着笈多王朝的灭亡，婆罗门教的黄金时代宣告结束，反对婆罗门教及其种姓歧视的浪潮此起彼伏。到了后来，又有伊斯兰教进入印度，为了同佛教和伊斯兰教进行抗衡，以求得生存和发展，婆罗门教进行了必要的改革，其影响最大的人物是商羯罗。公元 8 世纪商羯罗吸收了佛教和耆那教的某些教义，经过改革形成了印度教。商羯罗的改革对于印度教的发展具有十分重要的作用。到后来，即从 12 世纪开始又掀起了新的改革运动，即虔诚运动：反对偶像崇拜，反对歧视妇女和种姓制度以及烦琐的礼仪等。运动的代表人物有罗摩奴阇、格比尔等。通过改革，使印度教有了生气，因此得以发展壮大。

印度教综合了多种信仰，它非常复杂，正如马克思曾经指出的那样：“这个宗教既是纵欲享乐的宗教，又是自我折磨的禁欲主义的宗教；既是林加崇拜的宗教，又是札格纳特的宗教；既是和尚的宗教，又是舞女的宗教。”（马克思：《不列颠在印度的统治》载《马克思恩格斯选集》中文版）

印度教虽然没有单一的信条，但是有一条几乎是一切虔诚的印度教徒所信奉的，即多神教的主神论。多数印度教徒是多神论者，他们相信众多神灵。

但他们只向一个天神进行礼拜。

印度教不仅是一种宗教，而且是一种哲学和生活方式。该教认为，人类灵魂永存，并主张通过三个主要途径，即智慧、信仰和行动来实现个体灵魂和无所不在的精神的最终统一。

印度教宣传因果报应和人生轮回，即所谓灵魂的转世。认为生命不是以生为始，以死告终，而是无穷无尽一系列生命之中的一个环节，每一段生命都是由前世造作的行为（业力）所限制和决定。动物、人类和神的存在，都是这个链子中的环节。一个人的善良行为，能使他升天，邪恶行为则能令其堕为畜类。一切生命，即使在天上，死后必有终了之期，所以不能在天上或人间求得快乐。虔诚的印度教徒一般愿望是获得解脱，即脱离生死轮回，在一种永恒的状态之中获得安息，这种状态叫作与梵合而为一。（参见［英］查尔斯·埃利奥特著《印度教与佛教史纲》，商务印书馆，1982 年第一版第 9 页）

印度教还主张非暴力，不杀生。认为任何形式的暴力都是罪恶，即使踩死一只蚂蚁也被视为不仁。

印度教有种姓制度，是它的又一大特点。按照这一制度，人被分为四个等级，有高低贵贱之分，而且生来决定，世代相传，就连他们的职业一般也是固定的，不得轻易更改。各种姓间界限分明，有严格规定，一般互不通婚。这样，一个人的种姓出身决定了他的宗教信仰、社会地位、经济状况及家庭生活。这四个种姓即婆罗门、刹帝利、吠舍和首陀罗。有关种姓制度下面专门要谈。

印度教有丰富的经典和大量的节日。主要经典有《吠陀》、《梵书》、《森林书》、《奥义书》、《摩诃婆罗多》、《罗摩衍那》两大史诗以及《往世书》、《摩奴法典》等。它们的有关内容，其他章节已经介绍，这里不做赘述。

印度教的节日很多。印度由于历史悠久，宗教复杂，所以自古以来，印度形成了很多格调各异、绚丽多彩的宗教节日。这些节日是民族文化财富的一个重要组成部分，是印度古代文化史上不可缺少的篇章，也是民族特点的主要内容与表现形式。

每个宗教节日的出现不是偶然的，都是该宗教在一定历史时期内的产物，有它产生的历史根源和社会条件。早在人类社会的原始时期它就产生了，以后随着宗教的发展，历史的前进，生产力的提高，以及人们能力、智力等发展，这种传统文化越来越显得丰富多彩。它不仅满足了宗教信仰者们的一定宗教要求，反映了他们的生活，也推进和巩固了社会秩序，它独特地起着一种文化功能。

宗教节日作为民族风俗习惯的主要组成部分，属于文化范畴，它在一定程度上反映着各族人民的经济、政治、宗教、思想和生活状况，并影响着社会人们的思想和生活，因此对宗教节日的作用不可低估。但是，随着时代的变迁和社会的发展，宗教节日这种传统文化不免显出它们的局限性，甚至落后性。所以有些节日也会被淘汰，或节日的内容与庆祝方式有所增减或改变，同时也有些新的节日不断出现。

印度的宗教性节日很多，各种宗教都有自己的节日，其中以印度教的节日居多，大的节日就有 140 多个，再加上小的节日，共有多少，难以确说。若再加上其他宗教节日就更多了，无怪有人戏言，在印度，感到天天有节日庆祝。

宗教节日庆祝，时间长短不一，少则一天，几天，十几天，多则长达一月以上。庆祝的规模有大有小，小的一家一户举行，大的多达几十万人，上百万人参加，有关印度的节日回头再谈。

伊斯兰教

伊斯兰教发源于阿拉伯，后来传入印度，成为印度的主要宗教之一。大约在公元 8 世纪初，阿拉伯人的势力发展到了顶点。穆罕默德于公元 712 年征服了信德（第巴尔），然后向北推进，于 713 年征服巴鲁（海德拉巴以南，现在的查拉克附近），之后，他又挥师北上，信德的婆罗门国王达赫尔在拉瓦集结了一支强大军队，双方激战的结果，达赫尔战死，他那支军队虽经过一番英勇战斗，最后战败。在此过程中，伊斯兰教随之传入。公元 1190 年，阿富汗穆斯林廓尔王朝入侵德里，统治北印度。到 1290 年，突厥人的卡尔基王朝征服了南印度。到 14 世纪初，除少数地区外，穆斯林统治者几乎统治了整个印度。15 世纪至 18 世纪时又为莫卧儿帝国所统治，伊斯兰教在印度得到迅速发展，成为国教，作为封建统治阶级的精神支柱，统治印度长达几个世纪。

印度穆斯林既有逊尼派和什叶派，也有资产阶级改良派和封建主义复古派等。当然其中以传统的逊尼派穆斯林人数最多，占穆斯林人口的 80% 左右。

由于印度教种姓歧视严重，引起一些人特别是低级种姓的人的不满，所以首陀罗和吠舍这些低级种姓的人改信伊斯兰教的也不少。这些人一旦皈依伊斯兰教，教友之间一般平等，对“生死轮回”不太重视，当然并非全部如此。

伊斯兰教传入印度后，使不少人改变了信仰，这对印度的宗教、社会、风俗和文化艺术等都产生了巨大影响。与此同时，阿拉伯人由于和印度文明接触，在很大程度上也受到了它的影响。例如，印度的文学、音乐、绘画、医学和哲学等，使阿拉伯人受益匪浅。同时，伊斯兰教自身也有所变化，染上了印度的特色。例如，种姓制度对其影响就是明显例证。不少教徒组成种姓集团，还遵守种姓的种种规定，甚至还举行印度教的祭祀，这就带上了“印度色彩”。

伊斯兰教传入印度后，一方面助长了印度教童婚的流行，另一方面，印度教的童婚又影响了伊斯兰教。这样一来，穆斯林中出现了童婚现象，与此同时，残酷的嫁妆陋习随之蔓延开来。

印度穆斯林不仅与别国的穆斯林有所不同，就是在印度国内、各地也不完全一样。不同地域、不同文化、不同语言和不同教派的穆斯林之间都互有分歧，各有差异。例如，克什米尔地区的穆斯林和喀拉拉邦的穆斯林之间就有许多不同之处。克什米尔地区的穆斯林和孟加拉邦的穆斯林有的方面也有不同，尽管在宗教上同属一教，但在文化和语言方面，他们之间的关系较之于他们各自与当地印度教和非穆斯林组织之间的那种同声相应、同气相求的关系就大为逊色，这是不容否认的事实。

前面提到，印度教种姓影响的结果，在穆斯林内部，也同样有了种姓之分，尽管这为伊斯兰教教义所不容，但是问题毕竟存在。不过，不像印度教内部那么森严就是了。例如，北方邦的穆斯林中，阿什拉夫人属于高级种姓，而阿尔扎尔人就被视为低级种姓，受到歧视，他们中的绝大多数人只能从事繁重的体力劳动。据调查，穆斯林的种姓集团在印度全部城市无产阶级和半无产阶级中，约占20%，城市商业资产阶级及其附庸中占19%，城市知识分子、官吏等人中占11%，农村地主和富农中占5%，贫农和中农占5%，雇农中占7%。

当然，总的来说，穆斯林的经济情况并不很好。有些材料表明，从克什米尔地区到坎尼亚库马里，绝大多数穆斯林属于贫困阶层。印度80%以上的人口分布在农村，穆斯林的农村人口占全国穆斯林总数的73%。在农村，现在的穆斯林大多数属于雇工和贫农，中农和富农较少。城市的穆斯林，多半从事编织业、卷烟业、屠宰业、制鞋业和脚镯生产等手工业，或是从事苦力、车夫等体力劳动。他们大多生活贫困，处于城市生活的最底层。

由于大多数穆斯林所处的地位较低，所以现代教育对他们中不少人来说好像吸引力不大，似乎在他们看来，作为一个艺人或雇农，与其把自己的子女送进学校受教育，还不如叫子女干些活儿，以增加些收入更现实和实惠。穆斯林至今还被有些人视为野蛮人，其中也许与他们经济落后和缺乏教育有关。

随着时代的变化，穆斯林的情况也在发生了变化，穆斯林妇女戴面纱的越来越少，女子上学受到教育的和参加工作的人在逐渐增多。按伊斯兰教的教义规定，一个男子可以同时娶四个妻子，但是现在更多人喜欢只娶一妻。总之，印度穆斯林在变化中。

伊斯兰教对印度社会与文化的影响很大。从中世纪开始，伊斯兰教变成为印度的主要宗教之一。伊斯兰教传入印度后，对印度的文化和人民的生活产生了重大影响。这种影响是印度教和伊斯兰教相互矛盾和融合的结果。因为印度教和伊斯兰教两者的教义不同，所追求的不同，所以两个宗教之间的关系一度紧张。当穆斯林统治者利用其统治者的优势地位强迫印度教徒改信伊斯兰教时，印度教徒把这种做法看成是对本教的侵犯和社会压迫，并因此开展了斗争。这样，在印度教社会中，“守旧性”和“狭隘性”也就严重起来。婆罗门对本种姓的规定更加严格了，为保持所谓血统纯洁和神圣，对婚姻等规定更严格起来，限制女子的活动，“不接触”的思想更加重了，另一方面妇女们的社会地位进一步下降。由于种姓的发展和“狭隘性”加重，使低级种姓的人越来越多地改信伊斯兰教。但是，这种狭隘性产生了另一个作用：促使格比尔、纳那格等人对宗教和社会进行了改革，以缓和印度教和伊斯兰教之间的紧张气氛。后来印度教和伊斯兰教之间的气氛有所缓和，在宗教、家庭和其他领域里都呈现出“和睦”、“合作”、“宽容”精神。伊斯兰教传入印度后，所产生的影响，主要表现在以下几个方面。

（1）对宗教生活的影响

在穆斯林进入印度之前，印度教强调种姓区别，注重崇拜成千上万的神。而伊斯兰教与此不同，它既没有种姓区别，也没有多神论思想。伊斯兰教传入印度后，自然使印度教受到伊斯兰教的影响。印度教的一些改革者强调宗教平等和神的统一性，谴责种姓歧视和种种不合理的社会现象。

在伊斯兰教一神论、宗教平等和积极进取等思想的冲击下，大批下层印度教徒改信了伊斯兰教。这样推动了印度改革运动——虔诚派的兴起和发展，出现了像罗摩奴阇 、罗摩难陀、格比尔、纳那格等这样一些著名的宗教改革家。虔诚运动的目的在于保护印度教和克服社会弊病。这个运动起源于南方，后逐渐普及全印度，并对中世纪时代的精神和社会生活产生了有力的影响。罗摩奴阇对此起了重大作用，他死于公元 1137 年。罗摩难陀为罗摩奴阇学派的信徒，生活在14世纪的最后25年和15世纪的上半期。他把“虔诚运动”从南方传到北方，“宗教仪式的简化，以及传统的种姓条规的自由主义化是罗摩难陀对当代宗教问题的解决所做的最重要的贡献”。有人认为，这些新奇的东西至少在某些程度上应归功于伊斯兰教的影响。格比尔是中世纪著名的改革家，他生活在15世纪。有人说：“格比尔写下了一切教派都能接受的著作，而且，如果阅读时不怀偏见，它是有利于全人类解放的。”他认为“种姓规则以及印度教与伊斯兰教的清规戒律都毫无价值”。在宗教领域内，他为印度教徒和穆斯林的团结做了不懈努力。他抱憾地说过：“印度教徒向‘罗摩’呼吁，伊斯兰教徒向‘拉希曼’呼吁，但双方互相残杀，谁也不理解真理。”纳那格是锡克教的创始人，也是位改革家，有人说他并不企图摧毁旧秩序，而只是想改革它，使它适合当时的需要。他得出了“没有印度教徒和伊斯兰教徒”的论断。

印度虔诚运动的出现绝非偶然，在穆斯林统治时期，那些统治者不只是想统治这个国家，而且还想宣传自己所信仰的宗教，同时还反对偶像崇拜，这些当然也影响了虔诚运动。

（2）对种姓制度的影响

印度教徒为了防止受到伊斯兰教的影响，对本教和有关种姓制度做了更严格的规定。这样一来，种姓组织更加严格起来，婆罗门为了提高自己的地位更是不遗余力，但其努力并未完全成功，因为当时受到强烈的反对。而有些种姓，尤其是迦耶斯特、柯帝利种姓以及刹帝利却受到穆斯林统治者的保护。因此，这些种姓的社会地位比以前有了很大提高。其地位仅次于婆罗门。有些刹帝利种姓的人还在穆斯林统治机构中做事，当官，甚至与穆斯林通婚。这样，有些拉其普特人与穆斯林王朝建立了联系。结果，其社会威望仅次于统治阶级。这些重大变化使婆罗门的地位和威望受到很大冲击，他们不得不采取一些保护措施。因此，种姓规定更加严格化。婆罗门对伊斯兰教的力量的壮大感到担忧，为了保持种姓制度和各种仪式的完整性，他们努力限制同穆斯林发生联系。不过，这些做法，除对婆罗门和吠舍种姓的人起作用外，对其他种姓作用不大。婆罗门的严格规定使低级种姓的人深受其害。结果，他们为了摆脱困境而改信伊斯兰教。因此，低级种姓的数量有所减少，使印度教种姓结构发生了重大变化。

（3）对婚姻的影响

印度教徒为了保护自己的宗教，有关种姓的规定比以前更加严格和烦琐起来，在婚姻方面尤其如此。当时的穆斯林统治者们想霸占印度教姑娘为妻，甚至想同印度教寡妇结婚，这当然遭到印度教徒的强烈反对。于是，印度教徒为了保护自己，想出四种办法：

一是实行童婚。降低女孩的结婚年龄，婚龄下降到 8 ~ 9 岁。不仅如此，“指腹为婚”也应运而生，甚至流行起来。二是在高级和中级种姓中女性戴面纱的习俗流行起来，以便不让看到自己的面孔，避免同穆斯林发生联系，这样，就杜绝了与穆斯林结婚的可能性。这种习俗流行的结果，除富人家庭外，印度教女子的教育受到了影响。三是对寡妇再婚做了严格规定。为使规定更加有效，在规定中还附加了一些宗教和道德色彩。结果，限制寡妇再婚的规定对高级种姓的人起到一些作用，但对低级种姓的人效果不大，他们不理那些规定。四是大力宣传寡妇为夫殉葬，并把这种做法视为最大的贞节和最高的美德，这种做法一度蔓延开来。

（4）对建筑艺术的影响

当伊斯兰教的影响从公元初传入印度这块国土时，那里已存在着婆罗门教、佛教和耆那教的艺术风格，随着伊斯兰教在印度的不断传播，印度艺术和伊斯兰教艺术的相互影响不断加深。在一些庞大建筑工程中，地方色彩的建筑形式和方法经过创造性的改良，同伊斯兰教的建筑格调结合起来。穹隆室、圆屋顶、拱门、几何图案和题铭，都为印度建筑所广泛采用。于是，出现了许多新的建筑形式，例如，带有高塔的清真寺、圆形屋顶的陵墓等。这些新颖建筑与印度原有的雕塑华丽的建筑完全不同，它的优点在于外形有精确的几何图形，内部开阔明亮，完美的对称形式和各种颜色巧妙配合。

我们知道，一般所称的伊斯兰教艺术，并不是指单一的艺术风格，伊斯兰教的信奉者，如阿拉伯人、波斯人或突厥人等，吸收了西亚和中亚、北非和西南欧各地的艺术。这些艺术根据宗教的需要和个人的喜好，同古印度艺术的不同地区的风格结合在一起，形成了一些新的“印度式”的建筑风格，这些风格在各邦，如绍纳福儿、孟加拉、比贾普尔、古吉拉特等地又迥然不同。在德里，由于穆斯林人数较多，所以，伊斯兰艺术的影响也大，而在绍纳福儿和德干却以当地的风格占优势；在孟加拉，征服者接受了用砖砌造建筑物的方法，而且在建筑物上饰以凿状和线条状的装饰，这些显然是受到印度教艺术的影响。在印度西北部也有类似的情况。他们的建筑物既有圆顶、高塔、拱形门等特点，也有几乎原封不动地照搬优美的古吉拉特风格的地方，才建成了一些印度中世纪历史上最出色的建筑物。

这种外国和本地建筑风格结合，绝非偶然，其重要原因是：①穆斯林进行建筑时雇佣了印度工匠和雕刻匠，这些人在工作中自然受到本国传统艺术的影响。②在穆斯林入侵的初期，清真寺是用印度教和耆那教寺庙的材料建成的，有时仅仅是将这些寺庙做某些修改，以适应征服者的需要。③虽然印度和伊斯兰风格在某些方面具有明显的区别，但两者之间也有相似之处，使它们容易融为一体。许多印度教寺庙和穆斯林清真寺有个共同特点。即有由房间或者柱廊围成的露天庭院，所以按这种平面设计建造的寺庙自然便于改造成清真寺，征服者也确实是这样做的。④无论伊斯兰教艺术，还是印度教艺术，本来都是装潢艺术，装饰对二者都同样重要，这是两种风格之间共同的基本特点，两者本身的存在都依赖于这点。

在突厥—阿富汗时期，印度教和伊斯兰教文化的相互影响，在社会、文化和艺术等领域内造成了和谐一致和相互了解。这种“和谐一致”在莫卧儿阿克巴统治时期发展到了前所未有的程度，甚至到他的继承者和后期莫卧儿统治者的时候也未完全消失。

在建筑方面，莫卧儿时期不完全是一个创新和复兴的时代，而是在突厥—阿富汗后期已经开始的过程中继续向前发展并达到登峰造极的时代。“是印度封建制度末期的艺术最后高潮”，事实上，1526 年以后一个时期的建筑和前一个时期一样，是穆斯林和印度教的艺术传统和成分的巧妙结合。

印度莫卧儿统治者大多是伟大的建筑师。尽管巴卑尔在印度的统治时期很短，但是他还是抽出时间在其《回忆录》中批评印度斯坦的建筑艺术，并想建造大型建筑物。据说他曾从君士坦丁堡邀请著名的阿尔巴尼亚建筑师锡南的徒弟来印度修建清真寺和其他纪念物。巴卑尔也曾雇佣印度的石匠建造他的建筑物。他在《回忆录》中说：“每天有六百八十人在亚格拉建造他的建筑物，每天差不多雇佣一千五百人在西克里、比亚纳、多普尔、瓜利奥尔和丘尔建造寺庙。”巴卑尔建造的大型建筑物大都已荡然无存，至今仅留下三座小的建筑物，一是位于帕尼特的卡布利·巴格的纪念性的清真寺（1526 年）；另一座是位于罗希尔坎德的桑巴尔大清真寺（1526 年）；第三座是位于亚格拉的洛迪古堡内的清真寺。胡马雍统治时期的建筑，一座是位于亚格拉的清真寺；另一座是在旁遮普的希萨尔县的清真寺，这座清真寺大约建于公元 1540 年，有波斯风格的加釉砖瓦装饰。后来建于 1545 年的德里城内的清真寺，以其鲜明的建筑特点在北印度的建筑物中享有盛名。舍尔沙陵建在比哈尔邦沙哈巴德县的萨萨兰的一个湖中间，其设计宏伟，是印度—穆斯林建筑的奇迹之一，显示了印度教和穆斯林建筑思想的巧妙结合。这一伟大建筑在政治、文化和艺术上扩大了莫卧儿大帝阿克巴的影响。

阿克巴统治时期（1556—1605 年）的建筑有了显著的发展。这位皇帝以其一贯的一丝不苟的作风，认真研究并掌握了这种艺术；他思想开明而善于综合各派艺术，能以来源不同的各种艺术思想充实自己，主持进行了大规模的建筑。他那个朝代最著名的纪念物是在德里的胡马雍陵墓、亚格拉和拉合尔的城堡宫殿以及法特普尔·西克里的建筑物。他母亲出生于一个波斯的谢赫家庭，虽然他仍坚持从母亲那里继承来的波斯思想，但是他对印度教徒的宽容，对其文化的认同以及争取他们拥护他的事业的政策，使他在主持许多建筑工程中采用了印度教的风格，这一点在法特普尔·西克里的许多建筑物中和在拉合尔城堡中都可得到证明，甚至在通常人们认为显示波斯艺术影响的著名的胡马雍陵（公元1569年初建成于旧德里）中，其底层平面图也是印度风格的。这座大型建筑物的外表大量使用白色大理石，而没有波斯建筑师所惯用的彩色砖装饰，也显示了印度的建筑风格。

锡坎达拉的阿克巴陵墓是在阿克巴在世时设计的，于公元1605年至1613年间用白色大理石建成。它由五层越高越小的平台构成，最高一层上有一个拱形的屋顶。这一结构图样显然是受到印度教寺院的影响。

查罕杰皇帝爱好艺术，其建筑风格具有高度的美学风味。查罕杰在位期间建成的建筑物不多，与其父亲的建筑纪录无法相比；但是有两座建筑物特别重要，一是阿克巴陵墓，另外一座是亚格拉的伊蒂马德—乌德—道拉墓，后者完全用白色大理石建成并饰以次等宝石的镶嵌工艺品。在乌代普尔的戈尔·曼达尔寺中也发现有公元1600年以后的这种工艺品。这是拉吉普特的一种风格，很可能是印度一种较古老的风格。

是个多产的建筑家。他对绘画艺术兴趣不浓，但他的全部注意力却集中在建筑上。因此，他的建筑物以“优雅美丽”而著称。他的建筑艺术加强了装饰技巧和追求豪华奢侈的倾向。经过金饰玉镶的白色大理石已成为最惯用的材料。在亚格拉、德里、拉哈尔、喀布尔、克什米尔、坎大哈、阿季米尔、阿默达巴德、穆赫利普尔等地所存在的许多庄严而美丽的大厦、宫殿、城堡、花园和清真寺都要归功于他。他花在这些建筑物上的开支无法做出确切的估计，达数亿卢比则是无疑的。沙·贾汉的建筑在宏伟与新颖方面虽不及阿克巴的建筑，但炫耀豪华和丰富巧妙的装饰方面则更胜一筹。他在德里修建的建筑物，如勤政殿和枢密殿特别证明了这一点。在他统治时期的另一座值得注意的建筑是泰姬陵。建于1632—1648年，陵基连同台基和尖顶的高度共有75英尺左右。陵基的两侧是两座用红砂石修成的建筑物，正面是花园。这样，构成了这座建筑物的协调整体。沙·贾汉花了500万卢比在他宠爱的王后泰姬的墓穴上修建的这一座金碧辉煌的陵墓，由于它的美丽和宏伟，被人们视为“艺术之花”，是世界奇观之一，具有极高的艺术价值。关于设计和建筑这座陵墓的建筑师到底是谁，对此历来众说纷纭，意见不一。一位探讨印度艺术的学者在研究这座陵墓时有如下看法。第一，泰姬陵的平面图和主要特点不完全是新的，因为“从舍尔的陵墓、胡马雍的墓和贾普尔的纪念物上都可很容易看出其风格上的师承关系”，甚至“大理石和其他石头的花边，以及大理石上的宝石镶嵌工艺品”在西印度和拉吉普特的艺术中也已存在；第二，“白色大理石和具有印度特点的某些装饰的大量使用”，使我们觉得没有理由像通常那样过分强调波斯的影响在沙·贾汉的建筑物中的支配作用；第三，考虑到莫卧儿时期印度与西方世界，特别是与地中海地区的往来，相信西方世界的艺术的某些因素在16世纪和17世纪期间对印度艺术有影响，并且在当时印度的各个地区有一些欧洲建筑师，这也是符合历史逻辑的。

奥朗则布统治时期建筑的风格已开始走下坡路。他不像前辈那样鼓励建筑。他在位期间修建的几座建筑物只是对较古老的样板不高明的模仿，其中最重要的是公元1647年建成的拉合尔清真寺。

（5）对绘画艺术的影响

绘画艺术方面也受土耳其、伊朗的影响，这是同古代印度艺术风格结合的产物。穆斯林国王自己就喜欢艺术，巴卑尔本人不仅有很好的文学天才，而且还是位画家。像他帖木儿人的祖先一样，他对绘画艺术给予了大力赞助。在他的《回忆录》波斯文译本的阿尔瓦尔手稿中的图画也许代表了他那个时代发展起来的风格。胡马雍（莫卧儿王朝一位著名皇帝）也爱好艺术，喜欢画画儿，他在流亡波斯期间还对中国和波斯的音乐、诗歌和绘画进行了大量研究。他注意向波斯艺术家学习。公元1550年他从伊朗请过两位画家，一个是米尔·赛依德·阿里·德巴里吉，另一个是夸瓦加·阿巴杜斯莫德·希拉吉。胡马雍及其儿子阿克巴曾向他们学习绘画艺术。后来这两位艺术家与印度的一些艺术家一道工作，形成一派，成了莫卧儿画派的核心。阿克巴大帝也喜欢绘画艺术，并且不顾伊斯兰教关于禁止描绘生物外形的禁令，而赋予绘画艺术以一种宗教色彩，他认为，“似乎画家有认识真主的十分特殊手段”。阿克巴曾把绘画作为一种建筑装饰而广泛使用。莫卧儿时期的绘画一般都是壁画。在阿克巴大帝时期（1556—1505年）开办了一百多个与皇宫有关的大绘画馆。在阿克巴的宫廷中有17位著名的画家，其中有米尔·阿里、阿巴杜斯莫德、佛鲁柯外格、杰姆歇德等著名的伊朗画家。印度教画家有德斯温德、巴萨温、桑沃勒达斯、达拉金德尔、穆耿德、何里温希和杰耿纳特，等等。

这些艺术家擅长人物画、动物画和图书连环画。阿克巴曾下令让这些画家为《金改杰·纳玛》、《杰佛尔纳玛》、《罗摩衍那》、《摩诃婆罗多》等重要作品绘制插图。在阿克巴的奖励下，出色的印度绘画艺术复兴了，并接受了新的方向。“一个新学派开始繁荣起来，这是一个属于肖像画和插画的学派，他们喜爱生气勃勃，人物众多的有戏剧意味的场景。这种气氛与其说使人想到伟大的罗棱斯时代的佛罗伦萨，不如说使人想到帝国时代的罗马。阿克巴的奖励如果没有为印度本地各艺术流派的复兴提供榜样和机会，那这种奖励的结果不会有这样的价值。”“在阿克巴大帝时期，可以看到印度教艺术和中国—伊朗艺术成分的结合，后来这种外来成分逐渐减少，发展成为以印度的成分为主了。”

到查罕杰时期为止（1627 年），莫卧儿绘画艺术达到了高峰。查罕杰是个“艺术涉猎者”，他对绘画训练有素，也是个小型绘画的爱好者，他的朝代以完成驰名的莫卧儿花园的设计而令人注目，这些花园有台地形式的广场，有人造池塘和许多喷泉。莫卧儿艺术风格，除了具有高度的美学风味外，还标志了由阿克巴和查罕杰时代的简单的砂石建筑到沙贾汗时代的白色大理石结构转变。阿布勒哈森、门苏尔、摩诃德·纳迪尔、威欣达斯、高沃尔顿和莫瑙合尔是查罕杰王宫里的著名绘画家。查罕杰的艺术家对阿克巴时期的绘画艺术又有了很大提高，威欣达斯擅长人物画，门苏尔和莫瑙合尔擅长鸟兽花卉画。在查罕杰（1605—1627 年）时期，在宗教画中，有关伊斯兰教的画很少，有关《罗摩衍那》、《摩诃婆罗多》等印度教文献的图画很多，当时的人物画、飞鸟走兽画以及植物花草画都很形象逼真，代替了宗教男女神像画，这个时期的绘画艺术很注重画的形象美，这也是当时绘画的特点之一。另一个特点是色彩的巧妙有机搭配，对红色、金黄色、蓝色、绿色和银色等的恰当运用，使画非常生动。查罕杰之后，莫卧儿艺术开始衰落。沙·贾汉对绘画艺术不感兴趣，他的全部注意力集中在建筑上，对建筑艺术有浓厚的兴趣。不过，在这个时期，绘画艺术的传统还是一直保持的。到奥朗则布统治时期，绘画艺术明显衰落下去，这种情况的出现与皇帝的不支持有关。

（6）对音乐的影响

从传统上看，伊斯兰教不注重音乐，但到后来，当穆斯林同波斯的苏菲派发生联系和一些穆斯林音乐爱好者与印度教徒建立联系以后，使他们的思想发生了变化。印度教徒在宗教节日庆祝时，往往举行音乐会，音乐吸引了一些人，所以在德里苏丹王朝时出现了一些音乐家，其中以诗人阿米尔·库斯洛最为著名。据说他创造了一些“拉格”，诸如，斯尔巴尔达、吉勒夫、康根利等拉格。除此之外，他还将波斯的马卡姆与印度的兴都尔拉格加以结合，形成了新的拉格，即耶曼拉格，流传至今。所谓“拉格”用中国专门研究印度音乐的陈自明先生的话说：“拉格是一种旋律的框架，它有很多种，每种拉格都有自己特有的音阶、音程以及特定的旋律片段，并且表达某一种特定的情绪。拉格好像是一种表达特定情感的固定旋律内结构，或者可以说与我国戏曲音乐中的曲牌相似，但也有不同。”在拉格的发展方面库斯洛做出了杰出贡献。另外，在乐器方面，他发明了七弦琴和手鼓等，还创造了名为贾尔达勒、苏勒发格和阿腊等节拍。阿拉乌丁统治者本人就是一位音乐爱好者，他征服南印度之后，把一些音乐家亲自带来。由于穆斯林统治者的努力，使古代印度的音乐和伊朗的音乐相结合，从而产生了一种新的形式。诗人劳金的《拉格·德冷吉尼》即是这一时期的代表作品。

在阿克巴大帝统治时期，印度的音乐又有迅速的发展。他统治时期，“拉格”受到外国的影响，结果使北印度的音乐发生了变化。阿克巴大帝就酷爱音乐。因此，他为音乐家们提供了很多方便和种种保护。据《阿伊挨·俄格巴里》中记载，阿克巴的宫廷里有36位著名的音乐大师，如纳耶格·白纠、高巴尔、瑙巴得·康、丹·德冷格·康、莫锡德·康等都是著名的。汤森也是阿克巴大帝宫廷的宫宝之一。他为印度音乐开辟了新的道路，人们形容他的歌声有“呼风唤雨的神力”。瓜廖尔的国王曼辛哈也是当时音乐的主要保护者之一。以上说明，穆斯林和印度教徒的共同努力，使音乐有了很大丰富和发展，而且其传统流传至今。

基督教

基督教在世界各地传播很广，影响很大，人们对它多有了解，它虽然不是印度的产物，但它在印度也有相当的影响。

基督教很早就传入印度，目前全印度基督教徒人数为1960多万。据有关记载，公元1世纪时耶稣的12个门徒之一的圣托马斯就曾来到印度南方喀拉拉邦传播基督教，他的遗体至今还保存在蒙格拉布拉摩的教堂里。

到公元4世纪时，基督教徒从巴格达、耶路撒冷等地来到南印度喀拉拉邦传播了基督教，使基督教在喀拉拉邦不断发展，后来又有葡萄牙的传教士也来到印度进行传教活动。尤其自15世纪以来，基督教会一直得到当地政府的大力支持，这对基督教在印度的传播起到很大推动作用。公元1541年葡萄牙的传教士在果阿成立了耶稣会。从1580年至1595年间，耶稣会曾先后派3个布道团进驻当时的莫卧儿帝国阿克巴王朝。后来又有英国圣公会的传教士随着东印度公司也来到印度，他们先后在苏拉特、马德拉斯和孟买成立宣教会，不断宣传教义，修建教堂、接纳教徒。进入 18 世纪，丹麦、德国路德教派传教士将新教传入印度南部，但当时受到东印度公司的禁止，使基督教的发展受到影响。直到 1813 年东印度公司的禁令取消后，欧美国家大批新教传教士才纷纷来到印度，宣传新教，并于 1914 年在那格浦尔成立了“全国基督教委员会”，还出版了 40 多种有关刊物。到 1931 年全印基督教徒多达几百万。基督教的传播也受到葡萄牙、荷兰、英国商人和士兵以及各国政府的影响。由于印度存在着森严的种姓制度，低级种姓备受歧视，社会地位极其低下，这就迫使不少印度教徒皈依了基督教。今天，从全国来看，喀拉拉邦的基督教徒比印度任何一个邦都多。基督教在喀拉拉邦开办了许多教会中学和教会学院，组织了青年基督教联盟以及青年妇女基督教联盟组织，为男女青年基督教徒服务。

印度独立以后，南印度的公理教会、联合教会和马德拉斯、特拉凡哥尔、廷内韦利、多纳卡尔四个圣公会主教管区教会正式联合，成立南印度教会，统一领导南印度天主教与新教各组织的活动。

基督教在印度有几个分支，例如，叙利亚分支、伦敦教会、丘奇教会、妇女教会以及兄弟教会等。其中兄弟教会的教规与众不同，它的教徒从不进教堂做礼拜，而是聚在一家，通宵击鼓，集体祈祷。

基督教传入印度后，对印度社会和文化产生了不小影响。基督教的《圣经》在印度被译成了多种印度语言文字，如印地语、孟加拉语、泰米尔语、马拉雅兰语和坚那勒语等。与此同时，还出版了与此有关的多种刊物。这样，不仅促进了印度语言的发展，而且通过对基督教的宣传，还促进了英语在印度的推广，使人们的思想观念也受到影响。大约 100 年来，基督教传教士和有关宗教组织开办了一些“福利事业”和“服务性行业”，为低级种姓和一些部落民的文化提高做了大量工作，“不可接触者”种姓受到基督教影响以后，冲击了一些陈旧的传统观念，他们的社会地位和经济状况也得到一定改善。由于受到西方影响，使印度教的教规和宗教祭祀受到了冲击，削弱了一些人对印度教的虔诚程度，甚至不少人改信了基督教。由于基督教的影响，一些宗教和社会改革者出于克服印度教弱点的目的，发展了新的宗教团体，拉姆·摩罕罗易在孟加拉邦建立的“梵社”就是受基督教的影响之后建立起来的。“上帝只有一个，所有人一律平等，彼此都是兄弟”，就是这个组织的主要原则。他反对种姓制度和偶像崇拜，并且主张：吸收所有宗教的优点。在孟买于 1867 年建立的“祈请社”的领导者为拉纳戴和朋达格尔，其目的也是想改革印度教，消除种姓歧视，在平等原则的基础上克服社会上的陋习。“梵社”和“祈请社”的成员公开宣布妇女应该受教育，寡妇应该再婚，不同种姓可以彼此通婚。在基督教的影响下，印度出现的一些重大改革运动，在社会上产生了一定影响，起到积极作用。

基督教的影响不只是表现在较先进地区，在落后的部落民地区也有重大影响，其影响主要是通过基督教传教士而实现的。他们为了宣传宗教和开展自己的事业而修路架桥，发展交通。这样，促进了各地的联系，传播了宗教。传教士在部落民地区还开办了不少学校、医院、孤儿院等，但他们在学校对学生进行文化教育的同时，也对部落民儿童进行了基督教的宣传，使儿童从小就受到基督教的教育；在医院里，给患者治病的同时，还往往施加某种压力，以使患者改信基督教，如此等等。

基督教传教士在部落民地区开展了种种工作，最重要的是在部落民中传播了基督教，使部落民的社会文化受到影响。宗教的影响不只限于宗教的本身，而且还影响到改变宗教思想、习俗、传统及生活方式，其结果使人们脱离了自己的传统文化体系，如那些接受基督教的贡达人、皮尔人等，他们把自己同本部落民的其他人区别开来，甚至在同一家庭中，基督教徒与非基督教徒彼此开始歧视起来。传教士的活动使部落民从一个无货币的经济制度进入讲货币的经济制度中。在货币流通的情况下，活跃了经济，促进了交流，但在部落民社会中，剥削阶级、高利贷者出现了。有些人在金钱的引诱下，不道德事情也出现了。总之，随着基督教的传入与流传，使部落民的社会、文化等方面都受到影响。

锡克教

锡克教是印度的宗教之一，“锡克”一词，来源于梵文，意为“学生”、“弟子”、“信徒”等，锡克教于15世纪末由那纳格创立，它原属于印度教的一支，由于印度教虔诚派运动的开展，后来发展成为一个独立的宗教。现在锡克教徒人数约计1700万，其中大部分生活在旁遮普邦，其余散居在德里地区、哈里亚纳邦、泰米尔纳特邦和孟买等地。在国外，如英国、美国、泰国和加拿大等也有分布。

锡克教徒强调尊重本教的首领和祖师，尊称为“古鲁”。从第一师尊那纳格（1469—1539年）算起，到高温德·辛哈（1666—1708年）为止，先后共有10位师尊。之后，虽然还有其他人继任领导，但都不再称为师尊。按照规定，凡承认锡克教义、10位师尊和锡克教的著名经典《戈兰特·萨哈布》

者，皆可成为锡克教徒。

锡克教提倡平等、友爱，强调实干，既反对印度教森严的种姓制度，也不赞成伊斯兰教排斥异教的种种做法，也反对这两教的偶像崇拜和歧视妇女。该教的创始者那纳格曾公开宣称："我的宗教既不是印度教，也不是伊斯兰教。"它是一种试图把印度教和伊斯兰教融为一体的新宗教。锡克教的出现不是偶然的，有它的时代背景和历史根源。

印度教森严的种姓制度和烦琐的教规，引起了贱民和一般教徒的不满。公元8世纪初，伊斯兰教传入印度，强迫人们改信伊斯兰教，使矛盾进一步加剧和复杂化。面对这些尖锐而复杂的种姓问题和宗教矛盾，一些人提出了宗教改革的主张，出现了改革热潮，开展了"虔诚运动"，斗争声势浩大，影响很广。

师尊那纳格主张讲实际，反对朝圣和宗教上的伪善。有一次，他云游到哈里杜瓦尔，看见人们站在恒河里，面向东方，朝太阳浇水，他也站在河里，面朝西方浇起水来。有人认为他是个疯子，也有人上前和他辩论，问他："你朝西给谁浇水？"那纳格听后反问一句："那么，你朝东面给谁浇水？""给太阳呀！""太阳有多远？""说不清。可你为什么朝西面浇水？""在迦尔达尔普尔有我的田地，都干了，我在给地浇水。"那纳格说。一位学者听了讥笑说："可是，你浇的水连河岸都到不了，怎么能到迦尔达尔普尔呢？"那纳格立刻反驳道："如果我浇的水到不了迦尔达尔普尔，那么你浇的水怎么能到太阳那里呢？"他们被那纳格驳得哑口无言。

那纳格反对男尊女卑。当时，社会上妇女备受歧视，在一些信仰印度教的种姓中，流行着一种杀女婴的陋俗，女孩一生下来，就被杀死。师尊那纳格坚决反对这种野蛮行为，并指出了妇女应有的地位。他认为，在生活中，男子离不开女子，否则没法过日子。他还说，妇女既然能生出帝王、仙人和英雄，她们在男人面前为什么就一钱不值呢？怎么能说她们低贱，微不足道呢？

那纳格活了77岁，他一生以一个普通人的身份传播他的教义，影响很大。他死后，他所创建的锡克教，迅速传播到整个旁遮普和印度河流域。

"锡克"的真正含义是"进了学的人"，或"受过教育的人"，锡克教徒们受的教育不是一般的教育，而是有关英雄精神和维护尊严而献身的教育。这种教育从第一师尊那纳格时就已开始，锡克教开始发展为武装组织，经常与政府军以及印度教徒、伊斯兰教徒进行武装冲突，锡克教的经典《戈兰特·萨哈布》，是其第五代师尊阿尔琼组织编写的，成为锡克教的唯一崇拜物。由于阿尔琼从事政治、宗教活动，引起了当时国王的猜忌，从而被处以死刑。从此，锡克教结束了和平发展的道路。从第六代师尊哈尔·哥宾德开始，锡克教发展为半武装的宗教组织，注重了武装组织和训练，经常与政府军和异教徒发生冲突。到第十师尊高温德·辛哈时，对锡克教又进行了改革，废除了师尊制度，根据形势的需要，完成了锡克教军事化的任务，组成了一支强大的锡克军，并率领这支军队同莫卧尔军队展开了长期斗争。高温德·辛哈为教徒举行过献身仪式，要教徒蓄长发，带发梳、戴钢镯、穿短裤、佩短剑，以区别于其他教团，并随时提醒教徒对本教坚信不移。到1699年，高温德·辛哈在旁遮普的阿南德普尔·萨哈布召开了8000人的大会，会上宣布成立卡尔萨党，以便用武力对付各种灾难，保卫锡克教。同时，还给男性锡克教徒取了一个共同称号，叫“辛哈”（雄狮），沿用至今。

但不幸的是，高温德·辛哈还没有完成推翻莫卧尔王朝的事业，便遇刺身死，死时年仅42岁。后来锡克军的斗争没有停止。锡克人给人以勇敢无畏的印象，这同他们的教育有关。

1919年4月13日，在阿姆利则，有400余锡克人遭到当地英国人的屠杀，致使许多锡克教徒纷纷脱离英国人的控制，参加到圣雄甘地所领导的自由运动中去，各种形式的斗争，此起彼伏。在印度独立的斗争中，锡克人起过重要的作用，为印度的独立做出了贡献。

佛教

佛教的创始人是悉达多·乔答摩（约生于公元前563年，死于公元前483年），他属于释迦族，为刹帝利种姓，他诞生在迦毗罗卫（今尼泊尔南部提罗拉柯特附近），父亲净饭王是释迦族的酋长。他母亲摩耶在产他时死去，后由其姨母，也是他的继母普罗阇帕蒂·乔达米将他抚养成人。悉达多16岁时与一位名叫耶输陀罗的女子结婚。他生有一子，起名叫罗睺罗。据记载，悉达多自幼生活在奢侈的生活环境中，后曾先后外出，看见一位躺在地上生命垂危的病人，手持拐杖的老翁，被抬去火化的尸体和一个平静的出家人，尤其看了前三者后，悉达多深感到人生的痛苦和不幸。而他看到出家人后，则很高兴，他为那清心寡欲的出家人的恬静无为生活所吸引，并决心出家为僧。

一天深夜，悉达多离妻别子，告别家庭，出去寻找摆脱人生痛苦的道路，当时年已29岁。一个时期他在王舍城两位高僧的指导下研究哲理，后来又游历王舍城和加雅附近的苦行林以及许多地方，仿效苦修者实行最严厉的苦修。但大约7年已过，他获得解脱的愿望无望，于是他放弃苦修，来到尼连禅河附近加雅的一棵菩提树下参禅七天七夜，冥思苦想，坐着一动不动。最后，终于使他悟道成佛（觉者），时年 36 岁。从此以后，他以释迦牟尼即释迦族的圣人著称于世。“佛陀加雅”一城名的由来也与佛陀有关。

他获“道”以后，开始了他的传道生活。由加雅出发，先去贝拿勒斯附近的鹿野苑初转法轮，遇到 5 位苦行者，以前他们曾在吴鲁外拉见过面，当这 5 位苦行者从远处看见佛陀时，他们想：这不就是那位悉达多吗？苦行中断的那位，他失败了又来到这里，我们不欢迎他。但当佛陀走近时，看到他精神焕发，满面红光，这 5 位苦行者惊呆了，马上站起来向他行礼致敬。佛陀对他们进行了教诲。在加雅菩提树下经过冥思苦想所获得的智慧和觉悟，先后告诉了这 5 位。他们成了佛陀的弟子。在佛教史上，鹿野苑的这个教诲很重要，因此，佛教界继佛陀加雅之后，鹿野苑则是另一重要圣地。佛陀在那里获得了 5 位弟子。在以后的 45 年中，他云游各处。他在奥德、比哈尔及其邻近地区宣传教义，广收弟子。他反对种姓歧视，广泛接触各界人士，上至统治者，下至低级种姓。他不主张一味耽于逸乐，也不提倡过分自我克制，而应避免极端，主张走中间道路。因此，受到各界人士，特别是低级种姓人们的欢迎。随着佛教信徒人数的日益增多，组织了教团，定出了戒律。后来也吸收妇女参加。

佛陀后来又从鹿野苑来到吴鲁外拉，有上千的婆罗门住在那里，他们燃着圣火念咒祭祀，听了佛陀的教诲后也成了佛陀的追随者，迦希耶伯是他们几个人的头子，后来他成了佛陀的主要弟子之一。迦希耶伯加入之后，佛陀的声誉大震，他从吴鲁外拉与弟子们一道去王舍城，他们在城外一个小丛林中安营扎寨，当时正值摩揭陀国王比频萨尔在位，他及其同僚接见了佛陀，并听了佛陀的说教。在王舍城佛陀又接收两名重要弟子，一位叫萨尔布德，另一位叫高戈兰，这两位都是有影响的婆罗门王子。一次当他们坐在路边谈论某一问题时，一位佛教徒路过，这两位婆罗门王子立刻把目光投到他的身上，他们见了此人的举止风度和面部表情之后对他很感兴趣，想了解有关他的事情。佛陀接待了他们，也收他们为弟子，两人十分高兴。后来，这两人成了著名的人物，为宣传佛教做出了重大贡献。

佛陀的主要工作基地在摩揭陀，他多次带着许多弟子到过这里，进行传教活动。当他 80 岁时，他从王舍城开始长途跋涉到古欣那迦尔，旅途中他因身体不适，中间歇息几天，体力有所恢复，但是体质有所下降，从外夏里到古欣那迦尔时他又病倒。在身体欠佳的情况下抵达古欣那迦尔，在黑朗优沃德河边搭棚住下，他的健康状况进一步恶化。当佛陀健康不佳的消息传开后，很多僧人从四面八方赶来探望，表示非常担心和不安。佛陀见此情景，对他们说："你们可能在想，你们的师父要同你们分别了，不要这样想。我告诉你们的那些理论和教诲，那就是你们的师父，将永远存在。但是我仍然告诉所有弟子，孩子们，你们听着，我对你们说：有来就有去，有生就有死，不要有不切实际的想法。"这是佛陀的最后遗言，然后他就闭目与世长辞了，享年80岁。

佛陀死后不久，其主要弟子在王舍城举行过一次大结集，就佛陀的教义做了一次完整的编集，但佛教的经典文献在一二百年之后才最后形成。文献的总名为三藏。第一部分为律藏，记载佛教僧侣的戒律及佛寺的一般清规。第二部分为经藏，记载的是佛陀的说教。第三部分为论藏，包括佛教哲学原理的解说。

佛陀死后100年左右，在吠舍离举行过第二次佛教徒大结集，这次结集谴责了某些流行的异教，修订了佛教经文。第三次大结集由阿育王主持，在华氏城举行。会上又一次谴责了某些异教，并对佛经进行了最后定型。第四次大结集也是最后一次，是由迦腻色伽王主持召开的。在克什米尔或查兰达（东旁遮普）举行，这次结集为佛教经典做了权威性的注释和评论。

佛教的基本教义是四圣谛、十二因缘、八正道以及因果报应、生死轮回等。这方面的有关介绍，前面已经提到，这里不再重复。

佛教对印度社会与文化产生了重大影响。佛教源于古印度，后来广泛流传于亚洲很多国家和地区，近代又传至欧美等国。今天，虽然印度信佛教的人数不是很多，但佛教在历史上起过重要作用，对印度乃至世界文化都有很大影响。这里只想谈谈它对印度文化的贡献。可以说，佛教对印度的政治、社会、宗教和文化等方面都产生了广泛而重大影响。

佛教，在印度历史上一度作为国教而备受重视，孔雀王朝的阿育王、贵霜王朝的迦腻色迦等帝王也皈依了佛教，并把佛教当作国教加以宣传。佛教认为，政府应当以一切可能的手段，提高人民的福利，宗教应当成为国民生活的基础。尤其"道德"应受到重视，佛团应受到供养。阿育王是实现佛教这一理想的光辉典范，后来的统治者在不同程度上也给予效法。不仅如此，他们还根据佛教的理论从政，终止恶政。佛教的最大贡献之一，就是它使印度的国王和王子们在心理上产生了憎恶战争的情绪，阿育王受佛教的影响后，放弃了帝国的战争政策，决心削减军队，不再打仗。印度自孔雀王朝、贵霜王朝直到笈多王朝，基本上是统一的。因此，利用佛教的非暴力理论，则十分有用。佛教统治者"服务于社会、造福于人类"以及有关"和平"的说教，在世界各地仍有影响。人们认为，佛教提倡的非暴力政策有利于世界和平与人类的福利事业。

佛教深刻地影响了社会。佛教反对种姓歧视、主张人人平等、不分高低贵贱。佛陀不承认世袭的种姓制度，他主张一个人的社会地位并不由其出身、血缘决定，而是由其价值、行为、性格决定的。他还建立了民主制度，对消除种姓差别起到积极作用。他主张的“宽容”、“忍耐”在社会上产生了重大影响。佛教强调的人们的行为纯洁、品行端正、尊老爱幼、自我克制、讲真话、不杀生等高尚思想，影响了社会和人们的道德。佛教认为，一个人现世的一切是取决于他过去的所作所为，“行善者成善，行恶者得恶”，至今在世界上仍有它积极影响的一面。尤其佛教的“不杀生”的说教，影响了婆罗门教，使婆罗门教开始怜悯所有禽兽，认为杀生致祭有罪，从而减少了杀生祭祀活动。

佛教鼓励信仰自由。婆罗门把“吠陀”看成唯一的“真知”，把吠陀说成是神谕，对它不能有任何形式的反对，而且只有婆罗门才有资格解释吠陀。但是佛陀（Buddha 释迦牟尼）不赞成这种对宗教研究的限制。佛陀自己曾说过，我的话和说教，若证明是对的，可以接受，否则，可不接受。佛陀虽大力宣传自己的理论，但他并没有对任何宗教进行过谴责。相反，在反对意见和敌对行为乃至个人安危面前，他总是认真对待，镇定自若，面带平静而仁慈的微笑。在辩论中，虽不乏讽刺，但他却温文尔雅，彬彬有礼，总是成功地说服对手。总之，他是彻底的唯理论者，不搞迷信，注重推理，强调实践。因此，佛陀在接触印度的不良的社会传统、风俗习惯和迷信的束缚方面起到积极作用，他鼓励人们独立思考、认真研究。

佛教建立了僧团制度。僧团制度的建立是佛教对印度宗教的一大贡献。佛教产生之前，印度社会上没有任何关于修道士、圣人的团体。吠陀时期的贤士、仙人、修道士和宗教创始人住在自己的茅庵里，在那里静坐修行，给弟子讲经说法，宣传教理。正是佛陀首先组建了佛僧团体，叫僧徒居住在佛教寺院。佛僧也外出宣传宗教，过苦修自律的生活，这给广大民众树立了良好的行为道德的榜样。这样，佛教僧团推动了宗教的宣传，对道德水平的提高和推广也起了积极作用。佛教寺院成了很大的教育中心，例如，那烂陀、威格姆希拉等佛教中心，成了外国人来印学习的集中地。目前的那些宗教寺院都是仿照佛教僧团的建筑而修建的。

佛教发展了艺术。学者们认为，印度的偶像崇拜始于佛教。佛教徒建立了大量的佛像和佛神像，进行崇拜。寺院、神庙等建筑也是从佛教开始的。

佛教之前，吠陀教不讲偶像崇拜，雅利安人只是保存吠陀经典和祭祀场地。到了后来，婆罗门教徒受到佛教的影响，也塑造了男女神像，进行崇拜，而且也开始兴建庙宇。由于佛教的影响，偶像崇拜在印度广泛地传播开来。为了雕刻佛陀的说教，建造了不少佛柱；为了纪念佛陀和佛神，用石头还建造了佛塔；在一些石窟中，不仅有精美的塑像，还有美丽的壁画，这些都是很好的艺术品。这样，佛教大大促进了建筑艺术和绘画艺术的发展，桑奇庙群、鹿野苑石塔、阿旃陀石窟等都是佛教艺术的光辉典范。

佛教繁荣了学术。梵文语法家波你尼的《波你尼经》，又称《八章书》，用《经》体写成，它在文学史上占有重要地位。佛僧阿莫尔辛哈编纂的《阿莫尔字典》是部著名的梵语字典。古代印度医学名著《生命吠陀》中的化学部分，阿贾利耶·那迦尔炯做出了重要贡献。大诗人马鸣写出了《佛所行赞》、《美难陀传》长诗和《金利佛传》等长剧，开创了梵文长诗的先河。在此基础上，后来迦梨陀娑和跋婆浦提对长诗又有很大发展。戒日王写了梵文剧《龙喜记》，介绍了佛僧的生活和他们的高贵品质。印地语文学的开创，也归功于佛教学者。佛陀和佛教学者们为了宣传自己的思想而一直使用大众的语言，以便群众容易理解和接受。小乘佛教发展到后来，其宗教首领们运用当时群众的语言俗语进行传教活动。后来，这种语言逐渐发展成印地语形式，斯尔哈巴·西特有“印地语最早诗人”之称。

佛陀在世时，用巴利文这种民间口语宣传宗教。他去世后，佛教传教士也运用巴利文进行传教活动，并且对佛教经典进行了整理。为了宣传宗教，出现了大量用巴利文写的佛教文学，受到群众的欢迎。佛教寺院成了佛教教育和学术研究的中心，促进了文学的发展。

佛教传播了印度文明与文化。印度文明与文化在世界上产生了重大影响，在很大程度上也归功于佛教。国王、传教士、僧人都积极热情地在中亚、中国、日本、朝鲜、苏门答腊、爪哇、柬埔寨、缅甸、锡兰等国宣传宗教，从事了大量的传教活动。通过一系列的传教活动，使印度与这些国家建立了密切的关系，彼此间不仅进行了文化交流，而且还有贸易往来。所有这些，促进了印度与这些国家友好关系的发展，使这些国家在不同程度上受到印度文明与文化的影响。

耆那教

印度的耆那教历史悠久，它产生于公元前6—前5世纪。耆那教的第24祖筏陀摩那（Vardhamana）被尊为该教真正的创建者。“耆那”（jain）是由

"jin"变音而来，其意为胜利者，是他的称号之一，此教便由此而得名。其弟子们尊称他为摩诃毗罗，即伟大的英雄，简称大雄。

实际上，正统耆那教只是把大雄当作一系列创始人中的最后一个，在耆那教的创立过程中，有23个已先于他。大雄于公元前599年诞生在古印度距吠舍离（Vesali）45公里的贡得村，其父母属刹帝利种姓，父亲是贝那勒斯一个小王国的君主。他家庭富裕，生活奢华。大雄婚后生有一女，但他并不感到幸福。他父亲死后，当他大约30岁时便立志出家苦行，寻找解脱不幸的宗教途径。第一年他先后游历了许多地方，如库马罗等地，第二年来到那烂陀，途中艰难跋涉，衣服破烂不堪，从此裸体行乞。在那烂陀他偶然遇到了蒙克利·高夏勒，两人结伴同行。在与高夏勒共同生活的5年中，他们曾多次被当作密探、盗贼而受到诬陷，后因两人意见分歧而分道扬镳，大雄独自来到了罗啥。他每年除四个月的雨季时需要居住在一个地方外，其余时间都是到各地漫游。在极端困难条件下，他苦行修炼，长达12年之久。当他苦行到13个年头时，终于在吠耶婆达东北建皮耶村的一棵沙罗树下觉悟成道，时年42岁。大雄成道后，先后组织教团，宣传教义，进行宗教改革活动，长达30多年，他于公元前527年死于巴瓦，终年72岁。他的主要活动地区是今天印度的比哈尔邦、西孟加拉邦的西北部、北方邦的东部和奥里萨邦等地区。

耆那教的兴起几乎与佛教处于同一时代。耆那教否定当地婆罗门教主张的吠陀天启，祭祀万能，婆罗门至上，针锋相对地提出吠陀并非真知，祭祀杀生，只会增加罪恶，婆罗门是不学无术的祭司，宣传种姓平等，反对种姓制度和婆罗门教的神灵崇拜，崇信耆那教经典，以对抗吠陀经，强调苦行和戒杀，以对抗祭祀万能。主张灵魂解脱、业报轮回和非暴力等。并且认为，一切生物都有灵魂，都是神圣的，人的灵魂在未解脱前为业所束缚并无限轮回。人们只能通过修炼，使灵魂摆脱"业"的桎梏，才能获得最后解脱。主张五戒：不杀生、不妄言、不偷盗、不奸淫、戒私财。耆那教认为，只有严格实行戒律，经过苦行修炼，才能清除旧业的束缚，就可以达到"寂静"，灭其情欲，获得"解脱"。

这些思想反映了公元前6—前5世纪印度下层人民的要求，对打破婆罗门统一天下的局面起到积极作用，从而吸引了广大群众。但耆那教固守灵魂转世、因果报应和轮回解脱，认为"业"可决定人的过去和未来，将禁欲和苦行视为解脱的最佳途径。

耆那教最初的活动中心是恒河流域，公元前3世纪，由于摩揭陀地区12年来连续发生灾难，于是耆那教开始由北南移，转移到南印度德干高原和西印度地区。公元1世纪左右，它分裂为天衣派和白衣派，后来两派又相继分裂。白衣派主张男女一样能获得拯救，各种姓一律平等，否认裸体的必要性，主张僧侣穿白袍。允许出家人占有一定的生活必需品，允许男女结婚生育，等等。这一派主要的活动区域是印度的拉贾斯坦邦、古吉拉特邦等地。天衣派较为保守，注重苦行，歧视妇女，禁止妇女进入寺庙和庙宇，对白衣派的主张均持反对态度，要求僧侣基本上裸体，只有最伟大的圣人才能全裸。这一派主张活动在南印度的卡纳塔克邦以及北方邦。

从公元8—12世纪，耆那教在印度部分地区由于受到当地统治者的重视与支持而得到发展，如在卡纳塔克、古吉拉特等地分别修建了不少耆那教寺庙，使非暴力思想广泛传播。到12世纪后，随着当时阿富汗军事力量的入侵和伊斯兰教的传入，耆那教徒大批被杀，不少寺庙被焚，致使耆那教遭到很大破坏。13世纪时耆那教处于衰微状态，但在南印度的泰米尔纳特和卡纳塔克等地的耆那教仍有些秘密活动。从15世纪中叶至18世纪，耆那教在历史上出现了多次改革运动。最初由古吉拉特的白衣派所发动，其领导人为郎迦·辛哈（Lonka Sinsh），故称郎迦派运动。此运动以反对偶像崇拜和烦琐的祭祀仪式为宗旨，起了一定作用。后来于1652年又出现了以罗瓦吉（Lavaji）为领导的斯特纳格瓦西（Sthanakavasi）派运动，继续从事宗教改革。与此同时，耆那教的裸体派也出现了改革运动，如北印度的裸体派分支毗娑盘提（Bisapanthi）派，提出建筑富丽堂皇的寺庙和供奉更多神明的主张。其主张遭到以特罗般槃提（Terapanthi）派的强烈反对，明确地反对偶像崇拜和烦琐的祭祀活动，对耆那教的巩固与发展起了积极作用。

由于宗教信仰的原因，耆那教徒一般不从事屠杀为生的职业，诸如当兵、屠夫、皮匠等，甚至也不从事农业。在他们看来，农夫犁地也会伤害虫类等生物，所以耆那教徒从事商业、贸易或工业的较多。由于他们讲究诚实和道德，他们成了印度优秀的商人或著名财团。著名的瓦尔昌德、达尔米亚和贾恩三个财团的家族都是耆那教徒。

耆那教虽然不讲究信神，但却重视崇拜24祖。因此，在印度建立有关24祖的寺庙4万多个。耆那教信徒除了在庙宇中崇拜这些祖先外，在家中也进行许多崇拜仪式，诸如，念诵耆那、给偶像沐浴和献花，诵唱耆那的赞美诗，教徒进行沉思和受戒等。每年每月都有例行斋月和节日活动，如大雄诞生纪念日、赎罪节等。

目前耆那教在印度有一定的社会影响，教徒有423万人，有关组织不下几十个，例如，耆那教青年大会、全印耆那教大会、世界耆那教传教会等。

另外，有关的研究单位和中小学校也很多，如孟买大雄耆那教学院就很有名，在新德里有百余所中小学和几所大学及研究单位。

耆那教与印度教很接近，因此，在印度信耆那教的人，也可以被算作印度教的第三种姓，他们与印度教徒可以彼此通婚。

耆那教与佛教几乎同时代产生，但两者发展状况大不相同，佛教的发展大起大落，今天在印度信佛教的人已寥寥无几，而耆那教却不断稳步发展。到了近代，耆那教不断向外传播，今天在斯里兰卡、伊朗、阿富汗、阿拉伯等地均有一定影响。

耆那教最主要的经典是十二支，即安伽（anga）。在公元3世纪初，在华氏城举行了一次耆那教结集，把大雄的教义整理成十二部分，但第十二部分后来散失。其余十一部分在公元5世纪时在伐拉彼举行的第二次耆那教结集上又加以整理，编辑成册。其内容是以故事、比喻和寓言的形式宣讲耆那教的教义、戒律，并记录了大雄的生平事迹。白衣派和天衣派对它有不同的态度，白衣派认为，现存的十一支是大雄及其祖师的遗教，是重要的宗教文献。而天衣派却认为，古代确实曾有过十二支，但早已散失，现存的十一支均属后人的伪造，因此不承认其正确性。但两派各有自己所信奉的耆那教学者撰写的经典。白衣派的宗教经典除上述经典外，还有《仪轨经》、师子贤的《六派哲学概述》、金月的《史诗》等。而天衣派则信奉公元3世纪由库达库达（Kunda Kunda）指定的经典，其内容由四部分组成，即关于大雄的传说、宇宙结构论、戒律和仪式以及著名学者的哲学著作。白衣派和天衣派也有共同信奉的经典，如耆那教著名学者乌玛斯瓦底（Umasvati）著的《入谛义经》及其注释，他们是研究耆那教思想的重要著作。

耆那教在古代未传播到印度之外，但它在几个世纪中曾经是南印度和西印度最盛行的宗教之一。耆那教的传播范围虽然有限，但它在印度的影响也相当可观。耆那教在印度的影响是多方面的，例如，崇拜偶像、兴建寺庙、给穷人分发食物及其他必需品、不杀生等，都是耆那教社会的显著特征，在印度社会上产生了不小的影响，为印度其他宗教团体所效法。尤其耆那教的“不杀生”思想影响更大，耆那教徒在生活中为了体现对万物的友善，他们以身示范，还云游各地，赢得了非耆那教农民和王公对“不杀生说”的赞同。作为一个教团，耆那教徒都是严格的素食者，他们无论出现在哪里，都会给周围的社会以影响。虽然其他宗教也偶尔宣传不杀生，但是除了耆那教，没有任何一个宗教能如此系统制定出贯穿整个道德法规的这一基本信念。在文学方面，耆那教贡献更大。耆那教徒写了大量非经典文学，一部分用俗语写成，一部分用梵语。在耆那教作家中，最著名的有婆陀罗拜呼、西达森那、狄瓦卡拉、阿利波多罗、西达和金月等。他们也创作了值得注意的史诗、小说、戏剧和圣歌。耆那教文学作品包括神话、民间故事、童话、模范行为规范以及道德告诫等，所有这些文学作品都一致谴责对生物的虐待，阻止一切杀生祭祀活动。耆那教作家甚至不赞成用糨糊糊成的牲畜，或用其他牲畜模型做祭品，因为这种做法含有杀生的意图。他们对哲学也有很大贡献，耆那教徒在反对佛教徒的“空论”的教义中使“可能论”的教义更加完善。与此同时，印度的哲学、逻辑学、文法学、辞书编纂学、诗学、算学、天文学、占星学和政治科学都由于耆那教徒的贡献而大大丰富起来。耆那教学者在不同的历史时期，用民间语言进行了大量创作，大多耆那文学是用印度古代俗语写的。因此，发展了印度的古代俗语。在拉吉普特时期，不少耆那教学者用印度古代俗语和印度中古的俗语著书立说，在南印度耆那教学者也用坚那勒语等从事写作的。因此，就促进了一些地方语的发展，例如，泰米尔语、泰鲁古语、坚那勒语、古吉拉特语和印地语等。在艺术方面，它丰富和发展了印度艺术。耆那教虽不敬神，但崇拜 24 祖，为了崇拜这些偶像，他们在印度建了 4 万个寺庙。这些寺庙大多以它们的美丽而著称于世。在拉贾斯坦邦的阿布山上建的耆那教庙则是印度的艺术典范之一。另外，在手写耆那经典中，有很精美的图画，也被认为是耆那教的精品。总之，耆那教在印度社会和文化史上占有重要的地位。

8. 印度教的“种姓制度”

种姓制度是印度社会的一个重要问题，不仅在印度教社会中严重存在，而且对其他宗教，诸如伊斯兰教、基督教、锡克教也有不同的影响。印度共有多少个种姓难于确说，但一般认为现在印度的种姓和副种姓共有 3000 多个。任何事物都有发展变化，种姓制度也不例外。说它不变，历来如此，显然不对，但说它变化很快，也不合乎实际，尤其在一些农村变化相当缓慢，种姓的影响还非常严重。同时，在各地表现的程度不一，城、乡也有差别。种姓的表现在各时代不完全一样。它在封建社会中更加复杂，危害更大。现代印度仍存在着种姓制度的残余，它不仅奴役、残害了广大劳动者，剥夺了他们做人的权利，而且对印度的社会、经济、政治、文化以及人民的生活等方面仍有很大影响，阻碍着社会的进步，是印度社会发展的一大障碍。

(1) 种姓的由来及其特点

印度教的种姓制度，把人分为四个不同等级，婆罗门、刹帝利、吠舍和首陀罗。婆罗门即僧侣等，为第一种姓，地位最高，从事文化教育和祭祀；刹帝利即武士等，为第二种姓，仅次于婆罗门，从事行政管理和打仗；吠舍即平民，为第三种姓，经营商业贸易；首陀罗为第四种姓，地位最低，从事农业及各种体力和手工业劳动等。后来随着生产的发展，各种姓又派生出许多副种姓（或称亚种姓、次种姓），各种姓都有自己的道德法规和风俗习惯。

种姓由出身决定，代代相传，不易更改。一般实行种姓内部通婚，每个种姓有自己固定职业，种姓之间分高低贵贱。宗教信仰受到限制，各种姓有不同道德法规，严格遵守，如若违反，轻则受到惩罚，重则被开除种姓之外，就连种姓彼此间的接触，相互间的交往都受到限制，饮食也有一定规定，甚至影响到经济状况的好坏。

除以上四大种姓外，还有一种被排除在种姓之外的人，即所谓“不可接触的贱民”，又名“哈里真”。他们的社会地位最低、最受歧视，好像被排斥在社会之外，他们的工作是扫地、扫厕所、处理动物的尸体等。在农村只准他们居住村外，或某一指定地域，不能和其他种姓的人使用同一水井，无权进庙拜神，等等。

种姓制度由来已久，大约有三千多年的历史。早在原始社会的末期就开始萌芽。最早的宗教典籍“梨俱吠陀”中使用了“瓦尔那”（颜色、种、品质）和“达萨”（奴隶）的字眼，用以区别雅利安人和被征服的当地土著，在“梨俱吠陀”中提到婆罗门、刹帝利和吠舍三个等级，它们分别为祭司、武士和平民。后来在阶级分化和奴隶制形成过程中，原始的社会分工形成等级化和固定化，逐渐形成了森严的等级制度，使他们的权利、义务，以至生活规范各不相同，都必须遵守，不得逾越。这是雅利安人入侵后，阶级矛盾变化的结果，是民族矛盾和阶级矛盾的混合产物。后来，随着社会劳动分工进一步发展，这个“瓦尔那”又逐渐分裂成许多副种姓。古代统治阶级一向对种姓制度大肆鼓吹，为此，还编造出一种神话。说婆罗门是从梵天的口里出生的；刹帝利是从他的双臂出生的；吠舍是从他的双腿出生的；首陀罗是从他的两腿出生的。由于出生的部位不同，所以四个瓦尔那的地位有别，分尊卑高低。

种姓是世袭的，代代相传，即孩子随父母。各种姓的社会地位的高低，经济状况的好坏，大都同种姓有关。几千年来，人们受种姓思想的约束，在日常生活和风俗习惯方面影响很深，在四大种姓中，首陀罗受苦最深。至于被排除在四个种姓以外的“不可接触的贱民”，其处境更加悲惨。印度独立以后，虽然规定不允许种姓歧视，但是由于几千年来种姓制度根深蒂固，种姓歧视至今仍未消除，尤其广大农村情况还相当严重。

（2）种姓的表现

种姓的表现是多方面的，而且还在不断发展变化，目前，其主要表现如下：

在饮食方面各种姓之间有种种限制。他们把食物分为三类，即水果及奶制品、熟食和生食。水果类食物包括水果、牛奶、奶制品；熟食指用油和酥油炸的食物，例如布里、格角里等；生食指开水煮熟的食物，如米饭、豆汤等。一般来说，印度教徒只能吃本种姓或同级种姓或高于自己种姓的人做的“生食”，也可以吃低于自己种姓人做的“熟食”。高级种姓的人不能从低级种姓的人手里接受任何食物和饮料，但高级种姓的婆罗门做的“生食”或“熟食”其他种姓的人都可以吃 。而首陀罗的任何食物其他种姓的人都不能吃。对用水也不例外，种姓之间不能混用一口水井，尤其是首陀罗，必须使用自己的水井。否则会被认为他们玷污了井水，就会遭到痛打或被处死。

婚姻方面也有严格规定。只许在种姓内部通婚，同种姓的各副种姓之间可以互相通婚，但不能与副种姓以外的人结婚。一般允许“顺婚”，禁止“逆婚”，即高级种姓的男子，可以娶低级种姓的女子，但较低种姓的男子不能娶较高种姓的女子，否则高级种姓者被开除出种姓之外。

不同种姓有不同地位和权利。婆罗门的权利最大，社会地位最高；首陀罗的地位最低，备受歧视，无权上学读书，没资格进庙敬神，甚至有些地方的首陀罗不配让高级种姓的人看见自己的面孔。有时，老远发现有婆罗门种姓的人过来，首陀罗就得赶紧躲在路旁，等着婆罗门过去后自己再走，不然就要挨打受骂。

各种姓有自己的传统职业。各种姓的职业不仅有高低贵贱之分，而且世代相传。凡是同宗教有关的职业，都认为是神圣的、高贵的，由婆罗门承担，例如，祭司之类的工作；凡是同脏东西有关的工作都认为是卑污下贱的，例如，扫地、洗衣服之类的工作，大多由低级种姓的人承担。此外，与此有关的工作，诸如，当护士、理发、织布、染布、当听差、当皮匠、当吹鼓手等，都被认为是下贱的，而这些下贱工作也还有三六九等之分，一般认为扫地和当皮匠的最为下贱。同时，各种姓的职业一般固定不变，高级种姓的人限制和反对本种姓的人改行从事外种姓的职业。例如，孟加拉邦有位婆罗门种姓的学生，虽已毕业，但因找不到工作，只好开了个理发店。当其他婆罗门得知这一消息后，则群起而攻之。这种例子在各地屡见不鲜。因此，在印度还有另一种怪现象，如一个家境贫苦的婆罗门，即使被迫是给人当佣人、看孩子、做饭，但绝不给人家打扫厕所，否则被认为降低了自己的身份，不少主人也知道这一点，因此，对他们不扫厕所也给予原谅。

（3）种姓的危害

种姓制度把印度教分成若干社会集团，集团之间有高低之分、贵贱之别，有的种姓之间彼此仇视，相互诋毁。这种情况，不仅限于印度教徒内部，对穆斯林、基督教徒等也有不同程度的影响，因此，种姓的危害很多，主要表现在以下几个方面：

政治上不利于印度的统一和团结。种姓制度，使社会四分五裂，人民之间缺乏团结。在历史上，它为异族入侵提供了有利条件，印度的历史是一部不断被外族征服的历史，其原因与种姓制度造成的整个印度社会上人与人之间的隔阂性和利己性不无关系。它妨碍了印度人形成统一的民族意识，在面临外族入侵时，不能组织起强有力的抵抗力量。独立以后对各项事业同样产生了不良影响。如在国会制宪会、长老会等的选举中矛盾重重，不是以人的才干为条件，而是以某种姓为前提，这样势必影响到选举的顺利进行和选举效果。由于种姓制度人为地把人分成若干等级，彼此仇视，各种纠纷此起彼伏，甚至造成不幸的伤亡事故。因此，种姓制度是印度产生矛盾和不团结的重要原因之一。

种姓制度影响经济的发展。前面提到，种姓制度把社会分成不同的社会集团，彼此接触受到影响，有些人“种姓主义”思想严重，他们大都考虑本种姓的利益。想问题，办事情，从本种姓的利益出发，只对本种姓忠诚，不顾大局，缺乏民族同胞间的互助精神。加之，每个人的职业生来决定，代代相传，不易更改，不管一个人对某种职业有无兴趣或特长，工作是否合适，都得被迫去做。这就影响了一些人的才能发挥和工作效果，对经济发展非常不利。

种姓制度是懒惰和宿命论的温床。每个人的种姓、社会地位，以及从事的职业都是生来决定，代代相传。这样一来，有些人用不着努力则会得到好的职业，从事好的工作，享受优厚待遇，使有些高级种姓的人认为：应有的，他们到时候自然会得到。这样产生或助长了一些人的懒惰思想，缺乏奋斗精神；而另一些人，即低级种姓的人，只能受苦，逆来顺受，认为“命该如此”，不可改变。这样，限制和束缚了他们的创造精神和积极性的发挥。上述种种思想，都有碍于社会的发展。

种姓制度是许多社会问题产生的根源之一。在种姓制度下，由于实行内婚制，产生了许多社会问题，诸如，童婚盛行，嫁妆泛滥，禁止寡妇再婚，妇女地位下降等，因为谁家的女子都想嫁个高级种姓的男子，于是出现你争我抢高价买新郎的现象，女方多出嫁妆，以满足对方的要求，这样嫁妆盛行，至今如此。一些贪婪之家，婚后还向女方索取嫁妆，得不到满足，就把儿媳活活烧死或毒死。贫寒之家为了省钱，尽早将女儿嫁出，来个“先下手为强”，于是童婚也便应运而生。童婚一流行，童男幼女早早成家，影响正常发育。因此，不少人多病夭折。据统计，每年有 25 万年轻女子死于早婚早产。这也是印度人平均寿命较短的原因之一，也是孤儿寡妇较多的一大原因。这些社会问题的存在，不仅给人们的心理上、精神上造成沉重的负担，而且影响了社会的安定团结，给社会造成混乱，影响社会的前进步伐。

种姓制度是妇女地位低下的原因之一。印度妇女地位低下，同种姓制度不无关系。正如拉温德·纳特·穆克尔吉所指出的那样，“在维护种姓的名义下，妇女的权利一天天丧失”，获得的权利也得不到落实，不懂何为结婚就被迫出嫁，每年生孩子，每天做家务、当仆人，好好侍奉丈夫是她们的工作，一旦成了寡妇也无权改嫁，即使是十几岁的妻子死了丈夫也不能再婚。一个女子，婚前有工作，婚后就得辞去，否则会遭到婆家的斥责。男子挣钱，女子生孩子做饭，好像是不成文的法律，若女子出去工作挣钱，会被看成给丈夫丢脸，人们会说这个男子无能，“靠老婆挣钱吃饭”，邻居也会说长道短，“丈夫养不起老婆”之类的话便接踵而来。同样，婚后女子再出去工作，人们也会说她“品行不端”等坏话。更有甚者，有的竟把妻子转卖他人，或者卖给妓院，以后定期到妓院取钱，如此等等。

高级种姓享有特权，有些人利用特权为非作歹，尤其是一些婆罗门滥用特权，简直成了“包工头”、“承包商”。对首陀罗进行侮辱虐待。甚至打着宗教的幌子，满口仁义道德，却干着令人发指的勾当，所谓戴沃达锡风俗（神的女奴）就是其中一例。婆罗门祭司等人利用这一传统习惯，名为把一些青年或少女买进寺庙，为神服务，实为把姑娘买进寺院，供他们蹂躏。有人曾严肃地指出：“这些高级种姓的祭司把寺院变成了妓院，这些姑娘的生活实际上比妓女还惨。妓女还能靠此养家糊口，而这些姑娘不但分文不得，反而还得服从任何一个男子与自己同床的要求，哪怕是麻风病患者，或是全身溃烂者。”受害者当然首先是低级种姓的人。据有关调查，做戴沃达锡的人 90% 以上是低级种姓的。例如，卡纳塔克邦的白勤岗地区地索德迪村上有一座寺院，每年的一月就有 5000 多名少女或年轻妇女沦为戴沃达锡，情况可谓严重。除此以外，奥里萨、拉贾斯坦和马哈拉施特拉等邦也都有发现。

这种陋习也影响到穆斯林。不过，所采取的形式不同罢了。例如，拉贾斯坦邦的杰斯尔迈地区的穆斯林就是如此。每年阿訇来后，就召集会议，表示欢迎。会上先是送各种礼物，然后信徒们向他请求，挑选本村一少女为他"服务"，于是阿訇从会场上在座的女青年中挑选一名。

种姓制度使人的身体发育或智力发展也受到影响。种姓制度规定，高级种姓不能吃肉、鱼和蛋类等。印度本来不是发达国家，不少人得不到足够的牛奶、黄油、水果、蔬菜等一些富有营养的食品，再不吃肉、鱼、蛋等食物，这样会影响人们的体质和智力的发育。不少印度人体弱多病，其原因固然很多，但其中恐怕也与食物结构有关，受种姓影响的结果。加之，实行内婚制，有的血统较近，也使一些儿童智力不佳，甚至发育畸形。

在政治种姓制度的影响下，不同种姓的人在不同程度上有"高低贵贱"的思想，这有碍于种姓之间相互学习，取长补短。不少学者指出，印度文化的多样性中也有统一性。但是由于存在种姓歧视，彼此学习受到影响。由于存在种姓歧视，一些群体之间彼此疏远，甚至相互歧视，进行指责。这样，不利于携手并肩共同发展文化。

种姓歧视的存在，引起了印度教成员的变化。高级种姓享有特权、专横，低级种姓，尤其是所谓"不可接触种姓"的处境很惨，当他们感到忍无可忍时，便脱离了印度教。因此，有不少印度教徒放弃了本教而改信了基督教、伊斯兰教等，这对印度教社会也是个不小的冲击。

种姓区别是社会问题产生的根源之一。在种姓制度下，实行种姓内通婚，或顺婚制，即允许"顺婚"，禁止"逆婚"，即高级种姓的男子，可以娶低级种姓的女子，但较低种姓的男子不能娶较高种姓的女子，否则高级种姓者会被开除种姓之外。这样，随之而产生了嫁妆、童婚和寡妇改嫁难等社会问题。由于顺婚的影响，人们都想让自己的女儿嫁个比自己种姓较高的男子，以提高自己的声誉。这种趋势发展的结果，低级种姓女儿的父母都想让女儿嫁个高级种姓的男子，结果"你争我抢"，高级种姓的男子数量显得不足，而结婚时要价提高，索取许多嫁妆，这样就促使嫁妆蔓延。为了避免上述情况发生，遂出现了早婚现象（可少出嫁妆），特别是女孩的父母，这样童婚滋长蔓延。童婚发展的结果，社会上儿童寡妇数量增加。若无种姓区别和种姓歧视，没有内婚规定，上述种种社会问题则不可能发生，或极少发生。与此同时，它也是其他社会问题产生的根源之一。

总之，种姓制度危害很大，对国家的发展和个人生活的改善均有影响，人民，尤其是低级种姓的人对此强烈不满，不同形式的斗争此起彼伏，一再发生。政府也很重视，制定了有关法律，采取了有关措施，因此情况有所变化。

(4) 政府的努力

印度独立以后，为消除种姓制度采取了不少措施，也取得了一些收效。

制定了有关法律规定。1948 年印度国会通过了一项废除种姓制度的议案。后来在宪法中又做了保护低级种姓利益的法律规定，各邦也制定了相应的法律。根据法律规定，低级种姓者有权去公共祈祷场所，有资格去圣河、圣湖沐浴或取水，有权去商店、旅馆或公共场所。谁若阻挡或刁难，将依法受到惩处。每个人都有权在村、镇上居住和戴各种首饰，有权去公共医院看病，有权上学读书和在校住宿等。同时，还明文规定，他们有权选择职业，阻拦者将以鼓励种姓歧视论罪，并受 6 个月的监禁或罚款 500 卢比。

发展教育。为了改变低级种姓的状况，在教育方面采取了一系列措施。例如，为低级种姓的子女提供方便，给予照顾。被录取入学后，为其提供助学金、学杂费等。

增加就业。在中央和邦政府各部的工作人员，为低级种姓保留一定比例的名额；为低级种姓的人设立高等职业训练机构，通过训练，为他们创造就业条件，消除低级种姓的人与其他社会集团间的差距。

进行支援投资。从 1951—1980 年的 30 年中，印度政府为表列种姓和表列部落提供了价值 203.03 亿卢比的物资援助。1980 年至 1985 年的第六个五年计划，为表列种姓和表列部落投资 96.03 亿卢比，主要目的之一是发展表列种姓和表列部落的经济。在发展经济的同时，还注意增加福利待遇，改善其卫生保健设施和居住条件，诸如，开办医院、建立婴儿和产妇的福利中心等。

开展宣传活动。印度政府为了解决不合理种姓现象，利用电台、电视台、电影和各种报刊进行正面宣传，对不良现象进行公开揭露，有些地方还举办消除种姓歧视的“哈里真节”、“哈里真周”等活动，对人们进行教育，以便消除种姓歧视。

印度的种姓虽然发生了一些变化，但问题还严重存在。例如，在印度的文化古城贝拿勒斯，那里印度教盛行，你若说自己不是婆罗门而是刹帝利或首陀罗，恐怕找个住处都成问题（当然，外国人除外）。你若租房，房主首先问你是哪个种姓的，即使是婆罗门，也要问你吃肉与否，因为吃素者要高于吃肉者。印度政府虽然为消除种姓歧视做了一些法律规定，可是并未完全真正落实，尤其是农村人并不同意一些法律规定，甚至有些人公开说：有些法律规定是错误的，因为它违反了历史传统。在城市里，也有人明知故犯，拒不执行。例如在学校里，教师歧视首陀罗子弟。因此，解决种姓问题，是个长期而又艰巨的任务。

第二章　民俗与艺术

1. 印度民俗的特点

印度历史悠久，种族复杂。它的民俗根植于多民族生活文化土壤之中，伴随着漫长的社会发展而变化。因此，印度的民俗不仅历史悠久，而且也非常丰富，加之印度的历史、意识形态、自然环境等特点，构成了印度民俗本身的许多特点，使它有别于其他国家。

（1）浓厚的宗教性

宗教属于一种特殊的社会意识形态，是一种非常复杂的文化现象，它和人们社会生活、思想心理联系非常密切。无数事实证明：无论是原始宗教，还是人为的现代宗教，都给人类生活以很大影响，而印度的许多民俗与宗教密不可分。印度的大量民俗现象中，都带有较浓厚的宗教性，反映了人们思想意识，适应着人们的心理需要。

众所周知，印度是世界宗教发祥地之一。直到现在，绝大部分印度人笃信宗教。宗教与印度社会、政治、经济和文化等方面有着非常密切的联系，它深入印度人生活的各个方面，在人们生活中占有十分重要的地位，简直没有宗教就没有生活，在当地人看来，保护宗教的人会受到宗教的保护。因此，人们信仰宗教，按宗教仪式行事。一个人从生到死，不同年龄、不同生活阶段，有不同的仪式活动。以印度教徒为例，妇女怀孕后要举办生男仪式，以祈求生个勇敢的男孩；女子怀孕四个月后，举办分发仪式，用饰物将孕妇头发打扮一番，以祈消灾避邪，母子健康；婴儿出生时，举办诞生仪式，以祈求婴儿降生后无灾多福，长命百岁；婴儿出生后第十天或十二天为吉日良辰，给婴儿举办起名仪式，所起的名字，大都与星辰、神名等有关，以祈多福；若婴儿生下后不幸夭折，其父母则要加倍敬神，而且一定要给孩子起个神名；当小孩出生十二天到四个月之间，为其举办“出门仪式”，从此以后小孩才能被抱出门外；婴儿长到六个月后，可开始给婴儿吃些粮食性食物，但必须先为其举办“初食仪式”；婴儿长到 1 ~ 3 岁时，剃胎发也要举办盛大仪式，祝福小孩长大成人，胎发的处理也有一定习俗规定；当小孩长到3~4岁时，请首饰匠和理发师给小孩举办“穿耳眼仪式”，为孩子祝福；小孩学知识之前，先为其举行拜石板仪式，从此才开始学习各种知识。印度教的前三个种姓（婆罗门、刹帝利、吠舍）的小孩分别于8岁、11岁、12岁时举办“再生仪式”，以便使小孩获得第二次生命。从此，小孩的地位才会提高，真正获得应有的社会地位，开始遵守各种姓有关规定。结婚时，要举办的结婚仪式就更多了。在印度教徒看来，结婚是个重要的宗教仪式，非常神圣，是由天神安排的。因此，一个人结婚仪式非常复杂，如耿雅丹、巴格里拉合朗，等等。一个人死后，更要举行葬礼。印度人认为，人生在世，通过各种仪式使人战胜今世，让人万事如意、幸福平安。一个人死后，再通过举办的各种仪式战胜来世，让死者的灵魂在阴曹地府获得安息。基于这种思想对葬礼非常重视，以祈死者灵魂无任何痛苦，这是把今生与来世联结在一起的一种仪式。

除上述外，印度人进厨房，必须脱鞋赤脚；做饭菜时，不准用嘴接触勺、铲等炊具来品尝食物，否则认为是对神的不恭。吃饭前，先向周围洒水、扔饭，以示供神享用；一周内，何日去什么方向吉祥，也有约定俗成的规定。如此等等，举不胜举。总之，绝大多数人从早到晚，从生到死，一举一动，无不与宗教联系起来。可见印度民俗与宗教关系之密切，其宗教性的特点何等明显。

（2）复杂的民族性

印度民俗的特点除宗教性之外，还有一个明显特点就是它具有复杂的民族性。这种复杂的民族性，是印度古老文明的体现。印度是个多民族的国家，具有东方古老的文化传统。而创造古老印度文化的印度民族是一个复杂的综合体，生存在这块土地上的各民族统一于整个印度民族之中，各民族丰富多彩的生活构成了印度民俗的整体，表现出印度民俗的特性。印度人信神，其宗教之多，流行之盛，令人惊奇，但又不同于西方，比西方复杂得多，这是因为民族生活的土壤、历史条件和文化素质不同的缘故。从这个意义上讲，任何民俗都是民族的，没有超过民族的民俗。

印度民俗是印度古老文化的体现，还表现在服饰、饮食、居住诸方面所呈现出的印度特点。服饰民俗也是民族的文化表现。印度的服饰与中国不同，在民族内部，服饰的富贵贫贱之分和官服民服之别不大明显，其总的风格、式样大都一样，至多有质料优劣之别。饮食民俗中，印度菜肴在民族生活中虽有高低之分，但其色、味在世界上独树一帜，别有风味，这与当地的环境、气候以及人们的宗教信仰不无关系；居住民俗方面，印度式的建筑，以通风透光、不拘一格而闻名于世。

印度众多的民族，发展很不平衡，不仅城乡有别，各地有异，而且各民族之间也差别很大。有些已进入较发达的社会，定居高楼大厦，过着现代化生活；有些还处于部落社会，以刀耕火种或打猎为生，甚至赤身裸体，过着原始生活。上述种种，呈现出各不同历史时期的民俗并存的特点。因此，研究印度的民俗，不仅有助于了解印度的整个历史进程，而且还有助于了解人类社会史的发展。

印度民俗所以具有这种多民族性，与印度的历史进程有关，印度人种繁多，血统混杂，素有“人种博物馆”之称。许多世纪以来，各种族不仅流入印度，而且还带来了各自的宗教和文化传统，它们彼此学习、相互融合，从而使印度文化变得多姿多彩，诸如，达罗毗荼文化、雅利安文化、穆斯林文化以及后来的西方文化等，其中当然也包括中国文化在内。这众多的民族文化，反映在民俗上则呈现出民族的特点和相互融合与影响的民族现象，这是印度民俗的重要特点之一。

（3）鲜明的阶级性

印度社会从阶级社会开始，经历了十分漫长的历史时期。在这漫长的岁月里，由于统治阶级和统治阶级之间的差别存在，在各项文化上就有了很大差别。反映在民俗上，则存有阶级的差异性。一般来说，民俗是广大民众创造和传承的，大量民俗都是围绕广大民众的生活而进行的。离开了广大群众的创造与传承，离开了广大人民的生活，也就失去了民俗存在的基础。在阶级社会里，民俗一般属于人民文化的范畴。这种人民文化，无时无刻不受到剥削阶级意识的影响，但是，由于它主要为人民所创造，在民间进行传承，表现人民的意识与思想要求，因而总有它的自身的特点。如在语言的传承和民间礼俗与节日方面，其人民文化的性质尤为鲜明。有些神话传说、寓言故事和民间节日等，具有明显的民主性和强烈的反抗精神，热爱和平、反对侵略和反封建剥削与压迫的强烈控诉等思想内容都有体现。这同印度历史上长期王国林立、彼此争战或遭受异族入侵和占领有关。至于一些岁时节日、人生礼俗等更体现了一定的阶级内容。

由于存在这种民俗的阶级性，在对待民俗时，“不能不注意其阶级内容，并用阶级分析方法进行分析，既要看到民俗的整体性，又要看到民俗的阶级性。”这里有一个对立统一的关系。阶级性的存在，并不排斥居于同一社会中的各阶级间的相互作用。

（4）封建性

印度长期处于封建社会，前面提到，不仅历史悠久，而且封建割据严重，这在世界上也是罕见的。因此，在精神文化方面，受封建思想的束缚与影响很深。在印度广大农村，其表现更为明显。印度的民俗，有从原始社会及奴隶社会流传下来的，但其大部分乃是封建社会的产物，或由封建社会传承、发展而来，因此，印度的很多民俗思想、民俗行动，都带有浓厚的封建色彩。其主要表现如下：

男尊女卑，妇女地位低下。“夫为妻纲”，非常突出。妻子要绝对听从丈夫，丈夫不幸去世，其寡妇妻子被视为“不祥之物”，不得改嫁，过着低人一等的生活。印度独立以后，虽然政府做了大量提高寡妇地位的工作，但由于这种陋习由来已久，流毒很深，因此，至今仍影响很大。

存在种姓制度，这是阶级分化的产物。这种制度，把社会分成不同的社会集团。同样是人，因属于不同种姓，就有不同的地位和权利，所从事的职业也有“神圣”与“下贱”之分，就连他们的各自饮食、婚配等也都有不同的规定，不得违反。尽管它对社会危害很大，但一时难于消除。

寡妇殉葬。它始于何时，众说纷纭，暂且不提，但它属于封建陋习，这点毫无疑问。时至今日，还时有发生，可见此遗风之顽固。

在婚姻结合上，一般允许“顺婚”，禁止“逆婚”，即高级种姓的男子可娶较低种姓的女子，但较低种姓的男子不能娶较高种姓的女子，否则，高级种姓的人会有被开除种姓之外的可能。这种奴隶制社会初期的产物，至今仍严重地影响着印度广大人民的生活。

上述种种封建性的东西，是印度民俗中的糟粕成分，它妨碍着人们对新思想、新文化乃至新事物的接受，有害于移风易俗和社会的发展，不利于提高民族的精神文化。

（5）原始性

印度的民间风俗，源头很久，虽然后来不断创造，但古老的遗风却大量存在，有许多风俗都可以回溯到人类初期，有的虽然被后来发展和改造，但依然有原始的风俗成分。由于封建保守性存在，这种原始成分，包括民俗意识、民俗行动，往往被顽强地保留下来，这就形成了印度民俗原始性的特点。

印度民俗的原始性，在宗教信仰、婚丧祭俗和节日庆祝等方面都有突出的表现。

相信灵魂说。有些人有病时，向祖先祈祷，希望祖先为他们驱病赶魔。这是在科学技术不发达时代，对生死无法解析时的原始信仰。有种风俗，死者的遗体必须放到墓地去。人们认为，这项工作做得好，死者的灵魂才能得到安慰，否则死者会变成鬼，折磨活人。因此，安葬时，先杀生祭奠，然后火化。火化后，由和尚和死者的亲属捧着骨灰，径直送到本族墓地，路上不准回头看。路上遇到河流，就用线或长草搭在河的两岸，以便让死者的灵魂顺利地渡过河去。骨灰埋好后，要一连三天到墓地给死者灵魂送饭，并查看墓地上的脚印，以判断死者的去向。死者的家属一月内不准干活。人们对一年一度的祭祖也很重视。谁不这样做，谁就得不到社会上的帮助，祖先也不会逢凶化吉，保佑他们，坚信活人的幸福全靠死人保佑。凡此种种，例子不胜枚举。显然这些都是原始信仰，至今在有些民族、有些地区中仍流行不衰。

结婚时绕火转圈，视火为神，以火为证。这也是几千年流传下来的信仰，至今在城乡中非常流行。

印度有些地区，拜蛇的风俗盛行，门前有小树林或小池塘，树林里有石砌的小蛇庙，庙里有石雕蛇像。在有些人看来，谁想发财致富，非敬神不可。那些没有后代的人，或者儿女愚蠢的人，对蛇神的忏悔和祈祷更为虔诚。印度的这种拜蛇风俗自古就有，在《梨俱吠陀》、《家宅经》等古代文献中早有记载。

印度有些地区，人们深信鬼神，认为鬼神的影响是灾难之源。因此，旅行或做某事之前，先看是否吉祥，设法逢凶化吉。他们把某人生病，视为野鬼显灵的结果，用抽签的办法确定病因，用杀猪宰鸡的办法，祛病消灾。

认为打雷、下雨、刮风、地震、潮水、日食、月食等自然现象，是由专门的神来掌管的，因此，经常向有关神供奉祭品，以消灾避邪。

除上述外，在印度，拜猴、拜鸟、拜树、拜草、拜山、拜河等自然崇拜者大有人在，这种原始崇拜习俗，自古相传，在古代文学中可找到有关记载。

尽管印度不少的习俗是由原始性习俗变化而来，但后世的生活和思想使某些有所变化，有的流行范围缩小或人们对其重视的程度减小，如授胎礼等；有的在内容上做了修改，或形式上有所简化，如印度教的婚礼等。

民俗中的原始成分告诉我们，研究现代民族，必须用历史唯物主义的眼光，探寻其源和发展，分析其不同时期的历史因素和各种变化。

（6）重要的实用性

民俗虽有不少属性，但最重要的是它有实用性，即它与人们的生产和生活有着密切联系。各国民俗都是如此，不管你是否意识到，只要我们稍正视一些周围的现实，便不难发现社会上不少行业有意或无意地在应用民俗学。从事人民外交工作的，必然认真研究有关国家的民间风俗，用以开展自己的业务，这便是在应用民俗学；从事对外贸易与某些国家交往的，也必然研究有关国家市场所存在的风俗习惯，以便有效和及时地进行贸易与交往；从事建筑设计工作的，也必须了解当地的风俗习惯和人们的爱好，否则他们设计的东西会引起当地风俗上的反感；从事社会工作的，必须密切地注意民俗、民风的动向，否则不会进行有效的工作，甚至造成手足无措；就是制定国家政策、法令也必须符合民心、民情、国情，而民俗对国家来说正是重要的民心、民情的标志和所在。其实，我国古人早就知道民俗的重要，在古代文献《礼记》上，所记下的“入国而问俗”便是有利的例证。

今天有些人对此重视不够，曾造成一些损失而并不自知。现不妨略举两个生活小例。曾有一家化工厂，生产一种质量很好的牙膏，名为“蓝天牌”，在翻译上竟译成“BLuesky”，其词意变成为“不保险的东西”，美国民间更把这个词看为“出售没有信用的股票”含义。这种牙膏推向国际市场，顾客望其译名，怎么会购买呢？又有一家罐头厂出售一种美味的黄花鱼罐头，译为“Croaker”（黄花鱼罐头）。这个词在英国民间语言中，乃指“临死的人”，这种商品在国际市场也是无法打开销路的。因为熟悉英语的顾客，怎么肯买“临死的人”的食品回家呢。由此可见，现代化国际贸易的成败，除受到带决定性的经济因素制约外，民情民俗也有一定影响，在特殊情况下，甚至起举足轻重的作用。

民俗文化尽管有许多很不科学，甚至带有愚昧性质的东西，但在民间，它却有实用意义。也就是说，每一种民俗举动从总的方面来说，都是在争取生存、发达兴旺和吉利平安的前提下进行的。民俗在开始形成的阶段多为不自觉的产物，但在不断发展中，便逐渐渗入了自觉的意识。如民俗信仰的主要目的，在于使民俗有利于人，为人们的生活和生产服务，人们认为对自己有好处。因此，它才能约定俗成并世代传承。

一门科学能不能永存和发展，是与社会的发展和人们的需要密切相关的。任何事物有发生、发展和消亡的过程，民俗也不例外。各国各地的民俗，伴随着物质条件的变化而变化，也随着社会的发展而发展。某些风俗所以存在于一定的历史时期或一定的社会阶段，是因为它们符合了当时的社会发展需要，满足了人们的一定要求，或至少认为对人们有某种好处。一旦社会发展了，物质条件变化了，人们认识提高了，总之不再适合于社会和人们的需要时，某些风俗则会被默默地抛弃，使之“销声匿迹”，被湮没在历史的陈迹中，而代之以新的风俗。例如在印度，目前抢婚不见了，自由婚开始了；寡妇殉夫罕见了，寡妇改嫁增多了；有些仪式原来烦琐，如今已简化或消失了。如此等等，例证很多。

印度民俗的实用性，无论在信仰心理方面，还是民俗本身，在人民生活中有着广泛影响，其实用价值，大体有以下几个方面：

一是宣传宗教，乞求降福。直到现在印度绝大部分人笃信宗教，宗教与社会、政治、经济和文化等有着密切的联系，深入到绝大多数人生活的各个方面，在民俗活动中体现得非常充分。一个人从生到死，有不同的宗教仪式，这些大量的活动一般都离不开敬神、祭祀，他们千方百计取悦于神，真正目的是希望诸神降福于仪式的举办者全家或某人，不仅今生今世平安多福，吉星高照，而且来生来世一切如意，不遭灾遇难。

二是防病治病，消灾祛邪。印度许多风俗与此有关，从乡村到城市莫不存在。如对产育禁忌的讲究，处理死丧的谨慎，婚嫁喜庆的追求，人们往来的界限，饮食起居的规定等，均有这方面的意义与作用。人们从这些实用目的出发，才保持这些民俗。

三是惩恶扬善，欢庆胜利。这方面的内容在一些节日来历反映得较为突出，印度人民自古以来，在长期的生活中形成了许多格调不一、绚丽多彩的民族节日。这些节日不仅是印度古代文化史上不可缺少的篇章，而且它全面、集中、典型、形象地反映出了一个民族的共同心理素质和性格特征，成为民俗的重要组成部分，并影响着人们的思想和生活。如霍利节时，焚烧象征霍利的柴堆，以示正义战胜邪恶，善良战胜凶残。以达到惩恶扬善和教育人们的目的。胜利节也是同样，节日那几天不仅讲述有关故事，到节日的最后一天，焚烧三个巨型纸人，它们分别象征罗摩的仇敌，以表达人们爱罗摩之心，恨仇敌之情，达到惩恶扬善之目的。节日热闹，一年一度，人们非常重视。

四是祈求丰收，免遭灾歉。农民在收成前后举办礼祀活动，多半出自这种目的。祭天、祈雨、求神等活动固然如此，就是拜犁、拜各种工具也莫不如此。有的犁地不用铁犁，种地不用化肥等做法，也是以此为出发点。

五是增强团结，消除隔阂。印度的仪式、节日活动很多，有些活动可以达到上述目的，霍利节是其中之一。节日期间，不仅没有种姓之分，无男女之别，就连平日有些敌意、彼此不和的人，节日期间也要相互祝贺，拥抱一番。这样，原来不和的，现在和好了；原来不讲话的，从此讲话了，达到团结的目的。

六是激励斗志，奋发图强。通过一些节日活动，再一次提醒人们不要忘记过去，联系当前实际提出相信的任务，向新的目标前进。如德喜合拉节（胜利节）等就是例子。

如此种种，这些都是印度民俗实用性的主要表现。这种实用性反映着民俗的真正价值，是民俗传承下来的主要原因。尽管有些民俗比较原始，而有封建思想的渗透，甚至也有不少愚昧落后的成分，但仍有它的实用价值。任何民俗若脱离社会、脱离生产和广大群众的生活需要，就不会存在和流传下来，所以民俗在很大程度上起着积极作用。

2. 婚嫁习俗的变化

同其他事物一样，随着社会的进步，科学的发展，婚俗的旧观念，还有一些旧做法因不适应社会的需要而会发生变化。

自古以来，印度教的婚姻一直被认为神圣的宗教仪式，对印度教徒来说，结婚被看成一个必不可少的仪式。根据宗教经典，每个人的一生最后目的是获得解脱。为此，要结婚尽到家居期的责任，如生儿子，进行施舍和祭司活动等，父亲才能得到解脱。所以印度教徒把结婚看成是自己的最高职责。

从古代到20世纪，印度教的婚俗并无重大变化，印度教的婚俗主要特点表现如下：

①把结婚看成每个印度教徒必不可少的一种宗教仪式；

②实行种姓内通婚；

③禁止本家族内通婚；

④把结婚看成一种宗教关系；

⑤一夫多妻婚流行，妻子在世的情况下，丈夫可再娶一妻；

⑥寡妇再婚受到歧视。

以上这些印度教的婚姻特点，随着社会的变化而变化。目前印度教婚姻的主要变化如下：

有些人不再把结婚看成是必不可少的一种宗教仪式。在宗教经典中指出，凡不结婚和无儿子者不会得到解脱，但要举办一些宗教活动，诸如祭祀等，妻子是必不可少的。所以把结婚看成是必不可少的一种宗教职责，社会上对未婚的男女是另眼相看的。今天不同了，由于社会的进步，科学的发展，使印度教社会和他们的婚姻也随之发生了一些变化。如很多人不再把结婚视为宗教仪式，而看成是个人的一种“协议”，属于个人的事情。

结婚的限制减少了。印度教婚姻的最大特点是种姓内通婚，不同种姓不能通婚，而且非常严格。现在不同种姓间允许通婚。据有关研究统计，43%的女子，73%的男子支持不同种姓间通婚。（参见爱里思·罗斯的《城市环境中的印度教家庭》第270～272页）。受过教育的年青一代中更有不少支持者。

由于受家庭影响，不少青年人还是靠家长做主。因此，不同种姓之间的通婚既取决于青年本人，也取决于其家长。旧的传统观念由来已久，真正普及不同种姓通婚绝非短期内所能做到的。

离婚现象有所增多。直到20世纪，人们一般还把结婚作为一种不可缺少的宗教仪式看待，印度教高级种姓绝不离婚。但现在已有变化，不少人把结婚只看成一种社会协议，夫妻在特殊情况下可以离婚，1955年通过的国家婚姻法明文规定，男女享有离婚权利，由于婚姻的宗教基础削弱，所以离婚率有日益增长之势。当然，离婚现象并不普遍，人们也并不喜欢，只是在不得已的情况下而为之。

在婚姻方面，男女享有平等权利。从前的印度教社会，时兴一夫多妻婚，若妻子不能生儿子，丈夫有权另娶一妻或几妻，这是一夫多妻流行的主要原因。这样一来，妇女地位大大下降。后来妇女开展了运动，要求一夫一妻制，于1955年国家通过了有关法律，把妻子在世的情况下再婚视为犯罪。这样沉重地打击了一夫多妻制，男女在婚姻方面享有了同等权利。

寡妇再婚率提高。以前人们歧视寡妇再婚，但今天随着教育的普及与提高，人们认识到歧视寡妇再婚是不公道的行为，于是越来越多的人支持寡妇再婚了，尤其在城市里，在广大农村是另一回事。

结婚年龄提高了。童婚率比以前少了，而且呈下降趋势。这样一来，结婚年龄增大了，出现了晚婚现象。据有关学者研究，现在一般女子结婚的年龄为24岁，受教育女子是29岁（见海特：C. A.《印度妇女的社会地位》），随着结婚年龄的提高，缩小了夫妻之间的年龄差别。

出现了独身现象。一些人对结婚淡漠了。有些男女青年认为，一个人一生不一定非结婚不可。据有人研究，有86.2%的男女青年认为结婚是必要的，必不可少的。而13.2%的人认为一个人一生可以不结婚。而这部分人认为可以不结婚的女子中的10%女子是由于经济原因。这些女子认为，她们能够自食其力，能独立生活。因此，她们认为结婚并无必要。

有了自由择偶的权利。从前童婚盛行，婚事只好由父母包办，不是两个青年做主，而是由两家的家长做主。他们完全相信父母，不想违背父母的意愿。另外也有客观原因，男女青年很少有机会彼此往来，缺乏相互了解和接触的机会。当然，在一些大学里、研究单位、大城市的办公室和贸易单位倒是为未婚青年男女提供彼此接触的机会。他们有自己挑选对象的条件。今天印度的大多情况是，男女青年把自己的意中人告诉父母，以取得他们的同意，或父母为自己的儿子挑选对象，把满意女孩推荐给自己的儿子。

出现了恋爱婚姻。前面提到，印度教社会中大多数婚姻由父母做主，谈不到男女双方相爱成亲，在印度，至今自由恋爱婚姻的数量较少，并非普遍，但与以前相比，有发展变化。

结婚仪式发生了变化。印度教社会中婚姻仪式非常重要，并且都隆重举行。结婚仪式由来已久，也很复杂烦琐。但随着工业化、城市化的发展和西方文化的影响，使印度教婚姻仪式也发生了变化。例如，从前结婚进行数日或一两个月，现在大大缩短了时间，婚姻仪式也由繁从简，因此有的只进行几天或数小时则可，规模也大大缩小。从前结婚时，所有亲戚必须到场，哪怕路途遥远也得千方百计赶来。如今，由于物价的昂贵，城市里“地方”有限，人们生活繁忙，所以参加婚礼的人在逐渐减少。有的不必全家出席，只出一两个代表即可。

妻子由仆人地位转为伴侣地位。过去，丈夫的地位大大高于妻子，因男女间年龄相差很大，所以在对待上很不平等，女子婚后主要责任是侍奉丈夫，言听计从，不许违抗。今天，随着教育的普及，女子对丈夫并非都言听计从，平等气氛大有增加，正在由仆从、奴隶地位转为伴侣、朋友关系。

现代教育的普及，西方文化的影响，科学技术的进步，工业化、城市化的发展和人们社会觉悟的提高，冲击了印度教社会和婚姻习俗的变化。这种影响不只限于广大的村镇，而且也影响到广大乡村人们的生活和婚俗。

3. 构思巧妙的古代寓言

印度的文化宝库里，有丰富的古代寓言。这些寓言，短小精悍，构思巧妙，寓意深刻，把逻辑思维和形象思维有机地结合一起，以鲜明的形象和简洁的哲理启迪人们的智慧，揭露丑恶的现实，影响人们的思想和感情，在社会、政治和文化等各个领域内均起了重要作用。印度寓言有明显的民族特色，不愧为巨大的思想和艺术宝库，在本国，乃至世界上都占有重要地位。即使在今天，寓言仍然熠熠闪光，有着现实意义，起着重要作用。

印度古代寓言出现很早，在公元前 15 世纪前后写成的《梨俱吠陀》中已有记载。印度的寓言比希腊的要早，恐怕这是事实，因为公元前 6 世纪《伊索寓言》里已有不少印度寓言，可见印度寓言早就对希腊产生了影响。中国这方面也受到印度的影响，那是后来的事情。

印度寓言起初来自民间，是人民口头创作。“每一个宗教，每一个学派都想利用老百姓所喜欢的这些故事，来宣传自己的宗教，为自己的利益服务。因此，同一个寓言故事，可见于佛教的经典，也可见于耆那教的经典，还可以见于其他书籍。佛教徒把它说成是释迦牟尼生前的故事，耆那教徒把它说成是大雄生前的故事，其他人又各自根据自己的信仰把它应用到其他人身上。”因此，原来的寓言就有所分化。

印度寓言的高度发展，即它的黄金时代，大约是在公元前的几个世纪里。当时在农业、手工业的发展和商业贸易繁荣的同时，由于小王国林立，相互攻伐，使商业的发展受到影响。印度人民从很早的时代起，就有一个强烈的统一愿望，希望过和平安定的日子。人们思想非常活跃，从而引起了科学、文学和哲学等学术的空前繁荣，也形成了一个“百家争鸣”的局面；各教派的弟子们，为了宣传宗教和提供例证，以及统治者为了更好地进行统治，他们全都看中了民间流行的生动活泼、语言精辟、深入人心的民间寓言，或收集整理，编成专集，或改造修改，杂入经典。例如，《五卷书》、《益世嘉言集》、《百喻经》等，就属这类。

印度寓言故事备受欢迎，世代流传，影响很大，这与寓言的特点有密切关系。它的特点之一是富有反抗精神。而由于社会残酷，压迫沉重，斗争复杂，人民的斗争和反抗方式也要讲究。出于斗争的需要，要曲折隐晦地表达自己的思想，需要托物寄言。加之印度的自然特点，多有珍禽异兽，于是大量动物形象进入了寓言故事，这是印度寓言的又一特点。它告诉人们：凶恶残暴的动物本性难改，是善良被害动物的敌人；只要它们存在，山林的世界就不会有和平安定的生活。这些寓言故事想象丰富，生动活泼，妙趣横生，我们自然应当把它们当作反映人类社会生活的艺术品来欣赏，而不会把它们等同于动物学的文章来看待。故事的结局，总是以小胜大、以弱胜强，这是印度寓言的又一特点。例如，印度寓言《聪明的兔子》，讲的是聪明弱小的小兔，为众兽报仇，巧计使凶恶的狮子掉进井里淹死。这些故事，总是弱者用团结和智慧的力量打败愚蠢的强者。写的虽是动物，表现的则是现实社会中的斗争。尽管这些在现实生活中虽属少见，有时也难以实现，但是却表现了人们的理想与愿望，它是劳动人民反抗压迫的意志体现。这些寓言故事，既是动物的事，又是关于人的事，但归根结底是关于人的事。这是人与动物的统一，现实与幻想的统一，拟人化的艺术手法，它鼓励受欺侮的弱者起来反抗，启迪人们，在吃人的社会里，被压迫者只有团结起来才能战胜强大的敌人。

不少寓言故事是通过不同动物的典型形象来表现的。这是印度寓言的又一特点。大多数情况下，凶恶残暴的典型通过老虎、豺狼来表现；善良被害的典型形象通过山羊和兔子等表现；狡猾者的典型通过狐狸、猴子等表现。这些典型形象与动物本来习性特点有关。但是，也不完全固定。如猴子有时做好事，有时做坏事。狐狸也是同样。老虎的形象也是如此，有时是凶暴者，有时又是被害者。它们的形象之所以不同，原因很多，主要同它们所处的地位、关系、行为的不同有关，因而人们对它们的态度也就不同了。因此，一个动物的习性特点，往往是多方面的。只是根据故事的主题需要，突出它的不同习性罢了。不能只看它的一个特点，一个性格，而是要根据时间、地点和条件的不同，以及故事的主题思想不同，来区别对待，看它处于什么地位，说些什么，做些什么和起些什么作用，给以具体分析。

寓言有浓厚的生活气息，给人留下深刻的印象，这是印度寓言的又一个特点。翻开印度的寓言，仿佛看到天鹅抬着乌龟在天空飞翔，接着又听到乌龟因自满而开口讲话，掉在地上被摔成粉身碎骨的声音；又仿佛看到一只狼掉进染缸后的可怜样子，而后又招摇撞骗的可憎举动；一只狐狸耀武扬威地走在老虎面前，也不由得使人深思，现实生活中有谁是这种形象，等等。印度寓言故事中形形色色的人物，乃至一草一木，一鸟一兽，无不栩栩如生，生机勃勃。

印度寓言故事主题很多，内容广泛，除了政治性和宗教性以外，还有许多教导人们正确认识和处理生活、劳动、学习、斗争等方面的寓言，或者告诫人们如何掌握事物的规律，避免犯错误，等等。有的教人要未雨绸缪，勿临渴掘井，如《聪明的天鹅》；有的教人办事要调查研究，避免主观主义，如《鹦鹉黑姆林格》；有的教人要纳人善言，不要忘乎所以，如《爱唱歌的驴》；有的教人要有自知之明，如《狼崽儿》，等等。有些寓言短小精悍，含义深邃，形象生动，耐人寻味。甚至读后使人捧腹大笑，而在笑的背后，却包含一些尖锐的讽刺和深刻的教训，给人以启发。

印度寓言结构新颖，有其独特的艺术特色。故事的编排常常是全书有一个基干故事，然后故事中又派生出新的故事，如此环环相套，从而编织成一个庞大的故事集。故事集的规模之大，令人惊叹不已。而读起来又扣人心弦，引人入胜，使读者恨不得一口气想把全书读完。这种风格，不乏其例。

上述寓言故事的特点，为印度所特有。同时，对中国文学艺术和思想影响甚大。

印度寓言故事传入中国后，很大一部分保存在佛教书籍中，有些故事大概是印度佛教徒从民间流传的材料里取来，也有些可能是信仰佛教的人创作的。这许多寓言故事传到中国被译成汉文后，便成了我国文学宝库的一部分。信仰佛教的人重视这里面的宗教教训，而一般人和文学家却对那些曲折的情节和生动的描写感兴趣。尽管故事情节有时很奇怪，寓言里还夹杂着宗教教训，但是很多作品都富有生活气息，为历代人所喜爱，被人们作为文学作品来欣赏。这类作品集很多，例如，《杂譬喻经》、《杂宝藏经》、《六度集经》、《大庄严论经》、《百喻经》等，这类作品译成汉语后，使人耳目一新。我国古代旧有的文学流传在新来的外国文学刺激下，生长出了新的花枝，得到了新的发展。正如鲁迅先生所说："魏晋以来，渐译释典，天竺故事亦流传世间，文人喜其颖异，于有意或无意中用之，遂蜕化为国有。"中国文学的发展，早在远古时代就受到印度寓言的影响，那时候的所谓文学只是口头文学，还没有写成书，内容主要是寓言和神话。到后来影响就更大了，在先秦的书籍里有不少从印度传来的寓言。如《战国策·楚策》中的狐假虎威的故事就是其中一例。秦汉时，社会上盛行神仙，从东汉起，不少佛经被译成汉文，晋以后越译越多，佛经中有许多寓言故事，到了六朝时代，由于原来就流行神仙传说，加上从印度传来的说佛谈鬼的风气，于是出现了鬼神志怪之类的书籍，最突出的是"阴司地狱和因果报应"等内容。后来内容范围逐渐扩大，又达到一个新的阶段，发展成为唐朝的传奇小说。唐代的另一种新文化是"变文"，它是诗歌和散文相结合的形式，是一种通俗而生动的文体。它最初专门讲佛经里的故事，以后才增加了新的内容。因此变文的产生与印度影响有关，这是无可辩驳的事实。到后来，变文又直接影响了宋代的话本，就是所说的故事书。宋朝"说书"行业很发达，与上述影响有直接关系。

我国元代戏曲与印度文学的影响也有密切关系，正如季羡林先生所指出的，有很多杂剧取材于唐代的传奇，像马致远的"黄粱梦"取材于《枕中记》，郑德辉的"倩女离魂"取材于《离魂记》，尚仲贤的"柳毅传书"取材于《柳毅传》，这都是最著名的例子。因此我们可以说，印度的文学也影响了我国的元代戏剧。

鲁迅先生非常重视对印度文学的研究，在他的《中国小说史略》里，他一再指出印度文学对于中国文学的影响。他指出《汉武帝内传》窃取了佛教的东西；还指出，吴均《续齐谐记》里的阳羡鹅笼的故事，说的是一个中国书生，但是在晋人荀氏的《灵鬼志》里也记载了这个故事，这里不是一个中国书生，而是一个来自外国的道人。他用这一例子来说明印度故事中国化的过程。

中国现代许多文学家也受到印度寓言的影响。例如，"小说家沈从文有时候也取材于印度寓言文学。他利用这些材料主要是通过汉译的佛经”。他的一部叫作《月下小景》的短篇小说集里，几乎都取材于汉译佛典。供他取材的书有《杂譬喻经》、《智度论》、《长阿含经》、《大庄严论》等。

印度寓言对中国的影响都是通过佛教、佛经的传入而发生的，伴随佛教而来的还有天文、音乐、音韵、美术、医学、哲学，等等。今天我们为继承和发扬祖国的优秀文化遗产，正在深入地研究中国文化。要研究中国文化，也要研究印度文化和印度佛教。季羡林先生说过：“弄不清楚印度文化和印度佛教，就弄不清楚我们自己的家底。”这话千真万确。回顾历史，不难看出，不仅我国文学发展受到印度的影响，如前所说，就连我国的绘画、语言、音韵、建筑、音乐、舞蹈、医药、天文等也都无不深受印度的影响，弄不清印度的这些影响，就无法弄清我们自己的家底，“就无法写什么中国哲学史、中国思想史、中国文化史。再细分起来，更无法写中国绘画史、中国语言史、中国音韵学史、中国建筑史、中国音乐史、中国舞蹈史，等等。”可见，印度文化、印度佛教同中国的重大关系。

前面提到，印度古代寓言的高度发展，亦即它们的黄金时代，在公元前的几个世纪里。印度在这一时期，由于小王国林立，相互攻伐，商业发展受到影响。印度人民很早就有要求统一的愿望，希望安居乐业，人们思想活跃，科学、文化和哲学等也空前繁荣，与中国“百家争鸣”的局面相仿佛；各教派的弟子们为了宣传教义和提供例证，以及统治者为了更好地进行统治，他们全都看中了民间流传的生动活泼、语言精辟、深入人心的寓言，或搜集整理，编成专集，或改写润色，纂入经典。例如，《五卷书》、《益世嘉言集》、《百喻经》等，就属这类。

印度的寓言故事备受人们欢迎，世代流传，影响很大，这与寓言的特点有密切关系。它们的特点之一是富有反抗精神。例如，中国古代的战国时期，诸侯相互攻伐，“争城以战，杀人盈城；争地以战，杀人盈野”这一严酷现实，在《庄子》寓言的“触蛮之争”中可以说得到了充分反映：

“有国于蜗之左角者，曰触氏；有国于蜗之右角者，曰蛮氏。时相与争地而战，伏尸数万；逐北，旬有五日而后反。”（《杂篇·则阳》）

这里作者以极大的轻蔑和愤怒，讽刺和谴责了统治者的贪婪残暴，妄启战端的可憎嘴脸。中国人民热爱和平，憎恨战争的习性，在这则寓言里也得到了反映。

又如韩非子的“冒牌神君”：

“泽涸，蛇将徙，有小蛇谓大蛇曰：‘子行而我随之，人以为蛇之行者耳，必有杀子者，子不如相衔负我以行，人必以我为神君也。’乃相衔负以越公道而行，人皆避之曰：‘神君也。”（《韩非子·说林上》）

在这则寓言里，小蛇与大蛇为了在新的情况下求得生存，不但打破了常规，而且敢于让小蛇骑在大蛇的身上，这是作者对当时奴隶制等级制度的大胆挑战，表现出他蔑视“君臣父子”的陈腐观念，勇于革新的战斗精神。

在阶级社会里，劳动人民在沉重的徭役和被任意杀戮的灾难中，逐渐意识到阶级的对立，并对这种不合理的社会现实给予了愤怒的控诉，寓言《苛政猛于虎》便是突出一例：

“孔子过泰山侧，有妇哭人于墓者而哀。夫子式而听之，使子贡问之，曰：‘子之哭也，壹似重有忧者。’而曰：‘然，昔者吾舅死于虎，吾夫又死焉，今吾子又死焉。’夫子曰‘何为不去也?’曰：‘无苛政。’夫子曰：‘小子识之，苛政猛于虎也。’”（《礼记·檀弓下》）

这里作者真实地反映了现实，针砭了社会的黑暗。老虎吃人，贵族官吏的横征暴敛也要吃人，甚至比老虎还厉害。这个寓言生动而又深刻地揭露了阶级剥削和阶级压迫，有力地控诉了封建统治阶级对劳动人民的残酷压榨。

印度也是同样，“在奴隶社会和封建社会里，作为被压迫被剥削者的奴隶和农民等劳动人民的日子是十分不好过的。他们是社会上的主要劳动者，然而自己却是衣不蔽体，食不果腹；有时候连性命也难保。这就不免要引起斗争和反抗。”这种斗争和反抗精神，是当时劳动人民对社会不满的反映，如《暴君》所描写的：一个无恶不作的暴君突然死去，正当全国人民张灯结彩庆贺这件事的时候，一个卫兵却哭泣起来。新国王十分诧异，问他为什么哭，他回答说：“我现在哭泣，是担心先王对阎王爷也是这种态度，万一阎王爷也害怕他，再把他送回来可怎么办?”多么绝妙的讽刺，在故事中，作者没有去写暴君生前的恶行，但写他死后给人留下的余悸，这种揭露比正面谴责不知深刻多少倍。《狮子和骆驼的友谊》则是通过狐狸和乌鸦两个坏家伙在狮子大王面前进谗言，陷害诚实的骆驼的故事，影射了宫廷里奸佞当道的现实。《居心叵测的法官》以动物故事的形式揭露了法官假正经、真害人的本质。总之，这类寓言讽刺是辛辣的。这种大无畏的反抗和斗争精神，在等级森严的印度古代社会中出现，实在令人敬佩。同时，它也从一个侧面反映了当时阶级斗争的尖锐性。

由于社会复杂，压迫沉重，斗争残酷，人民的斗争和反抗方式也要讲究。出于斗争的需要，要曲折隐晦地表现自己的思想，需要托物寄言，加之印度多有珍禽异兽，于是大量动物形象进入了寓言故事。这是印度寓言的又一共同特点。这些动物有：狮子、老虎、猴子、大象、猫、狗、狼、牛、羊、马，以及乌鸦、麻雀、苍蝇、蚊子和臭虫等，五花八门，应有尽有。借助动物特征，抒发人的思想。这些拟人化的动物，它们说的是人话，做的是人事，连思想感情也是人的。社会上的一切，通过它们来表现。人类社会是有阶级的，在阶级社会里，存在着阶级剥削和阶级压迫。动物的世界是一种自然现象，它不同于人类社会。但是，动物之间也存在着强弱的不同，凶暴与驯良的不同，以强凌弱的事经常发生。在奴隶和封建社会里，劳动人民则是被凌辱的对象。这就使得劳动人民在创作寓言时，往往借助动物之间的关系，加以想象，使之曲折地反映出人类社会的阶级关系，并且通过故事情节，告诉人们，残暴的动物本性难改，只要它们存在，山林的世界就不会有和平安定的生活。这类寓言故事想象丰富，生动活泼，妙趣横生，我们自然应当把它们当作反映人类社会生活的艺术品来欣赏，而不会把它们等同于动物学的文章来看待。

故事的结局，总是以小胜大、以弱胜强，这是印度寓言的又一特点。例如，印度的寓言《聪明的兔子》，讲的是聪明弱小的小兔，为众兽报仇，设巧计使凶恶的狮子掉进井里淹死；《鹌鹑和大象比哈利》中，鹌鹑、乌鸦、苍蝇和青蛙四个小东西，团结一致，战胜了欺侮它们的大象。这些故事中，总是弱者用团结和智慧的力量打败愚蠢的强者。写的虽是动物，表现的则是现实社会中的斗争。这些以小胜大的事例在现实生活中虽难于实现，但是由此却表现了人民的理想与愿望，它是劳动人民反抗压迫的意志体现。通过对残暴动物的描写，既表现了动物残暴的本性，又揭露了一些阶级敌人的凶残、野蛮、骄横和愚蠢等丑恶嘴脸。这些寓言故事，写的虽是动物的事，但实际是关于人的事。这是人与动物的统一，现实与幻想的统一，拟人化的艺术手法的表现，它鼓励受欺侮的弱者起来反抗，启迪人们，在人吃人的社会里，被压迫者只有团结起来才能战胜强大的敌人。

不少寓言故事是通过不同动物的典型形象来表现的。这是印度寓言的又一特点。一般情况下，凶恶残暴的典型是通过老虎、豺狼来表现的；善良被害的典型形象是通过山羊和兔子等表现的；狡猾者的典型是通过狐狸、猴子等表现的；憨厚的典型是通过熊、驴等表现的。这些典型形象与动物本来习性特点有关。但是，也不完全这样。如狐狸、猴子有时做好事，有时做坏事。老虎的形象也是如此，有时是凶暴者，有时又是被害者。它们的形象之所以不同，原因很多，主要同它们所处的地位、关系、行为的不同有关，因而人们对它们的态度也就不同了。如老鼠的形象，通常给人印象不好，中国有句俗话："老鼠过街，人人喊打。"这说明老鼠给人的印象很坏，的确如此。如中国的寓言《社庙之鼠》就是一例。景公问于晏子曰："治国何患?"晏子对曰："患夫社鼠。"公曰："何谓也?"对曰："夫社束木而涂之，鼠因往託焉，熏之则恐烧其木，灌之则恐败其涂。此鼠所以不可得杀者，以社故也。夫国亦有社鼠，人主左右是也。"（《晏子春秋·内篇向上》）这里作者借害人的老鼠阐明了内奸难除的道理。

又如《悟鼠蜂》：鼠与蜂结为兄弟，请一秀才主盟。秀才不得已而往，列之行三。人问曰："公何以屈鼠辈之一下?"秀才答曰："他两个一个会钻，一个会刺，我只得让他些罢!"这里，老鼠又是个反面教员，作者以幽默的笔调，对削尖脑袋、无耻钻营者给予了辛辣的讽刺。如此等等，不一而足。

可是，也不是所有的寓言都是如此。众所周知，猫吃老鼠，因此深受人们喜爱，在中国，在印度一般都是如此。但是当人们要表达一种揭露反动统治者的欺骗手段时，往往又借用猫和老鼠的这种关系，加以想象，使之异化。这时，猫变成了假慈悲的形象，而老鼠则处于受欺骗的地位，成了一个被同情的对象了。像中国的《猫和老鼠》就是这样一个故事。讲的都是老鼠做好事。印度寓言中也有这种情况，一般老鼠的形象不好，令人讨厌，可是在《老鼠和大象》这一寓言中，讲的是老鼠如何团结一致，咬断猎人的网绳，救出了大象。又如，猴子的形象是聪明、好奇、淘气。一次猴子乘木工下班休息之机，随便动用木工未锯完的木头，结果夹住了尾巴，而不被人同情。可是在《人和猴子》里，说明了猴子反对自私，教训了一个自私自利的人等，这又是一个好的形象。还有，兔子一般形象是聪明伶俐，如印度的寓言《聪明的兔子》中表现出兔子聪明能干，不仅自己得救，而且还救了其他野兽。但是在《龟兔赛跑》中，兔子骄傲自满，耍小聪明，结果赛跑落后，至今还成为教育人们戒骄戒躁的反面教材，而且有的时候，也并不聪明，如《一场虚惊》寓言中提到，一只兔子住在一棵果树下，一天，一只果子落到地上，发出响声。兔子不知何故，误认为山崩地裂，拔腿便跑，一路上不少动物皆因盲从而受其影响，和它一起拼命逃跑。最后还是狮子聪明，沉着冷静，返回原地，查出了事情的原因。诸如此类例子很多，不胜枚举。因此，一种动物的习性特点，往往是多方面的。只是根据故事的主题需要，突出它的不同习性罢了。不能只看它的一个特点，一种性格，而是要根据时间、地点和条件的不同，以及故事的主题思想的不同，来区别对待，看它出于什么地位，说些什么，做些什么和起些什么作用，然后再予以具体分析。

值得提出的是，印度的寓言还有个作用，即它丰富和发展了本国的语言，这也是印度寓言的又一特点。当初，寓言来自民间，搜集整理时自然吸收了很多民间口语，再经过文人们的加工提炼，成为富有生命的语言，为历代人们所传诵。这种方法对后代语言的创造和运用有很好的示范作用。印度有很多词汇寓意深远，饶有风趣。同时，大量古代寓言先后被提炼成为成语或警句，几千年来，一直为人们喜闻乐见和广泛使用。例如，印度的“变色豺狼”（形容一个人装腔作势），“贪得无厌反失掉”（告诫人们莫要贪得无厌），等等。这些都成了人人皆知、家喻户晓的格言。

印度的寓言除了政治性和宗教性的以外，还有许多教导人们正确认识和处理生活、劳动、学习、斗争等方面的寓言，或者告诫人们如何掌握事物的规律，避免犯错误，等等。有的教人正经做人，珍惜时光，如《四岁的老人》；有的教人要未雨绸缪，勿临渴掘井，如《聪明的天鹅》；有的教人要调查研究，避免主观主义，如《鹦鹉黑姆林格》；有的教人要纳人善言，不要忘乎所以，如《爱唱歌的驴》；有的教人要有自知之明，如《狼崽儿》，等等。这些寓言短小精悍，含义深邃，形象生动，耐人寻味。甚至读后使人忍俊不禁，捧腹大笑，而在笑的背后，却包含一些讽刺或教训，蕴含着严肃的人生哲理。

印度寓言结构新颖，故事套故事，这是它的艺术特色。这种风格，不乏其例，例如《五卷书》、《故事海》、《益世嘉言集》等都是如此。以《益世嘉言集》为例，开头第一个故事讲的是一群鸽子贪吃粮食的事情，故事即将结束时，说道：“你们千万不要出现像那位行人因贪婪而出现的不良后果。”这样又引出了第二个故事——贪婪的恶果。第二个故事的结尾在讲到交朋友时，又提到不要出现像鹿的情况，这样又引出了“鹿和豺狼”的故事，如此等等。这样，故事套故事，一环扣一环，形成了一个故事的汪洋大海。印度这类寓言故事集内容是很丰富的。这是印度寓言的一大特点，为中国寓言所不及。

印度古代寓言的形式还有第二个特点，即往往诗文并用，有故事，有教训，同我国古典小说在故事中插入“有诗为证”一类的格式相仿。

印度古代寓言还有自己的民族特点：

①在题材上，印度古代寓言虽然有许多人物故事，但是动物故事所占的比重却较大。因此，寓言最有效的手法之一——拟人化，在一定程度上印度运用得更加充分。

②在思想上，印度古代寓言则富于幻想，具有浓厚的宗教色彩，为宗教所利用，如轮回、报应等思想严重。

③在体裁上，印度古代寓言则是诗文并用，即散文与诗歌相结合，两者穿插使用，形式新颖，引人入胜。充分反映出古代印度人民擅长诗歌的素质。

印度古代寓言，除上述特点、优点即精华之外，也有糟粕。只看到优点，看不到缺点，是不全面的。

印度寓言中有的宣扬宿命论，说什么“命运的力量大无穷”。有的宣传丑化和诬蔑妇女的封建思想，说什么“火焰能变冷，女子才能变贞节”。把妇女说得坏透了。还有许多寓言打上了佛教思想的烙印，宣传逆来顺受，绝对忍让的思想；有的宣扬否认斗争，回避现实，主张信神，以求来世转生等思想。这些都是消极的东西，起了麻痹人民斗争意志的作用。

4. 源远流长的印度舞蹈

舞蹈是一种气度雍容的艺术，其有高尚的风格，有综合性，非有相当的练习，不易精通，印度舞蹈更是如此。印度人跳舞历史悠久，早在印度河文明时期，据考古学家断定（大约为公元前2500年至前1750年），印度先民就很喜欢跳舞。在哈拉巴和莫亨焦·达罗出土的文物中，有青铜舞女雕像和男舞者石雕像。这些都是当时流行舞蹈的佐证。到了吠陀时期，印度舞蹈有了明显的发展，而且有了文字记载。公元前1500年的《梨俱吠陀》中就记有舞女的事情：“邬沙穿着闪光的衣服，像舞女一样”，“男子戴金首饰，通过舞蹈表演有关战争的场面”，“甚至有了专门以舞蹈、唱歌谋生的种姓”。可见当时舞蹈已经相当发展。到了公元前4世纪，印度的大文法家波你尼也曾提到过“舞蹈”一词。至于在印度史诗之一“罗摩衍那”中有关舞蹈的记载就更多了，据专家研究，《罗摩衍那》的成书时间大约在公元前3世纪、4世纪至公元后2世纪，但书中记载的是吠陀后期的事情。《罗摩衍那》中写道：“在阿逾陀日夜举行舞会和音乐会，供国王享乐。”“一位舞者的优美的舞姿使罗婆那为之陶醉。”但是，有关舞蹈艺术的专著应该以婆罗多的《舞论》为代表，它是印度古代最早的文艺理论著作，一般认为它是公元2世纪的产物，但其内容更早于成书年代，可能在公元以前。《舞论》是一部诗体著作，它全面论述了戏剧工作的各个方面，从理论到实践无不具备，而主要是为了满足实际工作的需要，起一个戏剧工作手册的作用。它论述到剧场、演出、舞蹈、内容情调分析、形体表演程式，诗律、语言、戏剧的分类和结构、体裁、风格、化装、表演、角色，最后更为广泛地论及音乐。这个全面总结一经出现，就对后来的文艺理论产生了很大影响。虽然它基本上是注重实际演出工作的书，但是，它在理论方面仍接触到一些重要问题，对音乐、舞剧等方面优美艺术的各个部分进行了很好的阐述。到后来，香格尔戴沃在自己的《格冷特·勒德衲格》一书中更对舞蹈进行了详细的研究，提到舞蹈种类等内容。书中讲到了当得沃舞（一种湿婆舞），湿婆神是这种舞的始祖，湿婆把这种舞蹈知识传授给自己的学生和婆罗多牟尼。“当得沃舞”是表示有关世界末日的舞蹈，当世界开始毁灭时，在布德杰里和沃亚克拉巴德仙人的请求下，湿婆表演了“阿安德当得沃”舞，当时四副面孔的梵天为他击掌伴奏，毗湿奴为他敲鼓，又有登巴鲁和衲罗陀为他伴唱。到了迦梨陀娑时期（公元5世纪）印度舞蹈又得到重大发展。迦梨陀娑的著作很多，他的剧作使古代印度戏剧创作达到了登峰造极的境地，他不仅以诗驰名于世，而且也是一位有名的剧作家，他的流传至今的剧本《沙恭达罗》、《罗摩毗迦与火友王》等都是很著名的。剧词中散文与诗歌并茂，穿插自如，而且剧中有舞蹈，也有歌曲。他的《罗摩毗迦与火友王》的第一、二幕中对音乐和舞蹈的理论还进行了充分研究。迦梨陀娑的著作也提到了舞蹈和表演之间的密切关系等内容。这些对后来舞蹈的发展起了重要指导作用。同音乐一样，舞蹈艺术也是一种谋生手段，印度自古以来时兴舞女在寺庙跳舞，迦梨陀娑曾经描写到当时一些寺庙中的舞女情况。在拜衲的《戒日王本行》中提到了戒日王给儿子过生日跳舞的舞伎们。（《戒日王本行》是个无与伦比的传记，它除具有文学作品的卓越特点外，还是早期史料的宝库）但是据史料记载，当时舞伎演员的社会地位不高，甚至在婆罗多的时候，音乐舞蹈方面的专业艺人已受到社会歧视，当时，婆罗多曾写了一长篇故事，描述了演员所受到的屈辱，表明了演员在社会上卑贱的地位。不过音乐和舞蹈艺术本身是很受重视的，各阶级的男子和妇女都学习这两种艺术。从地区角度看，印度舞蹈可分为北印度舞蹈和南印度舞蹈两大类，北印度舞蹈主要有克塔克舞和曼尼普利舞；南印度舞蹈主要有婆罗多舞和格塔克里舞，都是古典舞蹈。除上述古典舞蹈外，印度各地还有许多民间舞蹈。这些民间舞蹈都带有浓厚的地方特色和生活气息，深受群众欢迎，是印度灿烂文化的重要组成部分。

5. 魅力无穷的印度音乐

印度音乐历史悠久，非同一般。早在印度的上古文献《吠陀》中对音乐就有了记载。《梨俱吠陀》赞歌的吟咏，需要有音乐知识。著名《娑摩吠陀本集》更是以歌唱为目的而形成的一部颂神曲。“娑摩”指的就是祭祀用的歌曲，因此可以说，印度音乐是以古代祭仪为基础而发展起来的。

印度教的三大神之一“湿婆”又名“舞王”，人们在祭神或过宗教性节日时都举办歌、舞集会，这已成为印度人民生活的重要组成部分。

印度人认为，“音乐与舞蹈的起源的神圣”目的是帮助人们信神，所以在大约3000多年的音乐、舞蹈发展史中，音乐与舞蹈往往以精神为主导，而艺术属于从属地位。随着宗教的发展与传播，随着社会的不断发展，音乐和舞蹈也不断丰富和提高。载歌载舞，而且往往是歌、舞并举，这是印度音乐、舞蹈的特点之一。

据文献记载，早在吠陀时代，除唱歌外，已有不少“维拉”之类的弦乐器，以及横笛之类的管乐器。今天流行的不少乐器就是从古代流传或发展而来的。它们都同宗教信仰、宗教活动有关。在古代两大史诗时期，音乐得到不断发展，在两大史诗中所提到的乐器有20种以上，到了这一时期，印度已有了七声音阶，有了七个基本调式，形成了一套相当完美的转调体系。但在音乐理论方面的著作应该以婆罗多仙人写的《舞论》为代表，对它成书的年代说法不一，有的认为它是公元2世纪的产物，有人认为它是公元初的作品。直到公元11世纪，才有了专门的大量研究音乐方面的著作，诸如，劳舍·格威的《拉格德凌吉利》（12世纪）、夏冷格戴沃的《桑吉德勒纳格尔》（音乐宝库，13世纪）等，不一一列举。

前面提到，印度音乐的出现与宗教信仰有关。音乐为宗教服务，祈祷、祭祀等都离不开奏乐和唱歌这类活动，而这类活动又反过来使音乐由简到繁，不断丰富和发展。今天，时代前进了，社会发展了，但印度人仍普遍信仰宗教，对神非常虔诚，宗教与音乐的关系仍很密切。拿占印度人口82%以上的印度教徒来说，出于宗教信仰，一个人从生到死要参加许多名目繁多的仪式。印度多数人认为参加宗教活动非常重要：能使人生活纯洁、神圣，死后使灵魂得到解脱。因此，一个人从生到死要参加不少宗教仪式。而宗教仪式都有唱歌，有音乐伴奏。婴儿降生前开始就给他举行各种仪式，诸如，授胎礼、生男礼等，待婴儿出生后仪式更多，诸如，初食礼、剃胎发礼、出门礼、再生礼等，一直到结婚。结婚时，起码举行17～18种仪式。因为印度教徒把结婚视为一种重要的宗教仪式。只有完成了一系列的仪式后才算结婚。

在举办结婚仪式时，有音乐、唱歌，自始至终，有的长达数十天，一个月，甚至时间更长，很有意思，我仅举一个例子。结婚仪式在女方家举行，在仪式的过程中，女方家的人可以唱歌大骂男方家的人，骂得非常难听，但男方家的人只能低头倾听，不可生气，更不能还口对骂，因为对方是客人。

值得一提的是，就是骂人，也是唱歌，也有音乐伴奏，不能离开音乐。印度教自古以来就有这个风俗。

据印度的经典规定，人出世以后，通过各种仪式使人战胜今世；人死以后，再通过各种仪式，战胜来世，使死者的灵魂在阴曹地府获得安息。因此，人死以后，在抬尸的路上，焚烧尸体时以及骨灰撒进河里时都有不同的仪式，也都离不开音乐。

在庙里一切活动都有音乐，就是念经，也富于音乐感，并有音乐伴奏。

节日期间更是如此，印度节日很多，多为宗教性节日，几乎天天有节日活动，节日庆祝都离不开唱歌、音乐。例如，霍利节时不仅跳舞，而且唱歌，就是当时唱的霍利歌中也离不开宗教神话，而且歌词优美，音乐动听。

总之，印度的宗教与音乐的关系密切，密不可分，敬神祈祷离不开音乐，音乐在宗教活动中不断丰富和发展，这就是印度音乐的特点，从古至今一贯如此。

6. 寓意深刻的民间故事

印度人民不仅能歌善舞，而且善于讲故事。印度的民间故事素以优美、睿智、寓意深刻闻名于世。这些民间故事在流传过程中，虽然有许多被湮没，有许多被收进宗教经典中，用于宣传宗教，但仍有大量的汇编成集，保存了下来。其中著名的故事集有：《五卷书》、《伟大的故事》、《嘉言集》、《鹦鹉故事七十则》、《大故事花族》和《故事海》等。这些故事集在印度古代文学史上占有重要地位，是可以同印度古代的两大史诗、诗剧《沙恭达罗》、长诗《云使》等媲美的一株光彩夺目的奇葩。

印度民间故事不但是印度文学中的重要组成部分，而且对亚洲、非洲和欧洲文学产生过较大影响。正如鲁迅所说："尝闻天竺寓言之富，如大林深泉，他国艺文，往往蒙其影响。"以《五卷书》为例，公元6世纪，《五卷书》被译成帕荷里维语，传到了欧洲和阿拉伯各国，在一千多年的时间内，它被辗转译成了阿拉伯文、古代叙利亚文、德文、希腊文、意大利文、拉丁文、古代希伯来文、法文、丹麦文、冰岛文、荷兰文、西班牙文以及多种斯拉夫语言。曾经有人计算过：《五卷书》共译成15种印度语言、15种其他亚洲语言、2种非洲语言、22种欧洲语言，而且很多语言还并不止一个译本，英文、法文、德文都有10种以上的本子。1964年，我国也有了季羡林先生直接从梵文译过来的《五卷书》全文。

印度民间故事在世界各国流传过程中，有许多已被吸收进欧洲、亚洲和非洲各国的民间文学中，还有一些进入了各国作家的作品中。像薄伽丘的《十日谈》、乔叟的《坎特伯雷故事》、拉·封丹的《寓言》等，格林兄弟的《格林童话》中也可以找到印度童话的踪迹。我国的汉译佛典中包含大量的印度民间故事。在文学创作中也屡见不鲜，如《太平广记》、江盈科的《雪涛小说》、明刘元卿的《应谐录》等书中，都可以看到印度民间故事的影响。

印度民间故事所以深受印度国内人民的喜爱，影响非常广泛，这与它的独特、新颖的形式和生动丰富的内容密切相关。

印度古代民间故事的形式，往往是诗文并用，有故事，有教训。同我国古典小说在故事中插入"有诗为证"一类的格式相仿。故事的编排常常是全书有一个基干故事，然后在故事中又派生出新的故事，如此环环相套，从而编织成一个庞大的故事集。故事集的规模之庞大，令人惊叹不已。以《故事海》为例：全书 18 卷，124 个"波浪"（章），以优填王和他的儿子的故事为主干。在他们父子两人的故事里编排了 178 个小故事，有些小故事里面又套着小故事，甚至所套的小故事又附属有小故事，这样合计共有 200 多个故事，实在是一个故事的汪洋大海。这在其他国家是不多见的。

看了印度民间故事，给人印象很深的是，它反映了对劳动人民的歌颂和对不劳而获的谴责。如《啄木鸟》故事里，那个幻想不劳而获的樵夫，一旦树神满足了他的要求，把他变成一只鸟儿之后，他才深深地体会到"鸟儿整天飞来飞去多没意思"，"只有劳动可以换来幸福"。但他后悔已晚，只好变成一只啄木鸟，天天用嘴啄树，发泄对树神的怨气。《渔民和大海》里的青年渔民，当父亲不幸被大海吞没之后，第二天他就勇敢地继承父业下海捕鱼去了。一个富家子弟对他的行动十分惊讶。青年渔民回答他说："与其像你父亲寿终正寝，不如葬身大海。"这回答充满着对劳动的自豪，和对生活的坚定信念，实在是一篇寓意深刻的好故事。

印度民间故事既有浓厚的幻想成分和浪漫主义精神，又有可靠的现实生活基础。如魔鬼变成美女害人，最终受到惩罚；懒惰的樵夫变成了啄木鸟；蛇可以变成少年与美丽的姑娘成亲等。这些故事情节虽然在人类社会中不可能出现，但它却表现了古代印度劳动人民从现实生活中产生的合理要求与想象，曲折地反映了现实生活。

至于那些动物故事的幻想性就更强了。印度民间故事中有大量的动物故事，把动物人格化，赋予它们人的特点。这些故事中，常常是一方面保留着动物原有的性格特征，如猴子的机灵、骆驼的憨厚、驴的愚蠢、猴子的残暴、狐狸的狡猾；另一方面又把人类社会中的复杂社会关系反映到故事中去，使动物具有人的思想和性格。这些故事想象丰富、生动活泼、妙趣横生，通过动物之间的纠葛，写出人情世态，有着深刻的寓意。

印度民间故事是古代印度人民与统治者进行思想斗争的武器，反映了古代印度社会的真实面貌。在这一幅幅光怪陆离、色彩纷呈的画面里，可看到形色各异的人物：有国王、王后、王子、公主、大臣、婆罗门、刹帝利、法官、商人等社会的上层人物，也有农民、手工业者、小贩、苦行者、猎人、吠舍、首陀罗等被压迫与被剥削者。值得注意的是，在这些民间故事里，总是正直、善良、被侮辱被损害的人得到好的结果，而那些坏人、压迫者、剥削者、贪财者、忘恩负义之徒都没有好下场。神奇的法宝，也只有落到好人手里才会显灵，一旦被坏人掌握，不是失去作用，就是受到惩罚。好人得好报，恶人得恶报；惩恶扬善，泾渭分明。在那个时代，人民在现实生活中不是主人而是奴隶。为了反抗残暴的专制制度，人民进行了前赴后继的斗争；为了反抗统治阶级的思想禁锢，人民就创作了民间故事与之分庭抗礼。所以民间故事实际上成了古代印度人民与统治阶级进行思想斗争的重要武器。人民把在现实生活中不可能实现的理想、愿望，都寄托在民间故事之中。在这个领域里，他们热情歌颂自己的英雄，无情鞭挞剥削者；宣传自己的道德观念，戳穿敌人道德的伪装。

印度民间故事有其明显的特点，凡是读过印度民间故事的人，无不留下以下几个深刻印象：

第一，惩恶扬善是印度民间故事的一个重要内容。善良、正直、谦逊、忠于友谊、忠于爱情等高尚的道德品质受到赞扬，而且得到好报。这类故事很多，如《勒克希米和洋娃娃》、《谁更愉快》、《阿耶本》、《斑鸠》、《印度鸳鸯》和《善有善报》等。与此相反，贪婪、诡诈、虚伪、忘恩负义、口蜜腹剑等行为则受到谴责，得到恶报，如《狮子和啄木鸟》、《月亮母亲》、《聪明的猴子和愚蠢的鳄鱼》、《口蜜腹剑的印度鹤》、《不自量力的豺》等。这些故事反映了古代印度人民在长期生活与斗争中形成的道德观念。他们把这种道德观念用民间故事的形式表现出来，用以惩治恶人，表彰好人。还可以把这些故事看作人民自己编写的教科书。在劳动者被剥夺了受教育权利的当时，用这些生动形象的故事作为教育后代，培养高尚品质的课本，实在是再好不过了。即使在今天看来，上述的道德标准也还是值得称道的。这类故事中，

《善有善报》是颇有代表性的故事。这个故事说：兄弟二人，一富一贫。有钱的哥哥认为，在世界上“善不会有善报”，人只能顾自己才是正理。穷弟弟认为，即使自己受苦也应想到帮助别人，“善总会有善报的”。两人争执不下，便以各自的财产打赌。后来弟弟穷得把自己的两只眼睛都出卖给了哥哥。一个偶然的机会，弟弟偷听了魔鬼的谈话，找到了治愈眼睛的神药，并且救活了濒于死亡的一城百姓，治好了哑公主，受到了国王的奖赏。哥哥打听到弟弟发财的原因后，也连忙去偷听魔鬼谈话，却被魔鬼掐死了，坏心肠的哥哥受到了惩罚。这个故事不仅表现了弟弟的勤劳、善良，而且突出了他舍己为人的优秀品质。显然，在人妖颠倒的封建社会里，勤劳、善良的弟弟往往是不会交好运的，相反，残忍、贪婪的富哥哥倒常常会飞黄腾达。尽管人民暂时还改变不了这种不合理的现实，但是在自己创作的民间故事里，却可以痛快淋漓、狠狠地处罚和嘲弄富有者，赞扬道德高尚的劳动者，即赞扬劳动者自己。这正是这类作品深刻的人民性所在。

第二，歌颂弱者团结起来，战胜横行霸道的强者，这是印度民间故事的一个重要主题。如《鹌鹑和大象比哈利》中，鹌鹑、乌鸦、苍蝇、青蛙四个小东西，团结一起战胜了欺侮它们的大象。《珍贵的友谊》写了鹰、狮子、雌鳄、乌龟四朋友战胜猎人的故事。《捕鸟人和鹌鹑》说的是鹌鹑王带领大家一齐起飞，抬走了猎人布下的网，不但自己获救，而且迫使猎人另谋生路去了。这些故事中，总是弱者用团结和智慧的力量打败愚蠢的强者。故事写的虽是动物，表现的则是现实社会中的斗争。它鼓励受欺侮的弱者起来反抗，启迪人们，在吃人的社会里，被压迫者只有团结起来才能战胜强大的敌人。

第三，印度民间故事没有放过对权势者们的讽刺和揭露。它把矛头对准暴君、奸臣、居心叵测的法官、贪心的地主、吝啬的婆罗门、狡猾的商人以及愚蠢的御用文人等。它毫不留情地揭穿他们道貌岸然的假面孔，还他们以丑恶的真面目。如《暴君》中，一个无恶不作的暴君突然死去。正当全国人民张灯结彩庆贺这件喜事的时候，一个卫兵却哭泣起来，新国王十分诧异，问他为什么哭，他回答说：“我现在哭泣，是担心先王对阎王爷也是这种态度，万一阎王爷也害怕他，再把他送回来可什么办？”多么绝妙的讽刺！作者没有去写暴君生前的恶行，单写他死后给人留下的余悸，这种揭露比正面的遣责还要入木三分。此外，《会变金币的海螺》嘲弄了贪心的商人；《男孩上苏克纠里亚》通过机智的男孩，惩罚了一毛不拔的地主；《居心叵测的法官》以动物故事的形式，揭露了法官假正经、真害人的本质。总之，这些讽刺是辛辣的、一针见血的。这种大无畏的斗争精神，在等级森严的印度古代社会中出现，尤其令人敬佩。同时，它也从一个侧面反映了当时阶级斗争的尖锐性。

7. 印度电影再度辉煌

提到电影，人们自然想到美国的好莱坞，的确，好莱坞影片世界闻名，但每年影片产量最多的不是美国，而是印度，印度电影蜚声于世，在中国也享有盛名。目前，印度电影年产量居世界之首，早在20世纪80年代中期，印度拥有66家电影制片厂，400多种电影杂志，12000家电影院，25万电影从业人员，年耗资约20亿美元，每天观众多达1250万～2000万人次。近几年，印度每年都生产1000部以上电影，仍超过美国。每年花在电影票上的钱就有20亿美元，到2012年这个数字有望增加30%。以上表明，印度不愧为世界上首屈一指的“电影王国”和“东方好莱坞”。

印度电影情节生动，富有戏剧性，几乎每部影片至少有6支插曲和舞蹈。一般影片不少于3小时，歌舞贯穿于影片的始终，这些都是印度电影的特点。

印度电影业发达，它的发展经历了漫长的过程。狄拉吉·戈温特·巴尔吉被称为“印度电影之父”（1870—1944年）。他生于孟买附近纳西克市的一个印度教家庭，他自幼酷爱艺术，对绘画、戏剧和魔术等倍感兴趣。少年和青年时期，先后就读于杰吉美术学校和巴里达艺术学院，使他的绘画、摄影、音乐、造型、魔术以及表演方面的艺术才能得以充分发展。他从1911年起开始从事电影事业，他坚信，完善的电影工业最终会在印度建立起来。他因陋就简地进行拍片实验，呕心沥血，忘我地工作。他的第一部电影是《哈里什昌德拉国王》，于1913年问世，影片取材于印度神话，赞颂了为追求真理而牺牲财产、王国和家庭的君主的功绩，深受印度各阶层观众的欢迎。从这时起，印度的电影业算正式诞生。

1920年以后，印度电影就具有了正式的工业规模，从最初年产8部影片上升到1920年的18部，到1930年多达172部。从1920—1930年的10年间，印度还涌现出一批新的影片公司和制片人，从而使印度的无声电影进入了繁荣时期。这个时期的主要代表人物和公司有几个，巴布罗·潘特是其中之一，他对印度电影的贡献仅次于巴尔吉，居第二位。他出身于画家世家，他创办了马哈拉施特影片公司。潘特所在的公司拍摄的第一部影片是《赛兰特里》，他的优秀影片是《尼泰基·普拉卡尔》。另一个重要人物是苏杰特·辛哈，他曾在美国学习过电影艺术，并和卓别林合作过。他创办了东方电影制片公司，《沙恭达罗》是该公司的第一部影片。有人认为，他的电影中带有西方情调，因而一度受到攻击。他拍摄的电影很多，诸如《三个魔鬼》等。

进入20世纪30年代，新的电影公司有如雨后春笋，纷纷成立。拍摄电影不仅成了一种重要的行业，而且成了艺术表现的一种手段。企业家创办了许多电影制片厂和制片集团，如加尔各答的新戏剧影片公司，浦那的普拉巴哈特制片公司和孟买有声影片公司，这些公司在20世纪30年代一直左右着观众的兴趣。其中帝国影片公司颇有生气，它拍摄了印度第一部有声故事片《阿拉姆·阿拉》。此片是部幻想故事片，它的场景绚丽多彩，片中歌舞很多，对话全部使用通俗易懂的印度斯坦尼语，引起印度观众的极大兴趣。

印度电影业不断发展。1937年至1938年，“印度电影制片人协会”和“印度电影发行人协会”相继成立，在马德拉斯建立了“南印度电影商会”。这些机构开展了大量包括出版刊物在内的商业性活动，促进了电影业的发展。到1940年，印度电影企业在全国的企业中居第8位，在世界电影企业中居第4位。从业人员4万人，全国75家制片厂，250个发行商，1496家电影院。全国平均年产量200部影片。

到20世纪40年代，印度的电影内容发生了变化，所生产的影片中，以现实和历史为题材的影片居多。兰吉特公司拍摄的印地语和古吉拉蒂语影片《不可接触的人》就是一部反映印度社会问题的优秀作品，它抨击了印度的贱民制度，产生了深远的社会影响。1941年问世的代表影片有阿巴斯的《新世界》，它的主题歌大胆表露了反对英国殖民统治和要求民族独立的爱国主义思想。

这个时期，反映教派团结的影片很多。如瓦迪亚公司拍摄的第一部印地语影片《团结》，是以宣传印度教和伊斯兰教的友好感情为主题的影片。拉贾斯坦语的《礼物》也体现了教派团结的进步思想。还有加尔各答一家影片公司的《忠实格比尔》也反映了格比尔教派团结的主张。可以说在这一时期，影片的题材丰富多彩，并各具特色。

第二次世界大战影响了印度电影制片业的发展。1943年，英国殖民地政府开始实行颁发制片许可证制度，严格禁止拍摄与战争无关的影片。印度国大党对此进行了针锋相对的斗争。

在英国政府的严格控制下，必然出现印度人民的反英斗争，这种斗争情绪也反映在影片中。例如，在影片《命运》的插曲中就有“外国人滚出去，印度斯坦是我们的”的词句，洋溢着强烈的爱国热情，体现了甘地所提出的口号“滚出印度”的精神。

1947年印度获得独立，以后的一切情况都发生了重大变化。对电影题材和电影歌曲也产生了重大影响。以前被英国殖民政府所禁止的各种文艺作品又见天日，有些则被拍成影片。如孟加拉邦著名的作家萨拉特·钱德拉的著名小说《真理追求者的道路》曾一直被英国列为禁书，现在被改编成为印地语和孟加拉语影片《萨维耶萨吉》上映。孟买的有声影片公司摄制的《强制》是一部爱国题材的影片。影片中穿插了一支歌曲：《英国人，滚蛋，白种人，滚蛋!》反映了印度人民的反英情绪。

到了20世纪50年代，尽管印度电影市场有不少内容空泛、题材平庸的影片，但是这些影片并不受欢迎，因而寿命不长，后来被内容充实、反映人民火热生活的影片所代替。拉兹·卡普尔自导自演的《流浪者》的出现则是印度电影新起点的标志。这部电影在各个方面显示出了新的艺术风格和高超的艺术水平。影片表达了进步的社会思想。影片主题歌《我是一个流浪汉》在许多国家广为传唱，不少中国人也会唱此歌。除此以外，还有现实主义题材的影片大量出现。诸如，《我们是人民》、《世界》、《青春》、《宝石》、《年轻人》、《运动》等，都是深受群众欢迎的影片。

1953年也出现了一批反映社会现实问题的优秀影片，如《两亩地》和《已婚的女人》等，在社会上产生了很大影响。其中《两亩地》在中国放映后，反映强烈，给中国人民留下了很深的印象。

这一时期彩色影片也有进一步发展，例如，《章西女皇》就是大型彩色历史故事片，后来又有《哑女》问世。到1954年印度自己摄制的彩色片已经在国内取得了很大成功。

从20世纪80年代以来，印度电影业又每况愈下，进入了步履维艰的时期。虽然电影业仍然规模庞大，其年产量还居世界之首，但它的声名却在世界影坛中一落千丈，电影观众减少，票房收入降低，它说明印度电影业已趋萧条。之所以如此，主要原因有三：一是电影质量下降。二是电视的普及。三是录像的盛行也冲击了电影业的发展。

进入20世纪90年代，印度的电影业仍然发达。印度三大电影中心，即孟买、加尔各答和马德拉斯，当然影响最大的是孟买的电影城。有报告表示，“到2011年印度所有影院的一半将被新建或更新，到时候即使欧洲和北美洲的综合性影院也无法同印度电影业的规模相媲美。”

从印度电影业的发展历史来看，它经历了漫长而曲折的道路，并且存在着不少困难和问题。正如印度评论家所指出的那样：制片人队伍过于庞大，电影界各种竞争激烈；演员职业自由化；酬金过高，缺少制片资金、技术人员和影院以及电影业内部不团结等是其主要困难和问题。尽管困难重重，印度电影业仍然不断发展。其原因是多方面的：（1）与印度政府对电影业的支持有关。印度的电影厂家尽管多数为私人资本所控制，但只要它们的产品不危及国家领土完整和社会治安，政府非但不对他们进行干涉，相反对他们给予鼓励。政府通过广播宣传部门对电影厂家给以原则上的指导。这样，政府的宽松政策为电影业的发展提供了有利条件。政府为发展电影业还采取了多种措施，例如，1948 年政府广播新闻部内设立了电影处，1953 年设置国家电影奖，1960 年建立电影金融公司，1961 年创办浦那电影学院，1964 年建立国家电影馆，等等。所有这些，对电影业的发展起了积极作用。（2）限制外国电影进口，并有严格的审查制度。进口外国电影要经过专门部门审批，严禁那些宣传暴力、色情和恐怖行为的影片进入印度。这些措施减少了外国电影进口，有助于本国电影业的发展。另外，印度影片生动活泼，歌、舞贯穿始终，因此影片一般较长，不少于 3 小时，这是个不成文的“法规”，电影导演们都认真遵守。在绝大多数印度人看来，看电影是文化娱乐和逃避现实的主要形式。劳动一天，晚上看场电影调节一下，也是一种享受。因此，电影具有广大的市场，这种现实促进了电影业的发展。

但是，印度的电影业远远没有能满足社会发展的需要，也未能充分反映印度的现实和社会问题。印度的电影专家严肃地指出：印度的电影观众受到社会与经济等客观因素的影响，诸如，传统习惯势力、物质匮乏，物价暴涨、黑市交易以及不合理的社会现象等，对银幕上所反映的令人难以忍受的冷酷现实，不是兴趣索然，就是无动于衷。印度电影业要发展不仅需要人民生活水平的提高和观众兴趣的改变，而且取决于从事电影事业的人们共同努力并发挥创造精神。他们将像他们的前辈一样，披荆斩棘，开拓新的发展道路，创造电影更辉煌的未来。

第三章　科学与技术

1. 历史悠久的科技：数学、天文与建筑

印度历史悠久，文化灿烂。印度人民聪明智慧，早在远古时代就创造了丰富灿烂的文化，印度不仅是众多宗教的发源地，而且科学技术的历史很长，在天文、数学、历法、医学等科学技术领域取得了多方面的成就，对世界文化做出了重大贡献。

（1）数学

摩亨殊达罗和哈拉巴以及印度河流域的考古发现，有力地证明了印度科技文化的历史渊源。在那里发现了水井、浴室和复杂的排水设备，还发现了不少家用器皿、油漆的陶器，最古的钱币，雕刻精细的石器，铜铸的武器，金银手镯、项链以及两轮车的模型等。在摩亨殊达罗和哈拉巴还发现了大约400个象形文字和字节符号；在出土的尺子上，分度是以十进位为基础的。这些不仅充分说明了当时市民的生活状况，更证明了当时科学的进步情况。有关科学家认为，它比当时巴比伦和埃及还要进步。

在提到印度科学对世界科学的贡献时不能不提到数学。印度数学产生于吠陀时代，古代数学的产生，也与宗教有密切关系。当时为兴修水利和举行献祭仪式的场所需要进行精确的测量，促进了应用数学的发展。吠陀文献中出现了无限和零的概念，到了后吠陀时期，即早在公元前几个世纪形成的《数经》（又名《绳法经》）一书中，就研究了直角三角形、正方形、长方形等几何图形的性质，归纳了一些几何定理，提出了梯形变换规律，等等。英国著名历史学家麦唐纳认为：

“印度几何学的发展有很古的历史，因为在吠陀的仪轨经（Kalpa - sutra）著作中的准绳经（Sulva - sutra）有相当数量的几何学知识，此经规定建筑祭祀场地的规则，建筑火坛（fir - altar）及其他为某大祭祀所必须具备的配置。因为需要设计祭祀场地及其最重要的构成部分，所以使直角、正方形、圆形及改变平面图形为其他相等的图形的方法乃成为必要。在祭礼专家看来，最

重要的是祭祀标准之间的长度用绳丈量须准确地合乎规则。因为此种实际的需要，结果促成相当数量的几何知识之汇集，其中尚有毕达哥拉斯定理。如此，祭祀专家知道如何将长方形变成正方形，将方形变成圆形，反之亦然。此种根据实际经验而得的几何学知识，可以溯源于吠陀颂诗时代。”（［英］麦唐纳著：《印度文化史》154 页，龙章译，上海文化出版社）

据考古发现证明，“阿拉伯数字”是印度古代数学对世界文明的重要贡献。阿拉伯语中数学一词为 hindisat，意思是“印度之术”。由此可见，阿拉伯世界的数学知识源于印度。阿拉伯人从印度人那里学会了带零的十进制，后来并把它传给了欧洲的科学家。因此，印度在数学方面提供了一个间接的基础，没有这个基础，后来西方科学技术的许多重大进展是不可能取得的。所谓“阿拉伯数字”，实际上是印度发明创造的，是古代印度人的贡献。“美国科学史学者萨尔顿也曾指出，我们的数字和零的使用，是印度教徒发明的，然后经由阿拉伯传给我们。”（刘建等著：《印度文明》，中国社会科学出版社，2004 年，第 318 页）以后印度在数学研究和运用方面又取得了重大进步。

印度古代数学的发展在笈多王朝时期达到顶峰，在以后的几个世纪数学也有很大发展，取得了重大成就，影响到世界科学的进步。印度数学界的泰斗当推阿耶婆多（生于公元 499 年），他对前辈们发明的十进制做了精确的阐述。他还是一位著名的天文学家，在他的天文学论著中，开列了一系列数学运算方法。他提出的求二元线性方程正整数解的方法是早期的解法之一。另一些著名人物有婆罗门笈多、摩诃维阇罗利耶和巴斯迦拉阿阇利等，他们分别生活于 7 世纪、9 世纪和 12 世纪。他们懂得正负量的含义，算出了许多复杂的方程式，还发明了求平方根和立方根的运算方法。他们对零和无穷大的含义有深刻的领悟。巴斯迦拉阿阇利从数学角度证明，无穷大无论怎样分割，仍然是无穷的，早在公元前 6 世纪的《奥义书》中，这一真理就被玄学接受。

在印度，数学与天文学的研究密切相关，著名的天文学家，同时也是著名的数学家，例如，圣使、梵藏和作明等人就是明显的例子，他们的著作就是有力的证明。圣使（Aryabhata）的《圣使集》（Aryabhatiya）、梵藏（Brahmagupta）的《梵明满手册》（Brahma - sphuta - siddhanta）、作明（Bhaskara）的《顶上珠手册》（Siddhanta - siromani）等，都很著名，影响巨大，不仅是天文学著作，而且是著名的数学著作，在数学史和天文学史上同样重要。从他们的著作中可以看到印度人最高阶段的数学成就。算术的几种方法，例如，加、减、乘、除、求平方与立方、求平方根与立方根的方法等。

9 世纪时印度数学家摩诃毗罗贡献很大，他于 850 年完成的《算术精义》

在前人成就的基础上又有新的创见，在算术、代数和几何等方面都提出了一些新而复杂的计算命题，例如，他能解出一些特殊的高次方程如四次方程的两个正整数根，他被认为是印度首次提到椭圆面积计算方法的专家。

12 世纪时，印度著名的数学家和天文学家巴斯迦罗·阿阇梨于 1150 年撰写的《历数精粹》一书作用很大，深受重视。由于他在数学方面有精湛的造诣，他被称为是“世界上最早对任何数除以零的意义有所领悟的数学家”，“他设计了计算球面面积的求和方法，这一方法被世界科学界认为相当于微积分的雏形”。

但到 12 世纪以后，由于政局不稳以及西方殖民主义的入侵，印度科学研究也受到影响，数学研究也不例外。后来又有发展和进步。

（2）天文学

印度的天文学历史悠久，成果辉煌。古代印度天文学从萌芽到发展经过了漫长的历史时期。天文学的萌芽要追溯到编纂《梨俱吠陀》的时期。由于当时各部落主要从事农业及畜牧业生产，播种、灌溉、收割等要靠观天象来确定其时日，为祈祷丰收、敬天神和拜祖先而举行宗教祭祀活动以及各种仪式也需要了解日月星辰的出没变化。经过长期对星空的观察，逐渐探索出太阳、月亮以及一些行星、恒星的出没规律。那时，敬奉太阳为神，称其为苏里耶（Surya），称月亮为苏摩（Suma），即妙翅鸟，在《梨俱吠陀》中有这样的颂诗，如说月亮“犹如公牛群，便行便鸣叫；取来太阳光，分享其明亮。绚丽妙翅鸟，照临大地上，苏摩以胜智，普察众生界”。“世界大帝主，圣洁而自见，欲求真哲理，征服众智仙。彼凭太阳光，自身获明亮；知识之生父，不可得天才。”（北京大学东方文化研究所编：《东方文化史话》，第 69 页，黄山书社）巫白慧先生认为，这两节诗，反映了“吠陀时期印度雅利安人已经注意到月亮的盈亏和太阳的照射二者之间的关系，并隐约地观测到月亮是借太阳来发光的”。在《梨俱吠陀·天文篇》和《夜柔吠陀·天文篇》中就有独立的篇章专论天文学，有许多诗篇集中探讨了宇宙的起源问题。《梨俱吠陀》的诗人和哲学家认为，宇宙犹似穹隆，广大无限，状如两只巨碗合在一起。他们把整个宇宙划分为三大部分：大地、苍穹和天空，整个宇宙又划分为东南西北上下，多个方位。公元前 6 世纪以后，印度佛经中的宇宙观念与中国古代的盖天说较为接近，须弥山位于天地之正中央，日月环绕须弥山旋转而不入地下，太阳绕行一周为一昼夜。（见中国社科院亚太所：《南亚与东南亚资料》，第 193 页），在《梨俱吠陀》中提到北斗七星（Riksha）居于中天，最引人注意。《阿闼婆吠陀》中出现了“行星”、“流星”和“彗星”一词。《鹧鸪氏梵书》提到木星，并说恒星有二十七颗，《百道梵书》说金星是发光的。《梨俱吠陀》中提到日食和月食现象，并对此进行了解释，认为是罗睺（Rahu）或计都吞食了太阳或月亮之故以及其他原因。当然，最早提到恒星的文献是《阿闼婆吠陀》，“那沙特拉”一词，最早出现于《夜俱吠陀》中，当时泛指天空中所有的星辰，后来，逐渐演变成专指月亮所通过的星座，如同中国古代天文学的“宿”。有些学者认为二十七宿的全部名称最早出现于《夜柔吠陀》和《阿闼婆吠陀》中，有些学者则认为他们最初出现于《鹧鸪氏梵书》中，后来又增加了一宿，共二十八宿。印度的二十八宿一般以每宿内最亮的一颗星作为联络星（距星），并以此星名称为该宿的命名。（《中国大百科全书》·天文卷第512页）。

印度和中国在古代都有二十八宿，发现的时间都很早，但其起源于印度，还是起源于中国，对此存有争论，季羡林先生在《中印文化交流史》一书中指出：“总的数目，二十八对二十八，是完全一样的。其间的渊源关系一目了然。”他倾向并赞同日本学者新城新藏的观点，认为印度的二十八宿是从中国传过去的。

关于季节，在《鹧鸪氏梵书》中将一年划分为六季，春季（Vasanta）、热季（Grishma）、雨季（Varshas）、秋季（Sharad）、寒季（Hemanta）、冬季（Shishira）。在古代印度，季节的划分除一年为六季外，还有三季、四季、五季之分，甚至更多。到后来多为六季或三季。三季即冬季、夏季和雨季。在生产劳动和日常生活中，人们逐渐认识到雨季的重要，因此，“年”（Varsh）一词，被认为是由“雨季”一词演化而来。

印度古代天文知识到了吠陀后期开始出现质的变化。这与当时社会的发展有着密切关系，从公元前6世纪到公元2世纪、3世纪，印度的政治和经济都发生了巨大变化。在这期间，农业技术不断提高，商业贸易逐步繁荣，海上航行和对外贸易日益发展。与此同时，人们思想活跃，佛教、耆那教等相继出现，所有这些都影响并促进了科学和技术的发展，印度古代天文学的发展进入了高潮期，而且日益具有科学性，始于公元前6世纪的耆那教把天上的群星分为五大类，即日、月、行星、恒星及各星体，耆那教有一部天文巨著，名为《太阳的教言》（Suriyapannati，也译为《论太阳》）。耆那教也有自己的一套历法，称作耆那历。始于公元前6世纪的佛教经典中所反映出的天文历算知识基本上是吠陀文献及以后发展的传统内容，中国称其为梵历，梵历属阴阳合历。后来还出现过一部星相学专著，名为《毗达伽伽集》（Vrddha－garga－samhita），学者们认为该作品是公元前50年代的著作，是以星相学为主的。当然，到后来各方面都发生了变化，天文学的发展也进入了一个新时期。

在笈多王朝时代，天文学获得了高度的发展，重要的天文学著作有《太阳手册》（公元4世纪或5世纪，作者不详）和《云使集》（约公元550年）。“云使”即阿耶婆多，《云使集》是他的天文学和数学的论文集，在天文学史和数学史上都具有同样的重要性。阿耶婆多确定了太阳年的长度为365.3596805天，同现代的估算非常接近。当时他曾认为，地球不但按其轴心自转，而且绕太阳旋转。当时涌现出了许多著名的天文学家，除圣使以外，还有彘日、梵藏，等等。圣使的著作还有《阿利耶毗陀历书》，他创见性地提出了天文学的基本原理，首次提出了地球围绕太阳旋转并沿地轴自传的理论，探讨了日食、月食的真正原因，并提出了推算日、月食的科学方法。

另一位天文学家是巴拉哈·米赫拉，意译为彘日（Varaha - mihira），与阿耶婆多处于同一时代，是著名的天文学家和星象学家。他还通晓希腊和罗马的天文学，从中吸取了包括黄道12宫符在内的许多内容。他注重天文观测实践，并对这一实践和计算进行具体指导，他的主要著作是《五悉昙多论》（Pancha - Siddhantika），又译为《五大历书全书汇编》，是一部重要著作，该书汇集了古代印度天文学的全部精华。他还写了许多星象学方面的著作，例如，《广博观星大集》（Brihat - samhita），该著作汇集了古代印度的天文、星象及其他方面的丰富知识。他还写了天体观测指南方面是著作，及《五部悉檀多续篇》等。

婆罗门笈布多（Brahmagupta），意译为梵藏，其成就卓著，主要著作有《婆罗门悉昙多》，也被译作《婆罗门修正体系》等，是7世纪的作品。书中详细地论述了行星的平均运动及平均位置的计算，时间的测定，日食和月食的测定，以及有关行星和恒星的会合等。

当时印度的天文学家描绘过天体的运动，以及天体在黄道和昼夜平分线方面的位置，均计算准确，指出12个太阳月为一年，一年分六季，每季两个月。预报过日食、月食，而且在没有望远镜的情况下，对星球的运行做过很精确的计算。

到了12世纪，穆斯林征服了印度，也给印度带来了伊斯兰文化，在不同程度上影响了印度，其中包括天文学在内。12世纪的印度数学家和天文学家巴斯迦罗第二撰写了《天算妙要》，该书对中世纪印度天文学的发展影响巨大，书中不仅涉及行星的位置、天体会合、日食月食、宇宙结构等内容，还谈到天文观测的工具等。

在穆斯林统治时代，波斯、阿拉伯人的天文学影响了印度，到16世纪以及以后又出现了一些天文著作，例如，迦摩拉伽罗于1658年出版的《诸谛分别指南》（Siddhanta - tattva - viveka），同样产生了积极影响。到17世纪、18世纪，印度的天文学有了新发展，旧的传统受到不同程度的冲击，起了向近现代科学过渡的作用。天文仪器的制作和实用都有改进和提高。莫卧儿帝国后期，印度天文学家贾伊·辛哈（1686—1743年）在原来印度天文学的基础上，又吸取了穆斯林和欧洲的天文学的优点和长处，做了大量工作，不仅在多座城市建立了天文台，进行了实际观测和研究，而且取得了许多卓有创见的结论。例如，太阳表面有黑子移动；金星、水星本身不发光，只反射太阳的光线；木星周围有四颗卫星；精确测定了太阴月的时值为29天39分34.07秒，等等。欧洲科学传入印度后，被印度所吸收，从而又获得了新发展。

从历史上看，印度文化的高涨始于孔雀王朝时期（公元前4—2世纪），即印度统一为强大帝国时代，其繁荣时期一直延续到孔雀王朝以后，在笈多王朝时代（公元4—5世纪），即北印度重新统一的时期，科技文化更为繁荣。

到后来，帖木儿袭击北印度（1398—1399年）后，加剧了印度的封建割据，使印度科技文化的发展受到严重影响。到了莫卧儿帝国时期，尤其在亚格伯王统治时期（1556—1605年），科技文化曾呈繁荣局面。后来欧洲人入侵，印度开始沦为殖民地，尤其是英国人200年的殖民统治，阻碍了印度科技文化的发展。

（3）建筑

印度艺术文化的历史悠久，呈现在我们面前的一幅幅色彩绚丽、丰富多彩的艺术画面，使人目不暇接，其迷人的艺术特色，引人入胜。无论是建筑艺术，还是雕刻艺术、绘画艺术，都是如此。

印度河文明时期就出现了城市建筑。经考古发现，摩亨殊·达罗和哈拉巴就是当时两座颇具规模的典型城市，它们出现于公元前三千纪至前二千纪，城市的街道纵横交错，房屋整齐有序。两城周长都有三英里以上，由卫城和下城（居民区）两部分组成。卫城的四周有防御的塔楼，中央是一个大浴池，考古学家认为，这是为了履行某种宗教仪式用的。下城居民区的街道整齐，主要街道宽34英尺。下有排水道，形成完善的排水系统，建筑用砖砌成。房屋有大有小，分上下两层，布局整齐对称，但设备很不一致，说明当时有了阶级之分和穷富之别。以上充分证明，在印度河文明时期，建筑技术已经相当发达。

到后来，随着奴隶制国家孔雀王朝的建立（公元前322—前185年），印度建筑艺术进入了繁荣时期。鹿野苑窣堵波的遗迹，说明了孔雀王朝的建筑已经达到了卓越水平。在雕刻艺术领域，孔雀王朝的艺术水平达到了最高峰，阿育王时期雕刻的主要成就表现在石柱雕刻艺术上。石柱是为纪念佛陀灵迹而做，在阿育王统治的41年中（公元前273—前232年），共立过30根独石柱。孔雀王朝的国王阿育王于公元前234年到过鹿野苑，他后来将佛教给予广传。公元前3世纪，阿育王建造了一根石柱，石柱高达15.24米，顶端刻有4只石狮，堪称石柱艺术最上乘之作。现在印度的国徽就采用这4只石狮柱头的图案。狮子既代表了阿育王的皇权统治，又是佛祖威严的象征。不但在艺术上，就是在工程技术上也是盖世无双的纪念物。史密斯在提及著名的鹿野苑柱头时说："要在任何别的国家里找到一个优于或相当于这一美丽的艺术作品的古代兽物雕刻的实例是很难的，这一作品成功地结合了现实的模拟和理想的庄严，它是在每一个细节上以恰到好处的手法来完成的。"（见［印度］辛哈著:《印度通史》第96~97页）。

窣堵波，塔，作为佛教建筑形式之一，开端于阿育王统治时期。由于佛教的传播，唤起了建筑事业的发展，当时建筑了许多供官方作为宗教膜拜用的窣堵波、石窟庙宇以及用石头雕刻成的石柱等。例如，桑奇的窣堵波就是一例，桑奇，有"佛塔之城"的称号，从孔雀王朝起就远近驰名，它是中部印度的佛教中心，窣堵波是佛教的象征物。桑奇像是一座地上乐园，四周是呈现一片美丽田园风景的小山，山上建有三座著名的佛塔。最大的佛塔直径31米，高16米，阿育王时期开始兴建，阿育王死后才竣工，时间大约在公元前2世纪。佛塔的周围有围墙，围墙有四道门，秀丽壮观，门上雕有释迦牟尼生平事迹的画面和阿育王生平有关的事件的画面。东门上的浮雕是释迦牟尼出家时的场面，西面的佛塔里放着佛牙和佛骨。所有画面形象逼真，都是珍品佳作。

建筑艺术的另一种形式是寺庙。寺庙分两种，一为平地上建的寺庙，供养僧人；另一种方式是开凿石窟，建造寺庙，僧人在那里静心修行。印度气候炎热，山上茂林相荫，开凿石窟，也乘凉避暑。因此，阿育王鼓励和提倡开山凿庙。

桑奇的大佛塔。桑奇有"佛塔之城"的称号，距中央邦首府博帕尔仅45公里，从孔雀王朝起，这里就是中部印度的佛教中心。桑奇自古远近驰名，世界各地来这里参观的人终年络绎不绝。

据说，桑奇城是由阿育王修建的。根据史书记载，阿育王在经过了一场战争大屠杀之后皈依了佛教，走上了非暴力的道路。事情是这样的：孔雀王朝的皇帝宾头沙罗在位25年后，于公元前268年死去，其子阿育王即位。阿育王即位以前，曾是印度西北部呾叉始罗的副王。他即位后，曾率军远征羯陵伽，杀人10万，虏15万而归。这次远征中，他目睹了战争的残酷，产生了忏悔之心。他在一份诏谕中说：“朕为征服羯凌伽人深觉自责，盖前一未被征服之国之征服，不得不使人民陷于诛戮、死亡与被俘。此为朕所深切忧愁与悔恨之大事……在所有当时被杀致死或被俘之羯陵伽人民中，即使其百分之一或千分之一遭受同一命运，朕仍将为此而追悔。”从此，阿育王开始崇信佛教，皈依三宝。他到印度各地巡视，颁布一系列诰文，禁止杀生，废除肉食，宣传佛教。阿育王皈依佛教之后便大力宣传佛教，这种宣传佛教的活动是由他的儿子莫亨德拉从桑奇首先开始的，所以桑奇就成了佛教中心。后来阿育王又派使节到中国、缅甸、锡兰、泰国去传教。

在桑奇的建筑群中，有一些寺院是佛教建筑中最古老、最精致的典型。在支提寺、寺院和僧房的框缘上以及石柱的下楣上，都刻有关于佛陀前生不同化身的所谓“本生故事”和他的生平事迹。成组的形象构成了动人的系列故事，给人以形象生动之感，这些都是很好的艺术品。

在提到石窟建筑时，自然要想到阿旃陀石窟。阿旃陀石窟地处印度马哈拉施特拉邦的一个半圆形山谷下的河流旁，开山凿石而成，它是建筑、雕刻和绘画三种艺术结合的范例，被誉为世纪艺术精粹之一。

2000年以前，在材料不足，设备落后，工具简陋的情况下，古代印度人民竟把一座荒山变成奇伟壮丽的艺术宝库，真是伟大的奇迹，它充分体现了古代印度人民的聪明才智。

阿旃陀石窟共有29窟，其中25个为僧房，4个是佛殿。公元前2世纪开始修建，公元650年最后竣工，前后达几百年之久。阿旃陀石窟的壁画，以宣扬佛教为主要内容。例如，有关于释迦牟尼的诞生、出家、修行、成道、降魔、说法、涅槃等壁画，也有反映古代印度人民生活及帝王、宫廷生活的画面。其中人物花卉、宫廷田舍、飞禽走兽等，无不形象逼真。

第一窟的释迦牟尼雕像，从中间和左右两侧三个不同的角度，可以看出佛祖快乐、痛苦和冥想三种不同的神态。这座石窟是大乘佛教建筑最光辉的典范，门楣的雕镂尤其细致精工，拱门和六根大柱上雕有飞天和仙女。中间有一大厅，64尺见方。左、中、右三侧，有僧侣修行的方室，右侧中间有一巨柱，上面刻有四鹿头像，四周壁画上有500罗汉等画面，他们的姿态面貌各不相同，喜怒哀乐的表情也有殊异。有的瘦削，有的颀长；有的白皙，有的苍老；有的笑容可掬，有的怒目圆睁；有的在高声呼喊，有的在闭目冥思，无一重复。衣纹皱褶，也都清晰分明。这座石窟中也有反映补罗稽舍二世和伊朗之间友好关系的画面，所以，它既是难得的艺术珍品，又是宝贵的历史资料。

第九窟是阿旃陀最古的石窟，于公元前 1 世纪建造，为小乘佛教精舍。壁画形象生动，题材多取自日常生活，如牧童放牛之类。石窟雕刻艺术有了明显的提高，光线明暗的技巧的应用，使人们消除了荒石磊磊的感觉。

第十七窟的壁画尤为丰富，门楣上绘有弥勒与文殊两佛。左壁是人生轮回图，再左是一个国王抱着爱妃劝酒，后面有两个美女在窥视；右壁上画着佛陀在王舍城遇仇人所遣恶象冲至佛前突然跪下的故事，还有佛陀之妻耶输陀罗求佛给儿子罗睺罗传衣钵图，以及维查耶王子渡海前往锡兰图。

阿旃陀石窟的绘画与雕刻虽然为宗教服务，但都是以当时现实生活为基础的，洋溢着浓厚的生活气息，是当时生活的写照。各种人物刻画生动，线条舒展，用色洗练，色泽鲜艳，人物体态丰满，人体肤色富于质感，形象优美动人，达到了很高的艺术境界，至今为各国艺术家所惊叹。

在鹿野苑有个著名的达迈克窣堵波，塔形高大，分上下两层，它是为纪念佛陀在此地初转法轮而建的。达迈克窣堵波建于公元 5 世纪前后，它是在许多较早建筑的旧址上建立起来的，在考古发掘中，发现了很早以前的砖构建筑。窣堵波是一个实心的大塔，高 33 米，边缘上刻有十分精细的几何和花卉图案以及人物和鸟类图像。塔的基座由石块砌成，但较上部分则改为砖结构。

还有埃劳拉石窟，它于公元 3 世纪开始建造，公元 1300 年完成。阿旃陀石窟主要是弘扬佛教，但埃劳拉石窟则是三教同堂，即印度教、佛教和耆那教三种宗教的寺庙共建在一起，达 34 座之多。

在 34 座寺庙中，有 16 座印度教寺庙，13 座佛教寺院，5 座耆那教庙宇。其中第 16 窟是印度教神庙，名叫盖拉斯，该庙规模之宏大，建筑之精美，为世上罕见。这独一无二宏伟壮观的神庙，用了 100 多年的时间才建成。庙长 44 米，宽 19 米，高 31 米，巍峨耸立，可谓壮观，其门、窗、柱等建筑技艺也无比精湛。还有第 33 号窟，里面的雕像技艺精湛，令人惊叹。至于一些因陀罗（印度教大神）的神像和毗湿奴等神像，个个雕刻精美、形象，以造型夸张、动态强烈、变化丰富为特征，可以看出当时绘画的艺术水平。因此，一直吸引着各国的艺术家的关注。

随着笈多王朝的建立（公元 4—5 世纪），奴隶制时代的印度建筑艺术进入了最后的繁荣时期，这个时期的艺术传统一直保持到公元 6—8 世纪。笈多王朝早期的庙宇一般不甚雄伟，但雅致美观，例如公元5世纪在桑奇修建的17号庙宇。因当地雨量较大，往往需要高大的屋顶，从而就形成了塔形庙宇，菩提加雅的庙便由窣堵波改建成大菩提加雅塔庙，特别在佛陀像方面，已逐渐确定了全印的宗教像的标准形体。在公元5—7世纪阿旃陀石窟的大量雕塑和绘画作品中，可以证明笈多王朝及其以后时期的艺术之丰富多彩。公元4—8世纪印度的绘画艺术取得了更高的发展，以佛教传说为题材的阿旃陀壁画以及其他壁画，充分表现了民间创作和人们对于生活的多方面追求，是人民生活现实的体现。

后来随着苏丹王朝的建立，印度艺术进入了一个新的时期，受到中亚等地区艺术特点的影响，出现了一些新的建筑形式，例如，带有高塔的清真寺、圆形屋顶的陵墓等。新式建筑的中心是德里城，在德里建筑了古都布高塔和大清真寺等。古都布高塔，有世界“摩天塔”之称。它建于12世纪末叶，该塔从前全塔共有7层，现仅剩5层，每层有飞檐相隔，塔呈圆形，下面3层用红石砌成，上面的两层用大理石和红砂石混合砌成，全塔高72公尺，里面有很好的通风设备，是德里的最高建筑，其建筑风格是典型的伊斯兰式，塔下面几层的外表还刻有《古兰经》。登上塔顶，鸟瞰全城，景物尽收眼底，甚是令人赏心悦目。“摩天塔”不愧为建筑艺术史上的一大奇迹。

印度早期的陵墓，形式壮丽，外形酷似堡垒；庙塔高大，雄伟壮丽，也体现了当时的建筑特点。封建制度末期的艺术最后高潮，开始于1536年莫卧儿王朝的建立。用红砂石修建的旧德里城堡、亚格拉城堡大门均属这一阶段的早期建筑。后来又有不少，但最出色的建筑要数泰姬陵。

泰姬陵反映出莫卧儿王朝建筑艺术达到了高度水平。在公元16世纪、17世纪之间的莫卧儿时代，阿格拉曾经是印度封建王朝的首都。正是在这里，王朝的奠基者巴卑尔在朱穆那河畔修建了第一座正式的波斯花园。后来，他的孙子阿克巴大帝修建了著名红堡的防御高墙。在高墙里面，贾汗吉尔建筑了玫瑰色的宫殿、庭院和花园。沙贾罕大帝为了美化它又修建了若干大理石的清真寺、宫殿和亭阁，它们都用白色大理石建造，并以宝石镶嵌。这座城市里的建筑中，泰姬陵首屈一指，蜚声世界。参观者无不为其美丽所陶醉，考察者无不为其艺术精湛而赞叹。这座伊斯兰教建筑被誉为世界七大奇迹之一。

从18世纪起，印度的封建艺术开始趋于衰落。英国对印度的殖民统治，加速了这一过程，同时也灌输了西方艺术，新德里的建筑形式便是一个实例。即使在殖民制度的压迫下，印度还保留了宗教方面的艺术特点，印度民间艺术创作仍起一定的作用，例如，孟加拉农村的房屋往往用小件的雕刻物装饰得非常美观。马杜拉石构房屋的特点是形式的匀称、朴实和协调等。

印度人民以其独特的聪明才智，不断丰富着具有古代传统的印度各种艺术，从而释放出艺术的光彩。建筑艺术、雕刻艺术和绘画艺术，三者互有联系，有时联系密切，相互配合，印度众多的庙塔建筑和石窟，它们的建筑结构及其壁画、雕刻，就是很好的说明。

2. 影响巨大的印度医学

中国医学素称发达，但印度医学历史也很悠久，自成体系，根据文献记载，两国的医学一直是相互学习和彼此影响的。

早在公元前 2500—1700 年的哈拉巴文化时代，印度的医学知识就已萌芽。据考古发掘发现，在摩亨殊达罗的城市遗址，有高度发达的沐浴、供水和处理污水的设施，以及厕所等卫生设备，这说明在当时人们对清洁和健康的重视。发现的药品有暗棕色的五灵脂，专治消化不良、肝病、风湿病。乌贼骨内服可以开胃，外敷可治耳、眼、喉和皮肤等疾病。鹿角、羚羊角、犀牛角也都用作药物，珊瑚、尼姆树叶也是药物。外科手术当时已知利用头盖骨穿孔术治疗头痛、减轻乳突炎和治疗脑外伤。（参见［苏］彼德洛夫：《医学史》中译本，卫生出版社 1959 年版，第 41 ~43 页）

印度最古的医学文献要数几部吠陀。在《阿达婆吠陀》中，对于疾病和症状均有详细的记载，同时也提到某些类似疾病和药草的概括名称。尤其《寿命吠陀》（Ayurveda，生命之学）是印度医学的最古文献（公元前 8 世纪），它是一部讲述有关药品学、解剖学、病理学和内科学等方面的理论著作，是吠陀较后时期的补充材料，它起源于《娑摩吠陀》。另据有关记载，在公元前 5 世纪到 8 世纪之间，印度的医学、数学、天文学以及其他科学的领域里已经积累了非常丰富的知识。耆婆迦（公元前 6 世纪至前 5 世纪）、阇罗迦（公元 1 世纪）和妙闻（公元 2 世纪）都是当时杰出的医生。在《吠陀本集》和《百道梵书》中有关于临床治疗、麻醉药物以及四肢、骨骼数目、内脏器官等人体解剖学和关于脑髓的知识，还强调肚脐是人体生命的主要所在，是一切血管和神经的发端。古印度的经典中提到了人类的下列疾病：黄疸病、消化不良、小产流血、痔、蛇及其他有毒动物咬伤后遗症等。在《爱达罗氏奥义书》中提到，牛奶是一种有价值的内服药，新鲜奶油对孕妇和婴儿很有滋补价值，澄清的奶油对成年人有价值。古代印度有人使用驱虫药和接种免疫疫苗及利用高温配制砷的知识，知道治疗哮喘病的方法。印医和我国的中医类似。印医的体系虽然不止一种，但所用药物是植物、动物和矿物。古代印度有广泛的植物药、动物药和矿物药的知识。印医入药的植物大约有2000多种，动物有200多种，矿物有几十种。除利用大量的植物药外，动物药方面，例如，利用鳄鱼的精腺治疗黄疸病。在矿物药方面，有各种温度的硫黄浴、石油、贵金属和重金属盐，特别重视利用汞制剂。在临床治疗疾病方面大胆使用各种矿物和金属的配制剂，例如，硫黄、硝石、氯酸、氧化铜、硫化铜、硫化铁、硫化锌、铁、铅、锡、锌、铜、锑、砷及铁和铅的碳化物。利用朱砂以烟熏的方法刺激人体唾液分泌。印医是以摸脉、看舌苔、望气色等作为主要诊断方法。病人根据医生的处方购药，然后用水煎服。

印度的传统医学主要有两大类。一类是印度本国的，从印度古代流传下来的；另一类是从阿拉伯传来，而又和印度的具体条件相结合产生的。这两大类的原理差不多，都认为人体内有几种不同的体液，贯通全身。印度医学是以体液（doshas）和自然要素（gunas）为基础的，前者是指对肠液、胆汁和黏液三种重要液体的研究，这三种液体保持平衡，人才能健康。后者则认为有三种基本要素（sattva，rajas，tamas），分别与纯洁、热情和冷漠有关。要使身体完全健康，就要使sattva对另外两种要素起支配作用。印医努力找出失去平衡的根源，通过饮食调理、药物和锻炼来恢复正常。

到了吠陀时代，古代印度的医疗体系已经建立，而且已经有了医学校。公元前6世纪有一位内科名医阿特里雅（Atreya）。据传说，他习医于丹瑞（Dhanva—ntri），任呾叉始罗医校校长，写有医学著作《阿特里雅集》（Atreya—Samhyta），共4500节。克什米尔的卡拉克（Carak）于公元150年前后撰写了一部《阿特里雅医学体系纲要》，并由他的门徒阿格尼伏沙（Agnivesa，又名如火）传下来。公元前6世纪，摩揭陀国频毗裟罗王的御医耆婆伽（Jivaka）多次奉命为王舍城富商治病。他的高明医术为全印所崇拜，被誉为有起死回生之术的神医。其医术传入中国，在唐代医药典著《外台秘要》中，有“耆婆万病丸”、“耆婆汤”等记载。认为“耆婆万病丸”能治百病，如癫痫、黄疸、疟疾、水肿、咳嗽等病；“耆婆汤”有治人风劳虚损、补髓健身之功效。（参见 房定亚等著：《从〈外台秘要〉看印度医学对我国医学的影响》，《南亚研究》1984年第2期）

据有关文献记载，阇罗迦（Charaka）和妙闻（Susruta，修罗泰）这两位著名医学家为古代印度医疗科学的发展做出了重要贡献。阇罗迦传说是公元2

世纪贵霜王朝迦腻色伽的御医。其医学著作《阇罗迦本集》（Charka—Samhita）是印度古老的医学专著，用散文写成，每章末有一首诗。这部医学著作实际上是他和印度广大民间医师的长期集体创作。这一本集的可靠原文是公元9世纪的克什米尔人特里达巴罗（Drid—habala）修订并增加了三分之一的篇章。《阇罗迦本集》共有八篇，论述包括：八种主要疾病、解剖学、病理学、医药、食物。它认为人体的健康是人体的三种活力或三种元质配合的结果，这三种活力与自然界的三种基本元素密切地相结合。第一种是脐下气所产生的作用；第二种是由控制脐与心之间的部位的胆汁作用所致；第三种是心部以上的黏液所产生的作用。这三种活力是人体七种基本素质的来源。七种基本素质是：乳糜、血液、肌肉、脂肪、骨骼、骨髓、精液。这七种素质数量调和则人体健康，否则就有病患。（参见［英］斯蒂芬·F. 梅森著：《自然科学史》，中译本，上海人民出版社1977年版，第82页）

食物营养、睡眠、节食是人身体健康的三大要素。《阇罗迦本集》论述人体的心、胸、腹、生殖器及下肢的疾病，并有专章论及药物、膳食及解毒，提到910种植物药材，而且主张产妇床单应消毒，使用金银制针，断脐带应使用金银手术刀。阇罗迦认为医业高于一切，行医的目的是谋人类之幸福。《阇罗迦本集》在公元9世纪被译为波斯文和阿拉伯文。最早的注释文章是公元11世纪的《阇罗迦般尼达陀》（Charaka—panidotta）。总之，阇罗迦为印度的内科医学的发展起了很大作用。

公元2世纪的妙闻是著名的外科专家。《妙闻集》是古代印度最著名的外科医学著作，书中论述了病理学、解剖学、胚胎学，大量的医疗处方、药物配制方法、精神病治疗方法、121种类型的外科医疗器械、300种手术方法和42种外科处置方法。《妙闻集》论述了156种动物药、1040种植物药，并试图测定植物的根、皮、木髓、渗出物、茎、汁、芽、果实、花朵对人体各个组成部分的不同影响。《妙闻集》研究了156种动物的乳汁、胆汁、脂肪、骨髓、血液、肉、爪甲、角、蹄对人体的影响。《妙闻集》注意到疟疾与疟蚊的关系，糖尿病患者的小便是甜的；还提到金、银、铜、铁、锡以及有别于柔性碱的苛性碱；某种铁屑可以治疗贫血；用牛奶掺入含药的油中可治疗烧伤。（参见［英］斯蒂芬·F. 梅森著：《自然科学史》，中译本，上海人民出版社1977年版）

妙闻重视人体的解剖，认为外科医师必须通过人体解剖来认识人体各部之器官，所以他对人体骨骼的了解非常详细。他说：人体骨凡360，其中包括牙齿、爪甲和软骨。所以古代印度医学对人体的骨骼和肌肉具有充分的知识。

妙闻主张外科医师于手术前必须置备手术器械、盐、绷带、油、蜜、水等物品；凡进行腹部、肛门和口腔手术以前不准患者进食；患者疼痛时则用浸黄油之软布热敷；用树皮和竹板做夹板；以棉花、羊毛、绸、麻布敷裹；用冷水压迫法、热油止血法；用催眠术麻醉患者以便进行开腹手术、开腹助产术、碎胎术；用烧红之针穿刺治疗常见的脾肿病；强调行医要有高尚医德。

公元 8 世纪的小婆拜（Vagbata）著的《八科精华集》（Astangahrdaya—Samhita），和公元 9 世纪的摩陀婆伽罗（Madhavakara）著的《疾病研究》（Rug—viniscaya），都是印度病理学的权威著作，对最重要的病例有详尽的论述，在医学界产生了重大影响。

考古发掘证明，印度的外科医学历史也是悠久先进的。从考古发掘出来的几套外科医疗器械证实，古代印度人很早就使用了外科手术器械。外科医师能做断肢手术、剖腹术、眼科手术和整形术——耳、鼻、唇缺损的修补手术。医师对妇产科医术也有研究，知道胎儿倒转分娩术、剖腹分娩术。《长阿含经》中提到沙门和婆罗门医师用“针灸”药石治疗各种疾病。尸体解剖在古代印度并不受到惩罚，凡是要做解剖研究的尸体，先浸泡在水中七天七夜，然后用刷子或树皮将浸软部分刷落，或是只观察其自然腐解过程。（参见［印度］德·恰托巴底亚耶：《印度古代的科学》，《南亚研究》1983 年第三期）

后来，到公元 1 世纪，随着佛教的传入，佛经的翻译，以及通晓医术的僧侣的陆续东来，印度的一些医学理论、医疗处方也不断传入中国，而且对中国产生了积极影响。东汉末年安世高翻译的佛经就有《人身四百病经》（《出三藏记集》卷 13；《开元释教录》卷 1）。以后不断有印度医学理论、药方被译为汉语在国内流传，如中国的隋代，有许多所谓汉译胡方在中国传播。据《隋书·经籍志》中记载，有《龙树菩萨药方》4 卷，《西域诸仙所说药方》23 卷，《西域婆罗门仙人方》，《香山仙人药方》10 卷，《西录波罗仙人方》3 卷，《耆婆所述仙人命论方》1 卷，《龙树菩萨和香法》2 卷，《西域名医所集要方》卷 4，《婆罗门药方》5 卷，等等。佛经中不少地方涉及印度医学诸科，如儿科、产科、肛瘘科、眼科等。据文献记载，印度的眼科医学很早就传入中国。传入中国最早的眼科著作是东晋竺昙无兰所译的《佛说咒目经》1 卷。随着佛教传入中国，印度的眼科医术也不断地传入中国。

这种影响一直存在，而且不断扩大，在中国古书中有不少记载。例如，到了唐代，著名医学家王焘著的医书《外台秘要》，孙思邈的《千金翼方》等书里有关于印度医药的记载。义净的《南海寄归内法传》中也介绍了印度的医学理论和药材。在我国古代医学文献中，《外台秘要》的影响很大，里面记载了大量药理、药方，如“耆婆万病丸”、“耆婆汤”等，在当时非常流行，尤其是“耆婆万病丸”认为此方能治百病。如癜痛、黄疸、疟疾、水肿、咳嗽、耳聋及妇科病等。耆婆是古代印度有名的医生，约生于公元前6世纪，为中印度人，他医术高明，有起死回生之术，故有“神医之称”。因此，以“耆婆”命名的药方很多。关于眼科方面，在《外台秘要》中也有记载，如“延年令目明方”，此方“明目甚验”。除了药方以外，印度眼科医术对我国的影响也很大，金蓖决障术就是一例，即用金针治疗白内障的技术，它能使白内障患者恢复视力，唐朝诗人刘禹锡赠眼科医生婆罗门僧诗说，“三秋伤望眼，终日哭途穷。两目今先暗，中年似老翁。看朱渐成碧，羞日不禁风，师有金蓖术，如何为发蒙。”还有，著名诗人白居易当年在苏州做官时，眼病发作，视力不佳，用了许多药对他都无效。后来靠印度医生的金蓖术治好了眼病，故白居易病愈后写下了诗句：“人间方药应无益，争得金蓖试刮看。”以上不难看出，当时这种医疗技术的信誉是很高的。另外，印度有位著名的眼科医生名叫龙树，不少眼科专著都以龙树、龙木命名，如《龙树菩萨眼论》、《龙木论》等，其中的《龙树菩萨眼论》被译成中文后，印度的眼科手术也随之传入中国，在中国影响很大，中国人称它为“眼光菩萨”。唐朝大诗人白居易诗里有这样两句：“案上漫铺龙树论，盒中虚捻决明丸。”这里拿“龙树菩萨论”和中国用来治眼病的有名的“石决明丸”相提并论，可见当时它的地位了。

据唐史记载，来华的印度人向中国皇帝献药的很多。唐太宗让印度医生治过病。唐高宗用印度医生制过药，还派过和尚去印度请医生求药。不难看出，当时中国皇帝对印度医生非常信任，印度眼科在当时的中国是享有盛誉的。

在戒日王执政及群雄割据时期，尤其在公元10—11世纪，在印度，婆罗门教抬头，伊斯兰教早已传入，到这时势力大增，而佛教逐渐消灭。这样，已不可能再像过去那样通过佛教形式进行中印文化交流，佛教研究之风大减，弘佛化法之事已成为历史陈迹。但是，中印文化交流并未因此停止，而是由另一种方式取而代之，即海上商业贸易。通过蓬勃开展的商业活动，中印两国的经济文化交流仍在进行。与此同时，印度医学也曾受到中国医学的影响，例如，直到12世纪，印度医生在中国医生的影响下，开始在为患者诊病时注意查看其尿液与脉搏。

总之，印度古代医学源远流长，有其特点，在世界上有重大影响并占有重要地位。

3. 世人关注的印度软件

近些年来，印度的软件业引起了世界各国的广泛关注。联合国原秘书长安南把印度誉为“发展中国家发展高科技的楷模”，比尔·盖茨惊呼，“未来的软件超级大国既不是美国、不是欧洲国家、也不是日本，而是印度。”据专家们分析预测，印度将成为21世纪软件超级大国。笔者曾专门赴印度考察得知，印度正在与世界上主要发达国家在信息产业方面进行合作，印度的软件已出口到95个国家和地区，在世界上日益产生重大影响。因此，引起世人的关注是自然的。

印度软件业发展迅速，尤其进入20世纪90年代以来，更是如此。

从1991年在班加罗尔建立第一个软件技术园区开始，到目前印度全国已建立起17个软件技术园区，它们分别分布在班加罗尔、海德拉巴德、浦那、孟买等地。注册公司2000—2001年度已发展到6000多家，大型软件企业有300家，其中170家获得了国际标准化组织的质量认证，是世界上软件公司获得此认证最多的国家。据有关报道，就产量和出口量而言，IT和电子工业都是印度增长最快的行业之一。事实上，软件开发与IT化服务（ITES）已为印度成为全球强国立下了汗马功劳。印度拥有庞大的市场和IT生产基地。早在2003—2004年至2007—2008年，ITES行业直接用工人数已取得了超过三倍的增长，电子行业产值在2010年前已达到700亿美元。印度拥有优秀人才和有利的市场环境，吸引了多家跨国公司进驻印度IT和电子工业领域，也包括芯片设计、通信软件、系统软件等。在2010年前，印度计算机服务出口值由2007—2008年的430亿美元增长至786亿美元，增长近一倍。预计到2020年印度每个公民拥有一台电脑。到那时，印度软件业在国民经济中所占的比例将会更大。

大家知道，软件业是以知识和信息技术为经营载体的知识密集型产业，它是知识经济的核心。越来越多的人认识到，软件业不仅是一个国家的国民经济的重要领域，而且它对国民经济的其他领域有着极大的影响。印度软件业的快速发展，对印度经济的发展起了重要推动作用。近些年来，印度经济所以能保持较高速度增长，在很大程度上得益于软件业的发展。据有关统计，1999—2000年度出口值达40亿美元，2000年仅印度软件业的出口对印度国内生产总值的贡献就占四分之一。近几年，印度软件业的发展将把印度的经济增长率提高到两位数，其中软件业产值将占到印度国内生产总值的 7.5%，而软件出口则占印度出口总额的 35%。由此可以看出，印度软件业的发展对国民经济的发展所起的重要作用。一个十几个人的小企业每年创汇几百万美元，若不是亲眼所见，简直不敢想象。随着软件业的发展，印度的社会生活在发生变化。但印度出口的软件以订做软件为主，印度品牌软件所占比重较小。印度软件业发展的构想是：扩大印度品牌软件的影响，将计算机硬件和软件相结合，以取得更大的经济效益和培养更多的信息技术人才。在世界经济进入全球化的时代，“印度的经济发展正进入一个以发展信息产业和知识经济为主要目标的新阶段”，这种发展模式正引起越来越多世人的关注和兴趣。

印度软件业所以发展迅速，究其原因，主要有以下几个：（1）政府的改革开放政策。过去一些年来，印度实行了一系列的改革政策，诸如，降低关税、放松进口管制等，经济发展开始由内向型向外向型转变。政府对软件业的干预和管制最小，从 20 世纪 80 年代就被列入国家优先发展的产业。因此，在税收、信贷等方面都给予优惠待遇，为吸引外资制定了一系列优惠政策，对于出口软件企业，外资控股可高达 75%，或由外商独资经营等。这为发展印度经济尤其以出口为主要目标的软件业的发展提供了宽松的环境和良好的条件。由于推行了一系列的优惠政策，许多外国有关公司都纷纷进入印度。据统计，目前印度高科技工业园中有 100 多家外国软件公司。（2）政府大力支持。印度政府一直采取支持发展计算机产业的方针，早在 20 世纪 80 年代初，英迪拉·甘地执政时期就开始重视软件业的发展，1981 年制定了有关发展计算机的政策，主张放宽进口，降低关税。1984 年拉吉夫·甘地执政时期，印度政府更是重视计算机的开发，以至于人们称拉吉夫·甘地为“计算机总理”。1985 年拉吉夫·甘地就提出了“要用电子革命把印度带入 21 世纪”的响亮口号，大力扶持计算机软件工业，以充分利用科技人才的优势。1986 年政府颁布了计算机软件政策，为制造软件提供一切便利和优惠，因此，印度的软件工业得以迅速发展。1991 年拉奥上台以后，政府继续支持信息产业的发展，制订了不少新政策，诸如，放宽税收限制、鼓励外商投资，允许外商 100% 控股等。印度政府于 1998 年组建了“国家信息技术特别工作组”，由总理任组长，制订了“印度信息技术发展计划”，提出了“信息产业超级大国”的战略目标，并制定了发展软件的 108 条措施。政府对新建项目给予补贴，并积极扶持新建软件园区，在购地、贷款、纳税和投资等方面为信息技术产业的发展提供优惠政策，给予大量支持，如此等等。可见印度历届政府都大量支持软件业的发展。（3）重视培养人才。印度软件业所以发达，其背后有支强大技术人才队伍。目前，印度软件技术人才无论在数量上，还是在质量上都具有较高水平。因此，美国、新加坡、日本、英国、德国、波兰等国都从印度大量引进软件人才，印度外流人才很多。印度的基础教育虽不发达，但高等教育却相当发达，科技人才多达350万以上，据世界第三位，这是个巨大的发展潜力。印度的计算机教育从小抓起，有条件的，儿童从5岁开始参加有关软件训练。有材料显示，目前印度约有3000所中学开设了计算机课，400多所大专院校开设了计算机和电脑软件专业。印度注重采取各种措施培养信息技术人才，例如，加大对有关大学或学院的资金投入，用以计算机系统的升级换代；印度各邦都建有信息技术学院，专门培养高水平软件技术人才；积极提倡民间办学、大量鼓励软件产业公司办学、软件公司和高等院校联合办学，如NIIT等公司就是这样做的。（4）普及英语，尤其重视专业英语训练。英国统治印度近200年，给印度增添了英语，使英语成为印度官方用语之一。印度人从小学开始学习三种语言，即两种官方用语（印地语和英语）和一种本地区语言。因此，凡受过教育的人，特别是受过高等教育的人，一般英语较好。但更重要的是，非常重视专业英语的训练，而且要求极为严格，因此，英语专业能力很强，这为软件业的发展起着非常重要的作用。若一个人只是一般英语好，而专业技术英语差，企业则不会聘用他。会英语，专业技术英语强，才利于软件业的开发和发展，也有助于国际交流与合作。

印度软件的发展，给了我们不少启示，起码有以下几条：（1）扩大出口和扩大开放。这是软件业发展的重要因素之一。当今的世界是开放的世界，不走出家门、国门，闭关自守是难以使软件业得以快速发展的。印度软件业的发展在这方面为我们做出了榜样，给笔者的印象是：绝大多数软件公司都与外国有合作关系，同外国企业挂钩。因此，企业具有活力。（2）政府积极支持，这是软件业发展的重要保证。从印度软件发展的历程来看，政府在政策、法律、资金、人才等方面都给予了大力支持，如廉价购地、资金补贴等，印度软件业所以发展迅速，与政府支持不无密切的关系。（3）有广泛的群众基础，专门培训和民间培训相结合。这样，“既解决了一些学生的失业问题，又培养了软件科技人才，还生产出社会所需要产品”，可谓一举三得。用当地的话说，“形成了学生们情不自禁地学习软件的局面”，学习软件就有了广泛的基础。（4）科学管理，严把质量关。强调工作预测、降低成本和企业的开创性，并对后进人员定期进行培训，不断提高人员的素质，创业与培训人才相结合。强调“质量”就是一个企业的生命力，无好的质量和优秀管理人才，企业则难以生存和发展。印度朋友深知此理，并严格执行。（5）中印合作有广阔的发展前景。印度朋友也承认，“印度软件发达，中国硬件发达”。印度有很强的软件开发和软件出口能力，印度的软件出口在国际市场上占70%，排名第一，而中国的硬件出口在世界上占30%，排名第二。即两国各有优势，互补性强。两国合作，彼此学习，相得益彰，而且两国都有丰富而廉价的人力资源和巨大的市场。

种种迹象表明，中印两国在软件方面相互学习、密切合作的热潮将会出现，而且为期不会遥远。

4. 印度农村的信息革命

印度农业在迅速发展，粮食不仅自给有余，而且还有出口。印度是世界排名第二的小麦和水稻生产国，也是世界第二大蔬菜和水果生产国。为了保持农业的快速增长，政府采取了若干举措，建立必需的基础设施，利用现代信息和通信手段加快向农民传播科学技术，大力推广科技种田，逐步展开信息革命。

印度科技部现在很重视对农民素质的培养，强调提高农民的“科学素质”，对于国家的发展至关重要。因此，曾经提出过2004年为“科学意识年”，并开展了大规模的科学教育活动。这种推广政府的科学意识活动，开始于1982年，并在1987和1992年先后结合民间艺术演出等形式，巡回到各地开展科普宣传活动。第一次活动开展之后，印度民众科学网把各地民众的科学组织联合了起来，第二次开展的识字教育运动使民众的读、写能力有了很大提高。“科学意识年”活动还将继续开展下去，以便使更多的人接受科学意识教育。这种活动的开展已引起世界上一些国家的关注。

“科学意识年”活动，在不同的地区，有不同的内容和形式。“科学意识年”给农民带来了实惠好处，它是与贫困做斗争的武器，是在科学发展和贫困人群之间架起的桥梁。这是一场独特的技术革命，即数字化革命，也是信息革命，是在城市和农村人口之间架起的一座“信息桥梁”，它不仅吸引了国际非政府组织，而且也引起了企业界的兴趣。

为适应形势发展的需要，印度的工程师们已研制出一种成本低于10000卢比（约238美元）的手提电脑，农民利用这种电脑，不仅可以获得与各种农作物有关的信息，还可以进行金融交易，但花费很低。乡村医疗诊所则通过利用太阳能的人造卫星发送患者的医疗消息，例如X光照片等。根据发送的医疗信息，患者可向医学专家咨询疾病和治疗方案等，农民们还可以用电脑通过一个专业网站在农民数字广场出售各种农产品。

印度的农村，正在逐步变成数字化的农村。印度受教育的阶层，正为印度在技术和软件业的发展做出贡献，现在他们用自己的力量，以实际行动帮助印度农村发展。通过网站，人们可以在农村互联网上获得从天气到与种植有关的各种信息。

由印度设计和研制的一种创新手提电脑，可以使用印度 17 种语言，用它可支付账单，发送电子邮件等，对当地农民非常适用。另外，还研制了一种专门用于印度农村地区的无线电通信系统。在一些邦，政府专门建立了农村互联网。印度的非政府组织、教育机构和企业界正在联手发挥优势，努力建设印度的数字化农村。

不久以前，政府宣布将设立约 5000 亿卢比的农业基础设施和信用基金，用于农村地区的基础设施。还可用这笔资金增加对农民的信贷，以便让农民对提高农作物的产量有更多的投资。

过去几年中，在印度农业研究会的领导下，印度已建立起世界上最大和最广泛的农业研究网，它包含印度 97 个国家级机构，其任务主要是开展对农作物、牲畜、渔业和其他与农业有关的研究，还包含 82 个全印合作项目，另有 40 多所农业大学也从事农业方面的教育和研究。

值得注意的是，过去农业科技的发展与传播，被看成是政府的事情，但现在发生了很大变化，政府鼓励私有部门进入这一领域，农业专业毕业生也可建立“农业门诊部”，并有一定的利益保障，他们不仅向农民进行科学指导和传播科学知识，还可以向农民出售必需的农业物资。“合作农业”日益受到欢迎，即合作公司和出口商帮助农民生产某些他们需要的农产品。这种类型的创新公司日益增多。在这些公司里，生产者——农民和最终消费者——出口商、加工商和贸易商达成相关的生产和消费协议，根据协议从事生产和经营。农业市场管理也对相应的法律规定做了适当的修改和补充，将这种“合同农业”合法化。

这样一来，也促进了农村私有农业市场的发展，农产品运输和储存的限制被取消，大大调动了生产者和经营者的积极性。

计算机信息技术在印度农村的使用越来越广。以前人们曾一度担心农村人文化水平较低，计算机信息技术和通信技术在农村不能得到很好的运用，现在这一顾虑已被打消。过去几年，在农村中引入并运用计算机信息技术已获成功，即使在偏远地区也不例外。

为了进一步推进农村计算机化革命，政府还专门为农业设立了呼叫中心、广播台和电视频道。呼叫中心与地区农业教育及研究机构相连，由农业毕业生接听热线电话，接受农民的咨询，或及时解答有关问题，或咨询有关专家后再做答复。呼叫中心的电话，一般免费为农民服务。电话已经进入很多个村庄。广播电台和电视台的覆盖面更大，几乎覆盖了绝大部分农村地区。

据报道，印度总统在2005年1月25日的讲话中指出，“随着信息和通信技术的发展，我们每个村庄都拥有计算机和联网的目标将很快成为现实，这将是我们的乡村通往知识世界的窗口，使他们能从电子政务、远程教育、远程医疗、电子商务和电子司法等项目中获益。尽管计算机已深入各个领域，但对村民来说，操作还有些困难，还需要有一个中间媒介，这就是乡村信息官员，他们是乡村通往知识界的眼睛和耳朵，印度大约有230万个村委会，希望在这些村委会中建立乡村知识中心，以便帮助农民获得知识和信息，还可以为100多万村民提供直接的、高质量的就业机会，他们还将有助于促进农村地区向更富裕的水平发展。”

第四章　著名的节日与名胜

1. 丰富多彩的节日与庆祝

印度人民自古以来，在长期的生活中形成了许多格调各异、绚丽多彩的民族节日。这些节日是民族文化财富的一个重要组成部分，是印度古代文化史上不可缺少的篇章，也是民族特点的主要内容与表现形式。它全面、集中、典型、形象地反映出了一个民族的共同心理素质、性格特征和理想愿望。

民族节日，作为民族风格习惯的主要组成部分，属于文化范畴，它在一定程度上反映着各族人民的经济、政治、宗教、思想和生活状况，并影响着人们的思想和生活，因此，对节日的作用不可低估。

每个节日的出现不是偶然的，都是该民族在一定历史时期内的产物，有它产生的历史根源和社会条件。早在人类社会的原始时期它就产生，以后随着社会的发展，历史的前进，生产力的提高，以及人们能力、智力的发展，这种传统文化越来越显得丰富多彩。它不仅满足了人们一定的生活要求，而且也推进和巩固了社会秩序，它独特地发挥着一种文化功能。

印度的节日，数目之多，令人吃惊。较大的节日就有百个以上，例如，国庆节、教师节、灯节、霍利节、杜尔迦节、胜利节、保护节，等等。再加些小的节日，各邦的节日，共有多少，谁也说不清楚。无怪总感到节日放假，但印度的小孩对此更感兴趣，因为在节日期间，有好吃好玩，还放假休息。

印度的节日大致可分为以下几类：一是政治性节日，二是季节性节日，三是历史性节日，四是宗教性节日。但绝大多数节日是宗教性的，这同印度笃信宗教有关。属于政治性节日，如独立日等，这类节日可以激发人们的斗志，对人们进行教育；季节性节日，如秋收节等，在收成前后举行，表达人们对收获的喜悦，或祝愿来年有个好收成，鼓励人们努力生产，争取丰产丰收；历史性节日，如烈士节以及英雄人物诞辰节等，在这类节日活动中，再一次提醒人们不要忘记过去，联系当前实际提出新的任务，向新的目标前进。宗教性节日无非是宣传宗教，要人们行善积德，而印度这类节日是很多很多的，几乎占了印度节日的绝大部分。节日庆祝的时间长短不一，少则几天，十几天，多则长达一月之久。庆祝的规模大小不同，小的数百、数千人，大的多达几十万人参加，而且有的节日庆祝方式全国各地并非完全一样。

节日也是同样，随着时代的变迁和社会的发展，这种传统文化不免显出它的局限性，甚至落后性。所以有些节日也会被淘汰，有些节日则从庆祝方式到节日内容有所改变或增减而被保留下来，同时也有些新节日不断出现。有的节日庆祝，费钱耗时不说，甚至有时在节日里还要死人。如摩格尔·僧格郎迪节就是一例。冬天，人们需泡在水里向神祈祷。虽说印度冬天不冷，但毕竟是冬天，在北方，气温也在零度以下。因此，每年不免有人为庆祝此节而丧生。像这类节日对社会发展没有什么好处，因此，今天已有不少人对这类节日的必要性提出了质疑，甚至有些人，尤其是一些受过教育的或青年人对此已没有多大兴趣。相反，有些原来没有的节日，随着历史的前进而产生了。例如，锡克教的纳那格诞辰节等并非自古就有，而是到 16 世纪纳那格去世后为了纪念他才有的。又如，甘地诞辰节、印度独立节、儿童节等均属此类。

以上表明，随着社会的发展、科学的进步，人们文化水平的普及与提高，一些意义不大的节日会被逐渐淘汰，而一些健康有意义的节日，也会不断产生，历史的发展就是如此。下面简单介绍几个主要节日：

国庆节

1 月 26 日为印度国庆节，是印度每年最大的政治性节日。印度共和国宪法于 1950 年 1 月 26 日颁布，届时印度举国上下热烈庆祝，但以首都新德里的庆祝最为热闹。从总统府到印度门是一条长而阔的大道，路旁是个大广场。节日那天，广场上的场面非常壮观。广场两侧有新搭起的观礼台，台上坐有各单位代表及外国宾客。观礼台中间有宽阔的通道，游行队伍从中经过。庞大的游行队伍由各邦代表和本市居民组成，他们身着不同式样的节日盛装，带有各种机械产品或农产品模型，反映出各邦科技文化的风貌，也反映出各邦的不同特点。不时还有象队、马队、骆驼队通过，还有迈着稳健步伐的军队，活泼的学生队伍。文艺团体边歌边舞，歌声齐鸣。游行队伍长达数里，观众有数十万，乃至上百万之多。观光者不时欢呼雀跃，人们沉浸在欢乐的海洋之中。

教师节

9 月 5 日为印度的教师节。这一天，原是印度第二总统拉达克里希那的生日，后来定为教师节。节日那天，师生举行集会，讲述拉达克里希那的生平事迹，学生向教师敬献花环，提供种种服务活动等，以示对老师的尊重。拉达克里希那于 1888 年 9 月 5 日生于马德拉斯地区的一个农村，他自幼勤奋好学，成绩突出。1908 年他 20 岁时，开始在马德拉斯学院任教，讲授哲学和逻辑学，其内容之精辟、语言之犀利、用词之准确，令人惊叹。他曾先后在马德拉斯学院、迈索尔的马哈拉贾学院、加尔各答大学等著名高等院校任教。他对学生诲人不倦，百问不烦，循循善诱。因此，向他请教的自学者不绝于他的家门，他竭尽全力给以指导和帮助。师生关系如何处理，拉达克里希那做出了光辉榜样。1931 年他任安得拉大学校长，1939 年任贝拿勒斯大学校长，直至 1948 年。他从事教育四十余年，在印度为不可多得的人物。印度独立后，他先后任过大使、第一任副总统和总统。他不仅是一位伟大的学者，还是一位经验丰富的国家领导人，在人民中间享有崇高威望。因此，把他的生日作为教师节，加以庆祝，以教育后人。印度自古就有尊师爱生的传统，独立后更进一步受到重视。

灯节

灯节是印度教的重大节日之一，在公历 10—11 月间举行，流行于印度广大地区。

这个节日由来已久，首先庆祝这个节日的是阿逾陀人。当罗摩、罗奇曼、悉达和哈奴曼战胜了锡兰十首王罗婆那返回到阔别 14 年的首都阿逾陀城时，阿逾陀人全都点上油灯，昼夜热烈庆祝欢迎。从此，印度教徒把这一天看成是罗摩战胜罗婆那、正义战胜邪恶的节日；凭着人们的智慧和劳动，用一排排油灯把漆黑的夜晚变成了一个明亮的夜晚，所以又把它看成是一个光明战胜黑暗的节日。

节日那天傍晚时分，人们忙碌万分，有的在墙上张贴神像，有的摆各种供品。神像前的供品各种各样，既有椰子、橘子之类的水果；也有薄达夏之类的甜食，还有糖做的糖马、糖象等玩具……地板擦得透亮。屋顶上挂有五彩缤纷的彩带，还有闪光的银纸。如同有谁结婚一样。灯节由婆罗门祭司主持，在祭司的示范和带领下，在场的人们时而双手合十，两手贴在脑门前，时而头触地板。仪式进行到后来，由祭司拿些供品，分别一一分发到在场的每个人手里。据说，这些东西就成了神给的，因经过了祭司之手。接着祭司又向每个人分发叫崩加莫里得的供品（用牛奶等五种东西混合而成，基本上呈牛奶状态），倒在每个人手中，有半酒杯的样子。接受东西的人伸出双手，一上一下手心朝上叠成十字形（这是一种仪式）。这点东西必须喝光，不能扔掉。若有剩余，按规矩，要把盛下的部分全部涂到自己头上。从头顶前边涂起，逐渐往后，接着祭司又往每人的前额上点朱红，由下而上抹起。在场的人都向祭司致谢，仪式到此结束。这时，祭司拿起早已准备好的口袋，口中念念有词，把那些供品装进他的口袋里。全部带走，说是给罗其密女神吃。当天晚上祭司要主持不少这样的仪式。

仪式结束后，按当地风俗主人请在场的人吃些点心和水果。当天夜里，主人还要同他们的邻居交换甜食、水果，相互祝贺，意思是希望大家都招财进宝。节日这天的夜里，家家户户，墙上、门口都点着一排排油灯，密密麻麻，如同天上的繁星。商店门口，点缀着五颜六色的电灯泡，耀眼辉煌，犹如白昼一样。有些人在虔诚地祈祷，有些人在热情而又耐心地接待顾客。但是，对它格外欢迎和重视的是商人。过节时进行结账，改换新的账本，故又有“商人节”之称。罗其密这位女财神喜欢住在商人家里，因为他们有钱有财。

据说罗其密还喜欢住整洁、美观的地方。因此，在灯节之前几周，人们便打扫房舍，粉刷墙壁，室内墙上张贴神像，在各门口及院落的四角都清扫干净装饰一新。墙头、院内都点上一排排小油灯，不留黑暗的死角。富有人家还装有五颜六色的灯泡。这都是为了给罗其密女神照明，请她到自己家来。这一天，有不少人家祈祷时，家中门窗全都大开，就连箱子、柜子的门也全打开，以便让罗其密财神进去，畅行无阻。甚至有些人家敞着门窗睡觉，而且又灯火通明，这给小偷作案提供了方便，故有偷窃案发生。灯节的晚上，不仅张灯结彩，耀眼辉煌，而且还鞭炮齐鸣，轰声隆隆，大小鞭炮和各种礼花的声音混成一片，简直有震耳欲聋之势。

霍利节

霍利节，又名洒红节，是印度教的四大节日之一。3 月间，每逢这个佳节，举国上下热烈庆祝，洒红取乐，互相祝贺。这天上午，无论男女老幼手里大都有个纸袋和小塑料口袋，里面装有五颜六色的粉末，走街串巷，有说有笑。见了面先是贺喜，然后拥抱，接着相互往对方脸上、头上、身上撒些各种颜色的粉末。上至七旬老翁，下至五六岁的幼童，包括妇女在内，无一例外。有些人不仅相互嬉戏、对骂，甚至还说些难听的下流话，但无人介意。

男女老幼一起跳各种舞蹈，跳起来格外起劲，个个脸上都呈现出欢乐的笑容。有些人敲打着手鼓奏出动听的乐曲，有些人有节奏地击掌。节日期间，不仅无种姓之分，无男女之别，就连平日有些敌意的人，今天也要互相祝贺，拥抱一番，以消除隔阂，言归于好。有些地区除洒红外，还有妇女手持木棒，追打男子，男子却不能还手，如在马土拉城、拉贾斯坦邦的一些城市，妇女们则是把衣服浸过水后拧成一股绳，用它打人。在北方邦的贝拿勒斯城，上午 10 点之前，人们相互洒水，水有各种颜色。这时，女子一般不大出门。上午 10 点以后，人们成群结队，上街游行。大至四五十岁的壮年男子，小至七八岁的男孩。手里都持着一根长短不一，颜色各异的木制林加（男生殖器）游行，游行队伍中，有人打扮成湿婆的模样骑着毛驴，人们边走边呼口号，口号也多是骂人的。女子们这时只好躲在家里，下午 2 点左右，人们开始洒红。此时只准使用五颜六色的粉末，不准再用带各种颜色的脏水。这时，若有人故意用上述脏水泼人一身，别人就会动手打他一顿。因此，一般下午 2 点以后，女子才敢出门洒红取乐，欢乐一番。

霍利节的庆祝在农村更加热闹，庆祝时间有的长达一月左右。有些农村，不仅洒红，还选一些木棍，上面涂色，手持木棍集体跳舞，古吉拉特邦的棍棒舞是很有名的。但是，北方邦、比哈尔邦、中央邦等地的一些农村，过节时，除跳舞外还要唱与霍利节有关的歌曲。

关于这个节日的来历，普遍流传的说法是：从前有位国王，名叫赫尔那耶伽西布，暴虐无道，骄傲自满，后来连天神也不放在眼里。一天他公开宣布，他是唯一的被崇拜者，不准人们再提天神的名字，叫全国的人们只崇拜他自己，否则严加惩处。

他的儿子普拉赫拉德是天神的忠实信徒。他不同意父亲的意见，依然对天神虔诚不疑。因此父亲对儿子怀恨在心，并对他进行了种种残酷折磨。先是叫人把儿子从万丈悬崖上推下去，但儿子未被摔死。后来又叫人用大象去踩，结果也无济于事。最后，赫尔那耶伽西布恼羞成怒，便把自己的妹妹霍利叫来，对她说道："你把普拉赫拉德抱在怀里，坐在火中，你不会被烧死，因为你有件不怕火烧的纱丽，而这个坏蛋儿子会化为灰烬。"

霍利听了哥哥的话，抱着普拉赫拉德跳入火中。结果儿子毫毛无损，而霍利却化为灰烬。为纪念此事，每年人们用柴草做堆，象征霍利，对其焚烧，以示正义战胜邪恶，善良战胜凶残。在这期间，人们说些脏话或粗话被认为是针对坏人的。于是，每年过霍利节时，骂人、说些下流话，也就成了霍利节的一大特点。

德喜合拉（胜利节）

德喜合拉节，又名胜利节。公历9月底开始，到10月初结束，时间一般为10天，但个别地方时间更长，长达一月之久。是印度教的重大节日之一。

据史诗《罗摩衍那》记载，古代锡兰的国王十首王罗婆那抢走了罗摩的妻子悉达，罗摩和他弟弟罗奇曼前去追赶解救，神猴哈奴曼也带上猴子军和狗熊军前去支援。战争激烈地进行了十天，最后十首王罗婆那和他的儿子迈可纳特以及兄弟恭婆迦罗那全部被杀，罗摩获胜，悉达得救，罗摩和悉达重新团圆。德喜合拉节是印度教徒庆祝罗摩大战十天最后获胜的节日，所以又叫胜利节。

节日期间，在舞台上表演罗摩的生平故事，故事以十首王罗婆那及其全军覆灭而结束。

节日的最后一天，在广场上焚烧三个巨型纸人，这三个假人分别是象征十首王、迈可特纳和恭婆迦罗那三个人，一般傍晚7点左右焚烧。这时，还播放音乐歌曲，音乐声、喧哗声和各种东西的叫卖声汇成一片，震耳欲聋。在首都新德里的庆祝，带有浓厚的政治色彩，总统、总理都要出席，联系当前形势作个讲话，然后才焚烧假人。纸人被烧后，节日庆祝就算结束。

保护节

每年印历的5月（相当于阳历7—8月）的圆月那天，要过保护节（又名手镯节）。它是印度的重大节日之一，印度从北到南，从东到西，各地都热烈庆祝，其中以北方邦、中央邦、比哈尔邦、古吉拉特邦、拉贾斯坦邦、旁遮普邦等尤为重视。

节日前夕，大小商店便开始出售过节时手上戴的各种拉凯（手腕上绑的东西）。拉凯的颜色不同，有红的、黄的、蓝的、绿的，也有浅红的，其形状大小不一，有圆形的，也有方形的，以及各种形状的；有小孩戴的，也有大人戴的。小至几岁、十几岁的姑娘，大至几十岁的妇女都兴致勃勃地穿着漂亮衣服去商店购买拉凯。拉凯的价钱有高有低，质量有好有坏。

节日的前一天，商店出售人们喜欢的各种糖果、点心，诸如勒斯古拉等，令人垂涎。姐妹们更是兴奋，到节日这天她们起得最早。她们端个盘子，里面放有用纸包着的拉凯。接着往盘里放些糖果，准备先请兄弟们吃。姐妹用纱丽的一角把头发完全盖住，只留面孔（这是出于礼貌）来到兄弟面前坐下。兄弟微笑着向她伸出右手。这时，姐妹先给他的前额上点吉祥志，然后给他手腕上绑上个“拉凯”。绑拉凯时，姐妹先对兄弟进行良好祝愿：愿你幸福、平安、发财；兄弟也向姐妹发誓：为了保护你的荣誉和尊严，即使赴汤蹈火，流尽最后一滴血，也在所不惜。

印度不同地区对这个节日有不同叫法，有的叫拉凯，有的叫斯鲁尼，有的叫它拉可里。关于这一节日的来历，还有不少有趣的故事呢。一种说法是：

从前，神仙和恶魔进行了激烈的战争。战争中，恶魔连连取胜，而众神节节败退。最后，众神情绪一落千丈，萎靡不振。因陀罗（天神王）也被打得丢盔卸甲，败阵而归，准备放弃首府而逃亡他地。这时，他把自己的大臣和师尊薄利哈斯巴迪请来，商谈此事。他强调指出，现在千钧一发，进退维谷，我们既不能在此久留，又不能放弃此地而逃往他乡。我想现在只有孤注一掷，与恶魔决一死战。

薄利哈斯巴迪听了，刚要回话，这时，因陀罗的妻子在旁抢先答道：“夫君，莫怕，我自有办法，能克敌制胜。”第二天早晨，她在丈夫手腕上套了个“保护圈”。再战时，果然恶魔被因陀罗手上的保护圈吓得抱头鼠窜，再也不敢交战。

所以，每年过这个节时，姐妹们要先给兄弟们手腕上绑“拉凯”，表示保护兄弟平安无事。兄弟也要给姐妹们赠送鲜花、给卢比，以表示兄弟姐妹之间的情谊。

另一种说法是：一次，古吉拉特的统治者巴哈杜尔夏合大举入侵格尔纳沃迪的国王，格尔纳沃迪见巴哈杜尔夏合陈兵百万，慌了手脚，不知所措，甚感情况危急，无力抵抗。此时此刻，她想起了威震四方，强大的护马拥国王，随即向护马拥寄去了“拉凯”，与他结为兄妹关系，请求支援。一般说来，护马拥不应反对巴哈杜尔夏合国王（因同属一教）而去支援一位印度教妇女。但是，由于“拉凯”的作用，护马拥马上率领大批军队前来支援，赶到了迈瓦尔一城，但为时已晚，格尔纳沃迪女王已英勇就义。护马拥悲痛万分，决心为格尔纳沃迪报仇雪恨，立即追击巴哈杜尔夏合，并将其彻底歼灭。莫卧儿王朝的历史上多次出现过类似事例。在拉贾斯坦的历史上，这种例子也屡见不鲜。

今天的印度也是同样。有些女子，因为自己没有亲生兄弟，若她们想找一个或几个兄弟的话也采用这种方法，彼此结为兄妹，成了亲戚关系。不过，她们大多找富有男子、有钱之人，一般不愿找个穷哥哥或穷弟弟，大中学生中都有这种情况。这种结兄妹关系还受到种姓的影响。

罗其密节

罗其密节又名财神节，印历 6 月 8—24 日举行，是印度教重要的节日之一。

许多经典和往世书中对此都有记载。罗其密是位女财神，人们敬她，不仅为了子孙满堂，而且为了招财进宝，生活幸福。节日开始这天，人们黎明起床，洗 16 次手脸，然后拿由 16 股小线拧成的线绳来礼拜罗其密。先在这根线绳上打 16 个结，接着烧香、点灯、献花，再把这根线绳绑在自己右手上，开始讲述有关罗其密的功德行善故事，这样持续 16 天。到第 16 天，人们进行沐浴，向罗其密神像礼拜，把上述 16 股细线拧成的线绳从手上取下，放在神像前，再听有关罗其密的功德故事。节日期间，人们只吃水果，过苦修生活。节日的最后一天，人们彻夜不眠，通宵庆祝。这个节日每年庆祝，不同的地区有不同的庆祝方法，有的地方不仅敬罗其密，而且还敬罗其密的坐骑大象等。

关于罗其密节的故事很多，其中一个是这样的：从前有个国王，他有两个王后，大王后有几个儿子，小王后只有一个儿子，在罗其密节这天，大王后的儿子们弄来很多泥土做了个大象，进行了礼拜，但是小王后却闷闷不乐，因为她的儿子突然外出，无土做像，没法拜神。当儿子回来，问及母亲为何闷闷不乐时，母亲如实说了。儿子听后回答道："母亲，泥制大象有何用，你准备礼拜吧，我马上给你牵一头真大象来。"说完这话，便到天神王因陀罗那里去了。他很快把因陀罗的大象牵来。小王后很高兴，虔诚地进行了礼拜。这位小王子的努力受到大地上人们的交口称赞，威望大增，于是后来他成了一位著名的国王。

另一个故事是这样的：古代有位国王，名叫孟格尔，他有两个王后，他特别喜欢小王后，为她修了一个美丽的小花园，小王后非常喜欢。一天，一头猪突然闯入园内，把花园弄得乱七八糟。国王得知这一消息，愤恨至极，立即追赶此猪，最后将猪打死。哪知，这头猪并非寻常，他名叫吉德尔勒特，原来是一位歌手，他因受一位仙人的诅咒才投胎为猪。国王使猪解脱，因此他对国王非常感激。他向国王讲述了自己受诅咒的经过，并发誓要从这诅咒中解脱出来而敬罗其密神，他强调了拜神的重要性。他向国王说："如果你发誓敬罗其密，那么有一天你会成为权力最大的皇帝。"国王听了这话，在回宫的路上，边走边认真考虑了拜罗其密一事。他在路上突然发现，有许多妇女在河边拜财神，并听与之有关的故事。国王从讲故事的人那里得知了拜罗其密神的方式，并就地进行了礼拜。回宫后，小王后看到国王手臂上绑着拜罗其密的线绳感到可疑，她怀疑国王可能去了一位情人那里，线绳可能是情人给国王戴的。于是，当国王睡后，她轻轻地把线绳从国王手上解下，扔在地上，国王并未觉察。事后，大王后从地上发现了那根打有许多结的线绳，她信手捡起，感到奇怪，马上把婆罗门叫来，给他看。婆罗门向她讲述了线绳的由来和礼拜罗其密财神的重要性，大王后信以为真，很虔诚地进行礼拜。国王看见大王后礼拜时想起了自己手上戴的线绳。当国王得知是小王后把他手上的线绳扔到地上，国王对她大为恼火。他很快来到大王后的宫内又虔诚地礼拜了罗其密财神。这时罗其密财神化装成一位老太婆来到小王后宫内。小王后本来对国王到大王后宫内去非常生气，这时一见老太太就火冒三丈，想把她立即赶走。老太太很恼火，因此诅咒了小王后，她变成了一只母猪，在大森林里到处流浪，然后罗其密到大王后那里，受到热情接待，罗其密对她的接待非常满意，就在她那里长期住了下来。小王后变成了母猪在森林里流浪不止，一天她来到恩根拉仙人的住处，在那里她受到仙人的教诲后深受感动，向罗其密进行了祈祷，结果她又变成了一位美丽的王后。几天之后，国王因打猎来到恩根拉的住处，在那里遇到了小王后。国王从仙人那里得知有关小王后的全部情况后，十分高兴，他带上小王后回到首府大王后那里，夫妻三人过起了幸福生活。由于拜罗其密财神，国王威望大增，国家日益强大，一天他终于成了最大的国王。由于罗其密的恩典，国王不仅享尽了人间幸福，而且他死后也升天了。

2. 诱人的名胜及其特点

印度历史悠久，文化灿烂，名胜古迹遍布各地，再加上当地明媚的风光，如画的景色，使印度成为诱人的学术考察和旅游之国。

印度与有些国家不同的是，到了那里你会发现，不只是越过了地理上的境界，也穿过了时光的隧道，就像进入了过去，但又停留在现在。有人把印度说成是“过去与现在，传统与当代，新与旧的融合”，这种说法不无道理。

印度的历史名胜很多，在世界上享有盛名。首都新德里，为全国的政治和文化中心，该城不乏美丽，给人以清新、舒适之感。全城身披绿装，树荫浓郁、芳草如茵，终年百花争艳、鸟声嘤嘤。生活在这里，如同沉浸在鸟语花香的大花园里。寺院、神庙到处可见，雕饰华丽的古老建筑，栩栩如生的神像，对国内外学者和游客无不具有强烈的吸引力。红堡是一座著名的古老建筑，它建于16世纪莫卧儿王朝，其围墙高大，用红砂石建成，因此得名。但里面的楼、台、殿、阁却是另一种颜色，这些建筑基本上都是用大理石建造。大理石柱和墙壁上，都刻有许多花卉人物的浮雕，还镶嵌着许多红、绿、黄、紫的宝石，衬着灰白色的大理石，相映成趣，璀璨夺目。新德里有一高塔，名叫古都布，有世界“摩天塔”之称。它建于12世纪末叶，至今已有七八百年的历史。全塔高72米，是新德里的最高建筑，其建筑风格是典型的伊斯兰式，塔下几层的外表还刻有《古兰经》，不愧为建筑艺术上的一大奇迹。登上塔顶，鸟瞰全城，景物尽收眼底，甚是令人赏心悦目。到此参观考察者终年络绎不绝。

著名的阿旃陀石窟，地处印度马哈拉施特拉邦的一个半山腰，它有“艺术宝库”之称。据考证，石窟于公元前2世纪开始修建，公元650年竣工，前后达数百年之久。石窟的建筑艺术水平很高，窟窟都是艺术精品。以第19窟为例，洞窟的门上有龙王携妻图，庙柱、飞檐、壁龛上有各种雕像，其雕刻工艺之精美，表情之生动，可同我国的敦煌、云冈、龙门石窟媲美。石窟中有大量历史壁画，其造型生动，形态多样，比例匀称，色彩斑斓，其匠心巧技，实在令人惊叹，至今散发出世间难得一见的艺术光彩，不愧为印度的艺术宝库，为各国艺术家们所推崇。因此，前往参观、考察者不绝于途。

中央邦的瓜廖尔，为历史古城，历代统治者对它进行过精心点缀。那里的不少名胜古迹，至今吸引着国内外的广大学者和游客。瓜廖尔城堡宏伟壮观，在印度也是独一无二的，被誉为印度“城堡中的一颗明珠”。它有数十米高，有1500年以上的悠久历史。关于它至今流传着美丽的神话故事。城堡上有“婆媳庙”，庙宇高大，上下几层，类似石窟，又像石架，结构复杂讲究，气韵生动，令人惊叹。还有“耆那庙”等，都是很好的艺术建筑。一提到瓜廖尔城，人们会肃然起敬想起印度历史上的民族英雄章西女皇罗其密·巴依。她手持宝剑，同英国军队在疆场上厮杀，英军几次惨败，后因寡不敌众，为不落入敌手，她拔刀自尽。那里有她的墓碑，令人景仰。瓜廖尔城在某种程度上也是印度的缩影，不仅名胜古迹很多，看不胜看，而且都有动人的故事，反映了印度人民的勇敢、智慧和古代文明。同时也反映了英国对印度的残酷统治和野蛮暴行。

拉贾斯坦的斋普尔，不仅以秀丽的自然风光而闻名，更以其建筑的宏伟而引人瞩目。斋普尔城是杰耶·辛哈二世于1727年所建。市区布局严谨，街道宽阔笔直，即使用现代眼光看，也是一座设计完善的城市。公路两旁重楼叠阁，庙宇林立，四周环以高大的城墙。现在围墙虽多处因城市扩建而被毁，但仍能窥见其雄伟气势。当年国王为使该城更加美丽，下令将全城房屋涂成浅红色，“玫瑰城”的名称便由此而来，并以此闻名。该城有享誉世界的“风宫”，其建筑高大，气势宏伟，建筑式样不凡，结构严谨，工艺精湛，虽历史久远，但给人的印象却如同刚刚建成一样。盛夏之时，“宫”内总有徐徐凉风，故有“风宫”之称。

还有那“小印度”之称的孟买，是著名的商业中心，在世界上也享有盛名。300 年前，孟买原是一个不出名的小村庄，如今发展成了世界十大城市之一。那里有个著名的印度门，给人以深刻印象。这座门是当年殖民主义者征服印度的象征，是他们耀武扬威的出发点。据说，当年英国派来的总督都从这里登岸，一过这门，就算到了印度。印度饱尝了英国殖民统治的苦难，受尽了掠夺和剥削。但曾几何时，风云变幻，不可一世的外国侵略者被赶出了印度，那座拱门仍然巍峨耸立，而今象征着印度人民站起来了，做了国家的主人，印度洋的海浪拍打着堤岸，使我们依稀想象出英雄的印度人民反抗殖民者的斗争场面。如今那座拱门成了历史兴亡盛衰的见证。今天，孟买繁荣，名不虚传，尽人皆知。

亚格拉城的泰姬陵，更是早就蜚声世界，用白色大理石砌成，光滑洁白，庄严美观。陵墓的上部是个硕大的白色圆顶，四角各有一座白色高塔，尖尖地刺入天空。四个尖尖的高塔，衬托着中间泰姬陵的圆顶，两相映衬，给人一种奇特的美感。参观者无不为其美丽所陶醉，考察者无不为其艺术精湛而赞叹，很多印度朋友对笔者说：“来到印度，不去看看泰姬陵，实在虚此一行。”

更有那瓦腊纳西，又名贝拿勒斯，它有印度“圣城中的圣城”之称，它坐落在印度著名圣河——恒河的西岸。该城庙宇的数量相当可观，据有关统计，起码有 1500 座以上，这些庙宇大小不同，风格各异。因此，该城的地位自古特殊显赫，非同一般。它是一座可以反映印度文明与文化的古城，至今在印度人民的生活中仍占有很重要的地位。该城不仅有印度古老的寺庙，而且释迦牟尼初传佛法的鹿野苑就在附近，同时，耆那教的两个教长也诞生在这里。因此，对印度教徒、佛教徒和耆那教徒来说，这里是个极神圣的地方。他们认为，一生能到瓦腊纳西一趟，是莫大的幸福。

位于东部沿海的奥里萨邦有许多名胜古迹，札格纳特布利是其中之一。那里的札格纳特庙有“天门”之称，每年有上百万香客从全国各地来这里朝拜。科尔腊格庙是奥里萨的又一名胜，该庙为太阳神庙，高大宏伟，用厚石板砌成，各种雕刻，形象生动，独具一格。

印度南端是喀拉拉邦，它位于印度西海岸。喀拉拉邦文化发达，是个艺术圣地，也是唯一完好地保存着梵文、古代印度医学、天文学、瑜伽经等古代经典的地方。喀拉拉邦既不乏名胜古迹，也有众多著名圣地，更有不少天然良港。如柯钦、奎隆等地，自古以来与中国多有联系，为中印两国的经济和文化交流起过重要作用。如此等等，不一一列举。

所有这一切，并不只是一个个已经消失了的过去的标志，这一切遗迹诞生的种种美丽传说，至今仍在人们中间广为流传。在这个国家，你会发现，人们的相貌和服饰、习俗与礼仪、生活方式及哲理，有的差别很大，甚至截然相反。但是它们之间也有许多共同之点，这些构成了灿烂而伟大的印度文化。因此，吸引着大量外国学者和游客。

每天黎明，不少人还在酣睡，从古老的庙宇里就传出一阵阵悠扬悦耳的钟声与诵经声，当今隆重的婚礼，仍庄严地绕着圣火举行，音乐与舞蹈仍然回应着古老庙宇墙壁上所刻的旋律。但是，与此同时，今天在印度，原子物理、太空技术和软件业等，就像当年圣雄甘地的非暴力那样，不仅为世人所了解，而且在迅速发展，并获得了辉煌成就，为世人所惊叹。

的确，印度是“过去与现在”并存。历史名胜吸引着无数的人，但印度在保持和发扬过去5000年优秀文化传统的同时，也在不断吸收着当今世界上一切先进的文化。总之，出访或游览一次印度，尤其那数不胜数的名胜古迹会给你留下难忘的印象，下面介绍几座城市。

相得益彰的新旧德里

德里分新旧两城，中间隔着一座德里门，并以著名的拉姆利拉广场为界，广场以南为新德里，广场以北为旧德里。新德里为印度的首都，全国的政治、文化中心。

关于“德里”一名的来历，有种种不同的说法。有些印度学者认为，德里是根据孔雀王朝的一个国王“德鲁”的名字演变而来，它是“德鲁”的变音；另有学者认为，公元前10世纪，这座城市就以因陀罗·婆勒斯特而闻名，国王阿恩格巴尔曾把它改名为拉勒高德，并且建立了许多铁柱，由于铁柱立得不稳，虽然经过加固，但仍松弛不牢，“不牢”印地语读为“梯里”，因此，这座城市便以“梯里”（德里）而得名。尽管德里的名称几经更换，但它是一座历史悠久的城市，这是人们公认的。

旧德里是座古城，在历史上，它几经沧桑，变化很大。在某种程度上，这座城市是印度历史的缩影，这里的许许多多的古籍文物和宏伟建筑可做见证。历代有许多帝王曾看中这块地方，把它选作首府，对它不断进行修葺和扩建，使它更加美丽迷人。然而，由于古代诸侯割据，相互征伐，德里的不少建筑也毁于兵燹。3000 多年前，般度人曾选中此地，作为首府，取名“因陀罗·婆勒斯特”；国王阿恩格巴尔和帝王角汗曾先后在这里竖起一根根铁柱，以图永远占领这块地方；莫卧儿帝国的第五代帝王沙贾汗曾一度把德里改为沙贾罕巴德（“巴德”是住地的意思）。但是，德里这一名称却并未因此而消失。沙贾汗于 1628 年称帝为王，当时他未住在德里，而是住在距德里 200 多公里之外的阿格拉城。有种说法认为，1631 年他的妻子穆莫泰姬·玛哈尔逝世后，他悲痛至极，为摆脱对爱妻的怀念之情和躲避当地的酷暑，又选中了德里为首府，终于迁离阿格拉。于是在公元 1638 年动工对德里进行整修和扩建，历时 10 年才竣工。在英国人统治印度的初期，一度把加尔各答作为首府，到了 1911 年 12 月 12 日，贾尔杰·巴杰又宣布将首都迁到德里。但是，新址却选在旧德里以南三公里的一片荒地上。当时的英国殖民当局要求对这座新城精心设计和认真施工，以使其具有独特的风格，因此，设计师们专门对雅典、罗马以及印度的其他城市建筑进行了考察，最后决定，综合印度和外国建筑的特点，建造一座既有外国古代色彩，又有现代风格的新城。原计划新德里建设四年竣工，但由于第一次世界大战爆发，不得不中途停工，最后于 1929 年建成。1947 年 8 月 15 日，新德里又被宣布为独立的印度的首都。尼赫鲁总理在红堡的宫墙上升起了第一面印度独立的旗帜。1950 年 1 月 26 日德里正式成为印度民主共和国的首都。

新旧德里相隔虽只一箭之遥，但新旧两城的风格却迥然不同。旧德里没有新德里那么美丽、壮观，也缺少新德里的高楼大厦。它的街道狭窄而曲折，街头小商贩十分拥挤，公路两旁有各式各样的小吃、大大小小的书店和五光十色的影院，浓郁的中古时代的气息，有时倒能吸引来访的游客。

新德里则是另一种风貌。它给人以清新、舒适之感，全城身披绿装，树荫浓郁、芳草如茵，终年百花争艳、鸟声嘤嘤，生活在这里如同沉浸在鸟语花香的大花园中。从总统府到印度门是一条长而阔的大道，路旁是大广场，还有碧绿的草坪点缀其间，重大的政治活动和节日庆典以及一些游行示威都在这里举行。市区街道整齐，而且还在迅速扩展中。几十层的高楼，到处可见，住宅区和商业区的布局井然有序，有的建筑虽不太高，但它们形式多样而新颖，不拘一格，给人以深刻印象，受到外国人的交口称赞。

不管旧德里，还是新德里，寺院、神庙到处可见。这也是印度城市的一大特点。那些五光十色的寺院，栩栩如生的佛像，古老建筑雕饰之华丽，雕像之精细，对国内外学者和游客无不具有强烈的吸引力。

新德里的十字路口，也颇惹人注意。路口的中心，多呈圆形，车辆行人不能径直通过，必须绕圈而行。初到印度的人，往往走过几个十字路口后就弄得头昏目眩，不辨东西南北了。路口完全由红绿灯自动调节控制，很少站有路警指挥。公路两旁的商店，货物琳琅满目，顾客络绎不绝，可谓百货充盈，市场繁荣。你只要从店前经过，店主便主动向你打招呼，你若进去看看，主人便会设法叫你看个没完，态度和蔼，不厌其烦。使你惊奇的还有，所有的街道、商区，外国商品很少。当然，近些年来在发生变化。让你眼花缭乱的还有那一家家的首饰商店，不由得使你停住脚步，即使不买，也愿多看上几眼：手镯、脚镯、耳环、鼻环、戒指、项链——名目繁多，品种齐全，个个竞相生辉，件件闪光耀眼。

德里有不少雄伟精妙的建筑，迷人的古迹，很值得一看。原来旧城的周围建有高大围墙，据说是古代沙贾汗所建。墙高 9 米，墙厚 4 米，全由红石砌成。围墙有 6 道门，5 个窗口，另有 27 个守望台。因年久失修，现已有不少地方毁坏，但它仍能反映出这一建筑的宏伟和印度古代人民的聪明才智。

红堡，也是德里的一大名胜。它修建于 16 世纪莫卧儿王朝，围墙高大，用红砂石建成，因此得名。但里面的楼、台、殿、阁却是另一种颜色，这些建筑基本上都是用大理石建造的。大理石柱上和墙壁上，都刻有许多花卉人物的浮雕，还镶嵌着许多红、绿、黄、紫的宝石，衬着灰白色的大理石，相映成趣，璀璨夺目。

德里的胡马雍陵墓，引人注目。胡马雍为 16 世纪莫卧儿王朝的第二任皇帝，其陵墓是在他去世 8 年之后由其遗孀贝伽·贝格姆监造而成。它在建筑史上首开宝石镶嵌工艺的先河。1993 年被列入《世界遗产名录》。

胡马雍陵墓由伊朗建筑师米拉克·米尔扎·吉亚德设计。陵墓的布局、规划和设计充分体现了帝国以及莫卧儿王朝时期的建筑风格。其结构为方形。与大厅相连的每个正面均有入口，入口两旁还各有一个侧室。下层墓室的各个拱门均由带孔的大理石格板镶嵌。

陵园正中耸立着高大的陵墓，它建在一座高台之上，其高台修有一系列拱形洞。墓室的每一面各有三个拱门，居中的拱门最高。第二层的结构设计也与此相同。

胡马雍陵墓群的地宫中有多座石棺，东南墓室中有三座大理石石棺，传统上人们认为这三座石棺是胡马雍三个女儿的棺椁。西南侧的墓室中有两座同样的石棺。东北墓室中分别有哈吉·贝格姆（胡马雍的大遗孀）和哈密达·巴奴·贝格姆（阿克巴之母）的两座大理石石棺。

在胡马雍陵墓内是多室墓。陵墓中央有八角形的大厅，内有帝王碑，是最大的墓室。主墓室的网格大门系用一整块红砂石建成。

德里还有一著名高塔，名叫古都布塔，有世界“摩天塔”之称。它建于公元12世纪末叶，至今已有七八百年的历史。据说，从前全塔共有7层，现仅剩5层，每层由飞檐相隔，塔呈圆形，下面有3层，用红石砌成，上面的两层用大理石和红砂石混合砌成。全塔高72米，里面有很好的通风和采光设备，是德里最高的建筑，其建筑风格是典型的伊斯兰式，塔下面几层的外表还刻有《古兰经》。登上塔顶，环顾四周，气象万千，鸟瞰全城，景物尽收眼底，甚是令人赏心悦目。“摩天塔”不愧为建筑艺术上的一大奇迹。

在高塔附近，还矗立着享有盛名的铁柱，更引起人们的极大注意和兴趣。它不但是德里最引人注目的古迹，也是全印度最珍贵的遗迹之一。据有关科学家研究，它至少有1500年的历史。铁柱是铸造而成，含铁成分很高，尽管长年累月雨淋日晒，但至今它的外表仍光滑不锈，毫无损坏。由此可见，印度古代冶金技术水平之高和历史之久。

然而印度毕竟是个发展中国家，德里也在发展变化之中，有些问题正在解决，有些问题尚待解决。例如，在德里的街道上，随处可看到生活在贫困线以下的人群和一些在农村生活无着而涌入城市的百姓。在新德里，有一些人住在夏不避风雨，冬不御寒冷，潮湿而阴暗的贫民区的窝棚里。还有一些人身上只裹着一块破布，露宿桥下或车站；一些在街上或公共场所扫地的“贱民”，他们看上去多半目光忧郁，神情凄怆；那里更有面容憔悴、有气无力的妇女、儿童停立路旁行乞。德里的报纸上还不时刊登贱民惨遭虐待，甚至活活被杀的新闻。看到这些情景，使人心酸落泪。这些都是发展中的印度亟待解决的问题。

德里终年鲜花盛开，人们大都能歌善舞。艳丽的花朵美化着环境，也蕴含着人民美好的希望和理想，愿德里变得更加美好，苍翠常新。

世界七大奇迹之一——泰姬陵

阿格拉位于德里东南200公里处，是北方邦的一座历史性建筑物林立的城市，这座莫卧儿皇城，不但有神话般的泰姬陵，还有许多其他纪念建筑物，反映出莫卧儿王朝建筑艺术达到了高度水平。在公元16世纪、17世纪之间的莫卧儿时代，阿格拉曾经是印度封建王朝的首都。正是在这里，王朝的奠基者巴卑尔在朱穆那河畔修建了第一座正式的波斯花园。后来，他的孙子阿克巴大帝修建了著名红堡的防御高墙。在高墙里面，贾汗吉尔建筑了玫瑰色的宫殿、庭院和花园。沙贾汗大帝为了美化它又修建了若干大理石的清真寺、宫殿和亭阁，它们都用白色大理石建造，并以宝石镶嵌。这座城市里的建筑中，泰姬陵则首屈一指，蜚声世界。参观者无不为其美丽所陶醉，考察者无不为其艺术精湛而赞叹。这座伊斯兰教建筑被誉为世界奇迹之一，这一称誉它受之无愧，1983 年被列入《世界遗产名录》。很多印度朋友对笔者说："若到了印度不前往一看，实在虚此一行。"这话虽属夸张，但也有一定道理。

泰姬陵坐落在朱穆那河的岸边，四周是用红砂石砌成的高大围墙，雄伟壮观，陵基建在一个很高的四方平台上，用白色的大理石砌成，光滑洁白，庄严美观。陵墓的上部是个硕大的白色圆顶，平台的四角各有一座白色高塔，尖尖地刺入天空，四个尖尖的高塔，衬托着中间泰姬陵的圆顶。两相映衬，显得匀称而富有韵律，给人一种奇特的美感，陵墓的内墙和门窗边缘均用五色宝石镶嵌各种花纹图案。

陵前有一条狭长的水池，环绕以绿树和鲜花；玉带般的水池两侧是宽阔的通道，通道上各国游人，来来往往，络绎不绝。池水清澈，碧波荡漾，水中有陵墓、树木、鲜花等倒影，使人心旷神怡。白天，陵墓主体的白色大理石在阳光下熠熠发光；夜晚，皓月当空，凉风徐徐，给人以舒适之感。即使在盛夏的傍晚，乘凉者也不乏其人。陵墓后面的朱穆那河，蜿蜒流过，河里水流时急时缓，为陵墓增添了几分光彩。

泰姬陵建于公元 1648 年，距今已有 300 多年之久。它是由莫卧儿帝国第五代皇帝沙贾汗为其爱妻所建。据传，其妻泰姬不仅容貌出众，而且聪明能干，曾协助国王料理朝政。因此，沙贾汗对她宠爱备至。1630 年沙贾汗带兵征战，泰姬随军伴行，不幸因生第八个孩子死于途中，时年 36 岁。临终前，沙贾汗问妻子有何希望与要求，泰姬答道："请陛下为我造一大墓，以纪念我们的爱情。"沙贾汗听后欣然同意。后来，他从国内外请来最好的工匠，从外地选来最好的大理石，动用两万余人开工修建，历时 16 年之久，耗资 500 多万卢比，这座举世无双的陵墓终于竣工。因为此墓是沙贾汗为其王后泰姬所建，故以泰姬陵得名。墓建成之后，沙贾汗常披白衣去陵前献花。睹墓思人，泪流涔涔。不久，其子为篡夺王位，起兵反叛，将他囚于一个古堡中。从此，他失去了自由，愁眉不展。每天坐在红堡的一个走廊上，背对着泰姬陵，凝神潜思，忍忧含悲，目不转睛地注视着镶嵌在一根柱子上的一块镜子。泰姬陵的姿影正反射在那面镜子上。就这样，他终日闷闷不乐，年复一年，在孤寂和怀念中度过了残生，最后郁郁而死。

沙贾汗是个寡情薄义、心狠手辣的皇帝。他仇恨兄弟，放逐母亲，故意放出老虎，活活咬死和吃掉一个个“囚犯”，他坐在一旁，目睹惨状，欣赏取乐。这样一个暴虐无道的统治者，后来成为自己儿子的阶下囚，也是罪有应得，人民对他当然不会有什么同情。然而泰姬陵的美，却世世代代一直吸引着国内外的游客，它反映了印度劳动人民的聪明才智。印度的气候炎热多雨，令人惊奇的是，泰姬陵虽长年累月受到烈日炙烤，饱经风雨剥蚀，但它至今仍完好无损。的确，它是建筑艺术史上一大创造，不愧为世界上七大奇迹之一。

玫瑰之城——斋普尔

人们对美好的地方，往往具有天然的爱。未见到时，朝思暮想，无限神往；见了它，流连忘返，一往情深；离开了它，又梦绕魂牵，盼望有朝一日能再同它相见，拉贾斯坦邦的首府斋普尔，它给予访者和游者的感受正是这样。

2 月中国的北方，还是寒风刺骨，冰封雪盖，水瘦山寒的时光，但是在印度的斋普尔，却是姹紫嫣红，满树芬芳，春意盎然了。那数不清、看不尽、开不败的名花异卉，用不着去公园观赏，在公路两旁、大街小巷，随处可见。和风拂面，灿烂的阳光普照大地。这样美好的气候和景色，自然把斋普尔装扮得繁花似锦，绿草如茵。

到了斋普尔城，给你的第一印象是“红色”。它的红，又非同一般的红，而是一种美丽的浅红，故素有“玫瑰城”之称。斋普尔，不仅以秀丽的自然风光闻名，更以其建筑的宏伟而引人瞩目。

斋普尔城，为拉贾斯坦邦的首府，是杰耶·辛哈二世于 1727 年所建，至今已有 200 多年的历史。当年市区布局严谨，街道宽阔笔直，与其他城市截然不同。公路两旁重楼叠阁，庙宇林立，四周环以高大的城墙。现在围墙虽多处因城市扩建被毁，但仍能窥见其雄伟气势。根据记载，古代爱好艺术的国王杰耶·辛哈为使城市更加美丽，下令将全城房屋建筑涂成红色，“玫瑰城”的名称便由此而来。

斋普尔城三面环山，山中深岩幽壑，奇石异洞，峰峦起伏，林木葱茏，四季常青，更有鸟兽成群，朝出夕归。站在山顶观望，此城林荫郁郁，无数楼阁庙宇，掩映在绿树丛林之中，显得特别幽静。那一段段高大的城墙，依山环回，使得整座斋普尔城在雄伟的气势中，透出了妩媚多姿之态。

在城内，你走到街上，不时会发现一群群猴子，既天真活泼，又可爱可气，它们有时跑到你面前嬉戏，你给它们一些吃的，吃完后又马上向你追来。一些高大树上或屋顶，以及茂密的灌木丛中，你会发现三五成群的孔雀，有时会听见它们“哇，哇”的叫声，有时看见它们开屏。在耀眼的阳光下，美丽的孔雀羽毛如扇面般展开，那五彩缤纷的色彩，使人惊叹造化神奇的力量。

市内建筑高大宏伟，其中有闻名世界的“风宫”。它是由斯瓦依·普拉达普于1799年建成，整个建筑高大，气势雄伟，它虽然已有180多年的历史，但看后给人印象却如同刚刚建成一样。全宫共分五层，窗户数百，通风透气。炎夏之时，室内总有徐徐凉风，故有“风宫”之称。“风宫”建筑式样不凡，结构严谨，工艺精湛，宏伟壮观。

市内的拉姆尼瓦斯公园，最是迷人。园内树木森森，池水涟涟，清幽秀丽。在动物园中，饲养着各种珍禽异兽，供人们赏玩。

街道两旁商店内，商品琳琅满目，使人目不暇接。热情的店主会主动向你打招呼，介绍品种繁多的物品，让你看个没完。一件件五颜六色光耀夺目的纱丽，一件件刺绣精致的衣衫，一座座雕有美丽图案的铜器，一件件引人入胜的玩具——会使你感到眼花缭乱，好似置身在五彩缤纷、花团锦簇的海洋里，简直使你看得入神，忘记了向店主讨价还价，也忘记了时间早晚。印度手工艺品有其特点，而拉贾斯坦邦及其首府斋普尔在这方面更为出色，这点的确名不虚传。

小印度——孟买

孟买是马哈拉施特拉邦的首府，印度西海岸的门户，为印度最大的商业中心，是重要的文化中心之一，也是印度电影业最发达的地方，因此，在世界上享有盛名。孟买的一条条繁荣街道，一座座高大建筑，使目击者赞叹不已，素有“小印度”之称。

300年前，孟买原是一个高里族渔民的小村庄，如今，这个不知名的小村竟发展成了世界上十大城市之一。

在孔雀王朝统治马哈拉施特拉的岁月里，希腊人称孟买地区为“海薄达埃希亚”，意思是“七个岛”。构成孟买的七个岛是：高拉巴、摩吉岗沃、马黑姆、希沃、沃尔利、阿包劳港和奥勒德·邬门斯·阿依兰德。

关于孟买一名的来源，有许多说法。一说是由孟巴女神而得名。12世纪时的一尼泊尔文书《达高那沃》里写道：“在七岛组成的孟买，有座孟巴女神（孟巴阿依）庙。”到后来，“孟巴阿依”的变音成了“孟毕”，“孟毕”又演变成“孟买”。至今孟巴女神庙还坐落在孟巴女神湖畔。还有一说认为，孟买是葡萄牙语“包摩百姆”一词的变音，是“港口”的意思。公元16世纪时，孟买村控制在葡萄牙人手里。英国人认为这里可以建成良港，想从葡萄牙人手中买去，但葡萄牙人不同意。直至英国国王同葡萄牙公主结婚时，这个地方才作为嫁妆，到了英国人手里。又有一说认为，孟买一名是根据“包毕尔”鱼的名字而来的，因为孟买湾盛产这种鱼。还有人认为：孟买是由迦提亚瓦尔农村女神“盟马依”庙而得名。

英国人从18世纪开始填海造地，建设孟买。以前，孟买城由葡萄牙控制时，只限制在从阿包劳湾到摩诃勒柯希米和根尔岗沃到邬摩尔卡里范围以内。到公元19世纪，才同阿包劳湾、佛来耶尔、莱格赖迈欣、毛迪·卡里、摩吉岗沃、登格港和耐尔芬斯顿连成一片。这样先后经过几百年之后，这些岛屿才连接起来形成今天的孟买城。

孟买濒临印度洋，岸边有座宏伟壮丽的拱门，它就是著名的印度门，给人以深刻印象。它巍然耸立，宏伟壮观，门前就是汪洋浩瀚的印度洋，门后是幅员辽阔的印度大地。这座门是当年殖民主义者征服印度的象征，是他们耀武扬威的出发点。据说，当年英国派来的总督都从这里登岸，一过这座门，就算到了印度。印度受英国的殖民统治达200年之久，受尽了掠夺与剥削，饱尝到殖民统治的苦难。但是曾几何时，沧海桑田，风云变幻，当年那暴戾恣睢、不可一世的外国侵略者已被赶出了印度，那座拱门依然巍峨耸立，但它今天却象征着印度人民站起来了，做了国家的主人。印度洋的海浪拍打着堤岸，涛声震撼着全城，使我们依稀想象出英雄的印度人民反抗外国殖民统治者斗争的动人场面！今天那座门成了历史上兴亡盛衰的见证。

孟买繁荣，名不虚传。工厂星罗棋布，机声隆隆，高楼大厦林立，各种商店齐全；哥拉巴道市场供销各种时髦服装及饰物，蔡胡市场销售各种古董及仿制品，在珠宝市场和维多利亚车站可买到称心如意的金银首饰及种种物品等。总之，商店里货物琳琅满目，应有尽有。公路上车水马龙，人行道上行人摩肩接踵。给人印象很深的是，孟买轿车数量之多，这点与其他城市有所不同，车辆不仅成串成行，而且成阵成片，密密麻麻，来往如云，它们都各行其道，秩序井然……所有这一切反映出孟买在蒸蒸日上，在繁荣发展。

孟买是多种文化中心。早在20世纪初期，孟买就有62种语言和方言。随着区域的扩大，语言也不断增多。在孟买可以看到各种文化、语言、民族和风俗的缩影。多少年来，人们把世界各地的语言和风俗带进了孟买，使孟买成了“人类心理学博物馆”。开罗和君士坦丁堡以民族混杂而闻名，可是今天已远远不能与孟买相比。有些学者认为，世界上没有任何一个城市像孟买一样有着如此众多的宗教、民族和复杂的文化。

这种说法并不过分。早在公元7世纪至12世纪，波斯的拜火教徒为逃避穆斯林的迫害而逃往国外，有一批教徒来到印度的西海岸，成为印度居民。他们不仅带来了语言和文化，使拜火教也传入印度。目前全印度拜火教徒共有13万，其中大多数分布在孟买。与其他宗教相比，他们人数虽少，但有一定影响。印度最大财团巨头塔塔和印度著名的原子物理学家霍米·巴巴博士以及一些陆空军将领都是拜火教徒。

耆那教为印度的产物，其信仰者虽然分布于印度全国，但在孟买有相当数量，而且其总部设在孟买。耆那教对杀生、灵魂等看法，对印度教、佛教等均有影响。耆那教徒大都从事商业贸易，在社会上有一定实力。

至于印度教徒、穆斯林、锡克教徒等在孟买更是人数众多，甚至有的占绝大多数，但他们之间彼此往来，相互尊重，互不歧视，全心致力于各自的行业，对发展和繁荣印度的经济与文化，做着自己的贡献。

印度电影蜚声于世，孟买则有"印度的好莱坞"之称。印度的大多数电影制片厂建在这里，诸如，著名的拉杰格普尔制片厂、摩合布薄制片厂、菲勒密斯坦制片厂、菲勒马列制片厂、迦尔达尔制片厂等。一些电影工业单位和报纸杂志社也设在这里。

当地的孟买大学，历史悠久，规模巨大。它自1857年创办，至今已有150多年的历史。大学下设10个学院，30多个系，130多个研究所，在校人数超过15万，人数相当可观。校内设备齐全先进，它是重要的人才培养基地之一，不愧为重点综合大学。校内风景秀丽，校舍建筑别有风格。校园内树木森森，池水涟涟，一年到头鲜花盛开，身临其境，流连忘返。

距孟买不远有个小岛，它为孟买增添了光彩。岛上有著名的爱里潘塔石窟，它以开凿于6世纪的巨大石窟而著名，因为岛上刻有雄伟的巨大石象。葡萄牙人将其取名为象岛，故以"爱里潘塔"（象）而得名。1987年被列入《世界遗产名录》。

孔雀王朝一度统治过此岛，他们给该岛取名叫"根里步利"，而实际上该岛的名字叫"塔拉步利"。考古发现，在佛教兴盛时期，该岛为重要的宗教圣地。公元16世纪葡萄牙人统治时，他们发现了大石象后，便称它为"爱里潘塔"，此名一直沿用至今。

石窟内有数尊湿婆及其妻子的石像，石窟于公元7世纪建成。主窟正门，有一尊巨大的湿婆像，右侧有9尊湿婆像，正在起舞，形象生动自然。岛上每年2月要举办象节，艺术家们在洞窟外露天进行各种艺术表演。

另外值得一看的还有贾特帕蒂·希瓦吉火车站，以前称维多利亚车站，它是印度孟买市维多利亚女士时代哥特式复兴建筑的杰出典范，其建筑融合了传统的印度建筑风格。这处由英国建筑师史蒂文仿照中古晚期意大利模式而设计的建筑，是孟买作为哥特式城市和印度主要国际商业港口的标志，充分表现出维多利亚女士时代哥特式建筑设计的高超水平。该建筑工程始于1878年，延续10年多才完工。令人注目的圆形石头、屋顶、塔楼、尖拱以及奇异的地面布置等特点，与传统的印度宫殿建筑特点十分相似。该建筑结合了英国建筑设计和印度简约的传统工艺，是英国文化和印度文化结合的典范。2004年被列入《世界遗产名录》。另外还有举世闻名的威尔士亲王博物馆，馆内藏有精美的拉其普特和莫卧儿时代的精美图画，以及其他罕见的东方艺术品。孟买是印度电影业最发达的地方，“宝莱坞”以影片产量巨大而闻名于世。这里的影院放映着各种最新的电影，剧院里上演印地语和英语等语言的戏剧。此外，遍布全城的剧院里还有各种舞蹈和音乐上演。

孟买的夜晚，天空繁星闪烁，地上灯火齐明，交相辉映，照耀得如同白昼。你若登高眺望全城，景物尽收眼底，万家灯火星星点点，犹如万千星斗置于足下，使人有凌空之感。

孟买市内公园很多，免费游览，园里林木茂密，遍布各种奇花异卉，色彩绚丽，芬芳扑鼻。花木的数目繁多，有几丈高的花树，有丈余的仙人掌，有种花最引人注目，它属蔓藤植物，同一株上开有各种颜色的鲜花，有红色的，有黄色的，还有粉红色的，各种花朵相映衬，令人倍觉清幽艳丽。让人吃惊的是，无论是寒霜凛冽的冬季，还是倾盆大雨的雨季，无论是高温的夏季，还是风和日暖的春季……这种花总是以热情纯洁的笑脸，迎接着来往如云的游人，“叽叽、喳喳”各种悦耳的鸟叫声，阵阵送入人们的耳内，令人心旷神怡。

孟买美丽、繁荣，它的今天来之不易。它饱尝过历史的辛酸，也反映着欣欣向荣的今天和人民的勤劳智慧，更预示着光辉的明天，它在某种程度上是印度的缩影，愿它不断繁荣与发展。

东西文化荟萃之地——果阿

果阿位于印度南部的西海岸，属于印度的一个邦，那里山清水秀，阳光明媚，有一望无际的白色沙滩海岸、迷人的日落景色、数不清的教堂、风格不同的建筑、各种美丽的服饰、精美的菜肴和富有东西方结合的文化风情。因此，果阿是个很诱人的好地方。当地“东西文化交融”的特点，与葡萄牙人对该地长期殖民统治不无关系。果阿于1986年被列入《世界遗产名录》。

果阿在葡萄牙的殖民统治下走过了大约450年，一直延续到印度独立后15年（果阿于公元1961年才被印度政府收复，直到1974年，葡萄牙才正式承认印度对果阿的主权，成为印度的一部分）。果阿同印度的其他邦一样，也有着盛衰多变的历史。这历史可以追溯到公元前3世纪。那时候，果阿为孔雀王朝的一部分。当基督纪元开始时，萨陀伐诃那王朝统治着这里。后来传递到卡鲁可亚（Khalukyas）王朝的巴达米统治者手中，他们从公元580年到公元750年一直统治着这里。在以后的几个世纪里，果阿先后被湿哈拉（Shilhala）王朝、卡达姆巴（Kadambas）王朝和卡鲁克亚（Khalukyas）王朝的卡勒亚尼（Kalyani）所统治。穆斯林第一次统治果阿是在1312年，但60年以后，它被邻近的维查耶纳伽尔王朝的统治者占领，他们控制这里近一个世纪。1469年果阿又被巴曼尼苏丹（Bahmani Sultans）所征服。

1510年，葡萄牙人来到果阿，他们是要保护他们通往东方的贸易通道和传播基督教，一方面他们要抵挡印度统治者，另一方面还要设法击退其他的殖民主义者，如荷兰人、法国人和英国人。1510年葡萄牙人达尔布克基领导的军队打败了果阿的伊斯兰统治者，征服了果阿。与此同时，欧洲其他国的殖民者也纷纷而来，彼此间展开了血与火的较量。先是荷兰人打败了葡萄牙人，接着英国人又把荷兰人打败，到后来葡萄牙人获胜，成了当地的统治者。葡萄牙人征服果阿后，其统治方法与英国不同，即在进行商品贸易的同时，还从事大量的文化渗透。在当地修建了大量天主教堂和神学院，进行传教活动，还开办学校，推广学习葡萄牙的语言及其文化，雇佣当地人从政任职，甚至鼓励葡萄牙人与当地人通婚。这样，许多当地人皈依了天主教。于是，在16世纪、17世纪，果阿成了欧洲人东方的统治中心，这里天主教的权力远及中国的澳门、日本、莫桑比克等地。

葡萄牙在果阿450年的统治，深深打上了葡萄牙的烙印。在街道两旁，欧式建筑林立，教堂的数量，难以计数，而且教堂还分门别类，既有宏伟庄严的高大建筑，又有微型别致的小楼，但它们有个共同特点，即都充满着异国情调，又反映着印度文化。无怪外国人来到这里，似乎感到“是在印度，又好像在葡萄牙一样”。

若游览果阿，不妨可从帕纳吉开始，它是印度最小邦的首府，美丽漂亮，它那弯曲狭窄的街道，有着突出悬垂阳台的老房舍，红色砖瓦顶和白色粉墙的教堂，都保存完好。这座小城市里，还有坐落在一座山顶上的圣母教堂，和一座吉祥天女庙，然而更吸引人的还是老果阿。

在老果阿的众多教堂中，以耶稣大教堂最为古老和著名，宏伟壮观。它建于公元1604年，有着非凡的巴洛克式的镀金祭坛。对面，还有庄重的圣·凯瑟琳教堂，也是17世纪早期的建筑，被认为是亚洲最大的教堂。旁边是另一座教堂，方济各·阿西西教堂于公元1661年建成，它内部有着镀金的精美的雕刻木制品和壁画，这座教堂是一座古代文物博物馆，里面陈列着葡萄牙总督的画像，以及在这一地区发现的古代印度雕刻和艺术品。

比拉（Pilar）距帕纳吉不远，它是一个小镇，为基督教传教团的一个重要活动中心。在小山丘上同样建有教堂、神学院和学校等。

在果阿，尽管信奉天主教的人数相当可观，但印度教徒、天主教徒和伊斯兰教徒之间，却能和睦相处，各自欢庆自己的节日，甚至在有的节日庆祝时，大家共同欢乐。因此，那里的天主教堂、印度教寺庙和伊斯兰教清真寺，在和平的气氛中并存。至于那里的美味佳肴和少见的美酒，以及度“狂欢节”的热烈场面，也会给人留下难忘的印象。

高科技城——班加罗尔

班加罗尔是卡纳塔克邦的首府，它既是一座文明古城，又是一座现代化城市，还是印度的硅谷，同时也是购物者的天堂。因此，它远近闻名。

班加罗尔海拔1000米，气候凉爽宜人，有“空调城市”之称。至今，英国殖民时代生活方式的痕迹到处可见，诸如，欧式建筑物以及市场和街道名称，还有赛马俱乐部、高尔夫球场等。

班加罗尔始建于公元16世纪初期的康姆巴·高达王朝，到18世纪在海德尔·阿里和他的儿子迪布苏丹统治德干地区的时代，它才演变为一座重要的城堡。从那时开始，这座城市日趋发展，并在这个地区起着重要作用。

在那里，有许多建筑引人注目，宪法宫是其中之一，系采用花岗岩砌铺而成，具有达罗毗荼式风格。

古邦公园非常诱人，它占地120公顷，绿树成荫，花卉铺地，系陆军中将马克·古邦先生于1864年设计修建的。

有“花园之都”称号的拉尔巴克植物园也很引人入胜，它占地96公顷，是18世纪的海德尔·阿里设计并由他的儿子迪布苏丹扩展而成，园内数百年的古树参天，湖泊纵横，荷池泛绿，花圃鱼池、鹿苑点缀其间，各色热带植物应有尽有，令人赏心悦目。

本市最古老的寺庙是“金牛庙”。它是一座达罗毗荼式的建筑，庙内有一座由一块巨石雕制而成的巨大神牛，艺术精湛，观者赞不绝口。

今天，班加罗尔被看作印度的硅谷和神经中枢，是一座科技高度发达的大都会。这里有著名的计算机、软件业公司，机床和飞机制造厂，同时也是啤酒酿制和丝绸业的中心。

佛教中心——那烂陀（Nalanda）

那烂陀是古代印度著名的佛教寺院，其遗址位于比哈尔邦首府巴特那的东南55公里处，西距王舍城7公里。它是古代印度的佛教中心。

那烂陀寺院规模宏大，建筑讲究。据中国文献《大慈恩寺三藏法师传》中记载，该寺院“庭序别开，中分八院，宝台星列，琼楼岳峙，观竦烟中，殿飞霞上，壮丽崇高，此为其极”。这里是古代印度佛教最重要的教学及研究中心，并对印度的哲学、历史学以及医学、艺术等也都有深入研究，因此闻名于世。

最初，该地原是一个芒果园。据耆那教文献记载，耆那教第24位教祖大雄曾在这里生活过14年。据佛教传说，释迦牟尼曾多次巡游至此，并在此说法。他的主要弟子之一——萨利布德的出生和逝世地就在那烂陀附近的一个名叫那拉格的村庄。那里还有佛教徒们为纪念他而建造的一座寺庙，附近还有一个以他名字而命名的萨利布德村。据历史记载，阿育王在此建了那烂陀寺院，后来戒日王又借助此地众多的殿堂和寺庙促成了成千上万学者在此进行研修。经过几个世纪的发展，其影响巨大，声名远扬。从公元5世纪到公元12世纪，这里一直是印度佛教中心，来此求学者不少来自中国、日本、朝鲜、印尼、马来西亚、尼泊尔、斯里兰卡等国。在古代，交通不便，路途遥远的情况下，去那里求学实在不易。公元7世纪时，中国的高僧玄奘曾来到这里学习、研究多年。

那烂陀寺院的主持人，是德高望重的学者，在某些方面造诣很深。寺院的管理严格，对新生入学严格把关，有健全的“入学考试”制度。入学考试严格，应试的学者中十之七八被淘汰。有些人不甘失败，再三应试，直到被录取为止。其决定作用是考生的素质，封建大臣无权干涉和左右，皇室成员也不例外，不合格者，照样被拒之门外，尽管经费由皇家批准，但取之地方收入。例如，新生入学，首先，由守大门的人向来者提问。待回答满意、考试合格后，方可被带进寺院内。若一次通过，能进入寺院者，则被认为是出类拔萃的。

寺院的教授方法，由导师引导讨论，听取讨论就是受教。讨论可持续整天，夜以继日，而那烂陀的学者乐此不疲。从生到死，所有的题目皆可讨论。

按中国高僧义净的说法：每天他们安排上百个讲座，学生们完全可以出席。导师检查学生品德，告诫学生不要违犯戒律，一旦发现学生犯错，则让学生设法补救和悔悟。学生要给导师按摩身体、整理衣物，被视为给导师服务，师徒关系犹如父子。娱乐活动，有摔跤、拳击和捉迷藏等游戏。

公元7世纪，中国玄奘赴印度时，在那烂陀学习、研究多年。当玄奘33～37岁时，即公元632—636年，在那烂陀寺学习，从戒贤学习《瑜伽师地论》、《顺正理论》、《集量论》和因明学、声明学以及婆罗门教的经典。公元640年玄奘奉戒贤命为众僧讲《摄大乘论》、《唯识抉择论》。后来应戒日王之邀请，与小乘正量部大师般若多展开学术辩论，又在那烂陀寺折服顺世外道，著《制恶见论》。

那烂陀寺院，人才荟萃，远近闻名，在当时的印度，的确少有。但可惜的是，12世纪末该寺被伊斯兰军队所毁（毁于土耳其人之手），以后湮没无闻。用了几个世纪建成的“知识之城”，毁于一旦。据说，当时一些僧侣曾跪在入侵者脚下，恳求手下留情，勿毁闻名于世的图书馆，但狠心的入侵者，还是将图书馆及所有珍贵书籍付之一炬。幸存者四方逃散。那烂陀留下的只是一片荒凉的废墟。

发掘工作始于公元1915年。当时，印度考古学家根据玄奘《大唐西域记》的记载，确定并发掘了那烂陀的遗址，发掘持续了20多年，现发掘的遗址面积达1200多亩，分布着11个僧房和5个寺院的遗址，中央是一座7层的砖石建筑的大殿遗址，那烂陀文物分布很广。在那烂陀考古发掘的文物中，还发掘到笈多时期的铜制品和金币。还发掘出一些佛陀的雕像，从中也可以看出笈多时期的艺术水平。

除那烂陀寺院遗址外，这里还有一博物馆，馆内陈列有从遗址挖掘出土的许多精美的佛像、印章、各种陶器、铜器和货币等。

在那烂陀遗址附近，还有一座中国式的建筑，即为纪念中国高僧玄奘而修建的玄奘纪念堂，由中国政府于1957年捐款30万元修建的。它象征着中印人民的友谊。

第三篇　中国文化

第一章　中国悠久的历史与众多的民族

1. 中国悠久的历史文化

中国是世界文明古国之一，有着五千年古老的历史记载，同世界上其他民族一样，中华民族在自己的发展历程中，经历了原始社会、奴隶社会和封建社会的阶段。在漫长的历史发展过程中，中国各民族人民用自己的勤劳、勇敢和智慧创造了光辉灿烂的文化，并为全人类也做出了重大贡献。

从现有考古材料来看，早在一百七十万年前这里就有原始人居住了，在四五十万年以前，北京附近居住着猿人，被称为“北京人”，会制作和利用简单的工具，也知道钻木取火。

经过漫长的原始社会，大约在公元前 21 世纪，在中国建立了夏朝，并且奴隶制度也是在这个朝代开始的。夏朝灭亡之后，首先是商朝建立，然后是西周王朝的建立。这个时期，中国的奴隶制社会又向前发展。上述几个王朝之后，是东周王朝，它是春秋和战国时期分裂出来的。当时在中国有许多小王国相互征战。公元前 221 年秦王朝的第一个皇帝——秦始皇结束了分裂的局面，建立了中国历史上第一个中央集权和多民族的封建王国——秦王朝。他扶植了封建土地所有制，发展了交通，统一了语言、文字和度量衡，这些所有办法有助于封建制度的发展。但是秦始皇未能巩固住自己的王国统治。

公元前 206 年，刘邦原为一个小官，他建立了西汉王朝。西汉初期，农业和手工业比较发达，商业也兴隆起来，对外贸易也已开始，并且还出现了一些重要城市。但到西汉的后期，由于政治腐败，社会矛盾激烈起来。最后，公元 25 年，汉宗室刘秀建立了东汉。他的统治时期，封建经济不断发展。但与此同时，各种矛盾也不断加深。

秦、西汉和东汉三个王朝一个又一个被推翻，从秦朝到 1840 年爆发的鸦片战争时为止，在两千多年的时间里，中国一直是封建社会，它们分别是：汉，魏，晋，南北朝，隋，唐，五代，宋，辽，金，元，明，清王朝的先后建立。

从经济发展的角度看，中国是世界上最古老的国家之一，在五六千年以前，黄河的中下游一带居住的中国人民在重视农业的同时，也开始注重畜牧业。距今三千年以前，商朝时，炼铜和铸造业相当发达，与此同时铁器也运用起来。蚕桑、丝织也相当发达，发明了丝织品制作的最早方法。在中国，钢的铸造早在“春秋和战国时期”就已开始。战国时期，农业进步的同时，灌溉业也发展很快，其中包括四川省的世界闻名的都江堰灌溉设施的建设在内。

在汉代，农业、手工业和商业已很发达。张骞以汉朝宫廷特使的身份，出使西域，从中国当时的国都长安（如今的西安）开始，开通了经新疆通往南亚、西亚、地中海东部地区的道路。在此之后，漂亮的中国丝绸通过这条路不断运往西方，并且这条路以“丝绸之路”而闻名于世。

汉朝统治时期，在科学与文化领域获得了巨大成就。著名的历史学家司马迁写了《史记》，它是中国最早的通史。我国杰出的唯物主义思想家王充在自己写的《论衡》一著作中，以唯物主义的观点解释了各种自然现象。公元117年，科学家张衡发明了世界上第一台观测天象的“浑天仪”；公元132年，发明了测定地震方向的“地震仪”。东汉末年杰出的医学家张仲景写了《伤寒论》一书，该书在医学历史上占有重要地位。中国的丝绸早在汉代时期就闻名于世。西汉时期的陈保光的妻子发明了在丝绸上刺绣的仪器，并且改进了丝绸的制作技术。纸的发明也是当时的另一大贡献。西汉初期造的麻纸，是世界上现存最早的植物纤维纸。东汉蔡伦积累和总结了前人的造纸经验，用麻头、破布、旧渔网为原料，造出了优良纸。造纸术从3世纪起传到国外。

东汉以后，大约在700多年的历史长河中，开始是魏、蜀和吴三国时期（220—280年），后来是晋朝统一（265—420年），再往后是南北朝长期相互争战时期（420—587年），包括隋（581—618年）和唐（618—907年）在内，最后获得了重新统一形式，在这全部过程中，中国的封建社会一直不断发展。

三国时期的后期统治者曹操和唐朝皇帝李世民非常重视农业，那时科学和文化都很发达。那个时代的贾思勰著的《齐民要术》是一本与农业和畜牧业有关的很重要的著作，也是我国一部最早、最完整和世界农学史上的名著之一。东汉时期佛教传入中国，南北朝时期佛教得到进一步传播，并且受到统治者的支持。伟大的思想家范缜写了一部名著《神灭论》，他以无神论的观点，有力地批判了种种宗教迷信，公开宣传无神论思想。

隋、唐时代，在科学和文化领域取得了辉煌成就，手工技师李春设计并建造了“赵州安济桥”，这是世界上最早的拱形门石桥，至今还供交通使用。

和尚张遂，唐朝人，他测量出了地球子午线（经线）的长度，是世界上第一个确定子午线长度的人。在医学和药物学领域，孙思邈是唐朝的名医，他写的《千金翼方》中提到很多有疗效的药名与药方，在药物学上有突出的成就，后世称他为“药王”。中国最早发明了火药，从唐朝后期在战争中就开始使用。公元6—7世纪的隋、唐之际，中国人发明了雕版印刷。北宋庆历年间，平民毕昇发明了用胶泥焙烧成的活字，开始了活字印刷。8世纪中叶，中国的印刷术传到了国外。

唐朝时期，艺术和文学也很丰富，像李白、杜甫、李商隐、白居易等这些著名诗人以及像吴道子这样著名的画家，都是这个时代的人物。

隋朝末期的农民起义和唐朝末期黄巢所领导的农民起义都是上述的700年里所发生的最大暴动，他们推翻了两个王朝的统治，动摇了统治阶级的基础，并为社会生产力的进一步发展开辟了道路。

中国的五代王朝（907—960年），从分裂到辽（916—1125年）、宋（960—1279年）、西夏（1038—1227年）和金朝（1115—1234年）的共同存在，直到元朝（1271—1368年）结束为止的460年间，封建关系发生了很大变化，缩小了土地所有制的继承权，减少了农民对地主的个体依赖性，地主阶级扩大了购买土地及对其使用权，供农民租种土地，以产品形式征税成为剥削的主要手段。

这个时期，农业、手工业和科学文化不断发展，棉花的种植和纺织工业也随之出现。一位名为黄道婆的劳动妇女改进了棉纺织和编织技术。农业科学家王祯撰写了《农书》，记载了当时农业生产的新成就。通过毕昇对各种印刷术的运用，使印刷术得到了改进。指南针是中国很早以前的发明，并且在11世纪末期开始运用于航海，12世纪时指南针传到了欧洲。李杰写的《英交法士》（建筑房屋的方法）积累了劳动人民的建筑经验，沈括的杰作《梦溪笔谈》包括了物理学、生物学和地理学等很多的不同内容的精品，是我国古代科技史的杰作，也是世界科技史中一份宝贵的遗产。郭守敬写的《授时历》是一部新历书，他发明了很多运用于星座学方面的仪器，并在灌溉和治理建设方面做出了贡献。类似宋朝的歌词和元朝的戏剧一类文学创作的新形式也出现了，苏轼、李清照、辛弃疾、关汉卿和王实甫都是这个时代出现的值得一提的著名文学家。

宋、元时期，爆发了很多农民起义，农民们对国家的政治与经济提出了要求，对社会上贫、富平等的程度也做了表示。这些要求证明，在封建时代农民的起义达到了一个新的阶段，元朝在自己统治的最后岁月里，不能承受所发生的最大起义的打击，最后灭亡。

宋、元时期，商业和外贸业进一步发展，中国的四大发明——造纸、印刷术、指南针和火药，进一步发展，它们被传播到朝鲜、日本、阿拉伯一些国家和欧洲各地。

从明朝初期到清朝中期，大约在470年间（1368—1840年），中国的封建主义逐步进入终结期。这个时期，中国已经形成了一个统一的多民族国家。从16世纪后期，沙皇俄国开始竭尽全力把自己的影响推进西伯利亚。17世纪中叶，沙俄侵略了中国政府一向管辖治理的黑龙江流域。清朝皇帝康熙（1662—1722年）有效地阻止了俄罗斯的扩张主义活动，1689年中国与俄罗斯之间在平等的基础上通过谈判签订了尼布楚条约，在法律上给予认证，黑龙江流域和乌苏里江流域的广大地区是中国的领土。

明、清时期，在科学与文化领域取得了巨大成就。16世纪，中国的医学家李时珍写了《本草纲目》，其中记录了1892种药物，大约10000多个药方，总结了我国几千年来的制药和治疗经验，对祖国的医学做出了伟大贡献，后来本书被翻译成日、德、英、法等十几种文字出版发行，成为国际上研究医学的重要文献。当中国的封建社会的末日来临之际，其统治阶级内部的矛盾更加尖锐起来，这个时期，农民起义的数量比以前更多起来。明朝晚期，李自成领导下的起义是很著名的。明、清时期的农民起义造成了中国封建社会很快结束的一种新形势。

中国人民与世界各国人民之间友好往来早在两千多年以前就已开始，当时汉朝宫廷使者张骞被派出使西域，这样，开通了中亚与波斯（伊朗）关系的通道。通过这条道路，汉代的丝织品和其他物品开始传到亚洲与欧洲，在历史上“丝绸之路”是很有名的，它拉开了发展东西方之间经济与文化交流的一个重要序幕。唐朝时期，陆路和海路交通的发展的结果，朝鲜、日本、印度、越南、波斯和阿拉伯一些国家与中国的文化和贸易关系不断密切。为了会见唐朝皇帝，一些外国的使者不断来到中国，到唐朝的首都长安居住的外国人数往往超过上万人，其中包括商人、学生、艺术家和不同的宗教人士。

高僧玄奘游历过印度和中亚，并且撰写了《大唐西域记》这部具有科学和历史性的重要著作。明朝初期，即1405年起，在近30年中，郑和率领船队七次出使“西洋”（现在的南洋群岛和印度、东非一带），他先后到过东南亚、马来群岛、印度、锡兰、波斯和阿拉伯国家等30多个国家，进行了友好访问和贸易活动，加深了我国和所到各国人民的友好交往，扩大了相互间的贸易和文化交流。从此中国同世界上的一些国家的关系越来越密切起来。

19 世纪中叶，中国各族人民一直反对国内统治者与外国侵略者，开展了反对封建主义和帝国主义的斗争，同时，中国的历史开始了一个新的阶段。

17 和 18 世纪，欧洲的主要国家一个又一个相继进入资本主义社会，他们把自己生产的东西到世界各地寻找销售市场，并且占领一些国家作为自己的殖民地。

中国由于地域辽阔、资源丰富和人口众多，很快成为它们侵略的目标。19 世纪初，英国开始在中国大量销售鸦片，中国的银币大量流向国外，对中国的社会及其经济制度产生了很坏的影响。1839 年清政府为了限制鸦片进口派林则徐去广州开展禁止鸦片运动。为了维护鸦片的贸易，英国政府于 1840 年向中国发动了第一次鸦片战争。中国人民自发行动起来参加了反对侵略者的斗争。但是，1842 年腐败的清政府同英国签订了“南京条约”，出卖了国家的主权。在此之后，美国和法国也步葡萄牙的后尘，强迫清政府签订了这样的不平等条约。这些不平等条约的签订导致中国丧失了主权，中国的封建经济制结束。这样，中国成了一个半封建、半殖民地的国家。鸦片战争（1840—1842 年）是中国历史的一个转折点。帝国主义和封建主义的双重压迫阻碍了中国的社会、科学和文化的进步，中国人民看到自己恶化的情景忍无可忍，长期开展反对封建压迫和外国侵略的斗争的烈火熊熊燃烧起来，1911 年 10 月 10 日孙中山领导的“辛亥革命”推翻了清政府的政权，中华民国成立。这次革命推翻了统治中国 260 多年的清政府，并且结束了 3000 年之久的封建统治，在中国历史上具有重要意义。

1917 年俄国发生的十月革命对中国产生了重大影响，当十月革命胜利，中国开始宣传马克思主义列宁主义，在此过程中，中国的知识分子的代表李大钊、陈独秀、毛泽东和周恩来对共产主义产生了信任，他们成了初期共产主义思想的知识分子。1919 年的“五四运动”是反帝、反封建的一个伟大革命运动，在运动的过程中，中国的无产阶级第一次展现了自己的坚强力量，在国内更加宣传了马列主义，并且与中国人民的革命实践结合了起来。

1921 年 7 月 1 日中国共产主义第一个小组在上海举办了中国共产党第一次党代会，这样，中国共产党诞生了，从此，中国的革命有了新的转变。

中国人民在中国共产党和毛泽东同志的领导下，进行了长达 28 年艰苦斗争，最后推翻了蒋介石的国民党政府的反动统治，1949 年 10 月 1 日中华人民共和国宣布成立，这个事件宣布了中国新民主主义革命的胜利和社会主义阶段的开始。

1950—1952 年是中国的国民经济恢复时期。这个时期，对官僚资本主义企业进行了没收，使之成为国有制的社会主义企业，结束土地的封建所有制，把地主的土地分给无地的农民或贫农。与此同时，对战争所破坏的经济体制的改造工作也加速进行。这时，1950 年 6 月朝鲜战争爆发，不久，美国政府把自己的第七舰队派往中国的台湾岛，把战争火焰推至中国的东北边界，中国人民不得不起来反抗美国的侵略并参与支援朝鲜的战争。1952 年年底，完成了国家工业和农业生产的指标，在此基础上，中国开始了有计划的经济建设。

从 1957 年至 1966 年间，中国大规模的社会主义经济建设取得了伟大胜利，1966 年不动产的工业产值比 1956 年增加了 4 倍，煤炭、原油、电、钢这些主要工业用品的生产有大幅度增加；农业方面，进行了大规模的基本建设及技术改造。农业拖拉机的数量和化肥使用量增加了 7 倍，农村里的电耗费量提高了 71 倍。科学研究和技术领域也有明显的发展。

但这十年中，中国政府也犯了一些错误，例如，1957 年，在政治领域反右斗争有扩大化的错误，在经济工作的指导思想中，有脱离实际和急于求成的错误。这些“左”的错误导致 1959 年到 1961 年之间中国的国民经济不得不面临严重的困难，为了改变严重的形势，1961 年中国政府对国民经济规定了“调整、巩固、充实、提高”的方针，通过全国人民的共同努力，中国的社会主义建设又重新繁荣起来。

从 1966 年 5 月到 1976 年 10 月开展的“文化大革命”是史无前例的政治运动，使中国的建设事业和所有领域受到了严重的破坏和损失。

1976 年 10 月，“四人帮”被粉碎，中国进入一个新的历史时期。1978 年 9 月，中国共产党举行了第十一届三中全会，这次全会重点是确定了社会主义现代化的指导方针。全会以后，与建设和改革相关的大量繁重工作完成后，中国的经济和政治两个领域里出现了大好形势。

在国际事务中，中国一贯执行独立自主的政策。它创建了和平共处五项原则，并一贯推行这个原则。到 2011 年 1 月，中国同 174 多个国家建立了政治关系，与比上述更多的国家和地区发展了经济与文化交流。中国一向属于第三世界，它向来支持被压迫的民族解放运动、新独立的国家的建设事业和所有国家人民的正义斗争，并给它们以援助。中国坚决反对帝国主义、霸权主义、殖民主义和种族主义，决心维护世界和平，在国际事务中，中国越来越发挥着重要的和积极的作用。

2. 中国主体民族的形成与发展

汉族是中国的主体民族，是以中国古代华夏族为核心，长时期同周邻许多民族逐渐融合、同化而形成的。汉族以汉朝而得名。

汉族的发祥地是黄河流域，以后逐渐发展到长江流域 、珠江流域 、东北平原和边疆各地。在长期的历史发展过程中，汉族和各兄弟民族之间有了广泛的政治、经济和文化的联系与交流，许多方面比其他兄弟民族较为先进发达。因此，在政治 、经济和文化等方面都长期给兄弟民族以影响，从而推动了兄弟民族的社会和经济的发展。与此同时，也吸收了兄弟民族的优良传统。因此，中华民族的灿烂文化是由各民族共同创造的。在近百年的一系列革命斗争中，汉族人民是中国各族人民反抗帝国主义、封建主义和官僚资本主义的主力军，汉族在中华民族的大家庭中，始终发挥着主体民族的重要作用，而少数民族也为此做出了贡献，可以说中国民主革命史是一部各族人民共同反抗外国侵略者和国内反动统治者的斗争史。

据文献记载，夏 、商以前，黄河流域分布着不少部落，其中以活动在今天陕西一带的黄帝和炎帝两个部落最为强大，在公元前 27 世纪左右，其他部落均为黄帝部落所统一，于是奠定了华夏族的基础。在中原周邻的广阔地区也分布着夷、戎 、蛮、狄等一些大小部落，这种状况一直延续到周代。到了春秋之际，这些部落先后被华夏族所同化和融合，成为汉族的先民。

据文献记载和考古证明，华夏族的活动范围大体在今天的河南、山东的西部、河北和山西的南部这一广大地区。当时，为了发展农业生产，已有了治水、灌溉等水利管理措施，说明当时生产力发展已达到相当程度，人们彼此之间有了一定的往来和经济联系。

公元前 221 年，秦始皇统一了全中国，建立了中国历史上第一个封建中央集权制国家，结束了以前六国诸侯长期割据称雄的局面。自秦朝起，中国形成了一个以汉族为主体的统一国家，不管豪强公开割据或外族入侵建立政权，最后总是还原为汉族为主体的统一国家。秦始皇统一中国后，为了彻底废除诸侯分封制，秦始皇推行了郡县制度，设立 36 个郡，每个郡各管若干县。在征服百越后，又增设 4 郡，全国共有 40 个郡，这样划定了秦王朝的疆域：东、南到海，西达甘青高原，南至岭南，北抵河套、阴山、辽东，其幅员囊括了长城以内广大地区。在秦王朝的疆域以内的居民虽然基本上是汉族，但也居住着不少其他民族。这些民族由于与汉族长期杂居，在彼此间的经济、文化等交流中，有些则逐渐被汉族同化，为汉族所吸收。长此以往，两千多年来，便逐渐形成了“我中有你”和“你中有我”的局面。

秦始皇为加强中央与地方的联系，彻底消灭封建诸侯割据的残余，为解决“田畴异亩，车途异轨，律令异法，衣冠异制，言语异声，文字异形”的状态，更好地统一中国，采取了种种有力措施。如（1）修弛道。以首都咸阳为中心，修筑通往全国郡县的弛道，为陆路交通提供了很大便利，使之“东穷燕齐，南极吴楚”。（2）通水路。公元前226年，秦王朝在湘水、漓水之间开凿了长达60公里的灵渠，从而沟通了长江和珠江的水上交通，对开发经济落后的岭南地区起了积极作用。人工开凿了水道，尽管出于解决征伐南越的秦军的粮食、辎重的战争目的，但在客观上有利于南北的经济和文化交流。（3）去险阻。为铲除诸侯割据的局面，秦始皇下令拆毁六国时代残留下来的利用险要地形建筑的城郭和长城巨堑，减少了割据称雄的凭借，为各地人们的往来提供了交通方便。（4）大移民。秦始皇灭六国后把六国的富豪和强宗迁到咸阳、巴蜀和南阳等地。富豪被迁徙到新地区，失去了旧有的威势，这一移民政策和移民活动，在客观上也加速了汉族与其他民族之间的通婚和融合，汉族文化和先进生产技术也进行了传播，促进了经济和文化的发展。（5）统一度量衡。战国时各国车轨宽窄不一，秦朝做统一规定，车宽6尺，一车可通行全国；当时币制紊乱，秦规定货币为两等，如此等等。这些都为恢复和发展国内经济起到积极作用，大大促进了汉族和各民族经济的共同发展，为中国历史的发展做出了重要贡献。（6）统一文字。秦始皇统一中国后，为改变战国时代遗留下来的“言语异声，文字异形”的状况，制定了笔画比较简单划一的字体——秦篆（或称小篆），作为书写文字。后来，又使用一种笔画比篆更简单的隶书，字体方形，便于书写。秦王朝对文字的统一贡献，促进了各地汉族方言向共同语言的转化，在历史的发展过程中起到积极作用。

秦始皇统一六国后，使汉民族的风俗习惯也发生了变化。据文献记载，战国时代盛行厚葬风俗，但秦时则普遍不用礼器。据考古发现，在陕西关中一带的秦墓中，就多数而言，随葬品并不多见，有的只是几件日用陶器，或一两件服饰器如带钩、铜镜之类而已。只有极少数秦墓中发现过个别的鼎、敦等陶礼器物，可见厚葬之俗渐衰。所以有如此变化，与秦始皇抑制豪门贵族不无关系。公元前210年，秦始皇第5次南巡至会稽时，目睹到当时两性关系混乱，在勒石祭大禹时，便强调“禁止淫 ”，“宣告用严刑（杀奸夫无罪）来矫正”，使之“不异于中原风俗”。用这种强制命令革除陋俗的做法，虽然粗暴，但起到积极作用。

这样，秦王朝中央集权制国家的建立为汉民族的形成奠定了初步的物质基础。后来西汉王朝的建立，随着经济和文化的不断发展，汉族也不断发展壮大。

公元前202年，楚汉之争结束，汉高祖刘邦即帝位，西汉王朝建立。刘邦目睹了战争的创伤和人民的疾苦，以秦为鉴，采取了一系列积极有效的政策，诸如，“建立制度”、“招集官僚”、“压制高贾”、“普通民众”等，给人民以“休养生息”的机会。使凋敝不堪的社会经济得以恢复和发展。随着铁器生产工具的推广使用和耕作技术的改进，西汉时期的农业、手工业和商业都得到蓬勃发展。到汉武帝时期，西汉王朝的政治、经济和文化均达到了空前的繁荣，中央集权制国家的统一局面也得到了进一步巩固和加强。

西汉王朝经过汉武帝长达半个世纪的统治，疆域有了很大扩展和加强，初步奠定了中国现代疆域的基础。随着汉王朝疆域的扩大，经济和文化的不断发展，对外交往的频繁，使汉族彼此之间的联系有了进一步加强。据文献记载，西汉时期，黄河流域各地区的农业、工商业、畜牧业、蚕桑业已出现了区域性分工，并形成了具有全国性的商业中心，除长安外，还有洛阳、邯郸、临淄、宛丘等，这些城市有“富冠海内，皆为天下名都”的称誉。西汉中期以后，还出现了通向中亚和西亚的“丝绸之路”和通往海外的港口番禺（广州）。从广州地区秦汉时期墓葬中出土的木船证明，当时对外贸易非常活跃。在广州、长沙等地的汉墓中发现的琉璃、玉坠、琥珀、玛瑙和水晶等玉石佩饰，可以反映出汉王朝对外贸易的繁荣景象。东汉王朝建立后，随着农业和手工业进一步发展，商业也更加发达，促进了汉族各地之间的经济联系，汉王朝成为一个更加统一的国家。当然，由于当时历史条件的限制，这种统一“在某种程度上仍保留着封建割据的状态”，这反映了汉族形成和发展的上升时期的封建社会经济形态。

汉族的语言经过汉代400余年得到进一步发展。“汉乘秦制，在隶书的改革和定型方面做了大量工作。隶书萌芽于古，趋用于秦，定型于两汉。文字学家把隶书的定型化称之为‘隶变’。隶变是中国文字学上、书法史上划时代的改革。如果说，秦小篆光耀史册，那么，汉隶亦未遑多让。故学书者多学汉隶，治印者多学汉印。”从反映汉代人民生活的乐府诗可以看出，当时各地存在有方言差距，但差距在逐渐缩小，共同语言的范围开始扩大。据文献记载，汉武帝是汉代“始创乐府”的人，民间歌谣“乐府”是从各地收集而来的，这些民歌虽夹杂着不少方言，但记录口语的书面语基本上是一致的。所以能雅俗共赏。又如《史记》，它是汉代最优秀的史学著作，其语言优美，刻画人物栩栩如生，对话也很生动，司马迁是西汉一代最大的思想家之一，《史记》与司马迁的卓越才识密不可分，但也与他采用植根于人民群众生活的语言不无关系。以上说明，到这时汉族的共同语言在汉代已经形成，虽有方言存在，只不过是共同语的地方变体而已，其基本语法和基本词汇与共同语言是一致的。起源于秦代笔画简便的隶书在汉代已普遍使用，隶书的推广使汉族语言更加趋于一致。

由于汉武帝的独尊儒家，作为汉民族共同心理的“祖宗崇拜与孝道”，从西汉以后得到了巩固和发展，这主要反映在东汉时期族葬俗的普遍化。在中国的陕西、河北、河南、四川等地发现了许多东汉家族墓葬，这些墓葬往往绵延数百年，经历几个朝代，墓中的死者常常是好几代人。这种族葬墓一般是按宗法关系来安排墓穴的，既有大小贵族，也有平民百姓，宗族观念非常明显，其影响流传至今。汉代的房屋、衣饰也反映了汉族心理的一致性。在陕西、河南、广东、四川、山东等地的汉墓中发掘有大量陶制住宅模型，基本上是由门房、门楼、正房、厨房、仓房、厕所和猪圈等部分组成，这种形式在某些地区一直延续至今。在衣饰方面，东汉墓中发现有反映各阶层人物的陶俑，其衣着大都一致，在四川等地东汉墓出土的农夫俑就是一例。

隋、唐两代是汉民族封建社会政治、经济和文化高度发展的时期。其间，先后实行了均田制和屯田制等措施，扩大了耕地面积，加快了农业的发展，促进了手工业的发展，也推动了少数民族的社会发展。新中国成立后，在隋、唐时代的遗址和墓葬中发现了大量瓷器、铜器、金银器、丝织品等手工业产品。这些手工业制品，不仅造型美观，而且富有民族特色，甚至有些产品如铜镜、纸、笔、砚等手工业产品还有了专门化生产。在交通方面，由于采取了种种措施，使交通也有较大发展，从而加强了各地的经济联系，促进了唐代商业的迅速发展，长安成为重大的政治、经济和文化中心，不仅国内闻名，而且驰名世界。除长安外，全国性手工业和商业中心以及海外贸易城市还有成都、泉州、扬州和广州等地。印度、波斯、阿拉伯、日本、朝鲜、罗马等国的商人、僧侣、使者、留学生和学者都接踵而来，大大促进了中国与外国的经济和文化交流。

到了宋代，随着社会的发展和生产的进步，使汉民族的经济联系范围更加扩大。北宋时期，在农业方面，有了铁耙、铁铧等生产工具的使用，引水灌溉也有了改进，这样耕作技术得到不断提高，促进了农业生产的进一步发展。到南宋时，出现农业专业化种植。有了谷物、甘蔗、茶叶、木棉、麻、蚕丝等不同种植，如江南专门种植占城稻，四川、广东、福建、浙江的甘蔗和茶叶、广东和福建的木棉，四川、浙江和广东的蚕丝等，都是远近驰名的。当时手工业有了很大发展，如江西的景德镇、浙江的龙泉、福建的泉州、广东的石湾等都是当时著名的陶瓷产地。江苏、安徽、浙江、四川等地都是闻名的造纸中心。浙江、四川、广东等地则是有名的丝织业中心。对外贸易也有了很大加强，与印度、埃及等国开展了大量贸易活动。从上述国家发现的宋代瓷器、铜币等大量文物证明，在宋代，对外贸易已相当发达。

元朝第一次实现了全国所有地方的大统一。中国大统一后，农业、手工业不断发展，水陆交通运输的范围得到不断扩大，国内外商业贸易空前繁荣，于是像大都、杭州、泉州、庆元（今宁波）、上海、福州、广州等城市闻名于中外，汉民族与中外的政治、经济和文化的联系不断增多，汉族的影响也逐渐扩大。

明清时期，随着资本主义的萌芽和发展，汉族的语言、经济和文化又得到进一步发展。

总之，汉族自秦汉形成后，中经唐、宋、元、明、清，不断发展和壮大。两千多年来，虽出现过三国、南北朝、五胡十六国、五代十国等几次分裂的局面，但这是短暂的历史支流，长期的统一则是中国历史发展的主流。中国之所以能长期的统一，因为汉族社会确实存在着一个相当稳定的共同体，所以统一力量与割据力量做斗争，总是以统一力量最后取胜，即使帝国主义列强侵入中国后，它们妄图用暴力和阴谋分裂中国，但最终仍以它们的失败而告终。

3. 中国语言的分类与分布

中国民族复杂，语言种类繁多，据不完全统计，约有60多种语言。中国的56个民族的语言分为五大语系，即汉藏语系、阿尔泰语系、南亚语系（澳亚语系）、印欧语系、南岛语系（又称马来波利尼西亚语系）。

汉藏语系

汉藏语系是中国五大语系中使用人数最多的语系。属于汉藏语系的民族，最大的是汉族，除汉族外，有藏、普米、怒、独龙、门巴、彝、白、哈尼、傈僳、拉祜、纳西、阿昌、土家、羌、景颇、仡佬、毛南、水、基诺、珞巴、壮、布依、傣、侗、黎、苗、瑶、畲、回等30个民族。这些民族主要分布在中国南部和西南地区。这一语系现代语言的特点是：（1）除个别语言或方言外，每个音节都有固定的声调区别意义；（2）单音节词根很多，并大都可自由运用；（3）词序和虚词表示各种语法关系；（4）大多数语言有相当多的表示事物类别的量词，如一“张”床，一“头”牛，一“匹”马等，汉藏语系的语言有的保留着悠久而丰富的书面文献，如汉语就有3000多年前的甲骨文，藏语有8世纪的碑文，傣语有13世纪的碑文等。但各语言发展极不平衡，有不少民族直到本世纪初还没有产生作为记录语言符号的文字。

阿尔泰语系

阿尔泰语系是中国第二大语系。属于阿尔泰语系的民族有蒙古、达斡尔、东乡、土、保安、维吾尔、哈萨克、乌孜别克、塔塔尔、柯尔克孜、撒拉、裕固、鄂温克、满、锡伯、赫哲等，它们主要分布于中国的西北、内蒙古和东北地区，约占中国少数民族人口总数的26%。

阿尔泰语系语言的主要特点是：有很多多音节的词根，声调不区别意义，但有固定的重音，缺乏表示天然单位的量词，名词和代词有数、格的变化，动词有时、态、式等语法的区别，句子成分的基本次序与汉藏语系相似。

澳亚语系

澳亚语系，也称南亚语系，主要分布在亚洲东南部。中国属于这个语系的有佤、崩龙语支的佤语、崩龙语和布朗语，它们全都分布于云南省的西南部。

澳亚语系与汉藏语系有相同之点，从中国使用这一语系语言的佤、布朗和崩龙三个民族的语言分析，有以下几个共同特点：（1）句子成分的基本次序为主语—谓语—宾语；（2）人称代词有单数、双数和复数的区别，双数和复数用元音交替表示；（3）偏正结构一般是中心词在前，定语在后；（4）动词语态有主动和使动的区别。

南岛语系

这一语系与南亚语系有“亲属”关系。这一语系分布的区域较广，从中国的台湾、夏威夷到新西兰、从马达加斯加到伊斯特岛，虽其分布分散，但整个语系却保留着原始的内部统一。南岛语系是本世纪初叶采用的名称，以前叫“马来波利尼西亚语系”。中国使用这一语系语言的民族是高山族，其语言主要特点是：（1）代词有数、格，动词有体、态、式等语法变化；（2）句子主要成分的次序是谓语在前，主语在后，如有宾语，则宾语位于主语之后；重叠形式在构词和构形上有重要作用。

印欧语系

使用这一语系语言的民族主要分布在欧洲、亚洲和美洲等地区。中国属于印欧语系的语言只有俄罗斯语和塔吉克语，即俄罗斯和塔吉克两个民族。这一语系的语言特点是：（1）主要词序是主语—谓语—宾语，定语在中心词之前；（2）各语言一般有形态变化；（3）各语言都有词的重音；（4）个别语言运用声调区别意义。

以上不难看出，中国各个系属的民族现代语言在语音、词汇和语法方面，既有相同点，又有不同点，从而体现了中国民族语言丰富多彩的民族特色，这与各个系属的民族语言的来源、历史和分布区域不无关系。长期以来，由于各少数民族与汉族交往频繁，各民族之间密切接触，各少数民族都受到汉语的影响，他们的语言词汇都或多或少有汉语借词，或其他民族的词汇。甚至在语法上，有些在不同程度上也受到汉语的影响。这说明了在中国统一的多民族大家庭中，各民族之间的友好和睦的民族关系。

4. 中国的民族文字改革与普通话的推广

中国有 56 个民族，其中以汉族的文字历史最为悠久，已有数千年，是世界上最古老、影响最深广的文字之一。现存最古老的可以辨认的文字，是 3000 多年前的“甲骨文”（又称“契文”、“卜辞”、“龟甲文字”、“殷墟文字”等）及稍后的“金文”（又叫“钟鼎文”）。今天的汉字就是在甲古文和金文的基础上发展起来的。汉字不仅对汉文化做出了伟大贡献，而且对国内外其他一些民族的文字都产生过较大影响。

汉语虽使用广泛，影响很大，但也存在一定问题，例如，有难认、难读、难写、难记的缺点，而且各地汉民族的方言有严重分歧。这给国内人民的政治、经济、文化生活带来了不利影响。新中国成立后，为了加强政治、经济、文化的统一，为了顺利进行社会主义建设，决定把汉民族的共同语加以规范，大力推广，于是中国政府发出了推广普通话和着手文字改革的指示，并于

1955 年 10 月和 12 月先后召开全国文字改革会议和首届全国民族语文科学讨论会，拟定少数民族语文工作规划，号召从 1956 年秋开始，除少数民族地区外，在全国各地大力推广普通话和完成采用拉丁字母（又叫罗马字母）作为拼音字母的汉语拼音方案。稍后，国务院提出汉语拼音方案可以作为各少数民族创造和改革文字的共同基础。国务院的提议，得到了各族人民的积极响应。所谓普通话，即以北京语音为标准，以北方话为基础方言，以典范的现代白话文著作为语法规范的现代汉民族共同语。普通话不等于北方话或北京话，因为它还吸收其他方言中的成分，比任何方言更丰富、更完善。实践证明，由于汉民族的高度统一和社会的迫切需要，对语言规范化的重视，以及《汉语拼音方案》的推行，普通话得到迅速的推广和发展。

50 多年来，普通话的推广运动成绩显著，据统计，全国能够听懂普通话和能够说标准或不太标准普通话的人，比过去多了几倍。从电影、电视、广播上反映出的语言来看，普通话的质量比过去有了很大提高。台湾省已经普及了称作“国语”的普通话，在香港等地，1980 年以来也掀起过学习普通话的热潮。但是在中国使“普通话”成为机关、学校、部队、企业、服务行业等各方面的标准通用语的目标还未实现，因此，推广普通话是个长期而艰巨的任务。

据统计，新中国成立前 56 个民族中，除汉族外，只有 21 个民族有自己的文字（包括通用汉文的回、满、畲三个民族），不到民族总数的一半，大多数民族一直没有与自己语言相适应的文字。具有比较通用文字的民族有藏、蒙古、维吾尔、朝鲜、傣、哈萨克、锡伯、柯尔克孜、乌孜别克、塔塔尔、俄罗斯 11 个民族。彝、苗、纳西、景颇、傈僳、拉祜、佤 7 个民族虽有文字，但并不通行，有的使用范围十分狭窄，完全局限于宗教方面。没有文字的民族，不少还停留在刻木、刻竹、结绳和数玉米粒记事的文字产生前的原始状态，诸如，珞巴、独龙、黎、基诺、怒、哈尼、瑶等民族的历史情况就是如此。为使各族人民群众掌握现代先进科学技术，加快民族大家庭的各项改革和建设事业，中国民族语文工作者奔赴全国各地开展语言文字的普查工作，先后帮助一些民族创立了以拉丁字母为拼音基础的文字，并帮助原来有文字但很不流行的民族改进了文字。据统计，从 1954 年到 1959 年，陆续帮助壮、苗、布依、哈尼、侗、黎、佤等民族设计了拉丁字母形式的文字方案，并在傣、彝、景颇、傈僳、拉祜、维吾尔、哈萨克等族原有文字的基础上进行了文字改革，取得了重大成绩。

中国汉语拼音方案和各少数民族创制和改革文字之所以采用拉丁字母作

为基础，主要原因是由于这种字母目前在世界上已广为流行，并为许多国家民族文字改革所采用，它的形体简单，笔画匀称，便于人们认读和书写。需要指出的是，目前推行汉语拼音方案的目的是为汉字注音和推广普通话，并不是用来代替汉字的拼音文字。中国没有文字或虽有文字而不通行的民族在创立和改革文字时采用罗马拼音即拉丁化的方案，对提高各族人民群众之间的友好交往，以及民族文化的繁荣昌盛和国际文化的交流起了重大作用。

第二章 社会发展与宗教信仰

1. 中国的家庭制度

对古代家庭的回顾

家庭是人类社会的细胞，人们基本的生活单位。它在引导个人走上社会方面起着重要作用，为人的社会化创造了最基本的条件。家庭无论对个人，还是对社会都至关重要。

家庭的发展经历了漫长的历史过程，随着生产力的发展和人类文明程度的提高，人才从无家到有家。摩尔根曾指出："家庭是个能动的要素，它从来不是静止不动的，而是随着社会从较低阶段向较高阶段发展，从较低的形式进到较高的形式。"但是，家庭为人们提供经济活动，赡养老人与养育后代的基础功能，将在一个相当长的时期内继续存在。它随着社会的进步和经济的发展以及精神文明程度的不断提高而变化。

家庭作为一种特定的社会生活组织形式，其基本特征是以婚姻关系为基础的，与社会的发展有着密切联系。婚姻是人类生活的组成部分，不同时代的婚姻具有不同的性质和特征，家庭的形式也随之变化。可以说，婚姻与家庭是一个国家的社会缩影，中国也不例外。婚姻与家庭同一个国家社会制度、生产方式文化模式有密切的内在联系。中国封建社会延续 2000 余年，中国封建家庭对中国社会的发展，中华民族个性的形成有着深远的影响。当前，中国正处在改革的浪潮和现代文明的冲击之中，在中国的农村和城市中，婚姻与家庭正在发生着深刻的变化。

恩格斯指出过："在整个古代，婚姻的缔结是由父母包办，当事人则安心顺从。"中国的情况也是如此。在中国封建社会中，婚姻的当事者对婚姻并无权决定，而是由父母包办。媒人周旋，儿女只是听从媒人的劝告，服从父母的旨意。在这种婚姻中，聘礼与媒人占有极重要的地位。这种以聘财的多寡，门第的高低为转移，以家长包办，买卖儿女为特点的婚姻也称作"买卖婚"，或叫“包办婚”，实质上是一种强权婚。

这种包办婚所以在中国产生，而且存在时间如此之长，其原因是多方面的，但主要原因有二：其一，这种婚姻同中国封建自然经济和自给自足的自然经济生活方式密切相关。中国封建经济是以一家一户为单位从事生产劳动，是一种自给自足的自然经济，很少与外界有经济交流。因此，待女儿长大成人，到了结婚年龄，就只能由媒人牵线、父母做主了。其二，这种婚姻是封建家长制的产物。在中国封建家庭中，家庭成员之间的关系并不平等，家长在家中有绝对权力，统治全家，主宰家务。因此，在封建家长制下，儿女只能绝对服从父母之命，在婚姻问题上则表现为由父母做主的包办婚姻。

这种包办婚姻有几个明显的特点。

①讲究“门当户对”。父母根据门户、家世等条件订婚。即考虑男女双方家庭的经济实力和社会地位是否相当。这个条件和标准是封建等级主义的表现，它受到封建法律的保护，封建婚姻法严格规定不同社会等级的人不能相互通婚，封建等级观念对婚姻关系有着决定作用，整个社会按政治、经济状况分为不同等级，社会交往不能越雷池一步，婚姻关系同样如此。

②仪式烦琐，嫁妆昂贵。这是包办婚姻的又一特点。在中国封建礼教中，婚姻及其礼仪被置于头等地位。因此给它规定了名目繁多的礼仪，且各有不同的地位和意义，并有严格、庄重的礼节程序。

古代结婚程序经历了由简到繁的发展过程，到了周代，婚礼则日趋完善和烦琐。据《礼记》上说，周时有所谓“六礼”，即纳采、问名、纳吉、纳征、请期、亲迎。纳采，由男方请媒人向女家提亲，女家同意后，男家向女家送礼（用一只雁）至女家，表示求婚；问名，女家受采礼后，男家请媒人去问女方姓名、出生年月日；纳吉，男家将婚事到宗庙里去占卜，若卜得吉兆，便派人带着吉礼通知女家，正式订婚；纳征，男家请媒人向女家送聘礼，准备结婚典礼；请期，择好婚期以后，男家请媒人带礼去通知女家，征得女家同意；亲迎，新郎遵从家长命令，亲自去女家迎娶新娘。

这“六礼”的共同特点是，每道程序都以物品为媒介。这说明它是一种买卖婚姻，即把女子当商品，与“采礼”、“吉礼”之类的物品进行交换。有了“六礼”之后，就逐渐变成“非礼不嫁”了。自周以后，“六礼”为历代的统治者沿用和推行，因此，“六礼”的内容也有增有减，封建法律也对这种婚姻给予保护。通过这种婚姻，女性好像得到了较高身价和较多财物，表面上受到男方尊重，实际上使自己的身价和地位降低到物的价值和地位，是女性受压迫的一种表现。

这种婚姻不仅使女子商品化，使其地位下降，而且也给男方家庭造成很大经济困难。很多穷人，因为家穷办不起婚礼，不是坐失春光，结婚过晚，就是终身不娶，单身终生。

③男子休妻容易，女子离婚困难。这是包办婚的另一个特点，中国封建婚姻以物质交换为基础，由父母包办而成，青年男女之间并无爱情基础，一旦成婚，两人不和，男方可以休妻，有离婚的权利，女方则只能充当离婚的牺牲品。古代，没有男女平等的离婚法一说，只有为男方服务的所谓《弃妻法》、《强制离异法》等，古代的离婚不叫离婚，而叫“出”妻或休妻，最典型的是“七出”。古代休妻靠“七出”。“七出”又称“七去”，或“七弃”。据《孔子家语·本命》中记载：“七出者：不顺父母，出；无子，出；淫僻，出；嫉妒，出；恶疾，出；多口舌，出；窃盗，出。不顺父母者，谓其逆德也；无子者，谓其绝世也；淫僻者，谓其乱族也；嫉妒者，谓其乱家也；恶疾者，谓其不可供粢盛（操办祭品）也；多口舌者，谓其离亲也；窃盗者，谓其反义也。”

关于“七出”，早在春秋时期也有记载，成书于战国时期的《仪礼·丧服》中，已有“七出”之说。实际上，随着封建礼教的强化，即使妇女遵守这七条，也会被赶出家门，有的夫妻感情尽管很好，但公婆看着不顺眼，仍被休弃。有关例子很多，史书中有不少记载。总之，丈夫有种种理由和权利可以抛弃妻子，但妻子无任何权利可以同丈夫离婚。对女子来说，把“终身不离”、“白头偕老”作为女人的一种美德而加以宣扬，即使丈夫不幸去世，妻子也应“守节”，而不应改嫁，否则被认为是“不贞”之女。

在中国的封建社会里，对上述种种不合理的婚姻表示气愤、蔑视和反对者大有人在，既有穷人，也有富人，甚至也有为官的有识之士，他们均以不同方式表示不满和反对，企图进行改革，有时也可能取得一些局部胜利。但是，婚姻是整个社会生产关系的一种反映，不触动封建制度的根基，任何婚姻改革的意图和主张，都无济于事。

家庭的重大变化

自1840年起，中国长期的封建社会被外国列强的鸦片和大炮所打破。从此，中国社会开始了半封建半殖民地的苦难生涯。在这个过程中，中国家庭一方面保留着封建主义的主要特征，另一方面又经受着西方资本主义社会和近代中国革命浪潮的双重冲击，使中国的封建家庭逐步分化瓦解，出现了不同性质和不同特征的家庭，如地主阶级家庭、资产阶级家庭、劳动人民家庭，等等。100 多年以来，中国社会在内外冲击下不断分化、瓦解，开始了更新和变化的特殊历史时期，中国家庭也经历了同样的命运。

1949 年，中华人民共和国成立，在中国历史上发生了空前的根本性的变化，即社会主义公有制经济取代了封建主义的经济，建立了社会主义制度，人民成了国家的主人，政治、思想和文化发生了根本变化。1950 年中国政府公布并实行了新的婚姻法，这样，旧的封建婚姻制度被新的社会主义婚姻制度所取代。在这种情况下，中国的家庭制度也开始发生变化，从此，人们享受到婚姻自由、男女平等的权利，中国家庭进入了新的发展时期。自 20 世纪 80 年代以来，随着对外开放和经济改革的开展，中国历史上又发生了重大变化，中国社会进入了一个新的历史时期。中国农村家庭受到了现代文化、城市生活方式和商品经济的冲击，也震撼了农村婚姻，进一步扫荡着农村封建主义残余，给农村家庭以新的生机和活力，使中国农村家庭发生了不少重大变化。具体表现如下：

①打破了封建包办婚姻。“父母之命，媒妁之言”是中国封建婚姻缔结的典型形式。在当代中国的农村，婚姻缔结方式虽然仍带有封建色彩但它不同于旧社会的包办婚姻，通常做法是：父母做主，媒人牵线，当事者认可。这种做法同传统的包办婚姻相比有了质的变化，它是向真正的自由婚姻过渡。当然，已有不少青年人真正做到了自由恋爱、自由结婚，父母不加干涉。

②打破了封闭式，向开放式发展。新中国成立后，家庭生活方式的封闭性有所突破，尤其自 80 年代以来，在经济改革、对外开放、精神文明建设的新形势下，家庭生活方式发生了很大变化，由封闭式向开放式发展，个体自由意识强化了，农村与城市的联系增多了，家庭与外界的交流更多了，家庭生产不再像以前那样自给自足，而是不断与外界进行交换与流通，这就打破了以前那种封闭式，促进了自由婚的发展。

③农民的消费观念发生了变化，由低消费向高消费发展了。随着科技的发展和运用，生产力提高了，农民生活富裕了，随之农民的消费观念也发生了变化，在有些人看来，“节约”不再是信以为真的美德了。自 80 年代以来，所以有如此变化，与农村经济形势的好转不无关系。过去满足于粗茶淡饭，如今追求美味佳肴；以前走路靠步行，现在有了现代化的交通工具，用自行车、拖拉机或汽车代劳；过去的住房大多只求避雨遮阳，如今的住房讲究水泥地、玻璃窗，而且式样不断更新换代；戴手表、持手机的农民比比皆是，农户家里装电话早已不是什么新鲜事儿。

总之，农民的婚姻观念、消费观念、生活方式和生活水平等都发生了不同程度的变化。尽管目前中国农村家庭的主流是好的，是朝前发展的，但现在由于中国家庭正处在外部冲击和内部分化与翻新的过程中。因此，这种发展与变化并非一帆风顺，个别方面有时还会出现曲折或反复，甚至产生新问题。当今存在的主要问题有：

①不同程度上还保存着封建婚姻观念。目前中国有些农村家庭在婚姻行为方面还受到封建婚姻的影响。有的家长一手操办子女的婚事，并以种种手段强迫他们服从，这种做法实际上剥夺了子女婚姻自由的权利。尽管这种状况日益好转，但还存在一定的问题，这说明中国有些农村或少数家庭还没有完全彻底实现婚姻自由。

②以物质为媒介的旧流毒还未彻底肃清。在中国广大农村，自由婚已较普遍，但物质媒介对婚姻的作用仍然很大，结婚高消费已成为日益严重的不良风气，因此结婚费用的昂贵成了当代引人瞩目的问题之一。有些女方家长乘结婚之机向男方索取彩礼，实际上仍把女儿当成了商品；有的男方家长主动大操大办，摆阔气，讲排场；有的女子缺乏自爱，把结婚看成向男方索取衣物的良机；有些家庭受到社会上的不良影响，即“家看家，户看户”，相互攀比，为炫耀门庭，增光门面，遂出现了结婚高消费的现象。

③在生育方面，不同程度上存在着重男轻女和多子多福的封建思想。在中国古代，封建礼教直接把生育后代与对祖宗、长辈的“孝”联系起来，孟子说：“不孝有三，无后为大。”而不孝又是最大的犯罪，“罪莫大于不孝”，这种观念至今仍有影响，在农村中重男轻女的思想还相当严重，希望生男孩而不愿生女孩，甚至生了第一个儿子还想要第二个儿子。若第一胎生了个女儿，则希望第二胎生个儿子……因此，影响计划生育和人口控制的效益。

④近些年来，我国离婚率持续上升，成为当前社会关注的热点之一。社会主义的离婚自由，是由社会主义的婚姻关系本质所决定的，同时又为社会主义婚姻家庭伦理道德所制约。在离婚问题上，我们反对两种错误倾向：既反对婚姻“从一而终”，视离婚为罪恶的封建主张，又反对视离婚为儿戏的轻率态度。造成离婚的原因很多，但有些人违背了家庭伦理道德，如喜新厌旧、腐化堕落等，自然是婚姻关系破裂，造成离婚。对这种人，只能进行家庭伦理道德教育，使其改邪归正。

⑤在中国，老龄化成了一个新问题。当前，60 岁以上的老年人口超过 1.2 亿，人口老龄化是社会进步的表现，同时也给社会与经济发展带来一系列的问题，包括家庭养老和家庭伦理关系的处理等问题，例如，失去劳动能力和生活自理能力的老人，得不到应有的照顾，晚辈对长辈不尽或未尽好赡养

义务，等等。要解决好“老龄化”问题，不仅需要全社会给以关注，也需要家庭发挥应有的作用。

当代中国农村家庭，总的情况发展良好，但也表现出一些新与旧的矛盾，若要妥善解决上述一些问题，首先要提高农业劳动生产率，逐步实现农业机械化和现代化，减少体力劳动的强度，同时应加强农民思想教育，不断提高农民的素质，消除重男轻女思想；其次，搞好农村福利事业，做好对孤寡老人的安排，做到“老有所养”，解除老人的“后顾之忧”。随着整个国家经济的持续发展和精神文明不断提高，特别是农村经济和文化的发展，封建残余将会逐步减少，自由婚姻和男女平等的和谐家庭会更加普遍。

至于当前中国的城市家庭，要比乡村家庭变化快些，因为城市交通方便，信息灵通，比乡村家庭更多地经受着时代的冲击。

城市家庭结构已经发生了变化。过去中国家庭的规模较大，几代同堂，人口较多，关系复杂。这种状况从近代开始逐步改变，新中国成立后情况继续好转。进入20世纪80年代以来，随着中国的改革开放，物质文明和精神文明的发展，城市家庭的变化则进一步加快。青年人结婚后一般分家单过，另立门户。这样，使家庭的规模变小，其结构层次简化。

城市家庭生活现代化程度有了较大提高。过去人们只求吃饱，食物单调，如今人们讲究吃好，强调营养成分，考虑健康效果。同时，人们的食物结构和实物质量都发生了变化。家庭用具也日趋高档化，大多数家庭用具不仅实现了现代化，而且相当数量家庭的用具质量已高档化，讲究名牌产品，对衣料的要求也越来越高，而且款式不断更新。

家庭生活与社会联系越来越多，家庭对社会的依赖性也越来越强。家庭的日用品均由社会提供，连食品业也日趋社会化，成品或半成品食物日益增多，减少了市民的做饭时间，用节省下来的时间从事学习、娱乐或从事其他有益活动。

但是，旧的残余还存在，如对“婚礼”的花费过大，在新形势下，赌博的人比以前增多，业余生活还有一些不健康、不文明的东西。这些有待于今后在发展中解决。

对家庭未来的展望

家庭总是要不断发展变化的，关于家庭的未来，众说纷纭，意见不一。“未来”，是个不确定概念，它既可以指未来的年、月，也可指以后的世纪，摩尔根曾经指出：家庭是一个能动要素，随着社会从较低阶段向较高阶段发展，家庭从其形式到性质的发展变化，经历了不同阶段。今后也必然像过去的情形一样，要随着社会发展而发展，随着社会的变化而变化。

家庭原来所具有的生产作用、消费作用、赡养老人与养育子女的作用，现在已有不同程度的变化。在现阶段的中国社会，农村由于实行了生产责任制，所以农民家庭作为一个生产单位仍然发挥着作用，但是它已有别于历史上作为生产单位的小家庭。在城市，绝大多数家庭已失去了作为生产单位的作用。同时，随着社会教育事业的发展，家庭教育的任务一部分转由社会承担了。我们相信，随着社会的日益进步，家庭的作用必然还会不断变化，老的作用可能还会不断消失，新的作用会逐渐产生。在未来经济和精神文明高度发达的社会里，家庭将不再是社会的经济单位，孩子的抚养与教育也将成为公共的事业，社会将同等地关怀所有儿童。这样，家庭对儿童的抚养教育功能成为社会的公共事业。到那时，妻子与丈夫、子女与父母不再是那种依赖关系，而是真正的平等关系，家庭成员之间将建立起一种平等、团结、友爱、互助的新型关系，家庭主要成了一个生活单位。

总之，在未来公正、文明的社会里，没有剥削和压迫，没有人与人之间的不平等关系，进入了人的全面发展时代。在这个时代，每个人都能获得自由发展，家庭作为社会的细胞，将来会更好地促进人的全面发展。

2. 中国的宗教信仰及主要宗教

中国的主要宗教有佛教、道教、伊斯兰教和基督教，这些宗教中，佛教和道教的历史较长，从历史和当前的观点来看，对中国的文化影响也大。基督教包括天主教和新教两者的信徒。中国的大多基督教信奉者分布在沿海各省，中国的佛教、伊斯兰教和基督教一直同其他国家的相同信仰者保持平等的关系。

中国宪法保证宗教信仰自由，公民享有信哪种宗教或不信哪种宗教的权利，保障人民信仰的自由是中国政府基本政策，公民获有法律保障。

中国所有宗教不受任何外国势力的支配，他们独立自主地安排自己的宗教事务，与世界各国同样的团体保持友好交往。

在中国建立了一个宗教事务局。政府不干预宗教徒们的任何活动并且还保护宗教活动的开展，为保证此事，不信教者不能进寺庙做自己的宣传活动。政府规定，每个宗教信仰者有参加政治活动的权利。每个宗教信仰者都享有国家各级人民代表大会和政治协商会议代表资格，他们可以讨论与国家事务有关问题。中国所有宗教都有自己的国家和地方组织，独立处理各自的问题，这些单位也有各自的刊物。除此以外，还建立了无数个培训宗教工作人员和干部的宗教单位，例如中国佛教所等，无数宗教团体和个人与其他国家同样的宗教组织和朋友进行了交往，增进了彼此了解，也加强了相互间的友谊。

“文化大革命”中，宗教信仰自由经受了可怕的迫害，宗教组织被取消，很多寺庙被关闭或被完全毁掉，这样，宗教活动完全停止了。

1976 年后，随着“文化大革命”的结束，庙宇、清真寺和教堂得到恢复，重新开放，宗教活动开始开展起来。

保障人民的信仰自由是中国政府的基本政策而且受到法律的保护，中国的所有宗教不受任何外国势力支配，他们独立自主安排自己的宗教事务，而且同世界各国团体平等进行友好交流活动。

（1）佛教

公元 1 世纪大乘佛教开始从印度传入中国，据历史记载，西汉末年，哀帝元寿元年（公元前 2 年）景卢受大月氏王使伊存口授佛经到长安（今西安）；东汉初年，明帝（58—75 年）派使者去西域寻求佛教，这位皇帝在洛阳兴建了中国第一座佛寺“白马寺”。魏晋王朝（220—420 年）时佛教广泛传播。中国佛教史上出现了不少著名佛教僧人，其中有东晋王朝时期的法显（约 337—422 年）和唐朝时期的玄奘，他们在中印文化交流的历史上是非常值得一提的人物。他们二人为获得佛经都去过印度。南北朝时期（420—589 年）统治阶级非常重视修建寺庙、翻译佛经和建造石窟，这些措施在中国加速了佛教的推广，出现了大量著名佛僧和学者。隋唐时期（公元 581—907 年）佛教达到了鼎盛高峰，在一个漫长的阶段，佛教、儒教和道教思想融合，在中国社会上逐步扎根，并且成了中国社会佛教历史上的一个重要组成部分。这个宗教吸引了一般群众，它的思想对中国的哲学、道德和文学与艺术等都产生了重大影响。

佛教在中国的少数民族地区也有广泛的影响，也就是说，佛教在中国的少数民族地区也深深地扎根，喇嘛教就是佛教的一个分支，它流行于藏人和蒙古人居住的地区。小乘佛教的信徒大都分布在中国南方的云南居住的傣族、布朗族、崩龙族和佤族等民族里，公元 8 世纪，印度僧人为了宣传密教而来到西藏，并且在汉族的大乘佛教和西藏的原教的影响下，密教团体以喇嘛教的形式发展。喇嘛的意思，藏语是“上层人物”或“老师”。

13 世纪小乘派从缅甸传到中国，其信徒主要是云南省的少数民族人群。

14 世纪，宗喀巴对喇嘛教进行了改革，他把这教派团体的领导权亲手交给了两个主要弟子达赖一世和班禅一世。1546 年，也就是达赖三世时期建立了佛教制度。15 世纪和 16 世纪喇嘛教从西藏传播到四川、青海、甘肃和蒙古地区。

在中国佛教的漫长历史上，出现了无数著名佛僧，他们做出了很多而且很大的贡献。

东晋时期，有著名的僧人法显，他为中国僧人留学古印度之先驱者和著名翻译家。公元 399 年 65 岁的法显偕同学慧景、道整等从长安（今西安）西行求法，前后凡 14 年，游历 30 余国，其中包括印度、尼泊尔、斯里兰卡等国家。携回许多梵文经典，并且从梵文翻译成中文。他的《佛国记》是他 14 年的亲历见闻，该书为从事研究古代印度和西域的历史以及地理研究的人们提供了很宝贵的资料。

中国唐朝著名佛教僧人是玄奘，他是一位佛教学者、旅游家和翻译家。公元 627 年他从长安出发，经过甘肃、新疆和中亚，路途克服了种种困难，最后抵达印度。在印度他访问许多著名寺庙，研究了佛经，并向印度僧人学者学习了佛教理论，还同他们进行了研讨。

回到长安后，他把 1335 部佛教著作翻译成了中文，并且撰写了《大唐西域记》，这部宝贵的作品，对从事古代印度、尼泊尔、巴基斯坦和中亚的历史和地理研究的人们来说是一部很珍贵的资料。

新中国成立前，佛教在人民中间流行，那时僧尼大约有 50 万人，寺庙有 4 万所。解放初期的几年里，很多可敬的佛教徒对佛教寺庙管理提出了改革要求，除宗教活动外，僧尼们也开始从事起农业、森林和手工业生产来了。

1949 年以来，中国佛教徒同 20 多个国家和地区的佛教团体和个人建立了联系，并且同它们进行了友好交往。1956 年中国佛教协会成立，这个协会设在北京最古老寺庙之一法源寺，以后的 50 多年里，开展了与佛教有关的活动并同很多国家进行了友好往来。保障人民的信仰自由是中国政府的基本方针，并且受到法律保护。中国所有宗教不受任何外国势力支配，它们自主地开展有关宗教活动，同世界所有国家一样与各种团体开展友好交往，佛僧也一直这样开展工作。

（2）道教

道教是中国土生土长的一种宗教，它形成于公元 2 世记，道教的信徒崇拜神奇的巫术等，他们相信采取自己特别的方式会永生不灭 ，在 1800 年的历史上，道教作为封建统治阶级的主要精神支柱，同佛教一样对中国的政治、经济和文化产生了深刻影响。

东汉顺帝统治时期，张道陵创立了最早的教派团体——五斗米教派组织的基础，他的信徒奉先秦道家老聃为教祖。把老子的《道德经》作为可靠的宗教经典，但他对作者的哲学思想涂上了神秘的色彩，他崇拜巫术，相信那些特别巫术（包括沉思、巫术、苦行等）能够长寿。东汉末期，在中国的河北省道家的一个支派——太平道的创始人张角的领导下，爆发了一场农民起义，他组织了几十万信徒，于公元 184 年领导了起义，给封建帝国以沉重的打击。西晋和东晋王朝统治时期，道教在全国各地进行了宣传，东晋末年农民领袖孙恩、卢循也领导了五斗米道举行了农民起义，坚持了 10 年之久。

南北朝时期为了阻止农民起义，封建统治者对道教进行了改革，利用宗教强迫控制农民。唐宋时期（公元 960—1279 年）道教得到统治阶级的支持从而获得很大发展并受到人民的欢迎。明朝以后，这个宗教逐渐削弱，但它成了群众信仰的一个组成部分。

新中国成立后，关于道教一直有一些纲领计划，1957 年 4 月在北京举办了首届道教会议，并且成立了中国道教协会，无数著名的道教寺庙，例如，北京的白云观、成都的青羊宫等得到恢复和修缮。

起初道教信徒主要是人民群众，明清王朝以后，这个宗教逐渐衰微，但道教信徒至今在一些群体中还有。

（3）伊斯兰教

伊斯兰教传入中国大约在公元 7 世纪中叶。唐宋时期，阿拉伯和波斯商人从陆路或海路来中国经商，通过这些商人在中国传播伊斯兰教的同时，开始建立了一些清真寺。13 世纪初期，当成吉思汗西征，吞并中亚，当地很多穆斯林被迫参军，东迁中国，其中多数为士兵，但也有些是工匠和学士。这些人在元朝历史上被称为“回回”，那些人以非军人和农民身份被派往中国，因此，伊斯兰教也得到广泛的传播。

元朝统治时期，在中国修建了很多清真寺，很多穆斯林在政府里，任不同级别的官员。明清两个朝代采取了类似的保护措施，因此，在中国有更多人信仰起伊斯兰教来。除汉族外，今天中国的少数民族中伊斯兰教信徒很多，其人数大约 1000 万，而且分布在全国各地，但多数人分布在中国西北地区。

中华人民共和国成立后，中国的穆斯林同其他宗教信徒一样，有宗教信仰的自由，穆斯林享有平等的权利，并且在不同级别的人民代表大会、政治协商会议以及人民政府中都有自己的代表参与国家事务。

与穆斯林的饮食、葬仪以及宗教节日有关的风俗习惯，得到政府的尊重和保护。

3. 中国传统伦理观念与人口问题

传统伦理观念是指历来存于广大人民群众之中并附有一定价值观念的社会行为规范而言的。有些行为人们认为是好的，符合社会发展，对社会发展起推动作用，成为社会发展的一种动力，因此，能得到发扬与继承。有些行为人们认为是不好的，或原来是好的，但随社会的发展而起了变化，到后来与社会的发展或人们的根本利益相矛盾，甚至可能成为社会发展的一种阻力，对此，人们要么默默地将之抛弃，或要么大声疾呼，提出改革。一个人按照社会上认为好的去做，就会受到舆论的肯定，或表扬；相反，则要受到反对，或谴责，甚至制裁。

在中国社会上，有许多传统伦理观念与人口问题有关。例如，有些人把多生男孩视为好事，认为是一种人生的幸福，也是做人的责任。否则，要受人奚落，被人看不起，甚至受到惩罚。中国古代时候流传着一个故事，叫作"华封三祝"，说的是华山地方的封人给当时的领袖人物尧的祝词里包含了三件事：多福、多寿、多男子。这"三多"总结了中国几千年来传统社会美满生活的纲领。但若一个人不生男孩，就成了坏事，其后果不堪设想。孟子曾记下了当时的伦理观念说："不孝有三，无后为大。"孝，是社会规定的子女对父母应有的态度，而且要从许多行为上具体表现出来，其中最重要的是承前启后，即生个传宗接代的后继者。孟子所说的"无后"，即指断子绝孙，后继无人。则被认为是最大的不孝。

这种伦理观念显然与人口有密切关系。要做到不断子绝孙，后继有人，就必须生男孩。中国很早就进入了父系社会，所以也很重视男孩的生育。在医疗卫生不够发达的时代，生下的男孩不一定都能长大成人。因此，必须多生几个，才更保险。这种伦理观念才使中国人口增加。

一个社会里的伦理观念，并非是一些文人才子的空谈，而是控制人们行为的社会力量。我们不能把"不孝有三，无后为大"只看作儒家的思想。它是中国传统社会里人们的行为规范，历代的儒家不过是这种社会行为规范的维护者，他们并不是这些行为规范的创造者，这些规范并非他们头脑中凭空想出来的，他们不过是想出许多道理对这些规范给予支持、维护和宣传罢了。

这种伦理观念是如何产生的？它对人口有多大影响？这些都是值得认真研究的问题。它的产生与小农经济有关。小农经济是以家庭为生产单位，进行以体力劳动为主的农业经济。在这种经济里，多生男孩就具有经济价值。因为劳动力的多少和强弱同家庭收入及生活好坏有着密切关系。目前在我国农村还可以看到：抚养孩子花费不大，但只要长大一些就可以参加劳动，投入生产，为其家庭增加收入。劳动力逐渐衰退的老人，便依靠长大了的男孩子供养，叫作“养儿防老”，这是小农经济中极重要的一部分。

在一个父系社会里，女儿长大了要出嫁，成为其他生产单位的劳动力，而男孩长大后还可娶媳妇，为这个生产单位增加劳动力。所以重男轻女也有它的经济基础。现在我国农村里，还流行着女儿出嫁时索取高额礼金的风俗，这实际上是一种劳动力的转让。这方面印度与中国则完全不同，反映出印度自古以来的伦理观念与中国有别。

从这种经济基础上产生出来的有关人口的伦理观念不仅是多育，而且要多男，这是自然的，也是可以理解的。如果我们再了解一下传统社会基层的权力结构，还可以看到在以氏族组织为基础的社会里，为了提高地位和巩固势力，也总是要尽力扩大氏族的范围，助长了多育多男的要求。所以这种多育多男观念不仅联系于当时的经济基础，还联系于当时的政治组织。

如果我们认为，有了这种伦理观念，人口就会不断扩张，那也不对。当然伦理观念是控制人们行为的社会力量，但这种力量还需要有一定的条件才能发生作用。比如，一个社会尽管存在着鼓励多育多男的伦理观念，但土地有限，多育多男使人口增加后，所增加的劳动力并不见得能增加生产，而维持这些增加了的人口生活却成了这个社会的经济负担。经济上的限制不是迫使人们改变他们的伦理观念，而是要采取其他办法来抵消伦理观念的作用。例如，从前有这种情况，有个村子土地很少，每人平均耕地有限。虽然在他们的伦理观念里还维持旧观念，即多子。但是他们自觉限制孩子的数目，实行对人口的控制，于是发生了溺婴事故。这就抵消了这种伦理观念引起人口增长的作用。以上说明，我们要评价某一种伦理观念，必须从具体社会出发。如果要问，这种多育多男的伦理观念对中国社会发展起积极作用还是消极作用，我们不可能得到一个简单回答，并且也困难。它起什么作用，取决于这个社会的具体条件。在存在可以利用的广大土地时，在过去以体力劳动为主的农业技术条件下，这种鼓励人口增长的伦理观念对于社会的经济发展是有利的。一但条件改变了，即土地少了，人变多了，在这种情况下，它所起的作用的性质也会随之改变。

目前，中国正在发生变化。农业现代化要从根本上把小农经济改变过来。因而从小农经济中产生出来的那一套传统伦理观念不仅已丧失了它促进经济发展的积极作用，而且日益成为阻碍现代化的消极因素。新中国成立60余年来，有关人口的伦理观念，至今，尤其在广大农村，并没有发生重大变化。由于医疗卫生事业的迅速发展，加上长期的和平局面，人口死亡率大大下降，自然增长率相应地上升，以致在中国历史上出现了空前的人口增长高潮。1949年增加到5亿多。1953年增加到6亿，到1979年止，新中国成立30年来，达到9亿多，目前为13亿多。在同样一块国土上，所养活的人口增加了几倍。这一方面确实说明，新中国成立60余年来社会经济有了很大发展，但不能不说在客观上它形成了中国迅速实现现代化的一个负担。

近些年来，特别是在决心实现四个现代化的时候，必须控制人口增长，实行计划生育，已成为我国的基本国策。但由于小农经济还未彻底改变，农业生产还是大部分依靠人力和手工劳动，社会福利设施还跟不上新形势的发展要求。所以传统观念还有它的经济基础和社会基础，尽管维持这种观念的意识形态的表现方式有所改变，但这种观念的思想本质还是相当牢固地存在着，成为现代化过程中必须重视的一个问题。

我们必须看到，自从中国大力推行计划生育以来，在城市居民中已经取得了显著效果。许多先进城市人口增长率已经从千分之十以上降到千分之十以下，目前许多地区已提出生一胎的要求。而在乡村计划生育的阻力较大。这种阻力固然有一部分是出于农民在文化上比城市居民落后，接受新思想较慢、较难，但是基本原因还在于小农经济的性质。“存在决定意识”，只有在新的经济基础上，才能生长出新的伦理观念来。

4. 中国现代化的进程与少数民族的发展

中国人民已下定决心，要在本世纪内把我国建设成为一个社会主义的强国，要在工业、农业、国防和科技等方面努力赶上世界的先进水平。这是一项艰巨而伟大的任务。笔者是研究印度问题的，对印度的历史文化很感兴趣。我把学习和介绍印度的丰富文化看成是自己的光荣职责，笔者认为，作为一位从事印度问题研究的社会科学工作者，有责任为中国现代化和中印传统友谊的不断发展贡献自己的力量。

众所周知，中国在人类历史上原是一个在经济、文化上先进的古国，但是近代几百年里，世界上有些国家的民族首先是在科学技术上，随着在工农业生产上，赶上了我们。接着利用我国国防上的落后，把我们置于半殖民地半封建的地位。在重重压迫下，我们中国人民过着屈辱的生活，当然谈不上科学技术的发展。经过了 100 多年同国内的封建统治和国外的帝国主义的斗争，我们中国人民取得了解放。中华人民共和国的建立，使我们这古老的国家获得了新生，以平等、独立的地位屹立在这个世界上。我们经过了广泛的和根本的社会改革，确立了社会主义的制度。当我们刚刚具备了向现代化进军的条件时，我国历史上出现了一度曲折，这就是所谓的无产阶级"文化大革命"，使中国的经济几乎崩溃，人民遭到巨大灾难。1976 年我们中国人民奋起粉碎"四人帮"的倒行逆施，扭转了这次逆流。

中国的现代化建设是一项艰巨的、创造性的事业。100 多年前，我们国家的封建王朝也曾想通过购买洋枪洋炮来武装自己，采办机器来开矿办厂，但是，这些努力并未能使中国实现现代化。历史的教训使我们体会到，我国的现代化必须是从中国广大人民的利益出发，根据我们中国的具体条件，结合中国社会的特点来建设中国式的现代化。

我们中国是个多民族的国家，在这个从公元前 200 多年已经建立起来的统一的国家里，存在着许多包括语言在内的具有共同文化特点的、自认为是出于共同来源并且同属一个共同体的民族。这些民族的先人在远古时代早就生息在我们祖国的这一片大地上。大量的考古证实，我国境内存在着最早的原始人的残骸，以及各地存在着不同类型的文化遗址。这些都说明，我国现在这些民族有着悠久的历史。

我国有 56 个民族，他们的人口数量差距很大。其中以汉族人口最多，约占全国人口的 94%。其他 55 个民族的人口总数只占 6%。因此，这 55 个民族被称为中国的少数民族。各少数民族的人口数量不等，其中人口最多的是壮族，人口超过 1000 万人。人口最少的是赫哲族，现在还不足 1000 人。55 个少数民族中有 13 个人口在 100 万以上，有 15 个人口在 10 万人至 100 万人之间；还有 10 个少数民族其人口还不到 1 万人。尽管中国的民族有大有小，而且相差悬殊，但我国已做到：民族不论大小，一律平等。少数民族都有参加国家政治生活和管理内部事务的权利。比如说，在国家最高权力机关的全国人民代表大会里，不到 1000 人的赫哲族也有他们的代表，他们有权和其他民族一起共同管理我们的国家等。

中国的少数民族人口虽少，但其居住地区很广，约占全国土地面积的 50% ~60%。这是中国少数民族的特点之一。汉族人数最多，其主要分布在中国东部的广大平原上。少数民族主要聚居在我国的边疆地区，特别是北部和西部的高原、山区、沙漠、草原等地。这种民族分布有其历史原因。汉族的先人很早兴起于黄河流域，他们以当时先进的农业和手工业发展了经济和文化，逐步向广大平原扩张，并深入适宜于农耕的广大地区。在这个过程中，他们不断和当地居民进行融合，才形成了当前世界上人数最多的民族。如果从族源来说，它也可能是血统最杂的一个民族。

但是也不是说，凡是汉族所扩及的地区，原来在这些地方居住的民族都被吸收为汉族了。事实并非如此。即使在今天，在汉族聚居的地区里还有少数民族杂居着。有些大大小小的少数民族聚居区，星罗棋布地分散在主要是汉人居住的地区里。与此同时，就是在高原和边区的少数民族的聚居区里，也有许多汉人杂居其内。因此各族大小聚居区里都是你中有我，我中有你，穿插交错互相重叠。我们很难画出一张详细的中国民族分布图。我们只能大体上说某些民族的大多分布在哪些地方而已。总的说来，主要是汉族聚居的省、市行政区内有70%的县，住有两个以上民族的居民，这些地区一共有1000万居民是少数民族成分。在相当省一级的少数民族聚居区只有新疆和西藏两个自治区里汉族是少数。以上情况说明，中国各民族在居住上，是相互交织在一起的。

从以上可以看出，凡是适于发展农业的大部分地区，已成为主要是汉族聚居的地方。那些被视为荒瘠贫乏的高原、山坡、草地和森林地带，则主要是少数民族分布的地区。因此，在以农业为主的时代，这种状况使中国的少数民族经济发展自然受到限制。但是自新中国成立后，情况发生了变化。少数民族地区的地下矿藏最为丰富，广阔的草原是最优良的天然牧场，亚热带的山区是橡胶等重要经济作物的产区，如此等等，这些都是中国社会建设重要的物质条件。我们常说，“中国地大物博、人口众多。”实际上，前半句是指少数民族而言，后半句是指汉族而言，这两个半句加在一起，相互补充，则构成了中国今天现代化建设的有利条件。

中国的少数民族除了“人口少，资源多”的特点之外，还有一个特点，即由于历史上的原因，其社会、经济和文化发展较慢，因而在中国的民族之间发展不平衡，存在着不同程度的差距。

新中国成立前，一般少数民族人民所受的剥削和压迫较重，所居住的地区土地也比较贫瘠。因此，他们的生活比汉族人更苦，而且还有一些少数民族当时在不同程度上还停留在比较落后的社会发展阶段。解放初期，大约有400万人口的地区，包括西藏的藏族，云南的傣族，新疆一部分维吾尔族还保持封建农奴制度。大约有100万人口的地区，主要是四川省凉山的彝族，还保持奴隶占有制度。此外，还有大约60万人口的地区，如以游牧为生的鄂温克、鄂伦春等族和以刀耕火种的农业为生的独龙、怒、佤等云南边区的民族，还保持一定程度的原始公社制度的残余。这些还保持比较落后的社会制度的少数民族人口总数约600万，占少数民族人口的15%。

以上说明，从总的来看，中国不仅经济和技术落后于世界先进水平，而且我们国内的少数民族还落后于我国的汉族。因此，我国要在现代化的道路上缩短以至消灭两个差距：一个是我国和其他先进国家之间的差距，另一个是国内各民族之间的差距。这两个差距互有联系。要赶上世界先进水平，必须要发展少数民族的经济和文化，而要发展少数民族还有赖于提高全国的经济和文化。

新中国成立以后，为缩短以至消灭各民族社会发展上的差距，做了大量的工作，其中最根本的是进行了各民族的社会改革，即改革了各自落后的社会制度。当时的情况是：各族人民的共同敌人帝国主义和国民党的反动统治虽已被推翻，但各族内部原有的各种剥削制度并未废除。它们仍是各族进一步发展的障碍。改革如何进行，是个重要问题，中国当时决定：社会改革必须由各族人民自己按他们社会发展的特点来进行。当时（1951年）我国总理周恩来曾明确指出："各民族内部的适当改革，是各民族发展进步、逐渐跻于先进民族水平所必需经历的过程。但这种改革必须适合其本民族当前发展阶段的特点，必须依据其本民族大多数人民的意志，并采取妥善步骤，依靠其本民族干部去进行。"我国各民族的社会改革就是依据这个原则进行的。

我们的做法是：在不具备改革的条件时，即在本民族人民还没有自觉的社会改革要求，还没有自己执行改革的干部时，其他民族不要去包办代替。宁可等待，在等待的时候，努力创造条件。例如，西藏在1951年已经和平解放，但当时该地的藏族还实行封建农奴制度。这种野蛮、落后的社会制度一直等到1959年才由藏族人民自己废除。又如，四川省的凉山彝族也有类似情况。那里实行奴隶占有制，该地区1950年已经解放，但到1957年才进行社会改革，废除了奴隶制度。

目前我国在进行现代化的过程中，还同样遵循着这条原则。首先注意两点，即区别民族间社会经济发展水平的差距和民族特点上的差别。我们要消灭的是发展水平上的差距，而不是民族特点上的差别。民族特点的差别固然也会发生变化，但绝不应该同社会经济的发展混为一谈。在少数民族地区实现现代化的过程中，我们不但强调要根据本民族的特点和由本民族干部进行，而且还必须有当地各民族人民参加。

少数民族地区，地域辽阔，资源丰富，这是中国今后现代化的发展基地。

如何根据它们的特点来进行发展，则是现代化事业中一个重要的问题。

祸国殃民的“四人帮”破坏我们国民经济的一条沉痛教训是，抹杀少数民族地区的特点，强制推行不适合当地情况的经济措施，结果招致生产下降，少数民族生活贫困化。如广西有个名叫金秀瑶山的地方，那是一个茂密的林区，这里不仅出产大量木材，而且依靠森林积蓄水土，四季不断的流水，灌溉了邻近七县的水田，“四人帮”不顾这个山区的特点，强制执行粮食自给的命令，迫使山区居民无计划地砍伐林木，在荒瘠的山坡上种粮食作物，结果消耗了大量劳力，但收获很少，甚至人们还吃不饱肚子。使森林破坏了，水土流失了，连附近的平地都涝旱成灾。新中国成立后几十年来所取得的成就遭受到严重破坏，人民损失惨重。“四人帮”被粉碎后，金秀瑶山的建设才回到了正确路线上来。因地制宜在当地建成了一个较大的水电站，它是利用了当地的地理特点，山缘水流的落差，开发能源，这样不仅使山区的居民有电灯照明，而且还推动了邻近各县工厂的机器。这是其中一例。其他地方也发生了类似情况。大量事实证明，充分发挥少数民族地区的特点，注意当地的生态条件进行建设，这是现代化一条成功经验。

另外，如何迅速发展我国少数民族的经济和文化，也是个重要的问题。我们已经看到，当前我国民族间在经济、文化方面还存在着发展的不平衡，即许多少数民族还处于落后状态。显然，不迅速改变这种状况，不是少数民族拖了我们国家现代化的后腿，就是容易发生由汉族来包办因而扩大民族间差距的结果。为了避免不良情况出现，只有迅速发展少数民族的经济和文化，才是唯一正确的出路。

前面提到，中国的汉族人口众多，经济文化比其他民族先进。在我们国家，这个人口众多、经济文化较先进的汉族的存在，是我国各少数民族迅速发展的有利条件。汉族对少数民族的无私援助不仅看成是义不容辞的责任，而且把它看成是为自身发展所必须承担的任务。在中国，民族之间，相互帮助，手拉手共同前进，是行之有效的经验。实践证明，若不这样，许多少数民族不可能在短短十几年里，废除极其落后的封建地主经济制、封建农奴制、奴隶制和原始公社制的残余，跨越一个或几个历史的发展阶段。在这个过程中，汉族对少数民族在经济、政治和文化上的帮助起了重要作用。少数民族自己对此也深有体会。

目前我国的经济虽然还不繁荣富裕，但是我国对少数民族在财政上采取了优惠政策，即“多给少取”，甚至“只给不取”。为发展少数民族的经济和文化，国家给予少数民族物质上的补助和特定的照顾，一般优于汉族。更重要的是汉族的优秀干部、工人、教员、医生深入到少数民族地区去，为少数民族人民服务或帮助少数民族进行建设，以及为他们培养接班人。

中国的汉族人民认识到，少数民族的发展是和我们祖国的安全和繁荣密切相关的，帮助少数民族也就是帮助自己。他们懂得离开幅员广大、资源丰富的少数民族地区，人口众多的汉族挤在有限的耕地上是没有远大前途的。同时少数民族也明白，没有汉族兄弟们的先进知识、技术和劳动力，要开发他们居住地区的资源也是不可能的。因此在中国现代化的过程中，汉族需要少数民族，少数民族也需要汉族。我国已故的总理周恩来说得好："合则两利，分则两弊。"所以中国的现代化在客观上要把各民族更进一步地结合起来。

少数民族科学文化水平如何迅速提高，也是个重要问题。我们知道，不具备相当的科学文化知识，就学不会现代生产技术，也就谈不上参加现代化的工、农业生产。因此，要提高少数民族的科学文化水平，先进的汉族固然应该出力帮助，但主要还是要靠少数民族广大人民自己的努力，别人同样也不能代替，而他们原有的文化水平，对他们能否迅速提高，也是重要的条件。

在中国的少数民族中，只有几个少数民族在文化水平上和汉族不相上下，如回族、满族、壮族、朝鲜族等，其余绝大多数少数民族还比较落后。新中国成立前只有 17 个少数民族有自己的文字。没有文字的少数民族只能通过学习其他民族的文字来获取文化，所以他们本民族的知识分子很少。新中国成立后，为了实现民族平等，宪法规定各民族有使用本民族语言文字的自由。为使其规定落实，我国采取了一系列具体措施。第一，帮助一些民族创制和改革文字。自我国解放后，先后帮助十几个没有文字的民族创制了以拉丁字母为基础的拼音文字。与此同时，还帮助一些原来有文字的民族进行了文字改革。第二，大力发展民族语言广播事业。如中央人民广播电台每天都有用蒙古、藏、维吾尔、哈萨克、朝鲜 5 个民族的语言进行新闻、专题等节目的广播，各个民族居住的省、自治区则使用当地的民族语言进行广播；法院的申诉和判决书等也使用本地区通用的民族语言文字。第三，国家先后在中央和地方建立了少数民族语言文字研究机构；各地的民族学院和有关的大学则开设民族语言专业，培养语文教师、研究和翻译人才。第四，成立民族出版社，使用民族文字出版了少数民族的文学、历史、医学，以及一些科技、电影、戏剧、音乐等书籍。

为迅速提高少数民族科学文化水平，对少数民族语言问题加强研究是必要的，我国总结了过去几十年的经验教训，找出了一条发展少数民族语言文字有效的道路：从当前的具体情况出发，在已有文字的民族中把本民族文字作为提高民族文化的工具，在使用中改革和提高民族文字，使其能承担促进现代化的工具。在发展本民族语言文字的同时，还需要创制在自愿基础上的学习其他先进民族语文的条件。至于那些没有文字的民族，在创制本民族文字的同时，更有必要利用其他邻近民族的语文作为提高文化水平的渠道。我们已经清楚地看到，交通工具的现代化，使不同民族人民之间的往来日益频繁，语言的差异已成为社会交往的一个障碍。目前比较普遍的解决办法，似乎不是向形成一个世界统一语言的道路发展，而是出现越来越多能说各种语言的人。这种情况对我们处理国内民族语言问题有所启发。因此，我们一方面坚持宪法中所规定的各族人民有使用本民族语言文字的自由，另一方面应加强各民族学习其他民族的语言文字，以便加速各族人民科学文化水平的提高。

第三章　科技与艺术

1. 闻名于世的中国古代四大发明

(1) 火药

火药、指南针、造纸术和印刷术号称中国古代的四大发明，充分反映了中国人民的聪明才智和伟大的创造力。这四大发明无疑是极其伟大的，它们对世界文化的发展产生了重大影响。

据有关记载，中国早在商周时期就已经在冶金中广泛使用木炭。春秋战国时期又认识了硝石和硫黄的性能。在道教的炼丹活动中，炼丹家们逐渐了解到，硝石、硫黄、木炭的混合物点燃后会产生激烈的燃烧。经过炼丹术的长期实践，至迟在唐代开始掌握了火药的制造方法并发明了火药。对此在唐初著名医学家、药物学家孙思邈的著作《丹经》中有详细的记载。据唐中期的丹书《真元妙道要略》中记载，燃烧硫黄、硝石、木炭混合物会强烈爆炸，产生巨大火焰，不仅伤人，还会毁坏房舍。

火药发明后，出现了火药武器，首先被用于军事上。据学者研究，“大约在唐哀帝天祐年间（904—907 年），有人在战争中使用了火箭、火炮。火箭是把火药缚在箭头附近，点燃后用弓射出；火炮是用火药制成类似于炸药包一类的东西，点燃后用抛石机射以烧敌。五代时，除火箭外，还制造有火球、火蒺藜等火药武器。”①与此同时，研究和反映有关火药武器制造的著作不断问世，火药武器也大规模生产。公元 1044 年，北宋曾公亮主编的《武经总要》中详细记载了火药的三个不同配方，即毒性的、燃烧性的和爆炸性的三种火药配方，这种不同火药配方都有比较合理的定量配比。毒性火药配方称“毒药烟球法”，含有巴豆、砒霜等毒药成分，用于向敌阵施放烟雾，使敌方中毒而削弱战斗力；燃烧性火药配方称“蒺藜火球法”，含有沥青、干漆、桐

---

① 见阴法鲁、许树安主编《中国古代文化史》，第 212 页，北京大学出版社，1991 年。

油、蜡等易燃成分，布放于敌骑兵必经之地，以烧伤敌方马匹，阻止敌骑兵的进攻；爆炸性火药配方则称“火炮火药法”，含有松脂、黄丹、砒黄、桐油等成分，但爆炸性能很差。其目的主要是用于火攻，以烧伤敌方兵将。①

宋元之际，发明了一种利用火箭燃烧喷射气体所产生反作用力把箭头射向敌方的火药箭。这种火药箭和现代火箭的发射原理一致。到了明代，这类火药箭得到迅速发展，茅元仪的著名军事著作《武备志》中有各种火箭的记载，如“飞镰箭”、“一窝蜂”等，尤其一种叫“火龙出水”的火箭，很值得注意。它是一种两极火箭，它利用四支火箭燃烧后产生的反作用力射出，再引燃龙腹内的火箭，使箭镞射向敌方。这些在当时是世界上最先进的火药武器。

中国火药的发明，从公元1225年至1248年间，经印度传入阿拉伯国家，以后又传入欧洲，英法各国直到14世纪中期，才懂得火药和火箭武器。

（2）指南针

指南针是中国的又一伟大发明。中国是世界上最早发现磁铁指极性的国家。春秋战国时代的《管子·地数篇》中说：“上有慈（磁）石者，下有铜金。”《吕氏春秋·经通篇》说：“慈（磁）石召铁，或引之也。”这是世界上关于磁石性能的最早记述。大概就是在这个时期，人们利用磁铁的指极性发明了磁性指向仪器“司南”。《韩非子·有度篇》中说：“先王立司南以端朝夕。”据东汉学者王充介绍“司南之杓，投之于地，其柢指南”。司南是用天然磁石磨制而成的，其形如勺，底圆，放在平滑的地盘上，勺柄会自动转向南方（《论衡·是应篇》）。这是世界上最早的指南针。

战国秦汉时期的司南到宋代开始发展为指南鱼、指南龟和指南针。北宋曾公亮主编的《武经总要》中记载有指南鱼。南宋陈元靓在所著《事林广记》中，介绍了指南针的两种装置方法，即木刻指南鱼和木刻指南龟。这一变化不仅包含着指南针的形状、制作技术和装置方法的重大改进，同时其间也实现了由直接采用天然磁石到利用人工磁化技术制作更高一级磁性指向仪器的突破。

指南针的改进给航海业带来了巨大影响。南宋创制罗盘以后，指南针在航海中的地位更加重要。吴自牧《梦粱录》说：“风雨晦冥时，唯凭针盘（罗盘）而行……毫厘不敢差误，盖一舟人命所系也。”这是世界航海史上最早使用指南针的记录。到元代，航海已完全依靠罗盘指向引航并且有了专为

① 见阴法鲁、许树安主编《中国古代文化史》，第212页，北京大学出版社，1991年。

海上航行而编制的由针位标示的航线——罗盘针路。

宋代时中国航海业的高度发达，使中国商船在南洋、印度洋，西至波斯湾一带极为活跃。阿拉伯人不久从中国人这里学会了使用指南针来指导航向，1180 年左右，指南针又“从阿拉伯人传到欧洲人手中”。①

磁针罗盘的使用，为远洋航行提供了便利条件。15 世纪、16 世纪时，葡萄牙人达伽马环绕非洲到达印度的航行，哥伦布发现美洲新大陆的航行，麦哲伦的环行全球，磁针罗盘发挥了重要作用。新航线的开辟，殖民地的建立，导致了世界市场的出现，刺激了欧洲的工业生产。这一切又都促进了新兴资产阶级的成长壮大和封建贵族的没落衰亡。

（3）纸

中国史籍上记载，最早发明造纸者是蔡伦，如《后汉书 · 蔡伦传》中写道：“自古书契多编以竹简，其用缣帛者谓之为纸。缣贵而简重，并不便于人。伦乃造意，用树肤、麻头及敝布、渔网以为纸。元兴年奏上之，帝善其能，自是莫不从用焉，故天下见咸称‘蔡侯纸’。”其他一些书上也有类似记载。因此，后人便以此为据，称蔡伦是造纸术的发明者。但自从 1933 年在新疆罗布淖尔发现西汉麻纸后，对蔡伦发明纸的定论便开始受到怀疑。1957 年西安灞桥再次发现了西汉麻纸，1973—1974 年又在甘肃居延发现西汉麻纸。这些出土文物有力地证明，纸是在西汉时发明的，蔡伦并非首创，即中国早在公元前 2 世纪就已发明了造纸术。到了公元 105 年东汉宦官蔡伦在总结前人造纸经验的基础上进行了改革，改进了造纸技术，取得了巨大成就。

蔡伦除了继承和改进用麻类原料（如麻头、废旧麻布和麻织渔网等）造纸外，还首创了用树皮（主要是楮皮）作为造纸的新原料。这在造纸史是一个重大改革。这样蔡伦扩充了造纸的原料，造出了成本较低、质地良好的纸。因此，深受人们欢迎。

最初的纸虽然不是蔡伦发明的，但他在造纸史上是极其伟大的。他发明的纸已相当精良，使纸张的应用得到进一步普及和推广，从此以后，中国原先所用的竹、木简牍和缣帛之类逐渐为纸张所取代。

中国的造纸技术先后传播到世界各国，据有关记载，大约于 3 世纪传入越南，中世纪传入朝鲜，5 世纪传入日本，7 世纪传入印度，8 世纪从中亚传入阿拉伯，而后到达叙利亚、埃及和摩洛哥，12 世纪传入欧洲。

造纸术的发明是古代中国对世界的一大贡献，纸张的应用取代了世界各

① 恩格斯：《自然辩证法》，人民出版社 1971 年版，第 171 页。

国原有的书写材料，为人类文化的传播、思想的交流和科技的发展提供了重要的保存和传递手段。

（4）印刷术

中国印刷术的发明，开创了历史新纪元。但它的发明不是偶然现象，经历了漫长的发展过程。据史书记载，晋人借鉴古代印玺和石刻的经验，发明了墨拓技术。隋代在墨拓的基础上发明了雕版印刷术。

“雕版”又写作“雕板”，就是在木板上刻字，古人称之为“镂板”、“刻梓”、“模勒”等。刻字所用的板材讲究，一般用硬质木材。在板上刻好字后，将有字画的地方留下，空白处挖掉。印刷时有字画之处着墨，这样字则印在纸上。唐懿宗咸通九年（公元868年）印刷的《金刚般若波罗蜜经》，雕刻精美，图文浑朴凝重，印刷的墨色均匀，清晰显明，表明当时刊印技术已经达到高度纯熟的程度。它一直保存至今，是目前世界上最早的、有明确日期记载的印刷物。到了宋代，雕版印刷有了进一步发展，技术更趋完善。宋太祖开宝四年（公元971年），张徒信在成都雕印全部《大藏经》，计1076部，5048卷，历时12年，雕版达13万块之多。

随着印刷术的不断发展，雕版数量不断增加，雕版印刷的缺点也日趋显露出来。每印一部书则要雕版一次，很费力耗时。据沈括《梦溪笔谈》中记载，宋代，平民毕昇终于在1041—1048年间发明了活字印刷术，其基本原理和现代铅字排印方法大体相同。用胶泥刻成活字烧硬，再拼版印刷。这是一次重大的技术革命，大大节省了雕版人力，缩短了出书周期。到了元代，王祯对泥活字的印刷术做了重大改进，他改泥活字为木活字，后来又出现了锡活字和铜活字，还创造了转轮排字架。这样，既提高了排字效率，又减轻了排字工人的劳动强度，把活字印刷术提高到一个新水平。中国从元代到明、清两代，出现的锡、铜、铅等所创造的金属活字，是世界上最早的金属活字。

中国的雕版印刷术在公元8世纪传到日本，10世纪末传到朝鲜，13世纪中叶传到越南，13世纪末从土耳其传到伊朗，14世纪从伊朗传到埃及和欧洲。中国的活字印刷术大约在4世纪传到朝鲜和日本，15世纪传到欧洲。

印刷术传到欧洲改变了欧洲的社会和文化环境。恩格斯指出：“印刷术的发明以及商业发展的迫切需要，不仅改变了只有僧侣才能读书写字的状况，而且改变了只有僧侣才能受较高级的教育状况。”[①]从此，欧洲的学术中心由修

① 《马克思恩格斯全集》第七卷第391页。

道院转到各地的大学，为当时欧洲的宗教改革和文艺复兴运动提供了有力武器，对科学的发展和思想文化的传播起了巨大的推动作用。

2. 传统的中国医药学

中医药学是中国独创的传统医学，历史悠久，其他医学无法代替，历代医学家所取得的光辉成就，至今发挥着巨大的作用。

中医药学拥有自己的理论、方法和内容，即形成一个完整的科学体系，它以整体观念，辨证施治，防治结合而见长。我国早在古代就重视疾病的防治，早在原始社会，中国先民对天然植物的药用性能就有所认识，到了奴隶社会，开始出现了从事医疗的职业，商代医和巫相结合，成为“巫医”，西周医和巫实行分家，《周礼》“医师”列于“天关”，当时医又分为“食医”、“疾医”（内科）、疡医（外科）、兽医等，这是中国最早的医学分科。

在商代已懂得烧煮汤药，医药和卫生保健知识不断丰富，商周两代更加注重个人和环境卫生了。

春秋战国时代，由于社会动乱，患病者日益增多，人文主义思潮又使鬼神治病等迷信的市场逐渐缩小，人们更寄希望于医学，这样，就大大促进了医学的发展与进步。扁鹊，齐国人，活动于公元前 5 世纪左右，是当时最著名的医生，据《史记·扁鹊仓公列传》记载，战国时的扁鹊已能通过诊脉确定病人的病情，然后对症下药，说明当时已掌握了脉诊的方法。他最早应用望（看颜色）、闻（听声音）、问（问病情）、切（按脉搏）“四诊法”诊断疾病，这“四诊”成为我国医学论断的传统方法。从此，诊断成为中医药学的一个重要组成部分。诊断的应用表明，中国古代的医生已掌握了脉象与身体各部分的关系的知识，即关于心脏、血液与血管的关系，血流速度与人体健康的关系，呼吸和脉搏频率的关系等解剖生理学的知识。中国古代脉诊是科学的，因此它很早就传到国外，除邻国日本、朝鲜等国以外，大约 10 世纪传入阿拉伯，17 世纪传到欧洲，对世界医学的发展产生了积极的影响。

秦汉时代的医药学又有显著的进步。药物学著作不断问世，其中《神农本草经》是很著名和很有影响的，此书出版于汉代，共收录药物 365 种，分为上、中、下三品：上品大都为滋补药品；中品是兼有滋补和治病两种性能的药物；下品是治病的药物，这个分类为中国后世的药物分类提供了借鉴。书中还对每一味药的产地、性能、采集和主治的病症都有记载。

在汉代，中医治疗学也有突破性的进展。例如，东汉的张仲景（公元150—219年）的《伤寒杂病论》出版问世，是对中国古代医学发展的一大贡献，因此，他有医圣之称。《伤寒杂病论》共有十六卷，在诊断方面，此书运用医疗四诊即望、闻、问、切来分析病情，对每一症候均有不同的疗法。在治疗方面，此书总结出汗、吐、下、和、温、清、补、消“八法”。“八法”概括性强，使用价值高，根据不同的病情，可单独或相互配合使用，该书共选收药方300多，均有疗效，被后世称为“经方”。

外科方面也有发展，中医坚持整体的观念，与西医只重视局部和体表的医疗方法不同，中医既重视体表疾患的局部表现，更重视患者机体的内在变化；既重视手术、手法的治疗，更重视机体抗病能力的增强。因此，在治疗过程中不仅注意了局部的处理，而且强调适当的活动和功能锻炼，同时配合活血化瘀和调理脏腑功能的药物，收到了良好的疗效。麻醉药物的发明，是中医外科的又一重大成就。

东汉末年出了个名医华佗（公元141—203年），他发明了并在外科手术中应用了麻醉药“麻沸散”，他是世界上第一个使用全身麻醉施行外科手术的医生。他还提倡用医疗体育锻炼的方法防治疾病，他编制了一套锻炼身体的拳法“五禽戏”，即模仿虎、鹿、熊、猿、鸟五种动物的活动姿态创作“五禽戏”来锻炼身体，是最早的保健操，他是医疗体育的创始人。

到了魏晋南北朝时期，中国传统医学又有进一步发展，尤其是针灸学。晋代皇甫谧（公元215—282年）的《针灸甲乙经》，是中国现存最早的针灸学专著，此书记述了349个穴位，并纠正了以往经学纷乱的现象。针灸是中国独创性的一种治疗方法，其特点是在病人身体的一定部位用针刺入，或用火的温热烧局部位置，以达到治病的目的。其实，这一疗法起源于新石器时代，周代以后逐渐形成一项专门的治疗方法。针灸疗法的理论基础是经络学说。在长沙马王堆汉墓出土的周代古医籍中，有《足臂十一脉灸经》、《阴阳十一脉灸经》等书，反映了当时经络学已基本确立。在《黄帝内经》中，又进一步把人体的主要经脉总结为十二条，并对每条经脉的循行部位，以及经脉和疾病、治疗的关系进行了总结，经络学说认为，经络遍布于人体各部位，不仅分布在体表，而且进入体内与各脏腑相联结，并周而复始地循环运行，担负着运送全身气血，沟通身体内外、上下的功能。针灸能调整人体内部的机能，增强防病能力，达到治病的效果。针灸疗法简便易行，经济适用，适应症广，治疗效果迅速，还可提高抗病能力，还有镇静和镇痛等作用，没有或极少副作用。因此，深受人们的欢迎。针灸疗法很早就传到国外，汉唐时传到日本、朝鲜等国，宋元后相继传入阿拉伯和欧洲等地。

隋唐时代，随着封建经济的繁荣，国家对医药研究起了促进作用。隋代巢元等奉命编写的《诸病源候论》至今有用，并未过时，全书共五十卷，论述了内、外、妇、儿、五官等各种疾病的原因、病理和症状。此书是临床经验的汇集，有重要的使用价值。

唐代的《新修本草》是中国历史上第一部由国家颁布的药典，此书由苏静等 22 人编写而成。唐代的名医孙思邈（公元 581—681 年）用毕生的精力从事医学研究，写了几百万字的两部著作：《备急千金要方》、《千金翼方》。在临床实践中，他很重视讲卫生，预防疾病，广泛应用针灸和药物治疗相结合的办法，由于药物学上的突出成就，后世称他为“药王”。

到了宋元时代，中国医学进入了全面发展的阶段。在药物学方面，中药具有非常显著的特色，它在药物的自然属性和在人体内的治疗作用的基础上，总结出了一套独特的理论系统，并形成了一套独特的药物炮制和配方用药方法。中国古代关于药物和方剂的专著很多，其中上面提到的《新修本草》最重要。

到了明代，出版了李时珍的《本草纲目》，此书堪称古代世界的药物大全。该书记录了 1892 种药物，1 万多个药方，总结了我国几千年来的制药和治疗经验，对我国的医学做出了伟大的贡献，书中有关植物的分类法，比欧洲最早的分类学早 200 年。《本草纲目》后来被译成日、德、英、法等十几种语言，成为国际上研究医学的重要文献。

明清时期，创立了温病学，这也是一个突出的成就。明清许多医学家在临床实践中，深入研究热病原因、特点和治疗方法，提出了新的理论、新的疗法和预防措施，出版了不少专著，例如，明代王履的《医经溯洄集》、吴有性的《瘟疫论》；清代叶桂的《温热论》、吴塘的《温病务辨》和王士雄的《温热经纬》等。这些温病学说都丰富和发展了中国医学体系。

中国传统的医学，历史悠久，影响巨大，有强大的生命力。随着社会的发展，它在国内外的影响越来越大。

第四章 中国的名山寺庙与节日

1. 中国主要的名山寺庙

佛教起源于印度，随着中国与中亚各国经济和文化的交流，佛教在汉代传入中国以后，在中国的社会历史条件下，开始生根、发展，成为中国封建社会上层建筑的组成部分。佛教在中国的传播和发展，经历了漫长的年月，它在中国产生了广泛而深远的影响。随着佛教在中国的不断传播，中国古人向印度学到了很多东西，诸如，在哲学、宗教、文学、雕塑、建筑、美术、科学、音乐、舞医学等方面，都受益匪浅，对中国的政治、经济、文化等都带来很大的影响，大大丰富了中国文化的内容，促进了中国文化的发展，也丰富了中国的社会风俗和人民的思想。可以说，若没有印度佛教的传入，中国的文化就不会是今天这个样子。同时，伴随着佛教的传播，也推动了中国与印度之间的文化交流，加强了中国与印度人民之间的友谊。在文化交流中，中国的佛教名山、寺庙，与此密切相关，举不胜举，下面略举一二。

九华山

它位于安徽省青阳县西南，是中国佛教四大名山之一。它周围百里，有十王等九十九峰，旧名九子山。李白游此有诗云："若在九江上，遥望九华峰，天河挂绿水，绣出九芙蓉。"从此更名为九华山。早在两千年前，这里就有道家活动。东晋时，佛教开始传入九华。"据佛教传说，释迦牟尼死后一千五百年，地藏王菩萨降生于新罗国王家，姓金号乔觉，唐时（公元653 年）渡海之至此，传戒于山上化城寺。"有的书中介绍，金乔觉 99 岁（728 年）圆寂，信徒视其为菩萨化身，便以建塔纪念。唐中叶以后，这里更是寺庙林立，香烟缭绕。明清时期，它享有"香火甲天下"的称誉。它与五台山、峨眉山、普陀山共称为中国著名的四大佛山。九华山现存的大量庙宇，均被列为国家重点保护寺院，把九华山装点成"佛国圣境"。九华山的佛寺殿堂，都存有历代宗教文物，可以说，它们都是建筑、雕塑、绘画的综合艺术馆，故前往者终年不断。

五台山

五台山，位于山西省五台县东北，它以佛教名山而闻名中外，是中国佛教四大名山之一，因有五座山峰环围，如“东台望海峰”、“南台锦绣峰”等，“五台”一名便由此而来。而最低处为台怀镇，气候凉爽，分布着众多的寺庙。因此，此山在中国佛教史上有重要的地位。据有关史书记载，早在东汉永平年间（公元58—75年）该处已有寺庙。相传，台怀镇西侧山峰，与印度的灵鹫山类似，因此，将此山中第一个寺庙改名为大孚灵鹫寺。该山上寺庙甚多，各有特色和精华，诸如塔院寺、文殊寺等，个个建筑壮丽，雕刻精美。另外，还有具有很高历史价值和艺术价值的雕塑、碑刻和佛经等。据说，五台山是中国保存寺庙最多而又最完整的佛教名山，加之山环水抱，景色宜人，因此朝拜者和游览者终年络绎不绝。

大雁塔

位于陕西省西安市城南，它是中国著名的古塔之一。唐高宗永徽三年（公元652年），高僧玄奘为储存从印度取回的佛经和安放太宗、高宗亲撰的《圣教序》碑刻，向朝廷建议建造此塔。据史书记载，建塔时，玄奘亲自“担运砖石”。寺塔建成后，玄奘移居其内，从事翻译佛教经典。初建时，该塔共分5层。关于塔名的来历，说法不一。其一，说因为塔的底层呈“雁形”，故名之为雁塔。后来，该塔曾被增建多层，但又遭到毁坏，今只存7层。该塔被列为国家重点保护文物之一，经过多次整修后，使古塔增添新姿。因此，前往参观和考察者络绎不绝。

鸠摩罗什舍利塔

即鸠摩罗什的墓塔。鸠摩罗什是印度著名学者和翻译家，他在中国历史上影响巨大。他父亲是印度人，母亲是龟兹国的公主（现在新疆的库车），他于公元344年生于龟兹，7岁随母亲出家，9岁随母亲到印度，在印度学习。后来到中国，他对印度佛教经典、天文学、数学、梵文等，知之甚多。回到龟兹后，又继续研究。公元402年他被接到西安，413年去世，享年70岁。他在西安的12年中，共译经书300多卷，诸如，《金刚经》、《法华经》、《杂譬喻经》等。他译的经书传播广，影响大。他和后来的玄奘一样，是划时代的人物，中印友谊的象征之一。

鸠摩罗什舍利塔，传说西域七国为他贡石建塔，其舍利安在塔下。该塔以各色大理石雕刻、镶砌而成，塔身八面略呈长方形共13层，塔身四周刻有佛像与花纹，素有“八宝玉石塔”之称。此塔很值得一看。

少林寺

为著名的寺庙之一，佛教禅宗和少林派拳术的发源地。它位于河南省登封县城西北少室山密林之中，故名“少林寺”。提到少林寺，有口皆碑，远近闻名。中国古代著名诗人白居易有诗云：“强健且宜游胜地，清凉不觉过炎天。始知鹤驾乘云外，别有逍遥地上仙。”据有关记载，北魏太和十九年（公元495年），孝文帝为安顿印度的僧人跋陀（亦称佛陀）居住传法而兴建。到了魏孝明帝孝昌三年（公元527年），另一位印度僧人名叫菩提达摩，几经辗转，也来到少林寺，传授禅宗，“面壁而坐，终日默然”，达九年之多，世称“壁观”，他提出几种修行方法，在佛教史上有“禅宗初祖”之称。少林寺山门西侧还留有石坊题额“大乘胜地”。在唐代初期，因少林寺僧助战有功，曾受到唐太宗等人的崇敬。少林寺几经沧桑，变化很大。目前规模系由明代重建。少林寺不乏碑林，而且具有重要的文物价值，如“达摩一苇渡江画碑”也享有盛名。

中国佛教的名山名寺，举不胜举，看不胜看，不能一一列举。常言道“天下名山僧占多”，凡寺庙林立，僧众云集之地，风景也一定诱人。中国名山名寺的形成，与佛教的兴起有着密切关系。佛教传入中国有两千多年，据有关统计，佛教寺院有5万多处。许多宗教活动场所已成为名胜古迹，这些都是历史文化遗产和劳动人民的智慧财富，也是中印文化交流、相互学习和友谊的象征。今天，重观名山名寺，回顾过去历史，更着眼于现在，对我们中印两国大有益处。

2. 中国传统的节日庆祝

中国节日众多，历史悠久，仅汉族的节日就很多，再加上少数民族的节日就不计其数了，现介绍几个典型节日：

除夕

除夕，指的是一年最后一天晚上，也指一年的最后一天。“除”是除旧布新的意思，除夕就是“过年”，亦称“除夜”、“岁除”等。宋吴自牧《梦粱录》卷六：“十二月尽，俗云‘月穷岁尽之日’，谓之‘除夜’。士庶家不论大小家，俱洒扫门闾，去尘秽，净庭户，换门神，挂钟馗，钉桃符，贴春牌，祭祀祖宗。遇夜则备迎神香花供物，以祈新岁之安。”吴越过年活动，早有春糕裹粽、杀猪宰羊的前奏，到岁尾十二月二十日就正式拉开序幕。这些日子，许多人家，都派出得力成员外出采购过年的物品，因新年无市，固要事先备足。二十三、二十四日送灶，谓之过小年。小年过后，亲友互送糕果，表示祝贺。到了除夕，凡能备的一应备足，并准备举行祭祖典礼。祭毕吃“年夜饭”。外出之人，要赶回家来，吃这顿象征团圆的年夜饭，以祝来年团圆。饭后长辈要给小辈压岁钱，小辈要守岁。春联、年画等也都在除夕贴好。但年画中一定有钟馗像，相传钟馗是唐明皇时终南山进士，应举不捷，死后变为鬼，则钟馗像有保平安的意义。古人，尤其是年轻人除夕终夜不睡，以待天明，叫作“守岁”，据说是“守冬爷长命，守岁娘长命”。最后放封门炮，通常除夕封门之炮未绝，而春节开门之炮又响。

春节

春节，古称元旦，即农历正月初一，一年的第一天，亦称“元旦”、“元辰”、“瑞日”。中国最隆重的节日之一。古代春节须悬图腾，周时有“桃梗”之设，至魏晋称“桃符”，后来发展为贴年画、剪窗花、贴春联。据《梦粱录》载，宋代朝廷在这一天要举办元旦大朝会，皇帝接受百官和外国使臣的朝贺，并在宫里赐宴群臣。平民百姓亦皆鲜衣往来拜节。旧时，这一天晨起，要放开门爆仗，有驱禳之意，还要敬神，焚香叩拜，称迎年。早餐以除夕前预制的粉团，祀天地灶神和祖弥，取团圆之意。凡年菜，都赋予吉利的称呼。可见，古时中国民间的元旦庆祝活动与今基本相同。近代普遍使用阳历以后，多把阳历的 1 月 1 日叫作元旦，而把阴历的正月初一叫作春节。春节活动的高潮，一般持续到初五，从初二开始，亲友相邀吃年酒，年内新婚者，要在初三至岳家赴席。初五为财神诞辰，家家户户都恭迎财神。春节期间，还有各种游艺竞技活动。总之，春节是中国最重要的传统节日。

端午节

端午节，农历五月五日为端午节，也写作“瑞五”，有关端午节的由来，民俗中传说很多，不下十余种。端午节的主要内容在古代一些杂记中记载为屈原招魂，但从大量的民俗文献及地方志记述中又看到，这个节日是避兵鬼、止病瘟的驱邪禳灾的节日，因此，这个节日的主要活动内容几乎都是围绕禳毒祛瘟进行的，如张挂符印及钟馗图像等。据《荆楚岁时记》说，屈原在五月初五投汨罗江而死，人们在这一天划船竞渡，表示要救他。后来把竞渡的船做成龙形，叫龙舟竞渡。端午这一天，人们还包粽子，佩香囊，饮雄黄酒，在门上悬挂菖蒲和艾蒿，以“避邪”，这些习俗保留至今。唐宋以后，端午被规定为大节日，朝廷常常给百官以赏赐。由于端午正当五月天气，俗称恶月，多禁忌，为避疠疫，周代已有五月五日浴兰汤的习俗。至于端午吃五彩丝缠裹的粽子，据说五彩丝为蛟龙所害怕，且能避兵反鬼，令人病瘟，自然也具有驱禳的意义。

关于端午节的多种传说中，纪念楚国爱国诗人屈原的逝世一说很有影响，由于屈原的爱国主义精神、刚直不阿的人格魅力及其诗作的影响，所以秦汉以后由楚地逐步传遍神州，为人们所认同，并相沿至今。

清明节

清明节，为二十四节之一，在春分与谷雨之间，为三月节，在阳历四月五日前后。清明节这一天，古人要到郊外去踏青游玩，祭扫坟墓。据有书中记载：凡坟茔皆于此日拜扫，剪除荆草，供上祭品，焚化纸钱，都城人出郊踏青，四野如市，往往就芳树之下，或园囿之间，罗列杯盘，互相劝酬，抵墓而归。秦朝以前，已有祭墓一事，唐宋之际盛行，这个习惯一直延续至今。尤其在唐宋时，清明节代替了寒食节，成为以祭祖扫墓和郊野踏青为中心的全国性节日。元明以后，扫墓之风遍及全国，清明节因此得“鬼节”之名。总之，清明节扫墓，表达人们对生命再生的渴望，扫墓祭祖，被看作追念先祖，教育后人，团结同族的表示。

中秋节

中秋节，又称“团圆节”，是中国的传统节日，在农历八月十五。古代以七、八、九三个月为秋季，八月十五正当秋季的中间，故称“中秋”。两汉时已见雏形，其时在立秋日。至唐代，已出现登月观月、泛舟赏月、饮酒对月等活动。北宋太宗年间，始定八月十五为中秋节。节日里，有祭月、拜月、赏月、吃月饼之俗。时夜市骈阗，通宵不散，连宵嬉戏。“一年明月今宵多”，古人认为这天晚上月亮最圆，是全家团圆赏月的佳节。北宋苏轼“明月几时有，把酒问青天”的《水调歌头》，就是在中秋怀念兄弟苏辙而作的。中秋节的祭祀内容以拜月为主，俗称“男不拜月，女不祭灶”，故中秋拜月由妇女主持，把秋季丰收的鲜果和象征圆月的月饼作为主要供品，同时兼有祭神、祭祖及祝福全家团圆的内容。中秋节的主要食品有月饼、鲜藕等，月饼象征团圆，鲜藕是荷的块根，也寓有和合团圆的意思。

附 录

中国、印度历史对照年表

印度	中国
印度河流域文明（前 2500—前 1700 年）	夏（前 22 世纪—前 17 世纪）
吠陀时代（前 1500—前 600 年）	商（前 1700—前 1100 年）
	周（前 1100—前 256 年）
列国时期（前 600—前 324 年）	春秋战国（前 770—前 221 年）
孔雀帝国时代（前 324—前 187 年）	秦朝（前 221—前 206 年）
贵霜王朝（前 187—320 年）	西汉（前 206—23 年）
	东汉（25—220 年）
	魏蜀吴（220—265 年）
笈多王朝（320—606 年）	西晋（265—316 年）
	东晋（317—420 年）
	隋朝（581—618 年）
戒日王及群雄割据（606—1206 年）	唐朝（618—907 年）
	北宋（960—1127 年）
	南宋（1127—1179 年）
德里苏丹（1206—1526 年）	元朝（1271—1368 年）
	明朝（1368—1644 年）
莫卧儿王朝（1526—1659 年）	
殖民主义入侵与印度独立（1659—1947 年）	清朝（1644—1911 年）
	中华民国（1912—1949 年）